Le Rorschach
en clinique infantile

Collection *Psychismes*

Psychologie projective

F. Brelet
Le TAT. Fantasme et situation projective

C. Chabert
- *Le Rorschach en clinique adulte*
- *La Psychopathologie à l'épreuve du Rorschach*

N. Rausch de Traubenberg, M.-F. Boizou
Le Rorschach en clinique infantile

Psychanalyse groupale

D. Anzieu
Le Groupe et l'inconscient. L'imaginaire groupal

A. Ciccone
La transmission psychique inconsciente

R. Kaës
- *L'Appareil psychique groupal*
- *Le Groupe et le sujet du groupe*
- *La Parole et le lien*

C. Neri
Le Groupe. Manuel de psychanalyse de groupe

Le Moi Peau et ses concepts

D. Anzieu
- *Le Moi-peau*
- *Le Penser. Du Moi-peau au Moi-pensant*

G. Lavallee
L'Enveloppe visuelle du Moi

Psychosomatique

Sami-Ali
- *Corps réel, corps imaginaire*
- *Penser le somatique. Imaginaire et pathologie*
- *Le Corps, l'Espace et le Temps*
- *Le Haschisch en Egypte. Essai d'anthropologie psychanalytique*
- *Le Rêve et l'Affect. Une théorie du somatique*
- *L'impasse relationnelle. Temporalité et cancer*

A. Thomé-Renault
Le Traumatisme de la mort annoncée Psychosomatique et sida

Clinique et psychopathologie psychanalytique

J. Bergeret
- *La Personnalité normale et pathologique*
- *La Violence fondamentale. L'inépuisable Œdipe*

J. Bergeret *et al.*
- *L'Érotisme narcissique*
- *La Pathologie narcissique*

O. Bourguignon *et al.*
Le Fraternel

B. Brusset
Psychopathologie de l'anorexie mentale

A. Eiguer
- *Le Pervers narcissique et son complice*
- *La Folie de Narcisse. La double conflictualité psychique*

G. Gimenez
Clinique de l'hallucination psychotique

O. Kernberg
- *La Personnalité narcissique*
- *Les Troubles limites de la personnalité*

G. Le Gouès
- *L'Âge et le principe de plaisir. Introduction à la clinique tardive*

M. Monjauze
La Part alcoolique du Soi

T. Nathan
La Folie des autres. Traité d'ethnopsychiatrie clinique

J.-C. Stoloff
Les Pathologies de l'identification

C. Ternynck
L'Épreuve du féminin à l'adolescence

Psychanalyse et création

D. Anzieu
Créer, détruire

J. Guillaumin
Le Moi sublimé. Psychanalyse de la créativité

S. de Mijolla-Mellor
Meurtre familier. Approche psychanalytique d'Agatha Christie

Y. Thoret
La Théâtralité. Étude freudienne

S. Tisseron
Psychanalyse de l'image

La psychanalyse et ses concepts

C. Arbisio-Lesourd
L'Enfant de la période de latence

C. Barrois
Les Névroses traumatiques

G. Bleandonu
W.R. Bion. La vie et l'œuvre, 1897-1979

A. Ciccone, M. Lhopital
Naissance à la vie psychique

F. Couchard
Emprise et violence maternelles

S. de Mijolla-Mellor
Penser la psychose Une lecture de l'œuvre de Piera Aulagnier

H. Parat
L'Érotique maternelle

M. Peruchon, A. Thomé-Renault
Destins ultimes de la pulsion de mort

J.-C. Stoloff
Interpréter le narcissisme

Divers

A. Anzieu
La Femme sans qualité

R. Kaës *et al.*
Les Voies de la psyché. Hommages à Didier Anzieu

S. Tisseron
La Honte. Psychanalyse d'un lien social

psychismes
collection fondée par Didier Anzieu

Nina Rausch de Traubenberg
Marie-France Boizou

Le Rorschach en clinique infantile

L'imaginaire et le réel chez l'enfant

DUNOD

En couverture :

Papillon fait de taches d'encre
Jeu de salon du XIXe siècle, ancêtre du test du Rorschach
Bibliothèque des Arts Décoratifs de Paris
Ph. J.-L. Charmet © Archives Photeb

ISBN 2 10 005261 6

Préface

Il n'existait à ce jour, que ce soit en France ou à l'étranger, aucun traité scientifiquement rigoureux et suffisamment détaillé qui fasse le point sur l'application du test de Rorschach aux diverses formes de psychopathologie chez l'enfant. Le présent ouvrage comble cette lacune. Il sera indispensable aux praticiens et aux chercheurs qui trouveront là le complément à des ouvrages fondamentaux plus anciens, sur le développement de l'enfant normal et sur la psychopathologie de l'adulte tels que le Rorschach permet de les saisir.

Les deux auteurs sont depuis de nombreuses années psychologues au Service de Psychiatrie de l'enfant de l'hôpital de la Salpêtrière à Paris, où elles ont accumulé une expérience très variée et une documentation considérable. Leur pratique du bilan psychologique les a aussi mises en contact avec des problèmes d'orientation scolaire et avec des enfants hospitalisés en vue d'une intervention chirurgicale grave. Elles ont classé leurs dossiers par âge et par degré de gravité du trouble. Des échantillons ainsi constitués, elles ont dégagé des constellations de traits prédominants au Rorschach et une dynamique psychique sous-jacente souvent spécifique. Les enfants normaux ou plutôt « normatifs » sont répartis en trois classes : 4 à 6 ans, 6 à 8 ans, 8 à 10 ans. Les déviances mineures (subdivisées en caractériels, en traits névrotiques, en névrotiques et en immatures) sont réparties en deux classes : 6 à 8 ans et 8 à 11 ans, ainsi que les déviances majeures (qui comprennent les déficitaires, les prépsychotiques et les psychotiques). La synthèse des résultats est faite par catégorie. Elle est suivie de la présentation de plusieurs cas, typiques ou atypiques : le protocole correspondant du test de Rorschach est reproduit intégralement, avec sa cotation et un commentaire détaillé. Les psychologues disposeront ainsi d'un instrument de travail leur permettant de comparer les cas auxquels ils sont confrontés dans leur profession aux exemples démonstratifs fournis dans l'ouvrage. Les protocoles d'enfants étant généralement plus brefs que ceux des adultes, il a été possible de rassembler ici environ 70 cas (dont certains comportent le test et le retest), total considérable que les ouvrages antérieurs sur le Rorschach n'atteignaient point. Quant aux étudiants, dont Nina Rausch de Traubenberg connaît bien les besoins, puisqu'elle est responsable depuis longtemps de l'enseignement du Rorschach à l'Institut de Psychologie de l'Université René-Descartes à Paris, ils disposeront là mieux que d'un manuel : d'un guide les préparant aux exigences et aux difficultés de la pratique.

La valeur de ce livre ne réside pas seulement dans sa richesse et sa finesse cliniques. Une première partie, plus brève mais dense, est consacrée aux particularités de la technique d'administration du test à des enfants, aux problèmes de cotation des réponses et d'interprétation des principaux facteurs, toujours pour cette catégorie de sujets. Une grille d'évaluation du contexte maturatif est proposée. Des considérations nouvelles par rapport à la littérature usuelle concernant le Rorschach sont apportées sur les « problématiques » (identité, oralité, analité, génitalité), sur les mécanismes de défense (par recours à la réalité, à l'affect, à la fantaisie), enfin sur la projection du schéma corporel et de la représentation de soi.

L'idée directrice peut se résumer de la façon suivante : l'enfant est pris, au Rorschach, entre le réel et l'imaginaire ; aussi l'interprétation doit-elle tenir simultanément compte des développements fantasmatiques et des processus cognitifs mis en jeu par le test. Les moyens de repérer avec précision et avec sûreté les uns et les autres sont apportés tout au long de l'ouvrage. Il s'agit donc là non seulement d'un outil didactique et d'une somme clinique mais aussi d'une systématisation originale, plus ample et plus féconde que celles existant à ce jour.

Didier ANZIEU

Table des matières

INTRODUCTION 1

PREMIÈRE PARTIE :
LES SYMBOLES, LEUR CONCEPTUALISATION
ET LEUR SIGNIFICATION CLINIQUE

1. LES CONDITIONS DE PASSATION DU RORSCHACH 9
   - La teneur de la demande 9
   - La conduite de l'examen 11
   - Interventions diverses et enquêtes 12
   - L'épreuve des choix 15
   - La notation des temps 17
   - Conclusions sur la prise du protocole 17

2. LE DÉPOUILLEMENT DES RÉPONSES : ANALYSE ET INTERPRÉTATION DES FACTEURS ... 18
   A. LES MODES D'APPRÉHENSION 19
      1. Les réponses globales 19
      2. Les réponses grand Détail D 23
      3. Les petits détails Dd 24
      4. Les détails blancs Dbl 24
      5. Les Do 25
      6. Le type d'appréhension 25
      7. L'indice de combinaison Z 25
   B. LES MODES D'EXPRESSION : LES DÉTERMINANTS DES RÉPONSES 26
      1. Le déterminant formel F 27
         - La forme « dynamique » 27
         - La qualité de la forme 28
         - Le F% et le F+% 29
         - Le F% élargi et le F+% élargi 29
      2. Les déterminants kinesthésiques 30
         α Les kinesthésies mineures 32
            - Le passage des F. dyn. aux kob, aux kan et aux kp. 32

— Les kinesthésies animales kan 33
— Les kinesthésies d'objet kob 34
— Les petites kinesthésies kp 35
ß Les kinesthésies humaines K 36
— Projection de l'image du corps et projection des motivations 38
— Expression K planche par planche 40
— Le KClob 44
3. Les déterminants « sensoriels » : couleur et estompage. 45
Introduction 45
α Les remarques qualitatives, intérêt et attitudes subjectives 47
ß Les interprétations « couleur » 48
— Les nominations couleur : NC 49
— Les réponses couleur : C, CF, FC 50
a) les enfants de moins de 8 ans 51
+ Les enfants de 5-6 ans 51
+ Les enfants de 6 à 8 ans 51
b) Les enfants de plus de 8 ans 55
γ Les interprétations « estompage » 57
Conclusion 57

C. Les contenus. — Les réponses banales 59
— Les contenus 59
— Les réponses banales 61

D. La signification symbolique du stimulus 62

E. Les récapitulations quantitatives et qualitatives . 70
— Le psychogramme quantitatif 70
— La grille d'évaluation du contexte maturatif 71
— Exemple de grille : Patrick C. 8 ans 72

3. L'INTERPRÉTATION : AXES INTERPRÉTATIFS 74
Introduction 74
A. La problématique 78
— L'expression de l'identité 79
— L'expression de l'oralité 82
— L'expression de l'analité 85
— L'expression de la génitalité 86
B. L'angoisse et les mécanismes de défense 90
1. L'angoisse : manifestations directes et indirectes 90
2. Les mécanismes de défense 93
— Le recours à la réalité 94

— Le recours à l'affect 95
— Le recours à la fantaisie 96

C. La représentation de soi et les images parentales 98
1. Les repères de la projection du schéma corporel 99
2. Les représentations de soi face à l'environnement ... 100
— L'accession à l'identité 101
— La recherche de l'identification 102

DEUXIÈME PARTIE : L'ÉTUDE DES CAS

INTRODUCTION :
LA PRÉSENTATION DE L'ÉCHANTILLON 109

1. LES « NORMATIFS » 112
A. Les « normatifs » de 4 à 6 ans 112
a — La synthèse du groupe 112
β — Les exemples : Laurence, Agnès, Emmanuel, Claude, Manuel 114
B. Les « normatifs » de 6 à 8 ans 126
a — La synthèse du groupe 126
β — Les exemples : Laure, Michel, Jérôme, Béatrice, Jérémie, Madeleine 127
C. Les « normatifs » de 8 à 10 ans 144
a — La synthèse du groupe 144
β — Les exemples : Didier, Gilbert, Bill, Sylvie, Isabelle 146

2. LES JEUNES ENFANTS, « TOUT-VENANT PSYCHIATRIQUE » 157
Les exemples : Christophe, Franck, Isabeau, François, Patricia, Olivier, Jean-Claude 157

3. LES CAS DE DÉVIANCE MINEURE 174
A. Les moins de 8 ans 174
1. Les « caractériels » de 6 à 8 ans 174
a — La synthèse du groupe 174
β — Les exemples : Raymonde, Nicolas, Georges .. 175
2. Les « Traits névrotiques » de 6 à 8 ans 182
a — La synthèse du groupe 182
β — Les exemples : Patrick, Philippe, Manuelle, Fabienne, Christiane 183
3. Les « névrotiques » de 6 à 8 ans 196
a — La synthèse du groupe 196

β — Les exemples : Didier, Michel, Dominique, Petrus, Corinne, Jocelyne 197
4. Les « immatures » de 6 à 8 ans 212
α — La synthèse du groupe 212
β — Les exemples : Mekadem, Charles, Marc, Chantal. 213
B. Les plus de 8 ans 222
1. Les « caractériels » de 8 à 11 ans 222
α — La synthèse du groupe 222
β — Les exemples : Philippe, Christian, Xavier, Laurent. 223
2. Les « Traits névrotiques » de 8 à 11 ans 234
α — La synthèse du groupe 234
β — Les exemples : Anne-Marie, Edwige, Eric, Joël, Jacques 236
3. Les « névrotiques » de 8 à 11 ans 249
α — La synthèse du groupe 249
β — Les exemples : Jean-Marie, Patrick, Jean-Marc, Didier, Claudine 252

4. LES CAS DE DÉVIANCE MAJEURE 265
Les « déficitaires » de 7 à 11 ans 265
α — La synthèse du groupe 265
β — Les exemples : Guy, Alfonso, Pascal, Brigitte . 267
A. Les moins de 8 ans 278
1. Les « prépsychotiques » de 6 à 8 ans 278
α — La synthèse du groupe 278
β — Les exemples : Eric, Omar, Yasmina, André, Aline. 280
2. Les « psychotiques » de 6 à 8 ans 293
α — La synthèse du groupe 293
β — Les exemples : Romain, Isablle, Vincent (premier et second protocoles), Patrick, Stanislas 295
B. Les plus de 8 ans 310
1. Les « prépsychotiques » de 8 à 11 ans 310
α — La synthèse du groupe 310
β — Les exemples : Philippe, Gilles, Pascal 311
2. Les « psychotiques » de 8 à 11 ans 319
α — La synthèse du groupe 319
β — Les exemples, Nicolas, Olivier, Françoise, Christian, Michel, Francis 321

CONCLUSION 341
BIBLIOGRAPHIE 347

1

INTRODUCTION

Rien n›est plus trompeur que de tenter de revenir sur les démarches d'un travail déjà parvenu à son terme. Elles paraissent constituer autant de jalons expressément placés ici et là pour démontrer la cohérence interne d'une réflexion clinique ou d'une recherche, ceci dans la mesure où l'introduction est écrite une fois l›ouvrage peu ou prou terminé.

Laissant de côté l'ordonnance des réflexions et des chapitres, ordonnance qui obéit en effet à une certaine démarche, nous tenons à retrouver les points de départ de notre décision d'écrire un livre sur l'expression de l'imaginaire et du réel chez l'enfant par le biais du Rorschach.

Il y a les raisons « raisonnables » : fournir un outil de travail aux psychologues confrontés aux différentes expressions psychopathologiques de l'imaginaire enfantin, faire profiter autrui d'une expérience clinique vivante et constamment renouvelée de par la variété des situations et l'hétérogénéité des demandes, enfin constituer des documents de base français et éviter les erreurs dues à des références constantes à une littérature américaine, ancienne d'une part et pas toujours bien assimilée d'autre part.

Il y a d'autres raisons : celle de la joie de découvrir la richesse, la multiplicité, la finesse des expressions enfantines, expressions aussi bien nourries d'enthousiasme de la découverte que de recul devant une souffrance. Combien de fois nous est-il arrivé de demeurer coites d'étonnement et d'émerveillement devant les extraordinaires raccourcis réalisés par l'enfant, mobilisé en quelque sorte par le matériel de Rorschach, raccourcis qui obéissent à des mécanismes de pensée, connus certes, mais qui de plus entrouvrent le livre de l'imaginaire individuel et du retentissement émotionnel le plus profond impossible à exprimer en termes de langage quotidien.

Encore fallait-il voir s'il s'agissait vraiment de richesse créatrice ou simplement de fabulation courante, d'activité ludique ou de recherche de se faire accepter. Le monde magique, l'omnipotence structurent-ils ou dégradent-ils les supports perceptifs, mnésiques et façonnent-ils les réseaux relationnels? Comment, par quels moyens, à quels âges? Comment les pressions et contraintes des exigences extérieures infléchissent-elles le monde imaginaire et en modifient-elles la portée? De quoi se compose en fait l'imaginaire enfantin? Peut-on y retrouver et y distinguer thèmes et modes d'action qui s'inscrivent dans l'évolution ou ceux qui marquent la déviance?

Plus l'enfant est jeune et plus il se sent libre d'exprimer, semble-t-il, préoccupations et rêveries mêlées d'éléments de contes ou de réalité objective vécue dans l'immédiat : il ne néglige pas le stimulus pour autant mais le transforme à son gré, y moule, y insère ses images ou ne s'y réfère qu'à minima. Images racontées « le bateau de la Mer Rouge », images interprétées « le château, les voleurs y montent là, ils se planquent », « des racines qui se changent par la pensée », « le papillon et la grosse mâchoire qui va se refermer sur lui ». À X « Un rêve de toutes les couleurs », à IX « Une bête qui habite chez sa maman », à VI « Une limace qui monte sur le ventre du monsieur, il ne voit rien après il va la foutre par terre », à IX « un bâton qui brûle et la femme a brûlé tout entière ». « Ça c'est le corps qu'on opère », « des trous dans la montagne », « c'est le samedi quand on fait le ménage ».

Quel que soit le caractère attrayant de ces images et même s'il est fonction du besoin de projection de l'enfant, il a en filigrane un cadre perceptif qui se plie à l'image ou qui en règle l'expression et les manifestations. Pendant des années on a centré l'étude du Rorschach sur le maniement du cadre perceptif et on a dégagé des patterns de réactivité à celui-ci dont les caractéristiques et les stades refléteraient les grandes lignes du développement de la perception chez l'enfant. Peut-être ne s'est-on pas aperçu suffisamment que ces caractéristiques étaient plus souples que rigides et qu'elles subissaient dans leur apparition et leur signification l'influence des pratiques éducatives mais aussi et surtout celle des préoccupations affectives. Le mode d'expression verbale a paru aussi ne relever que des données du développement alors qu'actuellement on sait à quel point il est fonction de l'aisance créatrice ou du besoin de contention. Les modes de pensée, les types de perception, bref la maturité, ou l'immaturité formelles ont été considérés bien avant la maturité ou l'immaturité thématiques et le souci de socialisation bien avant le besoin d'expression.

Un bref survol de la littérature nous précisera la perspective de travail du clinicien et des chercheurs. Les grands courants de la pensée psychologique ou, au contraire, de nouvelles orientations ont guidé certains de ces écrits alors que d'autres ont eu des points d'insertion plus concrets, cherchant à définir la spécificité de la réponse Rorschach, son processus et sa signification. D'autres encore raisonnent à l'inverse et utilisent le Rorschach comme une donnée expérimentale connue pour illustrer des dimensions génétiques ou psychopathologiques dont l'ordonnance était à'élucider ou à préciser. De cet ensemble de travaux, nous signalerons ceux qui nous ont paru avoir une portée démonstrative quant à la réflexion qui les a suscités ou quant à la manière de les traiter et d'interpréter les résultats.

L'Europe semble avoir devancé les États-Unis en cette matière. Les efforts de Löpfe (1925) et de Loosli-Usteri (1938) et d'autres pour montrer l'intérêt du Rorschach chez l'enfant culminent en quelque sorte dans le travail de Dworetzki. Paru en 1939, il avait pour but général d'approfondir la théorie du Rorschach et d'étudier l'évolution de la perception sous l'angle de la psychologie de la forme. Isoler l'aspect de perception des formes s'est révélé impossible à travers cette épreuve et traiter de l'ensemble des facteurs nous a valu un ouvrage remarquable de finesse et de clarté, aussi attentif à l'évolution d'une donnée instrumentale chez l'enfant qu'à la correspondance de sa signification chez l'adulte. La conclusion primordiale de cette monographie – modestement sous-titre « Étude expérimentale » – est tout à fait « clinique » à savoir que la valeur interprétative d'un facteur change suivant le niveau d'organisation perceptive individuelle.

Klopfer B., Margulies (1941) aux États-Unis cherchent à définir des modèles de réaction qui caractériseraient l'activité mentale de l'enfant de 2 à 7 ans : ils dégagent à partir de l'analyse des persévérations trois stades de fonctionnement – du prélogique au logique accompli. J. Fox (1942) proposera sa propre réflexion sur le processus de formation des concepts à travers le Roschach en utilisant aussi bien des références gestaltistes que psychanalytiques ou piagétiennes : différents degrés de persévération dans les réponses ou d'indifférenciation entre le réel et l'irréel, différents niveaux d'expression du principe de plaisir caractérisent les modes de pensée entre 3 à 5 ans. Après M. Hertz (1941, 1944), Mary Ford (1946) cherche à adapter le Rorschach aux jeunes enfants, étudier les variations des facteurs avec l'âge et tester la validité des interprétations : il s'agit d'une étude exploratrice concise et définie.

Le groupe des chercheurs de l'Institut Gesell, L.B. Ames et coll. (1952-1959), rompus aux études de développement se sont proposés de fournir des données statistiques rigoureuses pour les facteurs Rorschach de 650 enfants de groupes d'âge allant de 2 à 10 ans et de 10 à 16 ans. L'étude normative, pensent-ils, doit permettre de distinguer entre immaturité, anomalie et individualité. N'étant que descriptive, cette étude constitue un document utile certes, mais bien limité. Un nouvel ouvrage vient affermir le terrain des études normatives, c'est celui de Levitt E.E. et Truman A. paru en 1972. Devant l'impossibilité de procéder à une nouvelle étude normative, les auteurs ont utilisé les donnés des études existantes, très sévèrement sélectionnées – 15 études retenus sur 162 analyses – et ont soumis à un traitement statistique sur ordinateur les moyennes traitées en surface de 15 facteurs du test. Les droites de régression obtenues montrent l'évolution des critères avec l'âge et en fonction de l'intelligence et les résultats, autant que nous puissions en juger, vont dans le sens des affirmations antérieures.

Quant aux livres de Ledwith (1960) parus en 1959 et 1960, ils sont plus explicites, surtout celui sur l'étude longitudinale de 11 cas examinés à cinq reprises et dont les protocoles sont analysés à l'aveugle. Combiner les études normatives et les études individuelles longitudinales apporte du poids aux interprétations avancées, fait ressortir l'individuel, le conflictuel et relativise la portée des manifestations outrancières : c'est un ouvrage de grande valeur didactique même si l'on n'est pas toujours d'accord avec les interprétations proposées.

Florence Halpern (1953), psychologue et psychanalyste, travaille sur une base plus large. Elle conçoit le développement de la personnalité dans le sens d'une force dynamique s'élaborant à partir des efforts pour se réaliser en fonction des besoins internes et des exigences externes. Elle estime possible de suivre au Rorschach la prise de conscience des réalités externes, la différenciation du concept de Soi, l'évolution des besoins émotionnels, les différents mécanismes défensifs qui caractérisent les étapes de ces édifications de la structuration individuelle.

En France un ouvrage princeps parut en 1961, c'est celui de Cécile Beizmann, Directeur de Recherches au CNRS. C'est un ouvrage de recherche que cette étude génétique et clinique de la perception enfantine où l'auteur entend perception au sens large d'attitudes mentales et affectives. Les élaborations minutieuses des modalités perceptives et expressives, la rigueur des différenciations, les nombreux exemples donnés font de cet ouvrage un document de base auquel il faut toujours se référer. Sa richesse est d'autant plus appréciée qu'il donne des éléments d'une étude normative des facteurs Rorschach puisqu'il porte sur 360 protocoles de Rorschach d'enfants de 3 à 10 ans.

Le problème des normes a paru à beaucoup une donnée importante au point d'occulter tout travail interprétatif individuel. C'est considérer le Rorschach du seul point de vue perceptif oubliant la mobilisation projective que ce stimulus suscite si aisément chez les enfants, mêlant le ressenti, le vécu au représenté et au symbolisé. Il n'empêche que des repères normatifs pour les facteurs du test sont tout à fait nécessaires pour distinguer le développemental du pathologique encore que les fluctuations de la pensée enfantine exigent beaucoup de souplesse pour en juger. À ce jour – 1999 – des projets existent à l'Institut de Psychologie de l'Université René Descartes à Paris pour réaliser une étude normative des données Rorschach dont seule la partie relative aux 280 adolescents et jeunes adultes est en cours de publication (1999). Faire aboutir ce genre d'études demande beaucoup de temps, tel fut le cas pour Jeanine Blomart dont la recherche « *le Rorschach chez l'enfant et l'adolescent; Étude génétique et liste de cotation des formes* » ne parut qu'en 1998 à partir de protocoles d'enfants belges francophones de 8 à 16 ans pris dans les années 1970-1975.

Si le critère statistique est aisé à appliquer lorsqu'il s'agit des modalités perceptives et expressives des réponses, il n'en est pas de même lorsqu'il s'agit de mouvements thématiques perçus à travers les contenus, les mimiques, le langage, bref les articulations entre processus de pensée et charges émotionnelles. Or c'est l'ensemble qui nous importe pour le travail interprétatif à visée diagnostique et pronostique. L'interprétation et ses démarches peuvent être différentes en fonction de schémas conceptuels dont les focalisations varient d'une décennie à l'autre ou d'un auteur à l'autre, comme se modifient le langage et les modes de communication.

Le domaine même de la Clinique Infantile est dans une certaine mouvance dans la mesure où se présentent des situations nouvelles ou nouvellement investies notamment les situations dans lesquelles l'enfant est victime du monde extérieur. C'est de la maltraitance qu'il s'agit, sous toutes ses formes : sévices physiques, abus sexuels, négligence, abandon et divorce. Ce qui nous importe ici dans ces « Problématiques Sociales » ce sont les répercussions de ces traumatismes sur le fonctionnement psychique des enfants.

Les études psychologiques systématiques sur des enfants maltraités apparaissent dès 1980 et augmentent en fréquence d'année en année. C'est lors des Congrès Internationaux du Rorschach que l'on s'en rend le mieux compte : ainsi en 1990 J. des Ligneris et col. présentent une discussion de diagnostic différentiel à partir des Rorschach et d'autres Techniques Projectives de 25 enfants maltraités, en insistant sur les ressources psychiques et les capacités de changement de ces enfants. Une démarche centrée sur la relation d'objet et le rapport au monde interne et externe permet à B. Bertetti (1990) de distinguer les enfants négligés des enfants maltraités. Sur ce même thème de maltraitance une étude récente (1998) de West M.M., démontre la sensibilité des Techniques Projectives à distinguer les productions des enfants victimes ou non d'abus sexuels. Le problème de l'inceste, enfin, peut être étudié d'une part, comme la pathologie de l'acte et ses conséquences sur l'activité de symbolisation Bernardi & Bénony H. (1997). Il est étudié, d'autre part comme la pathologie du lien familial et générationnel Lefebvre A. & Duret (1999).

La pratique clinique se diversifie dans ses champs d'application et l'éventail des interlocuteurs, ce qui a forgé notre expérience.

Transmettre cette expérience nous a poussées à nous poser d'une façon très concrète une multitude de questions allant du simple problème technique des consignes à utiliser aux réflexions et élaborations les plus complexes sur l'expression de la problématique, la différence entre immaturité et déviance, les polarités de la déviance ou les différents modes de défense contre l'angoisse et les capacités de changement.

Peut-être que toutes ces questions posées se résument en une seule, à savoir : s'agit-il d'une même expérience que de passer un Rorschach adulte ou enfant, c'est-à-dire le processus de la réponse Rorschach peut-il être analysé dans les mêmes termes dans les deux cas, la signification ou la valeur interprétative des facteurs Rorschach est-elle la même?

Et que dire de cette expérience lorsqu'il s'agit de tout jeunes enfants de deux ans et demi, trois ans dont Monika Boekholt (1996) étudie les capacités de mise en place des représentations à travers les préalables corporels moteurs et sensoriels.

C'est à cette question ou à toutes ces questions que nous espérons pouvoir répondre en posant comme point de départ que le Rorschach fait appel à une activité perceptive visuelle, activité constamment et imperceptiblement orientée, déviée, enrichie ou altérée par le vécu, la problématique ou la fantasmatique, vécu qui dans le cas de l'enfant s'exprime très largement.

En négligeant peu ou prou les autres considérations, notre travail s'est axé essentiellement sur la *signification propre* de la réponse Rorschach et son processus projectif.

Cet ouvrage se compose de deux parties :

La première contient :

- *Dans un premier chapitre* les explications sur les données et les facteurs Rorschach, réélaborées dans leur signification pour l'enfant et compte tenu de notre propre expérience en psychologie et en psychopathologie de l'enfant[1].
- *Dans un deuxième chapitre*, le schéma interprétatif élaboré et les réflexions que chacun des points de ce schéma suggèrent.

La deuxième partie proposera les cas individuels, cas cliniques groupés en seize sous-groupes.

- Chacun des protocoles présentés est commenté en une synthèse reposant sur le schéma interprétatif explicité plus haut.
- Il est de plus donné une synthèse par sous-groupe, synthèse faite à partir de l'ensemble des cas qui le constituent.

Il est proposé une conclusion en termes d'interférences entre l'aspect perceptif et cognitif et l'aspect fantasmatique, ce qui nous semblerait constituer la meilleure réponse quant à la signification propre de la réponse Rorschach chez l'enfant.

1. Nous sommes redevables de notre expérience de clinique infantile à la collaboration aussi étroite qu'active instaurée par M. le Professeur D.J. Duché, Médecin Chef du service de Psychiatrie infantile de l'hôpital de La Salpêtrière, et à l'appui stimulant que nous avons toujours trouvé auprès de M. le Professeur agrégé D. Widlocher.
Nous les en remercions ici très vivement.

PREMIÈRE PARTIE

LES SYMBOLES LEUR CONCEPTUALISATION ET LEUR SIGNIFICATION CLINIQUE

1 Les conditions de passation du Rorschach

Dans les différents dossiers étudiés, le Rorschach n'a jamais été la seule épreuve psychologique proposée à l'enfant. Bien au contraire, c'est toujours dans un ensemble plus ou moins large d'épreuves de personnalité, et en batterie avec des tests d'efficience intellectuelle et perceptivo-motrice, que le Rorschach s'insérait, sans que sa place fût particulièrement soulignée, verbalement, dans la conduite de l'examen. Sans doute, le changement d'attitude de l'examinateur lorsqu'il passe d'activités où l'on fait appel au rendement le meilleur, à celle du Rorschach, où cet argument n'a plus cours, peut constituer une mise en valeur particulière. Le sujet peut ressentir cette différence d'attitude – et de demande – comme une facilitation ou comme une entrave, et s'y adapter plus ou moins vite et aisément. Des enfants très scolaires dans leurs attitudes sont désarçonnés par cette absence d'instructions précises alors que d'autres, plus fantaisistes, y trouvent mieux leur compte. D'autres encore le ressentent tout de suite comme une sorte de piège ou se réfugient dans les « j'sais pas », « j'ai jamais fait ça ». Quant à l'examinateur lui-même, il formule une demande autre et il attend des réactions de l'enfant autre chose qu'un rendement, autre chose qu'une mobilisation d'aptitude, mais autre chose aussi qu'une fabulation. Cette attente – ou demande – varie beaucoup en intensité et en finalité de l'un à l'autre d'entre nous, en fonction de l'expérience clinique, de la connaissance du Rorschach, de la sensibilisation aux infimes interactions possibles suscitées par le matériel, et, plus globalement, d'une orientation de pensée et du but de l'examen.

La teneur de la demande

Elle infléchit implicitement la conduite de la passation.

Tel d'entre nous, peu expérimenté en Rorschach, se contentera d'enregistrer les réponses données et de poser les questions classiques destinées à obtenir des éclaircissements (certes, la consigne qu'il aura utilisée sera classique et son attitude restera de « neutralité bienveillante » préconisée à ce jour) ; tel autre, rompu aux recherches normatives, sera particulièrement attentif aux données factuelles.

Ceux d'entre nous qui visent spécialement la compréhension de la dynamique affective individuelle ou du développement libidinal, et soucieux de les découvrir à travers des éléments plus descriptifs, seront plus orientés vers un certain type de question pouvant aussi bien porter sur la réaction de plaisir ou de déplaisir que sur la provocation d'associations nouvelles à partir ou indépendamment de ce qui a été donné. En effet, la demande de justification très poussée de ce qui a été dit, aboutit parfois à un véritable dialogue. Le contexte de l'examen (école, hôpital, centre spécialisé) n'importe pas moins que le but de l'investigation et que le type de demande faite au psychologue. Une demande de diagnostic différentiel décidera des questions à poser compte tenu des connaissances que nous avons des points « sensibles » du stimulus alors qu'une participation à une recherche de dimension psychologique nous renverra à une optique plus générale où nous considérerons davantage les ressources, l'équilibre, les points de fragilité ou la créativité.

Au niveau de la seule passation, et encore bien plus au niveau de l'interprétation, interviennent des éléments, des motivations qui la biaisent et, de ce fait, réduisent le caractère dit « objectif » ou standardisé de l'application de l'épreuve (épreuve et non « test », et c'est sciemment que nous utilisons le premier terme au lieu du second). Cela est d'autant plus important lorsqu'il s'agit d'enfants jeunes. Ce que nous perdons éventuellement — en objectivité, nous le gagnons en finesse et en richesse de production.

Il nous semble vain et bien peu « objectif » de nier l'influence des conditions externes, des motivations et des attitudes sur le déroulement de l'examen et sur les résultats obtenus, tout particulièrement dans le cas d'enfants. Par son attitude et ses interventions, leur place et leur teneur, un psychologue rompu aux recherches et à la clinique obtiendra certainement des productions bien différentes de celles que recueillera un psychologue débutant. De surcroît, si le psychologue peut être défini de diverses façons en tant que personne, il peut être aussi perçu de diverses façons et c'est là une inconnue primordiale, car la participation sera au maximum ou au minimum selon qu'une psychologue, par exemple, est vécue comme une image de mère « sécurisante » ou de mère « jugeante » incarnant, *a priori,* l'acceptation ou le rejet, une sollicitation ou des exigences.

Il convient de garder présents à l'esprit tous ces éléments, les conditions extérieures, les motifs de l'examen, le type de demande formulée au psychologue, la personne même du psychologue ainsi que l'attente et la demande de celui-ci face au sujet, pour aborder le déroulement et la conduite de l'examen.

La conduite de l'examen

Mais s'agit-il vraiment d'un examen, dans ce que le terme sous-entend de rigueur, d'exigence, de contrôle, de jugement ? En fait, et tout particulièrement pour les enfants, l'activité demandée s'apparente plus à un jeu qu'à une performance et la situation est proche de celle d'une séance d'observation provoquée. Si la situation concrète est facile à définir, le vécu de celle-ci se prête mal à une description univoque tant elle est jeu pour l'un et tâche contraignante pour l'autre. Les diverses manières d'aborder la situation, que le psychologue peut favoriser ou casser par son attitude et ses exigences exprimées, sont fonction des expériences antérieures et du besoin d'expression, qu'ils soient prétexte à valoriser des capacités, essai de se faire accepter, recherche de maternage, ou occasion de réalisation de soi. Implicitement et indirectement, le psychologue œuvre, soit dans le but d'obtenir une expression aussi libre et large que possible, soit dans celui, plus restreint, de recueillir des conduites d'adaptation perceptive à la tâche. Ainsi il va se montrer sous un jour sécurisant et séducteur ou restrictif et exigeant, il va assouplir au maximum les conditions d'applications de l'épreuve ou les figer à outrance.

Dans les conditions les meilleures, l'enfant familiarisé avec le psychologue se mobilise souvent très vite pour cette nouvelle activité — car il est évident que celle-ci doit être précédée d'un échange valorisant pour l'enfant — à moins qu'il ne soit désarçonné par le changement d'exigences. La présentation de l'épreuve devrait se faire très vite, dans une formulation simple et nette qui ferait valoir la réussite et le plaisir à venir, ou, du moins, l'impossibilité d'échec et qui insisterait plus ou moins sur la liberté des réactions. Parmi les différentes formules utilisées, on peut retenir celle-ci, très simple : « J'ai quelque chose à te montrer, dis-moi ce que cela pourrait bien être ? » ou encore celle, plus précise et plus progressive en quelque sorte, que nous empruntons à C. Beizmann : « Tu aimes bien regarder des images ? Eh bien je vais te montrer des images et tu me diras ce qu'on peut ou on pourrait y voir. » Pour encourager l'enfant particulièrement timide, on est parfois amené à utiliser les termes de « jeu » ou de « devinettes », au risque de le faire glisser dans une certaine fabulation dont il faudra ensuite contrôler la rémanence. En tout état de cause, il faut se soucier davantage d'être compris par l'enfant que d'être en règle avec la grammaire. Dans les cas de très jeunes enfants, de moins de 4 ans, chez qui l'action prime sur le langage, les psychologues américains conseillent de fabriquer d'abord avec eux une tache d'encre. Cette technique est rarement nécessaire dans nos pays. A la suite de Hertz, certains praticiens proposent une planche d'essai standard. Cela a l'avantage d'habituer l'enfant au matériel, mais l'inconvénient de nous priver de ses premières réactions face à la planche I qui s'est révélée tellement significative à cet égard. On s'est également posé la question de savoir si les rotations des planches devaient être interdites ou au contraire encouragées, l'interdiction visant à éviter un jeu manipulatoire, l'encouragement aboutissant à une surproductivité. Face à un très jeune enfant, une participation particulière est nécessaire, qui fait alterner encouragements et prises en mains, pour éviter fatigue, distraction ou instabilité et favoriser l'expression.

Les notations du temps sont à observer dans leurs formes habituelles, temps de latence, temps par planche et temps total. L'enfant ne nous en donne pas toujours la possibilité, curieux de tout ce qui se passe, du chronomètre que l'on voit ou que l'on entend, et les indications les plus importantes sont celles données par l'irrégularité ou la régularité des temps de latence.

Interventions diverses et enquêtes

Le problème le plus délicat dans la prise du protocole est celui de la place et de la forme de l'enquête et des différentes interventions. On peut longuement discuter de leur opportunité d'une part et de leurs modalités d'autre part. Quand il est jeune, c'est l'enfant qui en décide par ses réparties et ses commentaires spontanés. L'intuition clinique elle aussi aide à prévoir si tel enfant va supporter une enquête systématique ou va nous noyer sous un flot de nouvelles images en déformant le percept initial et en s'écartant de lui ; car le but de l'enquête est de clarifier la teneur de la réaction, de préciser la localisation spatiale et de faire surgir les qualités expressives qui ont déterminé la réponse. Si c'est facile à dire, c'est fort difficile à faire ! Plus l'enfant est jeune, plus il court-circuite notre pensée, passe d'un facteur à l'autre, se montre bloqué par notre insistance ou lassé par les reprises de l'épreuve. Le psychologue éprouve des difficultés à transcrire la mobilité de comportement verbal et moteur, le va-et-vient des questions et des attitudes. Le résultat est trop souvent un texte très confus où l'on distingue mal le bon grain de l'ivraie. Or il est important d'obtenir un texte aussi fidèle que possible sans chercher à tout prix et arbitrairement à le rendre clair.

Pour les enfants âgés de plus de quatre ans, notre expérience nous pousse à distinguer différents types d'interventions dans le cadre de l'enquête à différents niveaux et qui sont à utiliser distinctement suivant l'âge et l'état du sujet ;

— les simples mimiques interrogatives, les questions très brèves : « Comment ça ? », « Pourquoi ? », « Explique-moi un peu plus » « Tu me dis... » « Et encore ? » intervenant au fur et à mesure des réponses et destinées autant à encourager et à maintenir l'intérêt qu'à éclaircir la réponse :

— les questions un peu plus complètes intervenant en fin de planche, indirectes et peu explicites encore, destinées surtout à localiser l'engramme et à situer le mode d'expression, le déterminant responsable de la réponse ;

— ces mêmes questions peuvent diriger l'attention sur un aspect non exploité, un Dbl par exemple, mais toujours d'une façon très indirecte ; les premières réactions de l'enfant nous renseigneront sur la lucidité, la prise de conscience, ou sur les tendances et guideront la suite de notre intervention ;

— des questions plus systématiques posées après la fin de l'épreuve portant sur les localisations utilisées et l'influence des différents facteurs dans les réponses données spontanément : il s'agit là de l'enquête classique. Dans sa formulation usuelle elle est néanmoins difficile à utiliser chez les enfants qui, à la question : « Si c'était noir, verrais-tu le papillon ? » ou « Qu'est-ce qui te fait dire ça ? » trouvent difficilement une image autre que celle qui est présentée ;

— les questions destinées à diriger l'attention du sujet dans un sens qu'il n'a pas utilisé spontanément. Cette modalité d'enquête, proposée par Klopfer sous le nom de « testing the limits » et que nous transcrirons dans les protocoles par « E.L. » (enquête des limites), n'est que rarement applicable dans le déroulement systématique préconisé. Elle est d'un apport inappréciable tant par son principe même, inverse de celui du test, de renverser la situation et de solliciter des associations précises, que par les résultats qu'elle donne qui, confrontés avec le spontané, sont des plus enrichissants. Si chez l'adulte, cette enquête se fait toutes les planches sur la table, chez l'enfant, il est plus prudent de procéder par planche isolée d'abord. Il s'agit de provoquer des réponses à partir de localisations ou de déterminants non utilisés par le sujet ce qui nécessite une grande pratique.

Nous procédons fréquemment à cette enquête à I, —IV, V et VI, comme par exemple dans le protocole d'Omar, 6 ans, où la réponse globale à I a été : « Une famille, le papa, le petit et la maman ». Poussant alors l'enquête devant l'absence de réponse banale et proposant : « Pourrait-on y voir un papillon ? », nous avons obtenu un « Non » énergique. Souvent, à cette occasion, le sujet explicite sa perception de l'épreuve en disant : « Je ne croyais pas qu'il fallait faire cela », « Je ne l'ai pas dit parce que c'est incomplet, ça ne ressemble pas, c'est tout déchiré, ce n'est pas comme sur les livres ». Il montre par là soit un souci perfectionniste, soit un vécu persécutif, ou bien une facilité à passer outre le percept objectif. Il en va de même pour les déterminants où il faut tenter de provoquer une prise de conscience de la présence effective d'un stimulus (telle la couleur) ou bien de la possibilité (ou impossibilité) de mobiliser la projection ; cela importe fort pour statuer sur le degré de confusion ou de différenciation du fonctionnement de l'enfant. Les déterminants dont l'influence est la plus difficile à élucider sont les couleurs, chromatiques ou achromatiques, et si nous ne citons pas les estompages, c'est que les enfants ne les utilisent pas. Dans le cas des couleurs chromatiques, leur influence générale transparaît dans les contenus, mais leur place plus précise, dominante ou secondaire, est difficile à élucider. L'enquête des limites est là d'un grand secours de par la facilité ou la résistance de l'enfant à fournir des images utilisant ce stimulus ; ainsi, on demandera à un enfant qui traite les planches pastels comme les planches noires si ces planches sont pareilles, ce qui les rend autres et ce qu'il pourrait ajouter en utilisant la couleur. Ce travail d'élaboration est parfois extrêmement difficile et se limite à des appréciations subjectives : « C'est joli », « C'est comme les dessins de ma petite sœur » ou « C'est tout barbouillé » et, parfois plus révélateur d'absence de résonance spécifique : « C'est comme la télé en couleurs » ou « un os peint en différentes couleurs ». Si l'on est souvent amené à utiliser l'enquête des limites pour provoquer des réponses aux couleurs des dernières planches, on n'a pas à le faire pour le rouge de II et III, le premier surtout étant fréquemment donné. Ce sont donc les raisons de son absence qui doivent être élucidées par l'enquête des limites d'une façon progressive allant de l'indirect : « Là, qu'est-ce que ça peut être », « Ça te plaît ça » et « ce rouge, qu'est-ce que tu en penses », au direct : « C'est du feu ou du sang ? » et, devant l'indécision de l'enfant qui cache des essais de refoulement ou de négation de la culpabilité ou de la pulsion, on peut l'emporter par un : « Moi, je crois que c'est du sang. »

En ce qui concerne les images kinesthésiques, l'enquête des limites peut se faire avec une graduation précise : ainsi à III on peut d'abord poser la question : « Ne vois-tu rien d'autre ? », puis « Certains y voient des petits bonshommes » ou bien, devant toutes les planches étalées, demander : « Des personnages ? » Pour des personnages donnés dans une facture formelle : « Ce sont des hommes ? », « C'est un Monsieur », « C'est une dame », le procédé habituel suffit : « Comment les vois-tu » ou « Explique-moi un peu plus », et il devient évident que la réponse « Un Monsieur » d'un enfant est une réponse kinesthésique. C'est ce qui nous a poussé à coter en K les verbalisations même limitées au substantif. Il ne faut pas s'attendre à ce que l'enfant réponde de façon exacte aux questions, comme il ne faut pas lui poser plusieurs fois la même question : Le Rorschach n'est pas un exercice scolaire et il faut profiter des réponses données, même si elles n'éclaircissent pas directement le point précis. Ainsi, un enfant de 6 ans dit spontanément à I : « ça fait penser à des poules qui dansent », et répond à la question posée : « Parce que j'aime bien danser. » Cela met en évidence un mécanisme d'identification projective et un mode anthropomorphe et dépasse de beaucoup le but de la question posée sur la localisation.

On peut aussi bien utiliser ces procédés pour faire ressortir une image, dite banale, ou pousser à une association là où il y a eu refus. Dans ces cas, on peut être amené à proposer une sorte de choix à faire entre des contenus donnés par l'examinateur, et tout cela sur un ton de jeu. Toutes ces interventions doivent être faites après avoir valorisé les réponses spontanées de l'enfant. Leur formulation ne doit jamais faire ressortir à celui-ci quelque insuffisance ou incomplétude par rapport à ce que l'on pourrait dire ou à ce que d'autres répondent ou quelque culpabilité pour ce qui a été fait.

On peut mettre au point d'autres protocoles d'enquête pour élucider une dimension psychologique particulière, objet d'une recherche. Les échelles qualitatives visant à étudier par exemple la valeur symbolique du matériel, la signification de force pulsionnelle des images animales ou des positions de dépendance, supposent des modalités précises d'enquêtes orientées. Ainsi, nous-mêmes, dans la mesure où nous sommes particulièrement attachées au repérage des images parentales dans les productions, avons-nous établi un protocole d'enquête qui portait sur le sexe et la fonction parentale de chacune des images humaines et animales proposées par l'enfant.

L'inconvénient de toutes ces formes d'enquêtes est qu'elles reposent sur la verbalisation qui peut être confuse, difficile à suivre et sujette à suggestion, et refléter mal le perçu. Pour pallier ces difficultés, des techniques graphiques d'enquête ont été mises au point. Celle que préconise C. Beizmann : reproduction par copie à même la planche d'un papier transparent décalque avec demande de « *suivre le contour* » et de « *l'arranger* », fournit la plupart du temps des données complémentaires très révélatrices : en commentant son dessin l'enfant exprime plus largement l'intention et le caractère des images. Cela rejoint le matériel obtenu par les diverses interventions que nous avons exposées et le fait d'utiliser conjointement le verbal et le moteur constitue un enrichissement.

L'épreuve des choix

L'épreuve des choix, qui se situe avant l'enquête classique, se fait aussi bien avec l'enfant qu'avec l'adulte, et elle peut être élargie à de nombreux critères. On demande à l'enfant de montrer les planches qui lui plaisent le plus, et celles qui ne lui plaisent pas ou qu'il n'aime pas. Les justifications de son choix, qu'elles soient données spontanément ou sur demande, sont importantes, non pas tant par elles-mêmes que par la comparaison avec les réponses données dans le test. En effet, elles constituent parfois des fabulations d'autant plus libres que l'épreuve est perçue comme terminée, ou des reprises en main d'autant plus contrôlées que l'enfant craint de s'être laissé aller.

Les planches préférées et rejetées étant désignées, on complète heureusement cette épreuve en demandant : « Celle qui pourrait faire peur » ou tout autre thème qui paraît important. On a également toujours intérêt à demander la planche « qui fait penser à maman » et celle « qui fait penser à papa ». Outre que les réponses obtenues sont pittoresques, elles sont particulièrement instructives quand on les met en relation avec le texte des productions d'une part, et avec la valeur symbolique présumée des planches d'autre part. Poser ce genre de questions paraît difficile à certains psychologues, mais ils peuvent être rassurés, car l'enfant, surtout jeune, ne s'en étonne guère et associe très aisément.

Point n'est besoin d'expliciter davantage les détails, l'essentiel est de se mettre d'accord sur la philosophie de l'exploitation du matériel et donc de la prise du protocole. Estimant que la démarche clinique est également une démarche de recherche, nous subordonnons son déroulement au but poursuivi qui est d'obtenir un matériel authentique, reflétant au maximum les ressources et les besoins du psychisme, matériel où les modifications spontanées ou provoquées, entrouvrant davantage les significations, indiquent le sens et l'orientation des attitudes et des compromis divers. Si l'on admet que le signifiant donné spontanément dans les images change en fonction de l'âge, de l'intégration des informations et des mécanismes de pensée, les modifications apportées par le sujet à l'enquête dans l'acceptation, le refus ou les déformations des engrammes renvoient à des positions plus proches du signifié. Par exemple, la réponse « maison » du jeune enfant qui devient chez l'enfant plus âgé « temple assyrien » ou « pagode chinoise » peut être, en fait, perçue dans son incomplétude : « maison » — « Comment la vois-tu ? » — « Elle est cassée démolie » et « en ruines » renvoient à des positions plus fondamentales de crainte d'anéantissement ; cette notion étaye peut-être l'hypothèse d'une expression très précoce des fantasmes et la mise en place des attitudes et stratégies défensives.

Sans doute, cette optique peut ne pas être partagée et d'aucuns nous reprocheront de déformer les conditions d'applications d'origine. En le faisant, nous pensons, néanmoins, exploiter davantage ce matériel si riche, et l'important nous semble d'avoir suffisamment d'imagination pour faire fructifier les données et suffisamment de rigueur pour en contrôler la portée. En d'autres termes, il faut savoir ce que l'on fait chaque fois que l'on introduit une nouvelle procédure d'enquête ou que l'on modifie la prise de protocole, car, en fait, on instaure une situation nouvelle. Se limiter au texte spontané, donné dans les conditions « standard », amène à un certain nombre de constats relatifs à des hypothèses définies. Élargir le texte spontané, dans un sens ou dans un autre, et d'une façon plus ou moins contrôlée, renvoie à des développements autres, rejoignant un autre corps d'hypothèses. Toute analyse de production créatrice peut, soit concerner un aspect privilégié, porter par exemple, sur le niveau de structuration perceptive, le caractère unitaire ou parcellaire des contenus, soit être élargie à de multiples aspects et à leurs interactions. Dans ce cas, certes, l'analyse devient plus complexe et exige encore plus de rigueur, mais elle aboutit plus pleinement, si on veut bien en prendre le risque.

La notation des temps.

Elle est à observer dans les formes habituelles, temps de latence, temps par planche, et temps total. L'enfant ne nous en donne pas toujours la possibilité, curieux de tout ce qui se passe, du chronomètre que l'on voit ou entend, et les indications les plus importantes sont celles données par l'irrégularité ou la régularité des temps de latence.

Conclusions sur la prise du protocole

Présentation du matériel, prise du protocole spontané, interventions diverses constituent un ensemble dont il est souvent assez difficile de distinguer les étapes techniques. Il faut bien reconnaître que le texte écrit, rédigé même avec le maximum de précautions, ne reflète que rarement la teneur exacte de la situation, tant il est malaisé dans le cas d'enfants jeunes ou difficiles, de cumuler les activités, à savoir : observer, écouter, parler, écrire dans le détail nos propres interventions, maintenir l'intérêt et un certain mode de relations. Il est pourtant de la plus haute importance, dans la perspective de travail qui est la nôtre, de pouvoir, d'après le document mort, rapporter les réponses à la phase correspondante spontanée, sur un simple encouragement, sur question indirecte ou enquête directe et explicitation franche ou additionnelle. Ces différents degrés de mobilisation rejoignent d'ailleurs ce qui est donné par les contenus et les modes d'expression.

Le souhait d'avoir un texte clair où les réponses apparaîtraient différemment suivant l'étape de leur obtention ne doit pas nous faire pousser l'enfant dans ses retranchements car une trop grande insistance constitue une contrainte qui va immédiatement biaiser les résultats.

D'une manière générale, il faut obéir au maximum au but que l'on s'est fixé et, partant, aux conditions de passation qui en découlent. Il ne faut pas sacrifier la production à la procédure.

2 Le dépouillement des réponses : analyse et interprétation des facteurs

Les réactions des sujets face à chacune des dix planches du Rorschach présentées successivement, soigneusement transcrites, sont d'abord l'objet d'une analyse, puis de synthèses partielles qui aboutissent à une interprétation globale. Elles sont constituées de substantifs isolés ou de récits fabulants, rebondissants, elles vont des constats simples aux mises en scènes complexes et sont ponctuées d'interpellations directes ou entrecoupées de moments de rupture. Or le mode de dépouillement des réponses, le système de cotation ne concerne que le corps de la réponse, un substantif donné aura une même codification qu'il apparaisse seul d'une façon dépouillée, ou abondamment qualifié, voire compris et intégré dans une scène. L'ensemble des cotations d'un protocole ne représente donc que la charpente d'un édifice qui peut avoir été construit de différentes manières et ces manières importent autant que les éléments de base utilisés. Nous nous attacherons donc non seulement à rappeler les principes de cotation d'une réponse, mais aussi à préciser les caractéristiques des éléments qualitatifs, à l'intérieur d'une réponse ou indépendamment des réponses, et à tenir compte du mode d'expression verbale : pour ces deux derniers aspects, les critères sont difficiles à préciser, car ce sont là des domaines qui n'ont guère trouvé de chercheur.

Supposant connus le ou les systèmes de cotation du Rorschach nous ne les reprendrons que pour commenter les particularités d'utilisation dans les protocoles d'enfants ou nos propres élaborations à partir des symboles usuels. Chacune des réponses est analysée sous l'angle du cadre perceptif utilisé, du mode d'appréhension caractéristique, sous l'angle de l'aspect expressif de la réponse (le déterminant), sous l'angle enfin de son contenu descriptif, avec pour hypothèse, très sommairement exprimée ici, que la localisation se réfère à l'approche mentale, le déterminant au retentissement émotionnel et le contenu aux intérêts et préoccupations. Notons tout de suite que nous allons avoir l'occasion de réfuter le caractère tranché de ces distinctions tout au long de cet ouvrage.

A. Les modes d'appréhension

Ils définissent la localisation, le cadre perceptif dans lequel se moule le contenu, la réponse. Ils comprennent les réponses globales G, les réponses de grands détails D, les interprétations des espaces blancs Dbl et les réponses de petits détails Dd, axiaux, intérieurs, ou de bordure, et les détails particuliers nommés Do.

Nous nous sommes déjà expliquées ailleurs sur les caractéristiques générales de ces modes et leur valeur interprétative souvent autant affective que mentale. Nous tenons compte des apports des études génétiques et psychopathologiques et renvoyons le lecteur aux pages qui y sont consacrées par C. Beizmann (1974), G. Dworetzki (1939) et N. Rausch de Traubenberg (1970). Nous aurons néanmoins à insister encore sur l'intrication des significations, intrication entre les valeurs intellectuelle et affective de chacun des facteurs. Ainsi, le fonctionnement du jeune enfant étant plus global, un moment de malaise portera sur l'ensemble des facteurs et non pas sur celui qui est considéré chez l'adulte, comme le plus propre à l'exprimer.

Quelques points cependant ont spécialement attiré notre attention et méritent d'être signalés du fait de la difficulté que l'on a à les circonscrire et à les interpréter.

1. Les réponses globales

Parmi les réponses globales G, certaines sont le fait de saisies immédiates de l'engramme dans son ensemble, parfois avec une intégration explicitement verbalisée des interstices blancs :

— d'autres semblent se constituer progressivement comme si l'enfant pensait tout haut, à partir de grands détails ou de détails blancs, et sont en général cotées en D → G ou (Dbl) G ou (D) G : *juxtapositions simples* spécifiquement enfantines. sortes d'assemblages plus ou moins disparates, mais adéquats, utilisant des locutions telles que « avec, derrière, sur », dont le résultat peut être correct « F + » ou fabulant « F — », « kan — »; par exemple à VII : « Une araignée avec sa toile » (D méd.); à III : « Il y a des rochers gris avec des traces de sang »; à VII : « Des nuages, un deux trois, et un bâton dessus », à I : « Ou alors des dames avec derrière elles une cape déchirée » ;

— ou *combinaisons articulées* par une interaction ou interdépendance entre les D : par exemple à III : « A des chiens et il y en a un qui a perdu ses lunettes »; à IV : « C'est une personne qui va attraper, taper avec le bâton »; à VI : « Une marmite où il y a un oiseau qui vole dedans »; à VIII : « Une nourriture que deux ours essayent d'attraper, ils sont grimpés sur la tache orange, sur un bloc de glace pour attraper quelque chose qu'ils aiment. »

Ces combinaisons sont déjà des élaborations quand elles dépassent le stade du constat, de la juxtaposition. Elles sont très souvent le résultat d'un besoin d'exprimer un problème, une souffrance, un désir. Autrement dit, l'articulation est suscitée par un simple jeu de fabulation ou bien elle renvoie d'une façon plus ou moins explicite à un fantasme. Il s'agit souvent de scènes animées à participation autant animale qu'humaine, sortes d'images racontées où il est très délicat de départager l'influence respective des aspects formels, sensoriels et kinesthésiques : « On dirait du feu partout, un bâton qui brûle et la femme a brûlé tout entière » (IX); « Ça me fait penser à des hommes qui veulent craquer un taureau » (I).

On observe aussi une progression qui va du constat à l'animation : « Un trou dans le ventre du papillon et les ailes, on l'a tué » (II), où le mécanisme est sous-tendu par le retentissement émotionnel, où il ne s'agit plus d'une articulation réelle, mais peut-être d'un justification socialisée d'un vécu de mutilation, de manque, voire de castration.

Ce type de G est fréquemment utilisé par les enfants d'âge préscolaire aussi bien par ceux dits « normaux » que par des enfants perturbés, les premiers en donnent plus souvent, emportés par une imagination non chargée de conflit et non encore canalisée par un mode de pensée plus scolaire. L'attitude du psychologue, le climat de la passation du test, la manière de poser des questions jouent ici un rôle primordial surtout si celles-ci interviennent dès les premières réponses.

Il faut pouvoir distinguer de ces G, les G *confabulés*, toujours symbolisés par DG. Cette cotation est réservée aux réponses globales déterminées en fait par un seul détail à partir duquel le reste est extrapolé, quand voir une aile permet de dire « un oiseau », ou voir des pinces, le crabe en entier. Le mécanisme de pensée ici est le pars pro toto abondamment étudié dans l'évolution de la perception chez l'enfant où le détail n'est pas considéré en lui-même mais vaut pour un tout, ou se confond même avec le tout. On peut dire qu'il s'agit d'une généralisation hâtive à partir d'un détail dont le résultat sur le plan qualitatif est mauvais alors que le détail lui-même est correctement identifié. Celui-ci, point de départ du DG, peut aussi bien être un espace intermaculaire Dbl qu'un Dd ou un élément couleur. Les DG les plus classiques chez les enfants sont les « maisons » de I suscitées par la « fenêtre » en Dbl, les « chats » de VI par le repérage des moustaches de chat ; les « crabes et araignées » à cause des pinces et des antennes. Il faut aussi savoir qu'il existe un DG particulier, DG par extension de C. Beizmann, celui où le détail est étendu au tout : à VI en G : « les moustaches » d'un chat parce qu'il y a des moustaches dans le détail supérieur. La même enfant de 6 ans donne un DG par généralisation à IV : « Ça me rappelle quelque chose, un loup avec ses pattes ici, la queue qui dépasse et les pattes, les loups ça existe pas à Paris » ; il en donne un autre construit et bien justifié à II : « Une poule qui pond un œuf en volant, le bec là (D pointe méd.), l'œuf il est en rouge. » Dans cette réponse, plusieurs détails peuvent avoir été les points de départ du DG de par leur forme et leur position respective, mais leur mise en relation est certainement dictée par une préoccupation personnelle.

Appeler ces réponses DG confabulés les pathologise trop dans l'esprit des utilisateurs alors qu'elles constituent une étape de l'évolution perceptive d'un niveau syncrétique, certes, mais très « normal » à certains âges et dans certains modes de fonctionnement. Il ne faut pas assimiler chez le jeune l'inadéquation formelle à la pathologie. Il convient de se rappeler la manière dont sont posées les questions : « Qu'est-ce qui te fait dire un crabe ? » ou « Comment le vois-tu ? », entraîne un réponse naturellement dirigée vers les caractéristiques principales, les attributs essentiels de l'engramme. Il importe d'apprendre à distinguer les DG fréquents ou bien justifiés et anodins, stades de développement perceptif, des DG bizarres dont la survenue sporadique ou l'apparition stéréotypée indique le caractère déviant, qu'il s'agisse d'une perturbation occasionnelle ou d'une indifférenciation fondamentale de la réalité objective. Le DG vrai n'est cotable que si le détail a déterminé la réponse et non pas s'il en précise *a posteriori* la composition.

Les réponses globales dites *contaminées* sont le résultat d'une fusion de deux percepts, d'un télescopage de deux images dont le résultat est absurde mais dont on peut souvent retrouver le point de départ. Le mode de pensée responsable de ces superpositions est caractéristique de la désorganisation schizophrénique chez l'adulte ou l'adolescent.

Si les protocoles d'enfants jeunes en sont particulièrement fournis, il ne s'agit que de « pseudo-contaminations » comme C. Beizmann propose de les nommer, car il n'y a rien de choquant pour un jeune enfant qu'une seule et même image rappelle ou évoque deux réalités différentes. Ainsi à III : « laine en papillon » (D r. méd.), à IV : « ours-papillon » ou à V « escargot-mouche », sont des images qui proviennent d'une sorte de condensation souvent fort bien justifiée à l'enquête. La superposition peut être aussi bien temporelle que spatiale et il nous paraît très difficile d'en analyser le processus en dehors d'études expérimentales rigoureuses, car plus on insiste auprès de l'enfant plus le percept se déforme ou se trouve annulé.

Nous nous en tiendrons à la distinction suivante. D'une part, les G, combinaisons fusionnées ou « pseudo-contaminations », où l'appartenance respective peut être retrouvée et où les contenus se rapportent au même registre de réalité objective. Ainsi pour V la réponse « papillon-escargot » est la condensation de deux images du même registre où le jeune enfant peut retrouver les détails respectifs, et de même à V : « un papillon, non ses ailes, plutôt un lapin emporté par l'oiseau et en même temps un avion avec ses roues. » Le même type de réponse se retrouve chez les plus âgés et même chez l'adulte et sont le résultat d'un mécanisme tout autre, à savoir d'une vigilance perceptive critique qui exige de tenir compte d'éléments que d'autres laisseraient tomber, attitude d'attention exacerbée rejoignant éventuellement le besoin morbide de justification et de rationalisation. Ainsi la réponse « une sorte d'hybride entre un papillon et un escargot » donnée par un adulte de formation scientifique n'aura pas la même interprétation que le « diable-papillon ».

D'autre part, les G contaminés à proprement parler où sont superposés et fusionnés deux registres dont l'association même en une seule réponse est aberrante. En voici des exemples : à VI : « le ventre (montre sur lui-même) d'une vipère, elle est grosse, elle mord beaucoup de garçons, elle les mange des fois. » On constate ici l'indifférenciation entre soi et le monde extérieur et l'infiltration d'un signifiant destructeur. Un garçon de 6 ans dit à VII, après un G confabulé à V : « Maintenant ça ressemble à des jambes ; là (les deux premiers tiers) et là c'est le cœur d'un monsieur qui danse, on dirait qu'il gigote et il y a une limace qui monte sur son ventre » : le désir de lier ne tient compte ni de l'incompatibilité des éléments, ni de leur disproportion. A 7 ans, un enfant donne à IV : « un monsieur à l'envers parce qu'il a été piqué par cette bête » (D méd.). Un autre de 6 ans dit à II : « Une souris qui attrape ses mains ». Ces réponses nous paraissent dues à la confusion de mise en rapport des notions de dedans/dehors, d'intérieur/extérieur. La mise au même plan de ces deux niveaux provoque disproportion et télescopage. En cela elles rejoignent les contaminations des malades adultes qui sont presque toujours constituées par des doubles références à l'intérieur du corps et à une action extérieurement observable et dans lesquelles la même localisation est en même temps l'élément intérieur et extérieur, par exemple à VIII : « les hyènes qui s'arrachent leurs corps ». La thématique y est presque toujours relative à la dévoration destructrice ou à l'annihilation, et à l'indistinction agresseur/agressé. A notre avis, elle constitue un élément de différenciation très sûre des deux catégories de G, les G fusionnés ou « pseudo-contaminés » et les G franchement « contaminés ». Il convient aussi de mentionner la fréquence de l'intégration de l'interstice blanc dans les réponses globales et la difficulté de cotation que cela entraîne. En effet, s'il est d'usage chez l'adulte de se baser sur l'ordre d'apparition des termes comme dans la réponse « le cratère d'un volcan » (DblD ou DblG), il est aléatoire de le faire chez l'enfant qui, en raison du syncrétisme dont nous avons parlé fonde d'emblée sa réponse, par exemple « maison » sur les lacunes et n'en parle que par la suite. Nous jugeons de la participation des lacunes à la réponse souvent à partir de l'enquête et aussi d'après l'expérience que nous avons des réponses d'enfants. D'une façon générale et dans un registre normatif les détails du fond sont souvent nivelés avec la figure et constituent simplement un enjolivement de la réponse, une description accessoire : « le papillon a une tache blanche ». Ils peuvent aussi être d'emblée ressentis comme un manque : « le papillon a des trous on l'a tué », ou comme un facteur d'anxiété : à I « Le renard il a des gros yeux blancs » ; à II « On dirait un masque ». Ces G/bl seraient peut-être le reflet d'une prise en charge de l'élément Dbl qui a déclenché l'angoisse phobique. De fait, l'enfant est souvent très sensible à ce qui est « cassé », « défait » non entier, mais dans le corps de la réponse et pas uniquement dans la lacune. Une véritable intégration ne peut être observée que chez les enfants plus âgés : à VII « le port où il y a de l'eau de la mer, on ouvre beaucoup d'eau et on met les péniches » ; à II « une fusée qui part dans les nuages ; à VII « Un pont et l'eau dessous ».

Lors de la récapitulation des réponses G nous tiendrons compte : des G d'appréhension formelle immédiate, dits simples ou courants, du type « papillon » « arbre », « pont » ; des G obtenus par articulation des parties que l'élaboration ait été immédiate ou progressive, qu'ils soient en F, en K ou en kan ; des G confabulés (indiqués DG) en F- ; des G contaminés vrais et des G suscités par l'élément sensoriel couleur ou estompage, c'est-à-dire des G impressionnistes. Ayant ainsi distingué le niveau de structuration de la réponse, nous en analyserons la qualité d'adéquation objective.

2. Les réponses grand détail D

Les réponses grand détail D résultent d'un découpage du stimulus en sous-ensembles de grandeurs variables dont la détermination répond à la différenciation perceptive explicitée par un critère statistique. Nous avons utilisé la liste des D en usage en France. Les D peuvent être relatifs à une localisation isolée, tel l'animal du D latéral rose de VIII, ou à une mise en rapport de plusieurs localisations isolées : ces mêmes animaux vus traversant un ruisseau ou faisant partie d'une scène. Nous avons beaucoup tenu compte de cette distinction car la mise en relation fréquente chez les enfants, surtout pour les scènes animales qu'ils y projettent, peut être objective mais aussi fabulante. C'est à ce niveau qu'il importe de préciser la qualité objective de l'association proposée. L'appréciation en est considérée comme plus facile parce que le percept est plus précisément cadré, alors que dans le G l'imaginaire peut l'emporter sur l'objectif et l'adéquation alors devient plus aléatoire. Il nous arrivera maintes fois de constater davantage de rigueur d'appréciation dans les D que dans les G comme de remarquer que les D peuvent soit répondre à des schémas primitifs « pierres », « rochers », soit constituer de véritables entités bien détachées et à contenu bien délimité. Ici comme dans les G on trouvera de fréquentes associations de détails blancs, à II surtout, ainsi que des combinaisons avec de petits détails juxtaposés.

3. Les petits détails Dd

Les petits détails Dd, détails autres que ceux de la liste des D, plus ou moins petits, excroissances diverses, mais aussi tronçons de l'axe médian et détails intérieurs sont en fait peu nombreux et ne s'observent qu'après 8 ans chez les enfants des groupes scolaires. Ils semblent être plus fréquents chez les caractériels, les névrotiques et les psychotiques. Chez ceux-ci, ils sont intensément chargés d'intention, insérés dans des actions et des relations de persécution. Ils ne reflètent parfois qu'une focalisation ou une rétraction de l'attention sur des éléments plus descriptifs qu'interprétatifs où « creux », « pointes », « petits traits » ne sont qu'essais maladroits d'analyse primitive, parfois utilisés comme écran contre l'expression des problèmes.

4. Les détails blancs Dbl

Les détails blancs Dbl sont assez rarement utilisés seuls, sauf à VII où prédominent les images de nature ou de paysage, « lac, puits, grottes, creux, trous, route, lumière, autoroute », ou bien à II où les objets tangibles sont les plus fréquents « avions, fusées ». Les Dbl « primitifs » peuvent être ceux relatifs aux « ronds, trous, route, crevasse, creux » donnés par les tout-petits alors que les Dbl d'une structuration plus formelle et plus précise, les « églises, avions, fusées, volcan, pont, carré », « des danseurs » seront traités comme des figures par les plus âgés. Ce qui frappe ici c'est la fréquence des petits Dbl donnés dans des contenus « yeux » ou « trou » ou « eau » et celle des associations combinées entre des petits détails de la figure et des petits détails lacunaires parfois bien difficiles à distinguer des

Dbl francs et dont la présence est notée dans les tests d'enfants anxieux, que l'anxiété soit du registre névrotique ou plus franchement interprétative.

5. Les Do

Quand aux Do, détails dits oligophréniques, ils sont rares et surgissent surtout à la planche IV : « pieds », parfois à VI et à I. On les trouvera dans les protocoles de sujets considérés comme « névrotiques » et aussi dans les tests des enfants des écoles.

L'ensemble des modes mineurs – Dd, Dbl, Do – prédomine dans les protocoles restrictifs signant un mode d'inhibition névrotique avec manque d'assurance.

6. Le type d'appréhension

La récapitulation des modes d'appréhension se fait classiquement par la transcription des modes utilisés en soulignant celui qui est exagérément utilisé et en surlignant celui qui ne l'est pas assez compte tenu des normes utilisées. Dans les psychogrammes que nous avons présentés, nous n'avons pas voulu matérialiser ces considérations ne disposant pas de normes précises et récentes âge par âge. Dans l'ensemble, nous nous sommes référées à celles de C. Beizmann, mais certains des résultats nous semblaient indiquer une évolution différente dont il ne nous a pas été possible de faire une étude poussée.

7. L'indice de combinaison Z

Il nous a paru utile d'utiliser dans nos élaborations l'indice Z proposé par Beck (1945) pour rendre compte du « processus d'organisation » d'une réponse. Toute mise en rapport de deux ou trois percepts aboutissant à une nouvelle image est matérialisée par une valeur Z allant de 1 à 6. En elle-même la valeur de Z constitue déjà une indication valable sur la mobilisation de l'énergie intellectuelle. Mais c'est la comparaison avec le F+% qui explicite le mieux sa dimension psychologique réelle. Analyser conjointement Z et F+ % permet la distinction immédiate entre des mises en relations fantaisistes voulues par l'imaginaire et mal contrôlées (Z élevé avec F+% bas) et recherche de combinaisons, véritable démarche mentale utilisant la réalité objective (Z élevé et F+% élevé). Ainsi les Z élevés de nos groupes de psychotiques témoignent d'articulations trop personnelles (F+% bas) et les Z assez bas de certains enfants névrotiques et immatures, d'un mode de fonctionnement rétracté mais conforme aux exigences du monde objectif (F+% assez élevé.)

B. Les modes d'expression : les déterminants des réponses

Les différentes réponses verbales données recouvrent une gamme étendue de réactions qui vont des exclamations, interjections immédiates et simples aux interprétations hautement élaborées et aux visions les plus extravagantes. L'enfant crée ou décrit, imagine ou cherche la ressemblance, fabule ou repère : donc il réagit, raconte, propose et impose en utilisant les facteurs présents dans le stimulus et ses propres fantaisies et ressources, dans une interaction constante d'autant plus difficile à suivre qu'il est jeune ou qu'il est perturbé. Se centrer sur le stimulus, c'est tenir surtout compte des contours, des formes, des qualités chromatiques, des différences de teintes « sensorielles », c'est s'en tenir aux qualités perçues. Puiser dans son vécu, son expérience et ses préoccupations, c'est animer, dynamiser les formes, projeter des actions, prévoir une finalité et donc adjoindre aux qualités perçues des qualités projetées. C'est ainsi que les images et fantaisies auront une expression soit essentiellement formelle F, soit chromesthésique, pure ou associée à la forme — C, CF, ou FC, noir, blanc et gris compris —, soit kinesthésique — K, kan, kob — et basée alors sur une animation de l'engramme, une activité simultanément formelle et kinesthésique, possible seulement par la force et la liberté de la projection, la plasticité des différentes expériences de différenciation de soi.

Nous ne discuterons pas ici des aspects théoriques généraux ou expérimentaux de tous ces déterminants, nous en soulignerons simplement les aspects soit peu exploités dans le travail clinique quotidien, soit étroitement liés à l'expression enfantine.

1. Le déterminant formel F

Il est dicté par l'expérience acquise de la réalité objective, facilité par la mémoire et l'éventail des informations. Classiquement on considère qu'il reflète le maniement du réel objectif et, par extension, le recours à des conduites plus intellectuelles qu'émotionnelles, adéquates ou non, contrôlées ou floues suivant la qualité de la forme proposée.

La forme « dynamique »

Notre expérience nous incite à nuancer la position ci-dessus, car s'il est vrai qu'il y a dans l'élément formel une forte saturation perceptive et cognitive obéissant aux principes gesttaltistes de qualités structurales de « closure », de configuration, de symétrie, ce n'est pas à l'exclusion absolue de toute valeur émotionnelle. Les objets ou les images cités peuvent paraître anodins ou d'apparition fortuite alors que d'autres sont comme surdéterminés par une valence affective particulière consciente ou inconsciente, et ceci d'autant plus que l'enfant est jeune. L'attention est attirée soit parce que les interprétations relèvent d'un seul et même thème à travers le test – agression, craintes ou besoins de l'agression : « couteau, pinces, poignard, arc, bâton » ou animaux particulièrement féroces, soit parce qu'elles rejoignent une symbolique que le sujet est inapte à exprimer d'une façon plus explicite : « pot, vase ou baie, golfe, terrier ». C'est dans ces cas que nous parlons de formes à valeur affective ou de formes dynamiques, reprenant la proposition de Schachtel qui considère que tout déterminant constitue une expérience, un mode d'expérience, une modalité de vivre le monde extérieur ou ses propres positions (1966) et qui défend l'hypothèse d'une perception «affective » en fait antérieure à la perception plus neutre, plus détachée, plus objective de la forme. Dans le cas de l'enfant, cette manière de considérer les F, toute qualitative et qui peut ne pas ressortir dans les cotations ou le psychogramme, nous a paru indispensable : l'enfant est en effet la plupart du temps incapable de dissocier le formel de l'émotionnel ; comme il ne peut faire passer son vécu par les couleurs, sa réaction est plus simplement psycho-physiologique. Il importe aussi de noter ici que certaines caractéristiques invoquées, telle la taille des objets ou des animaux, constituent une qualité « dynamique » de la plus haute importance à relier avec la force et la puissance ou la faiblesse et l'insuffisance. Il est très clair que les adjectifs « gros, petit, grand, fort, mince » donnent une connotation de force ou de faiblesse, de sentiment de puissance ou d'insécurité, toutes attitudes relatives au vécu du monde extérieur mais qui peuvent aussi correspondre à une sorte d'identification à l'objet en question par le biais de cette qualité. Peut-être est-il question là de l'évaluation de soi.

Il est intéressant aussi de nous sensibiliser à la manière dont l'enfant occupe l'espace proposé, marquant une préférence soit pour les éléments délimités, fermés, soit pour les configurations larges et ouvertes, et renvoyant par exemple au besoin de protection et à la crainte du monde extérieur pour la première et, au contraire, aux essais d'éviter tout contenant trop proche d'un emprisonnement pour la seconde. On peut répondre à cela que tout engramme renvoie à une utilisation symbolique, mais parler du caractère «dynamique» d'une forme au Rorschach exige de replacer le terme utilisé par le sujet dans son contexte et de l'évaluer en fonction de la valeur symbolique du stimulus et des commentaires donnés. Le repérage seul de la valeur affective de la forme, aussi important soit-il, ne donne pas la clef de l'interprétation et, en particulier, il ne permet pas de distinguer s'il s'agit d'un désir ou d'une crainte de prises de position passive ou active.

Quel que soit son poids, la forme guide la réponse de l'enfant. Toutes les études normatives montrent qu'elle est bien plus utilisée par l'enfant que par l'adulte et que plus l'enfant est jeune, plus elle prévaut. Cette prévalence est à mettre sur le compte de la difficulté qu'éprouve l'enfant à verbaliser d'une façon plus différenciée et aussi sur l'impossibilité, pour nous, de symboliser autrement les réponses données si originales et pittoresques.

La qualité de la forme

Elle est à évaluer en F+ si elle est correcte, en F— si elle est inadéquate, en F± si l'engramme donné ne permet pas l'appréciation. Il se pose à ce propos un problème délicat, celui des critères de cotation des F+ ou des F—. On peut en effet les considérer comme relatifs à chaque tranche d'âge — listes de Ames, Ford, Vorhaus — ou fixés par les listes de fréquence des réponses adultes. Ce dernier critère nous paraît plus maniable et plus parlant pour deux raisons : l'une pratique : nous pouvons nous aider de la liste de C. Beizmann réalisée en France ; l'autre plus méthodologique : cela permet de suivre âge par âge l'évolution du jugement et de son objectivité. Quelle que soit l'utilité des études normatives, elles ne sont, à notre avis, que d'un emploi limité et ne donnent que des lignes directrices relatives à un échantillon déterminé d'une culture donnée. Indiquons aussi que le type d'éducation dispensé influe souvent, surtout s'il s'agit de très jeunes enfants, non seulement sur la quantité d'informations et de connaissances acquises, mais aussi et surtout sur la liberté d'expression et la spontanéité créatrice.

Le F % et le F+ %

La récapitulation de ces données donne lieu au F % — rapport entre le nombre total de réponses formelles et le nombre total de réponses — et au F+ % — somme des réponses F+ ajoutée à la moitié des réponses cotées F± par rapport au nombre total des réponses formelles. On sait que le F % est plus élevé chez les enfants normaux que chez les adultes et que les petits surtout n'utilisent que la forme mais celle-ci a une résonance émotionnelle très forte que l'on met facilement en valeur quand on les pousse à expliciter leur réaction : « Une vache » — ? — *« Elle a des cornes, elle peut vous attraper »* ; « Des chiens au cirque » — ? — *« Parce que j'aime danser »* ; « Un loup » — ? — *« Non j'ai pas peur. »* Cette implication personnelle s'exprime plus tard seulement par des déterminants plus spécifiques. De toute évidence la prévalence de la forme qui s'inscrit dans les réponses de nos sujets est optimum dans les groupes de 6 à 8 ans « normatifs » et névrotiques (69 %), alors qu'elle est nettement moindre chez les caractériels, les prépsychotiques et les psychotiques, ces derniers ne pouvant pas retenir l'implication personnelle qui passe essentiellement par les kinesthésies mineures. Le F+ % ne s'élève pas d'une façon notable d'un groupe d'âge à l'autre tant qu'il s'agit d'enfants névrotiques ou à tendance névrotique, alors qu'il augmente chez les enfants « normatifs » après avoir subi un abaissement à l'âge du cours préparatoire.

Le F % élargi et le F+ % élargi

Souscrivant aux hypothèses de Rapaport quant à l'intérêt de ces deux pourcentages et curieux de les tester sur des protocoles d'enfants, nous les avons appliquées à nos données. Nous rappelons que le F % élargi tient compte, en plus des F purs classiques, de tous les déterminants doubles où la composante F tient la première place — FC, FE, FClob — et de toutes les kinesthésies à composante formelle évidente. Le F+ % élargi étend à ces derniers déterminants le critère du F+ % ordinaire. Ainsi, le F+ % élargi sera plus élevé que le F+ % simple dès qu'il y aura participation contrôlée d'une réaction au sensoriel ou d'une projection. Cela nous indiquera la propension du sujet à cadrer dans un percept la réaction très émotive ou très projective. Ce pourcentage, presque toujours plus élevé, l'est d'autant plus dans les attitudes privilégiant la formation réactionnelle, l'intellectualisation ou encore l'intégration progressive de la maturation, la secondarisation ou la capacité à différer l'impulsion. Le F % élargi égal au F % normal indique d'emblée une prévalence des réactions couleurs pures ou couleurs associées — CF, EF ou ClobF — et laisse craindre un envahissement facile par les élans émotionnels. Le F % élargi complète le F % simple indiquant le type d'influence exercé par la projection ou l'émotion sur le jugement, influence positive si le F+ % élargi est franchement supérieur au F+ % simple, influence dégradante dans le cas inverse.

2. Les déterminants kinesthésiques

Ces déterminants sont caractérisés par la mise en mouvement, l'animation, la dynamisation des images et engrammes présentés : images humaines K et kp, images animales kan, images d'objets kob. La projection d'un mouvement sur une configuration spatiale est une création limitée certes, mais qui, comme toute création, suppose le recours à l'imaginaire où s'infiltre nécessairement l'inconscient, *a minima* ou *a maxima*, à contenu sain ou morbide, dans un but de réalisation constructive ou défensive mais toujours au travers d'une expression motrice ou d'une tension musculaire.

Besoins, motivations, craintes ou désirs, conflits ou tensions ont ainsi une voie d'expression indirecte par le biais d'actes créateurs *a minima*, le fait même qu'elle soit indirecte suppose une possibilité d'intériorisation. Implication personnelle, intense ou évasive, besoin de représentation de soi ferme ou floue, trouvent ici, dans tous ces modes kinesthésiques, une trame, une texture. La matérialisation en est plus ou moins évidente et on en peut juger suivant le degré de différenciation objective de l'engramme (G, D, D/Dbl ou G/bl), de sa localisation, de l'adéquation entre l'activité et l'image elle-même, et le niveau même de cette activité qui va du besoin primaire au besoin d'échange.

Plus jeune est l'enfant, ou plus perturbé est-il, moindre est la différenciation à tous les niveaux et dans tous les aspects et plus fréquente est l'indistinction K, kan, kob, comme la confusion de la localisation et le mélange des règnes dans les contenus. On sait à quel point l'enfant jeune s'identifie aux animaux et aux objets presque plus facilement qu'à l'être humain et c'est peut-être là une persistance de besoin d'omnipotence et d'un mode de pensée animiste ou anthropomorphique. S'il se sent lié, uni, identifié au monde ambiant, il va l'exprimer aussi bien en kob qu'en kan qu'en K qu'en F purs à valeur dynamique. S'il est pris dans un réseau de souffrances liées aux relations, il pourra l'exprimer peut-être plus par le biais des K, des F à contenus humains, des réactions aux planches à imprégnation thématique particulière et par le biais des kan qui prennent alors valeur de déplacement.

Plus une problématique est archaïque, plus massive et plus confuse seront ses manifestations et plus on trouvera de chevauchements dans l'utilisation des déterminants en général ou des déterminants kinesthésiques en particulier. Références formelles, sensorielles ou kinesthésiques serviront alors le même besoin, le même thème de destruction ou de dévoration, par exemple : « le pont démoli », « le visage martyrisé », « l'orage qui éclate », « le tremblement de terre » ou « les hommes qui s'entre-tuent ». L'avalanche des K, kan, F– ou kob F±, ou CF et des déterminants doubles, traduira un seul et même besoin, toujours la même préoccupation.

Moins la problématique est archaïque, moins il y aura de confusion dans les modes d'expression ou dans les modes d'appréhension, plus décantées seront les formulations, plus délimités les engrammes, plus nettement distincts les déterminants et plus différenciées les expressions kinesthésiques et les contenus : plus complète et mieux définie sera l'expression K, c'est-à-dire la projection du mouvement dans la représentation d'un être humain réel, actif et sexué.

A l'extrême, il peut paraître abusif de chercher à distinguer les uns des autres les différents facteurs kinesthésiques K, kan et kob, dans leur signification de « projection » tellement la projection balaie toute la gamme des modes d'expression, autrement dit des déterminants, du formel pur au sensoriel, au kinesthésique et peut-être plus, pour certains, le formel que le kinesthésique. Objets, jouets, forces de la nature, animaux répercutant le vécu émotionnel d'une expérience et ce déjà au niveau de la simple dénomination verbale d'une configuration formelle F et la mise en activité ou en relation de ces mêmes engrammes ne constitue qu'une confirmation de la valeur « projective » de l'association, valeur dont il est important de se rendre compte si l'on veut comprendre le monde imaginaire de l'enfant et y participer. Ainsi le simple choix, dans le bestiaire, d'animaux communément associés avec l'agression ou les peurs : lions, loups ou crabes, araignées, et à partir du moment où il est systématiquement donné ou inadéquat au percept aide à situer le point de convergence des motivations. Il en est de même des objets, obus, fusée, avions, fusil, ou pot, panier, maison, couverture, bâton... Une question de l'examinateur provoque aisément explications et attributions d'activité ou d'intentions dans le sens prévu ou dans le sens de défense contre le vécu suggéré : « Le gorille, il est gentil. »

Un problème de cotation peut se discuter ici, à savoir si la symbolisation n'a trait qu'à l'engramme donné spontanément et sans que l'on se réfère à sa signification dynamique, ce qui est la solution sage mais limitative, ou si elle tient compte des réponses aux interventions et utilise la signification fantasmatique de cet engramme. Ces deux manières de procéder aboutissent à des résultats quantitativement très différents dans la récapitulation des facteurs, ce qui doit inciter à la prudence quant à l'utilisation des données dites normatives. Utiliser les deux façons de faire est très didactique et facilite le repérage des attitudes défensives.

α) LES KINESTHÉSIES MINEURES

Le passage des F dyn aux kob, aux kan et aux kp

L'éventail des déterminants kinesthésiques débute à notre avis avec les formes à valeur dynamique F dyn, qui précèdent l'expression kinesthésique plus assumée et plus précise des kan, kob et surtout de K, mais qui peuvent coexister avec ces derniers ou même être les seuls représentants de la « dynamisation ». Elles sont alors le reflet d'attitudes défensives rigides, de contrôle, d'isolation, d'intellectualisation et de formations réactionnelles. Les réponses en F : avion, fusée, pince, peuvent devenir des kob, comme les réponses F relatives aux grands animaux féroces ou aux petits animaux inquiétants deviennent des kan et si leur surdétermination kinesthésique n'a pas été donnée spontanément, c'est par le mécanisme même de la pensée enfantine où le mot, le substantif, a valeur évocatrice large et comporte une résonance émotionnelle *per se*, une tonalité positive ou négative que l'enfant annule parfois : « gorille — ? — il est gentil », mais confirme le plus souvent à l'enquête. Ainsi un enfant de 5 ans, très carencé, donne à I : « un loup » puis « un gros loup » cotés en F et FClob et à III : « Y mangent ça les gros loups » (kan). Un autre enfant de 4 ans dit à IV : « Regarde, il y a des grandes chaussures » et ajoute à l'enquête : « Un grand pantalon ; j'aime pas les méchants ! » Un autre enfant dit à II : « Une abeille toute noire » et à l'enquête : « J'en ai vu une comme ça, grande, elle m'a piqué là », à I : « Des ours, une lionne, ils sont sur deux pattes, ils sont pas gentils. » Toutes ces réponses montrent bien le mécanisme de condensation qui opère ici et qui justifie les extrapolations que nous faisons sur la valeur de charge affective de certaines réponses purement formelles au départ.

A part les F devenant kan, les F devenant kob, il faut aussi noter les glissements très rapides des F en kp. Il s'agit de petits détails intérieurs dont la disposition spatiale, face à face, semble déterminer la portée comme cette réponse à I : « C'est des bonshommes colorés en noir » — ? — « Ils se regardent d'un air bizarre » — ? — « Ils s'aiment beaucoup, ils sont colorés en noir. » La description de ces réponses s'appuie toujours sur des éléments de posture, d'un rapport de face à face, de symétrie, dans une aire très localisée. Il semble que ce face à face, quand il est remarqué dans des petits détails intérieurs, prenne aisément une signification de rapport d'agression, de jugement, voire de persécution, alors que la même posture, dans des détails plus importants, plus prégnants, se réfère à des modes plus banals de relations. C'est le caractère à la fois minuscule et symétrique qui importe : dégager ces détails exige une perspicacité vigilante propre aux craintes de jugement et à une propension au vécu persécutif. Notons que les petits détails, tronçons des diverses saillies pouvant composer des scènes, ne sont que très rarement utilisés par les enfants et n'ont absolument pas cette signification.

Les kinesthésies animales kan

La perception kinesthésique apparaît facilement chez l'enfant dans une image animale, l'activité de l'animal étant plus significative et plus représentative de ses émotions que l'activité humaine : le déplacement de ses propres besoins sur l'animal est tout naturel. L'identification à l'animal est facilitée par le fait que le monde animal n'a pas d'exigence face à l'enfant et qu'il fait partie du monde d'échange, d'égal à égal, sur le même pied, où il n'y a pas de loi instaurée dans la mesure où ils sont tous les deux menés et dominés par l'adulte. Il est moins angoissant de projeter le conflit des relations sur des images animales que sur des images humaines, celles-ci renvoyant trop directement aux images parentales alors que l'enfant ne peut se permettre de les mettre en cause. L'identification, pour qui en douterait, est bien explicitée ici, à I : « Ça fait penser à des poules qui dansent » — « Qu'est-ce qui te fait dire ça ? » — « Parce que j'aime bien danser ! ».

L'enfant traduit des positions de rivalités, de compétitions, des actions impossibles ou inacceptables pour l'être humain, que ce soit dans la polarité de l'omnipotence ou dans celle de l'agression destructrice par des activités ou des positions animales. Il va sans dire que certaines de ces activités sont banales ou même particulièrement rassurantes et qu'il serait naïf et outrancier de chercher des significations fantasmatiques très chargées à toute action, surtout lorsqu'elle est isolée et circonscrite. Par contre, il ne faut pas laisser passer un vécu conflictuel parfois rendu évident par des appréciations contradictoires : « Le papillon est joli, les couleurs sont pas belles », ou des images modifiées en cours d'interprétation : à I : « Un papillon entraîne un traîneau, un aigle entraîne un traîneau, le traîneau il est cassé en deux. C'est une poule. » On perçoit à partir d'une image banale une intensification de la charge agressive et menaçante et un essai de minimisation qui échoue à tous points de vue puisque l'image de destruction est donnée et de plus dans une forme inadéquate. A II une enfant dit : « Des souris attrapent ses mains (combinaison confabulée à tendance contaminatoire), il y a du sang, elle mange de la salade, tout le monde en mange de la salade » ; l'activité orale quotidienne semble constituer un recours à valeur défensive contre la présence du vécu angoissant exprimé.

Une distinction devrait se faire, nous semble-t-il, entre les kan campant une activité motrice propre à l'animal : « sauter, grimper, voler, monter » et celles mettant en jeu des activités aussi bien humaines qu'animales : « battre, attaquer, danser, jouer, piquer » de celles encore plus ambiguës supposant une finalité d'action sur l'autre, une intention visant l'atteinte de l'autre : « piquer l'autre », « me pincer », « attaquer la bête ». Or il se trouve que l'usage français des cotations kan est plutôt réservé à des activités motrices très prononcées alors que des activités plus à valeur d'expression fantasmatique que de décharge motrice sont cotées F ; ces réponses sont alors faussement considérées comme formelles, donc aconflictuelles, et à valeur plus intellectuelle qu'affective. En fait l'image animale exprime non seulement les besoins pulsionnels actifs : compétition, rivalité, agression, mais aussi les positions de dépendance, de passivité orale : « oiseaux qui ouvrent le bec pour la nourriture », et cette orientation de la problématique peut très bien être exprimée par les kan.

Les kan à activité ambivalente aussi bien humaines qu'animales se trouvent fréquemment dans les protocoles de psychotiques et de déficitaires : « un rhinocéros gueule ouverte, il se moque de quelqu'un », « deux lapins se disputent, ils sont jaloux », « deux sangliers sur un bœuf, ils ont dégusté la viande », « une bête qui les aide à monter et va les manger », « un crabe, ça pince, ça mange, ça pique », ce qui signe la difficulté de différenciation des références de base.

Les kan des prépsychotiques sont surtout interrelationnelles, nettement animées et plus fabulées, comportant souvent la notion de dévorer, de faire du mal, de provoquer la mort et d'être mort. L'activité est vite transformée, les défenses semblent labiles et floues.

S'amuser, danser, tirer, voler se remarque chez les handicapés physiques peut-être plus souvent que dans d'autres groupes, ce qui rejoint le besoin d'expression motrice et peut-être exprime le besoin de compensation.

Les manifestations agressives données à travers les kan ne doivent pas étonner, surtout avant 9-10 ans; ce n'est que leur caractère accentué ou leur finalité destructrice intense, dans des engrammes formellement inadéquats qui doit attirer l'attention.

En tout état de cause, les kan n'ont pas chez l'enfant la même signification que chez l'adulte. Ce n'est pas de régression ou d'immaturité qu'elles témoignent, mais de fantaisies conformes aux besoins de cet âge face aux images parentales et au monde.

Les kinesthésies d'objet kob

Cotées dès qu'il y a action ou mise en action, intense le plus souvent, liée à un éclatement ou à une chute, elles apparaissent assez tard et concernent des phénomènes naturels : volcans, montagnes, jets d'eau plus ou moins destructeurs, et des objets construits : fusées, avions, marteau-piqueur. Tant qu'il s'agit de phénomènes naturels, la perception en est facilitée par la couleur rouge ou par l'espace blanc central de la figure. Le repérage spatial est important, il détermine le sens du mouvement de l'intérieur à l'extérieur : de bas en haut — explosions de toutes sortes — ou de haut en bas — « obus qui tombent », « cascades qui déferlent ». De manière générale l'expression kinesthésique est nette mais il se peut que l'image formelle de la kob ou son résultat final « éclat d'obus » soit valorisé dans une description mis à part le mouvement franc, ce qui indique la position défensive du sujet face à cette pulsion. L'intensité pulsionnelle est parfois sous-entendue, mais souvent évidente et destructrice : « la guerre », « le tremblement de terre », renvoyant beaucoup plus à un sentiment d'être en danger dans un monde de destruction qu'à ses propres pulsions. La signification de refoulement que Piotrowski attribue au kob est difficile à adopter et il semble plus proche de la réalité du psychisme enfantin de les considérer comme autant d'affirmations d'attitudes sthéniques ou de craintes d'un monde trop violemment destructeur ou envahissant. Les pourcentages de kob les plus élevés se trouvent chez les caractériels où l'association kan/-kob est particulièrement notoire ainsi que chez les caractères paranoïaques, les prépsychotiques et les psychotiques.

Les petites kinesthésies kp

Déjà difficiles à définir chez l'adulte, elles le sont tellement plus chez l'enfant que les auteurs ne les différencient que rarement des kinesthésies vraies ou des formes pures. La distinction nous paraît pourtant valable, tant la présence de ces kp a une valeur diagnostique quant au mécanisme de pensée et au mécanisme de projection sous-jacent.

Si l'on veut mettre un peu d'ordre dans ces réponses, il faut en distinguer les différentes formes. Les plus simples sont les réponses où la fragmentation est perceptive et la localisation dans un petit détail, segment d'une saillie, telles à III : « les mains qui font comme ça », ou à II : « des bras pour nager », et à VIII : « des mains qui aident les bêtes à monter ». D'autres réponses sont plus complexes où le détail circonscrit est intégré en un second temps à une image plus complète, comme à P IV « des pieds » — ? — « d'une dame qui danse sur la pointe des pieds », chacun des éléments étant un petit détail, la réponse reste un Dd kp Hd/H. Il arrive aussi que l'image complète soit due à une extrapolation d'un petit détail animé et c'est alors le mécanisme *pars pro toto* qui joue mais pour une totalité très limitée. A I : « Un monsieur ici » — ? — « On voit ses doigts qui montrent là ». La limitation peut n'intervenir qu'au niveau du percept alors que l'action est attribuée à des êtres humains entiers : il s'agit alors de petits détails intérieurs ou axiaux. A I : « des voleurs qui montent là, se planquent, ils vont se battre », ou à IV : « un cavalier, les cheveux au vent, tout près du bas sur un morceau de pierre ». En dernier lieu, les réponses les plus difficiles à circonscrire sont celles qui ont trait à un élément partiel du visage — yeux, bouche — et qui prêtent action et intention à la mimique perçue : « ils ouvrent la bouche, ils se moquent de quelqu'un » ou « les deux yeux là (Dd int. à VI) il est méchant ». Il convient de revenir ici sur ce qui a été dit du glissement des F pures aux kp et de souligner l'importance du caractère spatial symétrique et intérieur et de la très petite taille des localisations en cause.

Cette vigilance perceptive peut être référée à la vigilance dans les rapports, les jugements sur sa position par rapport à autrui et relèvent souvent d'une attitude interprétative et d'un vécu persécutif. Leur apparition semble indépendante de l'âge et se remarque tout particulièrement dans les organisations psychotiques.

ß) LES KINESTHÉSIES HUMAINES K

La mise en mouvement, en action ou en relation, concerne ici des représentations humaines entières et, en tant que telle, a généralement valeur de degré élevé de différenciation du Moi et se réfère à la créativité normale ou délirante. Le recours à l'imaginaire, autrement dit l'attribution d'une action ou d'une intention à l'engramme humain, a été interprété soit dans le sens d'une capacité d'intériorisation et d'empathie, soit dans le sens d'une aisance à utiliser la rêverie et le monde inconscient, soit encore dans le sens d'une aptitude à penser l'expérience émotionnelle.

Si l'on peut discuter des kinesthésies, chez l'adulte, en termes de maturité affective et de capacité à différer l'impulsion quand il s'agit de kinesthésies bien vues, à personnages humains, sexués et en action, on peut aussi le faire en termes de jeu créateur, de souplesse et de plasticité des identifications, comme en termes de centration extrême sur ses propres élaborations ou de vibration intense à autrui et au monde. Considérer les kinesthésies en rapport avec les symptômes revient à dire que K correspond à une symptomatologie idéationnelle et non motrice. Ainsi on peut trouver des explications diamétralement opposées pour une seule et même dimension exprimée par le biais des kinesthésies. Beaucoup de kinesthésies peuvent signifier centration sur soi aussi bien qu'ouverture au monde, capacité de contrôle et de secondarisation comme propension au délire, mais toujours symptomatologie idéationnelle tant qu'on ne considère que le nombre d'engrammes K. Ce sont les caractéristiques qualitatives de la K— en G ou en D, bonne ou mauvaise forme, personne réelle ou irréelle, spontanément sexuée ou ambiguë, en relation active ou simplement en posture, saisie immédiatement en couple ou l'un n'étant que le reflet de l'autre — qui vont décider de la signification de ces réponses. On peut se demander alors pourquoi, devant cette variété d'interprétations, n'utiliser qu'un seul symbole ? Est-ce pour marquer la teneur projective et identificatoire dans sa plus pure expression ?

La kinesthésie humaine est l'aboutissement d'un processus de repérage des différentes parties du corps. Ce processus peut être peu apparent et le repérage indistinct, tellement le besoin, la motivation sont intenses et dans certains cas l'intervention précise et déterminée des parties constituantes n'intervient qu'en un second temps ou se trouve complètement délaissée. Les kinesthésies peuvent en effet être soit composées petit à petit à partir d'une dénomination des parties du corps : « sa tête, les jambes, les bras, il danse », soit comprises dans l'intention de l'action : « c'est des papas chasseurs qui vont tuer des oiseaux », « des bandits qui montent dans le château, des voleurs », avant même d'être précisément localisées.

Chez l'enfant, ces deux moments prennent une signification et ont un poids particulier : la prise de conscience de l'image du corps et tous ses aléas, l'activité imaginative polarisée par la problématique, l'activité fantasmatique ou le besoin de fabulation. Une image du corps floue est un terrain de prédilection pour la fabulation délirante ou l'activité imaginative débordante, alors qu'une image corporelle bien définie constitue un cadre objectif à l'expression de l'imaginaire et des motivations, cadre qui peut devenir tellement objectif qu'il empêche la projection même. Or il y a déjà dans le stimulus une certaine distorsion qui vient compenser ou altérer davantage la projection de l'image du corps, cette image et le percept étant pris en charge par le besoin de projection. Les kinesthésies de mauvaise forme explicitent bien ce processus d'interaction, encore qu'il soit difficile de déterminer la part de responsabilité de chacun des aspects, par exemple quand à III (D noir et Dbl) une enfant dit : « le petit garçon il pleure... ses gouttes, ses larmes (D rouge lat.) », et un autre : « on voit un homme qui lève les bras, il est de dedans, on voit ses poumons ». Il est clair, à travers ces exemples, que les limites du corps sont mal perçues et que dans le second exemple cette distorsion n'est pas compensée par l'apport de la fabulation comme elle l'est dans le premier ou dans cette réponse originale, toujours en kinesthésie de mauvaise forme à III : « Une fille, un garçon, la maman, le papa, le bébé, ils vont se promener. »

A réfléchir davantage sur toutes ces dimensions, l'âge d'apparition de ces modes de projection, leur forme, leur rapport avec les structurations de la personnalité, on est vite confronté à une autre donnée, celle, fondamentale, de la position de l'enfant face aux images parentales. Même si elle s'élabore très tôt dans le vécu, cette position ne peut être exprimée pleinement sur le mode verbal, face à un stimulus tel que le Rorschach, qu'à partir du moment où elle est soit suffisamment dégagée et différenciée, soit source de recherche et de souffrance particulières. C'est en effet au cours de la période de résolution du conflit œdipien, période où le processus perceptif devient plus articulé et où se met en place un certain mode d'organisation du Moi, qu'apparaissent dans le Rorschach les kinesthésies complètes, bien campées. Il s'agit bien alors de kinesthésies complètes et bien campées, c'est-à-dire de forme adéquate, de sexe déterminé, d'action ou de relation définie et d'un monde humain réel. Fréquemment ces conditions ne sont pas toutes remplies et les réponses kinesthésiques sont alors autant de percées incomplètes, d'essais, de recherches de définition de sa position et de son rôle, d'efforts pour exprimer ses incertitudes, voire sa souffrance devant l'instabilité ou l'indétermination de ces images. Il se peut qu'il n'y ait pas de réponses K, ce qui est imputable soit à l'immaturité de l'organisation perceptive et affective, soit à des mécanismes de refoulement et d'isolation, voire de déplacement plus ou moins déviants. Le phénomène inverse, surnombre de réponses K, est bien souvent l'œuvre d'une recherche d'images d'identification ou celle d'un besoin d'expression d'une problématique relationnelle obsédante ou encore celle d'un essai de compenser par un imaginaire éventuellement délirant une réalité défaillante.

La prise de conscience de l'image du corps dans le sens de la simple connaissance du corps et de ses limites ne suffit pas pour produire une réponse K. Le corporel, les aspects sensori-moteur ou d'impulsion motrice sont des matériaux de base qui, lorsqu'ils sont simplement décrits, ne sont que des réponses formelles F, prises alors en charge par le besoin de projection des motivations relationnelles, triangulaires ou duelles, elles deviennent des réponses K.

Le matériel non fini du Rorschach est peut-être proche du bout de bois ou de la ficelle que le jeune enfant transforme au gré de ses besoins en guerrier ou en sorcière dans le but de maîtriser ses craintes, de réduire la portée des traumatismes ou de satisfaire ses désirs. Néanmoins la transformation se fait toujours en fonction des besoins de représentation de soi. Plus exactement, les représentations du monde et des autres sont fonction des besoins de représentation de soi, de son rôle, de sa puissance ou de sa souffrance. Une image K rend toujours compte à la fois de la manière de se vivre soi-même et de percevoir les autres quelle que soit leur réalité.

Projection de l'image du corps et projection des motivations

L'interaction des deux aspects : prise de conscience du corporel et projection des besoins et des motivations relationnelles, diffère suivant les planches et leur structure. Elle est plus ou moins facile à déceler suivant l'âge et le degré de différenciation perceptive des sujets.

La communication verbale de l'expérience de construction de l'unité corporelle peut, au Rorschach, se faire de différentes manières. Un mécanisme *pars pro toto* semble parfois jouer : voir les jambes équivaut à voir le personnage entier, voir un bonhomme se justifie par le repérage de sa tête ou par des phrases elliptiques. Par exemple, à VI : « il a tiré le monsieur » (K—) ; à II : « il est en train de se promener » — ? — « il y a des têtes de monsieur, ben ! » La recomposition descriptive est fréquente, aboutissant petit à petit à l'image entière : « ils ont deux têtes, deux cous, la robe, les pieds, ça ressemble à un bonhomme. » Cette recomposition du corps entier peut être visible, surtout à IV à partir des pieds ou dans les silhouettes noires de III à partir de la tête. A IV le caractère largement étalé du stimulus appelle à un percept unitaire du corps entier, mais celui-ci semble porteur d'une menace ou d'une puissance qui, peut-être, pousse le sujet à fragmenter lorsqu'il y a un problème au niveau de la relation aux positions de puissance et de domination : c'est ce qui fait qu'après une énumération de diverses parties du corps le concept unitaire n'est donné que sur encouragement : « des pieds, des mains, son ventre » — ? — « d'un monsieur ». Une étude expérimentale introduisant des variables isolées sur différents modes de présentation d'appréhension sensorielle et motrice apporterait des données précieuses pour la discussion de ce problème, car il n'est que de jeter un coup d'œil sur les épreuves d'assemblage des mannequins chez les sujets qui ont tant de mal à percevoir la totalité de l'image du corps à IV alors qu'ils réussissent fort bien la reconstitution des mannequins, pour se rendre compte qu'une seule et même expérience de l'image du corps s'exprime différemment suivant les stimuli et le type d'activité sensori-motrice, idéationnelle et visuelle requise.

A III et à VII l'édification du corps entier est beaucoup moins visible en tant que telle et ce sont les caractères de relation et d'action qui mènent le jeu, même si « le corps n'est pas fini » comme dit une enfant de 5 ans. Sans conteste, l'aspect symétrique, bilatéral, joue là un rôle déterminant : la mise en action et en relation est grandement facilitée par le face à face. Ce face à face peut ne pas être perçu d'emblée comme tel quand il y a « un monsieur, encore un monsieur », « un bonhomme, un petit garçon », ce qui se note essentiellement chez les enfants inhibés ou, au contraire, chez les prépsychotiques qui craignent d'exprimer des fantaisies agressives. De fait, les kinesthésies les plus fréquentes sont données aux planches de structuration bilatérale, bâties autour d'un interstice blanc où le contraste accusé des couleurs facilite encore leur production ; pour s'en persuader il n'est qu'à se référer aux études de Baughman sur les modifications du stimulus.

Les exemples cités nous font entrevoir la complexité de l'interaction entre la perception de l'image du corps et la projection des motivations. Afin de mieux circonscrire la teneur de cette interaction il paraît utile de poursuivre ce double repérage à travers les réponses individuelles et les réactions des groupes obtenues dans les dix planches de l'épreuve : le repérage sera utilisé pour discuter de la représentation de soi et des représentations des images parentales.

Parmi les réponses des enfants de moins de 8 ans, nous constatons une inégalité dans la répartition des kinesthésies : on ne trouve pas du tout de K dans le groupe des « immatures », fort peu chez les « névrotiques », un peu plus chez les « prépsychotiques », les « caractériels » et les sujets présentant des « traits névrotiques », au moins deux et plus chez les « normatifs » et les « psychotiques ».

Expression K planche par planche

A la planche I, des personnages sont présents et sont très animés chez les enfants du groupe « normatif », totalement absents chez les « caractériels », plutôt décrits qu'animés et perçus comme fortement menacés chez les « prépsychotiques » et les « psychotiques », et ressentis comme en danger chez les sujets à « traits névrotiques ». L'édification de l'image du corps ne paraît pas ici être en première place et les représentations humaines sont qualifiées surtout par leur fonction ou leur action, avec toutefois des références à une partie du corps telle que jambe, mains, bras, en tant que points de justification ou d'appui. Les enfants très perturbés utilisent davantage en référence les organes internes, cœur, ventre, poumons. La structure tripartite de la planche I pèse beaucoup dans la perception de relations interpersonnelles, d'un danger subi par le personnage central, et d'une menace exercée par les personnages latéraux ainsi que la négation de ce thème. L'expression la plus fréquente en est : « deux hommes emportent une femme », « les voleurs ont pris un monsieur, il se débat », ou plus neutralisée : « deux messieurs avec quelque chose au milieu », « des bandits qui courent dans une banque ».

Le fait que les normatifs donnent ici plus facilement des réponses K que les autres groupes peut être rapporté à l'aisance de représentation des relations, à la facilité à manier les rapports renvoyant à la scène primitive. L'activité évoquée est plutôt la « danse » que la « bagarre » et les « anges » et « Père Noël » sont plus fréquents que les « voleurs » et les agresseurs divers. La composition tripartite ne peut plus être perçue dans sa signification inconsciente par le névrotique qui nie ou évite cette dynamique et instaure un mécanisme de refoulement dont le style est particulièrement adaptatif, par exemple dans une réponse globale à contenu banal.

Les enfants plus âgés se comportent d'une façon un peu différente. Ils n'exploitent guère les possibilités kinesthésiques de I quand ils sont névrotiques ou prépsychotiques. Une certaine prédilection pour le D latéral se remarque dans les groupes des « traits névrotiques » et des « normatifs » qui évitent ainsi la confrontation avec le personnage du milieu ou le traitent en objet : « stock »; actions et relations sont moins fréquentes que chez les enfants jeunes.

La planche II a une structure simultanément unitaire et bilatérale, ce qui rend la perception kinesthésique de relations un peu plus difficile alors que dans l'apparition de la couleur rouge s'inscrit une charge affective particulière allant de la rivalité à la mutilation et à la destruction. La projection d'un monde dangereux concrétisé dans l'action de l'autre est souvent déplacé sur les kinesthésies mineures d'animaux et souvent anthropomorphes. Lorsqu'il s'agit de kinesthésies vraies, elles représentent une minimisation du vécu dangereux dans un mouvement de secondarisation comme dans « des nains qui font éclater un pétard », « des clowns qui luttent ou qui s'amusent» comme si ce qui importait le plus passait au second plan. Elles peuvent, au contraire, incarner l'agression destructrice : « des corps arrachés, deux qui se sont tués, tombés, ils saignent » ou la transformation en son contraire : « ours, clowns, bonshommes qui dansent et qui trinquent. »

Donnée pour la planche entière, la kinesthésie humaine est toujours de mauvaise qualité et véhicule une préoccupation majeure voire obsédante : « un petit garçon, il a peur, de la chair, il s'est fait mal. »

Cette planche faisant appel aux notions figure/fond, dehors/dedans, de castration première ou secondaire, elle est certes difficile à manier et la kinesthésie est bien souvent poussée par le fantasme d'agression. Elle est aussi l'outil de la secondarisation qui peut être fragile comme chez les prépsychotiques qui privilégient cette planche, surtout les petits, dans des images très chargées : « des messieurs guerriers, ils ont les pieds attachés », « des quelqu'uns qui se sont tués », « des jumeaux qui se cachent, ils ont le feu dans leur culotte ». A cette planche le moment motivationnel l'emporte sur celui de la perception de l'image du corps.

La planche III suscite bien entendu le plus les réponses kinesthésiques bilatérales et cela dans tous les groupes sauf chez les névrotiques jeunes qui évitent, dans la mesure du possible, la confrontation avec la relation surtout dans une expression verbale assumée. La relation, ou tout au moins le face à face prend le pas ici sur la recherche du repérage précis de l'image du corps, sauf dans le cas de préoccupations majeures à ce niveau, préoccupations qui amènent une distorsion de la perception habituelle. Cette distorsion peut être mineure : refus d'intégrer un segment, ou majeure : réunion de deux personnages en un seul, inadéquat, avec emploi de qualificatifs tels que « déchiré », « troué au milieu », « transparent ». Les enfants jeunes se contentent souvent de voir les schèmes sans les animer d'une façon particulière, la prégnance du percept est telle et si grande la facilité d'identification que tout libellé : « un monsieur », « une dame », « un bonhomme », « deux bonshommes » a valeur projective et est coté « K ». Quand il y a relation, elle se noue au moyen du rouge médian : « en papillon », « pour avoir une cravate », ou « le feu » ou du D noir médian : « portent un panier », « cherchent de l'eau ». Elle peut aussi être limitée aux engrammes D noirs dont l'activité est prônée plus que le rapport respectif. L'enfant plus âgé ou d'un milieu culturel plus élevé utilise des formulations plus élaborées et le «bonhomme» devient « une personne » ou « des silhouettes ». Seuls les verbes d'action indiquent la participation encore active et chaude « des personnages ramassent une tête », « des petits noirs, des nègres sauvages qui mangent l'homme ». La présence du rouge au milieu et de côté renforce le caractère hostile ou euphorique de l'image et permet de penser qu'une réponse de tonalité émotionnelle neutre, n'intéressant pas ce rouge, masque et peut-être contrôle la teneur hostile du face à face. Les images kinesthésiques de reflet sont très rares avant 12 ans.

La planche IV, appelant de par son caractère unitaire des réponses globales, donne également lieu à une articulation en fonction du détachement facile du D médian. Les K correspondent à la totalité simple « un ange très grand, très grand », « un gros monstre avec une peau de bête qu'il a tuée » ou à une totalité articulée « un homme géant assis sur un tabouret », « un monsieur à cheval de l'ancien temps ». Confrontés ici à une position qui est de l'ordre de la puissance, les enfants jeunes font un transfert de leur position positive ou négative et donnent des réponses où ils semblent maîtriser la crainte et expriment le besoin de satisfaire à l'identification à cette puissance « monsieur qui dégringole », « monsieur à cheval », « monsieur debout, assis sur un arbre, l'arbre va tomber », ou bien au contraire, ils constatent leur impuissance devant ce « gros loup », « gros ogre », ou encore sidérés ils évitent même de la considérer. Les enfants des groupes « normatifs » donnent la kinesthésie qui n'est nulle part ailleurs dominante, montrant par là une fois de plus le caractère direct et souple de l'expression des préoccupations et des besoins « un gros gros bonhomme, il fait peur », « un petit ours devant sa mère », « un gros ours avec un gros, gros zizi ».

La planche V est plus fréquemment traitée en kan qu'en K. Lorsque la K est donnée, elle correspond souvent à une mauvaise forme à moins qu'elle ne constitue la réponse « danseuse ». C'est la reconnaissance du caractère unitaire, global de la planche dans la réponse banale « papillon » qui tient lieu d'épreuve de la réalité de soi et de l'existence d'une image corporelle unifiée.

Planche VII. C'est encore dans les groupes « normatifs » que la planche VII est le plus souvent traitée en K, alors que les groupes à caractère et à structuration névrotiques paraissent inaptes à projeter l'image humaine, comme le sont aussi les psychotiques, les prépsychotiques et les caractériels. Ce constat mérite discussion dont les points essentiels seraient le stimulus mais aussi les différences entre les réactions des garçons et des filles. Lorsqu'on répertorie les réponses données à cette planche par les enfants on trouve des schémas de personnages ou d'animaux domestiques ou des images parcellaires dévoratrices « dents », « pinces », ou des réponses relatives aux constructions intégrant le blanc. On y remarque soit dévitalisation (pantins, silhouettes, squelettes) soit régression par recherche de sécurisation : « lapins », « chiens », « animaux en peluche », « tête d'éléphant » dans un abord perceptif en D plutôt qu'en G. La relation humaine adulte semble ici bien plus difficile à aborder qu'à III pour tout enfant perturbé, déjà du fait de l'importance du fond blanc et de l'instabilité des figures grises, mais aussi et surtout en fonction du caractère de l'image perçue comme très « sexuée ». Celui-ci est ressenti très différemment par les filles et les garçons, les premières ayant des difficultés à assumer une image sexuée ayant dépassé le rapport à l'image archaïque maternelle, les seconds cherchant encore à éviter les relations à une image féminine sexuée. Les K données en G en position inversée reflètent la construction aberrante de l'image du corps autour du blanc parfois justifié comme ventre.

Les très rares projections humaines données à *la planche VIII* ne peuvent être que des perceptions très déformées où le fantasme bouscule la réalité

La planche IX est une planche colorée, largement étalée autour d'un centre à fond pâle, mais à divers degrés de profondeur, elle est aussi bilatérale que fortement axée sur une médiane. Les éléments explosifs donnés en interprétations précisent l'influence de ces caractères «lave qui jaillit », « volcan qui explose ». L'appel du pulsionnel est intense et, par ailleurs, l'articulation est possible entre les trois localisations couleurs, le fond blanc et la médiane ; les images kinesthésiques humaines semblent le résultat d'une pression fantasmatique particulièrement orageuse et vigoureusement combattue. Les K sont données par les caractériels, surtout les caractériels à tendance paranoïaque, les prépsychotiques et les psychotiques. La mise en scène de personnages du monde irréel détenteurs d'une puissance magique comporte souvent des relations d'agresseur/agressé, de persécuteur/persécuté : « Là un petit serpent, deux serpents, là une ombre, un homme qui veut le tuer, là un fantôme, un Dracula, on dirait un revolver et un bâton pour tuer le serpent — Pourquoi un Dracula ? — Parce que ça lui sortait du nez, des dents qui sortent. » Il faut noter que les très jeunes enfants exploitent cette planche plus qu'on ne le pense alors que sa difficulté est proverbiale et leur exploitation est aussi bien active en G « une vieille dame qui danse », « un monsieur qui regarde une cigogne », que passive : « un petit bébé qui habite chez sa maman. » Il semble que l'articulation de toutes les composantes sont fonction d'une certaine transparence à la portée symbolique des différences de profondeur et à la structure de la planche plutôt qu'à une capacité d'efficience intellectuelle.

La planche X fait appel à des représentations humaines isolées en D, quelque fois en rapport de D. Les kinesthésies sont essentiellement les « parachutistes », « anges » du D vert médian ou les « bonshommes qui se donnent la main » du D bleu médian. Les groupes des psychotiques et des névrotiques plus âgés donnent des images plus originales. Là, comme à VII, l'intégration des espaces blancs permet la projection des représentations humaines où interviennent toutefois distorsion et disproportion qui relèguent l'image dans l'irréel, un irréel plus souvent maléfique que bénéfique. La construction de l'image corporelle en elle-même n'est pas ici valorisée par les enfants et c'est la projection du conflit relationnel qui l'emporte.

Le KClob

C'est à l'occasion de réponses kinesthésiques que l'enfant peut exprimer la panique contenue dans une réponse Clob. Cette réponse n'est jamais explicitée purement comme telle, mais s'exprime dans des adjectifs « gros », « bizarre », « méchant » tous qualificatifs ayant trait à des images impressionnantes par leur masse, leur caractère inconnu voire irréel donc dangereux. La reconnaissance de l'angoisse associée à la kinesthésie relève bien souvent chez l'enfant de la prégnance d'images primitives intériorisées qu'il cherche à maîtriser.

Si nous nous sommes attachées à brosser quelques-unes des modalités d'interaction entre construction de l'unité corporelle et projection de relations, c'est qu'elle nous paraît être une base, un fondement des processus d'identité et d'identification tels qu'ils peuvent s'exprimer au moyen du Rorschach. Le stimulus possède une force de sollicitation certes inégale d'une planche à l'autre, mais le déroulement des réponses, la qualité du mixage à l'intérieur de chacune des associations permettent des déductions sur le niveau de signification projective des réponses kinesthésiques ou des réponses formelles quasi kinesthésiques. A une certaine étape de notre travail, nous avons cherché à systématiser notre réflexion en précisant les rapports existant entre différents niveaux de réalisation de la représentation humaine et les autres aspects des réponses. Nous avons bâti avec Catherine Chabert une grille de dépouillement des réponses où notre souci principal a été de définir et d'isoler chacune des catégories de réponses H, (H), HA, H/Ad, A, A/Scènes, symboles divers, allant de celles qui sont pleinement représentatives à celles qui ne sont que substitutives et de valeur symbolique plus où moins éloignée.

Toutes les images humaines, parahumaines, animales, leur mise en scène comme leur représentation fragmentée, appartiennent à une catégorie définie, elles sont en effet perçues comme sexuées ou non, actives, agissantes ou non. L'analyse de ces termes met rapidement en évidence la préférence d'un sujet pour une animation, une dynamisation globale, une détermination précise des images soit animales soit humaines soit parahumaines, mais sans mise en action ou enfin pour une utilisation harmonieuse et optimale des caractéristiques envisagées. De la mise en rapport, planche par planche, de ces données avec celles plus étroitement perceptives et cognitives se dégagent des lignes de force : celles qui indiquent la fragilité, celles qui signent l'altération de fonctionnement et celles qui inscrivent la récupération. D'autres cliniciens et chercheurs – Meymann (1970), Blatt et coll. (1976) – ont cherché à mettre en rapport le niveau des relations interpersonnelles, c'est-à-dire le niveau de différenciation de la représentation humaine, avec la gravité de l'altération du fonctionnement psychique. Cette étude, qui ne concerne que les productions de l'adulte, cherche ainsi à définir la qualité de la relation d'objet à travers les représentations humaines en se basant sur des critères analogues aux nôtres pour définir son degré de différenciation et d'intégration.

Certes le problème de la projection du besoin de représentation humaine est d'importance. Les aspects esquissés ici, ceux de la construction de l'image corporelle, ceux aussi de la prise en charge par l'énergie libidinale de cette même image seront encore à discuter dans le contexte de la représentation de soi puisqu'ils débouchent sur la relation à l'autre et au monde ambiant et sont donc en prise sur le dégagement de l'identité et le processus d'identification.

3. Les déterminants sensoriels : couleur et estompage

INTRODUCTION

Des qualités chromatiques franches ou graduées, vives ou neutres, inclues dans les stimuli, sont des données sensorielles aussi évidentes que peu utilisées. En effet, si l'on en croit les manuels classiques et les résultats courants d'adultes, sur une trentaine de réponses seules six ou huit sont élaborées à partir de ces aspects. Si elles sont rares au regard des réponses formelles, elles sont lourdes de signification.

Dans la mesure où on inclut dans ce groupe les couleurs franches, vives ou pastel, les noirs, gris, blanc traités en couleur de surface et les graduations de teintes des plages grises ou même colorées, les différences de clarté et toutes les réactions qualitatives, on peut espérer avoir accès au mode et au contenu d'une expérience affective et au type de retentissement émotionnel du sujet adulte. Narcissique voire régressif, pulsionnel voire destructeur, le vécu affectif s'imprime dans les manières de traiter les couleurs et les estompages et de les associer aux formes seules.

Nous ne présenterons pas ici le rationnel de la couleur, sinon pour proposer de suivre les réflexions de Schachtel et de Shapiro sur le caractère passif, immédiat et peu différencié du processus perceptif qui est à la base de la couleur : les études génétiques de la perception et les études de pathologie mentale et de pathologie visuelle en font foi.

Il est raisonnable de penser que la signification du stimulus couleur diffère suivant qu'il s'agit d'une immaturité du développement, d'une désorganisation du mode de pensée ou d'une déficience de l'appareil visuel; autrement dit des différents niveaux des systèmes d'intégration donc du rôle de l'expérience couleur dans l'organisation perceptive visuelle de chacun des systèmes. Ainsi les réponses telles : « du rouge quand on a mal » ou « un lapin vert » n'auront pas la même signification chez un enfant de 4 ans, un malade organique, un patient schizophrène ou un aveugle de naissance ayant recouvré la vue. En effet, la reconnaissance du stimulus couleur est une chose, son association à une représentation en est une autre : l'attention à la couleur est certes plus primitive que celle portée à une forme, mais son caractère plus subjectif diversifie les relations couleur/forme, multiplie les articulations et surtout fait intervenir la dimension de plaisir/déplaisir. C'est même cette dimension que nous voyons le mieux exprimée chez les jeunes enfants alors qu'ils sont encore inaptes à élaborer des représentations de par la modicité de l'expérience et la pauvreté du langage. Plus immédiate et plus passive que l'expérience formelle, l'expérience couleur peut paraître antagoniste de la forme et pourtant toutes les deux appartiennent au même processus de saisie perceptive visuelle de la réalité. Leur mixage est des plus mobiles et des plus variables.

Nous n'avons fait qu'esquisser quelques points du rationnel des réponses couleur et nous ne parlerons guère des relations couleur-affect chez l'enfant. Nous nous refusons en effet à les présenter en termes caractérologiques dans la mesure où nous pensons que ces positions sont dépassées et que l'ensemble des concepts et du langage utilisés actuellement en psychologie clinique, la réflexion plus approfondie et la pratique du test se situent dans des perspectives phénoménologiques et plus proches des théories de la psychologie du Moi sans les épouser entièrement pour autant.

Nous considérons comme erronée l'optique théorique formulée par Guilbert-Romano. Il nous semble qu'elle repose sur une extrapolation discutable à notre avis des positions de Rapaport d'une part et de la relation couleur – pré-Moi corporel d'autre part. Il ne peut être question de faire des réponses couleur un indice privilégié du mode d'organisation du Moi et surtout pas aux âges considérés comme il n'est pas possible d'appliquer un modèle adulte au fonctionnement psychique de l'enfant.

Nous discuterons des réponses couleur, de leur signification et valeur interprétative suivant plusieurs axes : intérêt qualitatif, attrait subjectif ou élaboration de représentations, différents types d'élaboration, caractère vécu de la tonalité émotionnelle provoquée ou caractère plaqué des réactions, qualité expressive ou défensive des conduites assumées ou des attitudes qualitatives. Seront à distinguer les réactions face à l'apparition du rouge vif, celles face à l'apparition des couleurs pastel et celles impliquant le noir le gris et le blanc.

α) LES REMARQUES QUALITATIVES : INTÉRÊT ET ATTITUDES SUBJECTIVES

Plaisir et excitation ou déplaisir et retrait peuvent être les seules réactions ou les réactions prévalentes à l'apparition des stimuli couleurs. L'attrait est explicité, l'intérêt manifesté, le subjectif se suffit à lui-même, l'emporte sur la recherche d'images précises : « c'est beau », « j'aime pas ça », « c'est de belles couleurs », « j'ai chaud, c'est fini ». Ce faisant, l'enfant peut continuer à donner des réponses formelles ou kinesthésiques ou limiter sa participation à ce genre d'exclamations.

Notifications, descriptions, désignations des couleurs, remarques, questions et commentaires interviennent et il est assez difficile, voire factice de chercher à en donner des délimitations et des définitions précises. En effet, le caractère globalement insuffisant du maniement du langage chez l'enfant jeune, joint aux particularités individuelles rendent le travail d'analyse ardu, comme en conviennent les chercheurs et en particulier C. Beizmann dans son excellent chapitre sur les réponses couleur. Que dire alors de l'interprétation de ces données surtout lorsqu'il s'agit de lecture de document en l'absence de réactions vivantes des sujets !

Les notifications du type : « le rose c'est quoi », « le rouge ça compte pas », « la lumière ça me brille les yeux », paraissent n'être que de simples constats perceptifs mais supposent une certaine sensibilité non intégrée. Les réactions : « il y a quelque chose de rouge », « les poissons de la Mer Rouge », « j'aime ça le vert », constituent une autre étape où la couleur n'est plus une inconnue, elle prend une signification plus spécifique et il y a une amorce d'association. Celle-ci est souvent confirmée à l'enquête ou à l'épreuve des choix où les commentaires spontanés et les justifications provoquées précisent l'influence et le rôle de la couleur : « j'aime ça, à la télé, Babar il a un costume vert », « du rouge quand on a mal ».

L'attitude du sujet, sa manière d'être, son ton permettent de départager les descriptions pseudo-intellectuelles détachées des réactions plus immédiates et plus vécues ainsi que des énumérations de couleur survenant surtout à VIII, IX et X. Celles-ci témoignent du plaisir d'explorer et de reconnaître une réalité extérieure et ne sont pas toujours sciemment destinées à camoufler des réactions plus fondamentales ou à éviter de donner des associations ainsi que l'on a, à tort, tendance à les interpréter sur le modèle de l'adulte.

Devant la difficulté de décider de la teneur de la réaction à la couleur — simple excitation, réaction perceptive réflexe ou retentissement émotionnel authentique —, le psychologue opère un repli prudent en déclarant que les réactions couleurs sont tributaires du développement de la perception et que l'individuel ou le symptomatique ne s'inscrivent guère. A moins qu'il n'applique à toutes ses conduites le schéma interprétatif adulte en parlant de choc névrotique, de répression de l'affect, de contrôle des pulsions, ce qui relève d'une assimilation outrancière et aberrante du comportement enfantin au comportement adulte. Certes, le rôle de la couleur dans l'élaboration des images et l'écho émotionnel éveillé sont soit déterminants, soit accessoires, rarement nuls même quand ils ne sont pas explicités. L'expression indirecte de l'impact couleur se trouve dans les commentaires, les références personnelles significatives, placées justement aux planches couleur et en l'absence d'associations-couleur franches ou même d'indices qualitatifs à l'apparition de la couleur, traduisent la perméabilité de l'enfant à la signification de la couleur : ainsi un garçon de 6 ans dit à la fin de II et après des réponses purement formelles : « tu peux m'emmener tirer à la carabine », montrant peut-être par là qu'il a perçu l'aspect sthénique agressif, hostile sans parvenir à une représentation utilisant le stimulus couleur. D'autres enfants expriment l'impact négatif de la couleur par des images formelles à contenu agressif : « le rongeur vorace » ou le « gros, gros loup méchant », « l'abeille toute noire qui pique ». Ces réactions indirectes semblent plus rares aux planches pastel et quand elles surviennent c'est surtout à X dans des images de « bêtes qui pincent », « serpents qui se battent », où l'élément couleur n'est pas seul en cause.

ß) LES INTERPRÉTATIONS « COULEUR »

Ici les couleurs jouent un rôle dans l'élaboration de la représentation. Couleurs vives ou plus neutres, pastel et aussi noir, gris, blanc traités en couleurs de surface ; ces dernières sont habituellement incluses par nous dans la somme des réponses couleurs lorsqu'il s'agit d'adultes et c'est encore plus justifié pour l'enfant.

L'élément sensoriel est apparemment seul en cause dans « le feu », « de la neige », « de l'herbe », « du brûlé ». Il comporte un appui formel plus ou moins indéterminé, sous-entendu plus qu'explicité dans « le feu d'artifice », « la pelouse », « la fumée rose », « des affaires un peu orange ». Dans d'autres cas l'impression couleur n'est qu'une caractéristique secondaire adéquate au contenu et au stimulus : « chaussettes rouges », « papillon noir », « pie », « cochon rose », « pont en neige », ou adéquate au stimulus mais non au contenu : « lapin vert », « crocodile rose », « soleil » pour le bleu de X. L'élément couleur peut aussi être partie constituante d'une scène dont il renforce le climat émotionnel : « des Messieurs brûlés dans du feu, des monstres », « le papillon il est mangé alors il saigne », « sur le cœur il y a du sang ».

Les distinctions entre réponses C, CF et FC paraissent claires sur le papier mais elles le sont moins dans la réalité de l'expérience enfantine, réalité que nous n'avons que trop tendance à rationaliser et à subordonner à nos besoins d'ordre : ainsi certains d'entre nous valorisent dans les productions tout ce qui est plus rationnel et plus logique et d'autres magnifient la fantaisie et l'originalité des constructions de l'enfant. Il faut savoir que la couleur est une donnée qui peut n'être utilisée que pour localiser ou pour mieux distinguer les découpes : « feuille orange », « feuille verte », ou « des bêtes orange, vertes, roses ». Elle n'a pas alors de signification affective spécifique mais elle aide à l'exploration et constitue un facteur de la démarche intellectuelle. La persévération de ce genre de thème signe la pauvreté des concepts et du vocabulaire. Dans d'autres réponses, la signification affective prévaut, positive ou négative, mais le caractère d'orientation intellectuelle subsiste, car aborder une planche par des réponses « sang » ou « soleil » suppose une réactivité émotionnelle massive mais aussi un mode d'approche mentale. Certes la désignation par la couleur associée à une forme est un progrès par rapport au simple attrait par la couleur et à l'incapacité de l'inclure dans des associations mais cette étape est elle-même nettement dépassée lorsque l'expérience permet de faire cadrer image mentale et différentes réactions émotionnelles. Toute association couleur/forme n'est pas une intégration dans le vrai sens du mot, elle peut être juxtaposition verbale, condensation comme dans « le soleil bleu », la couleur s'impose autant que la forme, le caractère inadéquat de la juxtaposition ne choque pas l'enfant dont l'imaginaire est réactivé par le matériel et dont l'esprit critique n'est pas encore fonction des exigences sociales.

Pour déterminer le rôle de la couleur, il faut distinguer deux aspects : la démarche d'investigation et l'investissement émotionnel, autrement dit l'aspect perceptif et l'aspect associatif ainsi que la résonance émotionnelle.

Les nominations « couleur » : NC

Ces nominations de couleur n'ont valeur d'interprétation que si, en l'absence d'autre réponse pour la même localisation, elles sont libellées comme suit : « le jeune là », « c'est rouge », « c'est deux rouges, t'entends ». Certes la moindre modification dans la verbalisation peut annuler leur fonction associative et les ramener au niveau des remarques qualitatives : l'inhabileté du langage enfantin rend les distinctions difficiles et les discussions des cliniciens bien stériles. Ce qui importe, c'est la valeur interprétative donnée au Σ C lorsqu'il se trouve gonflé par quelques NC auxquels nous attribuons une valeur de 1,5 ainsi que Rorschach l'avait proposé.

La formulation elle-même indique l'indigence des moyens, l'absence d'images associatives ou la difficulté à les mobiliser. A parcourir les tests d'enfants nous trouvons les NC surtout, et parfois en chaîne, chez les enfants d'âge préscolaire dits « normatifs » mais plus nombreux chez les enfants de 5 ans perturbés où ils voisinent avec des essais d'association survenant à l'enquête ou en un second temps comme si la NC était reprise et devenait un matériau de base pour « la peinture », « le crabouillage ».

Après 6 ans ces réponses deviennent rares mais surgissent sporadiquement face au rouge et au noir et parfois face aux couleurs pastel. Le mode d'apparition leur donne une valeur déjà plus affective que perceptive, elles camouflent une gêne, expriment un mécontentement, manifestent un malaise ou permettent de gagner du temps. On les trouve parfois chez l'enfant plus âgé trop appliqué qui ne peut se départir d'une attitude objective et qui n'est pas épileptique pour autant ! En effet, on n'a que trop tendance à affecter une signification pathologique de souffrance cérébrale à ce type de manifestations qui tient davantage à la pauvreté de l'acquis et à la difficulté d'élaboration, à l'impressionabilité de l'enfant. Cela peut être vrai même chez l'adulte pour qui la signification pathologique peut cependant être retenue.

Les réponses couleur : C, CF, FC

Lorsque la couleur prend une valeur spécifique, son emprise reste perceptive, elle peut renvoyer à une expérience vécue ou simplement reconnue. Certaines réponses C semblent constituer des phases de transition entre la nomination de couleur et la réponse C : « un ciel de toutes les couleurs », « la couleur jaune du soleil ». La signification individuelle de l'image rapportée est peu évidente, les contenus sont peu élaborés et proches du constat.

Les études normatives nous poussent à discuter séparément des deux tranches d'âge de moins ou de plus de 8 ans et l'expérience nous incite à distinguer les réactions face aux couleurs rouge, pastel et achromatiques. C'est en fait le maniement du stimulus couleur dans son ensemble et dans ses trois modes C, CF, FC qu'il nous faut aborder car il est important de tenir compte du poids relatif de l'emprise de la forme sur le stimulus couleur.

Traiter de l'ensemble de ces réponses sera sûrement au détriment de la clarté mais peut-être au bénéfice d'une compréhension de l'expression émotionnelle et sensorielle.

● **a) Les enfants de moins de 8 ans**

Les enfants de 5-6 ans

Ils réagissent aux couleurs en les nommant, en poussant des exclamations et, quand leur réponse intègre la couleur, c'est d'une façon explicite : « crocodile rose », « papillon vert ». C'est en ce sens qu'il s'agit d'un processus de reconnaissance.

Dans les dossiers des « normatifs », la couleur rouge n'est guère utilisée et ne donne lieu qu'à des appréciations qualitatives : « beau », « joli ». Dans les planches pastel, les FC sont aussi nombreux que les C purs et les C'F sont pour le moins aussi fréquents que les CF. En fait les réponses se distribuent davantage sur le registre blanc, gris, noir et pastel et, mise à part l'excitation qualitative, elles sont souvent formelles ou kinesthésiques et exploratrices plutôt que sensorielles. On ne note pas ici de référence spontanée au sang devant la couleur rouge.

Les enfants perturbés du même âge donnent pour la moitié d'entre eux des nominations de couleur. Ils utilisent la couleur, comme la forme et la kinesthésie, plus dans le retentissement qu'elle suscite qu'en elle-même : « atchoum dans le crâne ». le rouge provoque davantage d'écho, mais en NC, en CF et très rarement en C purs : « du rouge quand on a mal ». Les C purs restent très rares face aux couleurs pastel et ne sont que des constats : « des couleurs », « c'est rose la fumée ». Les CF abondent, à contenu végétal, et phénomènes naturels souvent donnés d'une façon persévérative.

Il semble donc que les nominations couleur tiennent ici lieu de réponse C pures. Les thèmes destructeurs n'apparaissent guère par la voie de la couleur. Une certaine attention est réservée au gris mais encore plus aux couleurs pastel.

Le maniement de la couleur paraît ici participer d'une démarche intellectuelle de reconnaissance plus que d'une réaction spécifiquement émotionnelle.

Les enfants âgés de 6 à 8 ans

— Les enfants considérés comme « normatifs » et dont la réactivité est variée dans l'ensemble utilisent tous la couleur dans l'un ou l'autre de ses registres. Il faut cependant noter que le rouge n'est pris en compte que par la moitié d'entre eux et que ce sont les kinesthésies qui prennent alors le pas, parfois ponctuées d'éléments couleur : « éléphants qui se battent », « qui saignent » à l'enquête. Il semble qu'il y ait une oscillation dans les réactions face au rouge qui est souvent perçu comme un élément très chargé affectivement dans le sens de la mutilation, orientant parfois la relation des figures humaines ou animales. Il y a oscillation également entre le pôle réactivité kinesthésique des planches II et III et la réactivité couleur aux planches pastel : cette dernière est beaucoup plus diversifiée dans les contenus qu'à l'âge précédent comme si la résonance au monde ambiant s'élargissait comme en témoigne l'éventail des réponses qui va des anatomies, sol brûlé, aux objets et contient toujours des plantes et des animaux. Ici la répartition entre CF et FC est à peu près égale.

Nous sommes, pour ce groupe, face à une réalité tout autre que pour les petits ; la couleur prend une signification très nettement affective quand il s'agit du rouge, l'expression pulsionnelle ou sa négation interviennent nettement alors que face aux planches pastel, les essais d'intégration sont plus diversifiés par l'expérience personnelle sans être pourtant systématisés.

— La prise en considération des couleurs achromatiques, rares dans ce groupe-ci, va, par contre, constituer une caractéristique des enfants dits « immatures ». Leur expérience émotionnelle est pauvre, sensible à l'insuffisance ou marquée par une anxiété floue. Elle s'exprime en réactions couleur et formelles mais non kinesthésiques.

— Les enfants « caractériels » sont très différents des « normatifs » en ce sens qu'ils s'appuient surtout sur la couleur et le mouvement et que l'on peut observer une oscillation entre ces deux types de réponses, oscillation inverse de celle des normatifs. Les réponses « sang », « feu », « explosion » qui fusent face à II et III et que manifestement les enfants ont du mal à retenir sont remplacées aux planches pastel par des modes à expression kan et kob. La fréquence des oscillations C/kob est à souligner ici pour son caractère spectaculaire qui se retrouve plus modulé chez l'adulte, montrant bien qu'il s'agit d'une seule et même dimension psychologique lorsque le contenu des C est pulsionnel destructeur. Il faut noter, à côté du C « feu », la présence de C « eau », « mousse », « brouillard » : tous ces contenus sont très primitifs mais les seconds peuvent être considérés comme exprimant des positions régressives passives dont les sujets se dégagent par la lutte active et revendicatrice contenue dans les C rouges. Les C purs sont ici plus nombreux que les CF et c'est le seul groupe où il en est ainsi ; les contenus sont très polarisés vers l'actif, le destructif. Les nominations couleur ne concernent que le rouge et ne servent plus la démarche intellectuelle mais expriment la fascination. Les FC sont à peine indiquées.

Le pôle couleur-kinesthésie d'objet domine les réactions qui convergent vers l'explosivité, l'affirmation de la puissance, mais aussi l'angoisse liée à cette projection. Face aux planches pastel, les réactions sont moins directes et moins polarisées et, quoique restauratrices, elles ne le sont pas autant qu'on le souhaiterait, elles restent très nettement marquées par le besoin de se dégager du rouge.

— Les enfants du groupe « traits névrotiques » paraissent très différents des groupes précédents. Les réactions sont d'une part plus variées et d'autre part plus retenues quant à l'expression pulsionnelle. Il faut noter en premier lieu une sorte de réduction des proportions entre les trois types de réponses : si les CF restent plus nombreuses que la norme, les C ne représentent qu'un tiers des réponses couleur et on ne repère que deux cas de NC face au rouge. En second lieu, il y a égalisation entre la réaction CF et C face au rouge et au pastel, ce dernier se particularisant par trois fois plus de réponses FC et l'absence de NC.

Devant le rouge, le contenu « sang » est dominant et donné directement ; son expression est cependant tempérée par une mise en rapport avec un élément formel « la bête et son sang », ou un élément C' gris : « le mur et le sang ». Angoisse de castration et préoccupation autour de l'agression interviennent, semble-t-il, à travers cette approche, dans ce groupe constitué pour plus de la moitié d'enfants vus dans des écoles. Le thème explosif est très rare, alors qu'apparaît le thème narcissique.

Les réactions aux planches pastel sont très diverses : « essence renversée », « fleurs », et la plupart se réfèrent aux animaux et aux plantes. Il en est qui traduisent en formes ou en images CF et non C la persistance du vécu de mutilation des planches rouges, ce qui montre bien le caractère prégnant de ce thème pour certains enfants : jamais il n'apparaît de vécu destructeur aux pastels seuls. Le fait notable ici est la fréquence des rapports F et C pour lesquels il est difficile de parler d'intégration dans le vrai sens du mot : c'est plutôt une attention simultanée aux deux stimuli forme et couleur où l'adéquation est vague : « des ronds orange et jaunes », et la critique inapparente.

En bref, les rapports des différents modes s'équilibrent et se normalisent mais là où il y a eu résonance très vive malhabilement exprimée elle persiste à travers les dernières planches.

— les enfants du groupe «névrotique» adoptent dans l'ensemble des conduites plus formelles et plus sensorielles que kinesthésiques, comme si le raccrochage au stimulus importait plus non seulement dans le sens de la reconnaissance intellectuelle mais aussi dans celui d'un recours défensif contre l'imaginaire.

Les couleurs pastel sont deux fois plus utilisées que le rouge tant qu'on se réfère au nombre global de réponses mais ce qui est spectaculaire c'est la combinaison C et FC face au pastel alors que face au rouge le CF reste la dominante. A analyser plus à fond les réponses, on constate que l'expression C ne correspond absolument pas au vécu pulsionnel mais bien plus à une sensibilité plus passive et réceptive s'exprimant à travers des réponses «herbe», «ciel», «eau», souvent répétées dans les trois dernières planches.

Les quelques rares nominations couleurs se trouvent là également. On comprend mieux alors l'association des C pures et des FC : «pépite d'or», «serpent vert», la tonalité plus réceptive que pulsionnelle des C constituant une modulation de la réactivité au même titre que la prise en charge formelle en FC.

A lire globalement les réponses face au rouge et au pastel, on a l'impression d'une différence fondamentale : les premières se réfèrent à la mutilation — sang, cœur, bête tuée —, les secondes à la passivité. En reprenant le déroulement des réponses on est frappé dans certains cas par la difficulté à circonscrire l'effet du rouge et par l'écho de cette difficulté aux planches pastel. Ainsi, la non-utilisation du rouge ou son utilisation uniquement en F correspond à une prolifération de FC aux planches pastel et la réaction brutale au rouge « pieds en sang » se résout en C « herbe » et en FC « bout de sapin », le C pur « sang » est suivi du C pur « ciel », et « l'avion à réaction » de II aboutit aux « os » et au « cerveau » à VIII et IX. Il nous paraît de la plus grande importance de repérer les modifications qui interviennent dans la réaction face aux couleurs et qui indiquent la polarité du vécu et les stratégies défensives adoptées et adoptables. Les enfants qui, face à II, voient un « cœur », « c'est tout rouge » et qui ne donnent que des nominations de couleurs aux planches pastel ou qui ne voient que la « terre » en C' se défendent par la démission et la régression, alors que ceux qui, après avoir donné face au rouge « explosifs », « sang qui coule des bras coupés », « terre », traitent les couleurs pastels en D et Dd FC « hippocampes », « pépites d'or », et « formes de villes d'Europe », réussissent l'effort d'isolation et de mainmise sur la première réaction.

Dans ce groupe, le stimulus rouge est objet d'évitement, de négation ou de mentalisation, sauf pour trois sujets sur douze, alors que les couleurs pastel sont exploitées sur un registre assez large de modes et de contenus montrant l'instabilité des positions et parfois la recherche des solutions.

— Les protocoles des enfants « prépsychotiques » frappent par la prévalence des mises en scène et de l'animation sur la réactivité sensorielle : celle-ci cependant présente se distribue assez également entre les modes C, CF et FC, la prépondérance du C pur n'étant due qu'aux nominations de couleur et aux C blancs. Il s'agit là d'une facture inattendue au premier abord chez ces enfants si fabulants et vifs, mais en fait compréhensible quand on sait leur souci de se raccrocher à la réalité objective, d'où les FC à contenu courant et avec interprétation du gris. Quant aux modes C et CF, ils expriment le vécu dit pulsionnel puisqu'il s'agit du sang et du feu mais aussi un vécu plus régressif et à tonalité abandonnique. Les différences entre les manières de traiter le rouge et le pastel semblent s'estomper et le même contenu « ciel » ou « couleur de ciel », « soleil » donnés à II se retrouvent à VII ou IX, le « sang » de II devient « feu » à VIII, ce qui tendrait à indiquer une sensibilité au sensoriel moins modulée que chez les autres enfants.

— les enfants « psychotiques » dont la structuration des réponses est tellement aberrante réagissent tous au rouge sur le mode C, CF et C' seulement mais il est frappant de voir que les couleurs pastel ne sont pas du tout utilisées à VIII et que seule la moitié des enfants y réagit à IX et X. Cette utilisation est alors répétitive — « feu » « feu, ciel », « ciel, lune et ciel » — et aussi « sorcière », « fantôme » — dans des réponses confabulées à partir de la couleur et qui montrent bien le caractère plaqué, non spécifique de la réactivité à la couleur. Le rouge polarise davantage les réactions à travers des contenus primaires « terre » ou « sang », « feu », « soleil » et « peinture ». Les préoccupations les plus prégnantes passent par les éléments kinesthésiques et les jeux d'un langage touffu ou déstructuré.

● **b) Les enfants de plus de 8 ans**

En principe nous devrions trouver là des réponses plus diversifiées quant aux contenus référentiels et à la verbalisation et surtout des réponses plus spécifiquement « émotionnelles » et plus orientées vers la relation et l'échange ou la négation et le refus de cet échange.

— Les enfants du groupe « normatif » frappent par la prévalence donnée aux couleurs pastel et achromatiques, par l'absence de réactions C pures et par la centration sur les modes CF et FC. Cela met l'accent sur des conduites plus neutres que directes, empreintes d'une sensibilité diffuse qui amène à éviter la réaction brutale ou à la dévier.

La moitié d'entre eux ignorent le stimulus rouge et traitent les planches par le biais des formes : les FC et les rares CF sont des contenus neutres, comme retenus. L'effort d'éviter la réaction brutale paraît net et le vécu pulsionnel est plus librement exprimé face aux trois dernières planches par des CF mais à contenus plus engagés, tels « flammes », « fumée », « feu », « volcan », « pierres » et des FC en nombre égal aux CF dans des images animales.

La sensibilité au gris est à relever à travers des images « nuages », « fumée », qui évoquent la fragilité et la mobilité.

— Les enfants « caractériels » réagissent bien peu à la couleur, en nombre bien inférieur aux normes. Cela peut paraître surprenant mais se comprend lorsqu'on se souvient que ce groupe est composé d'enfants à tendance paranoïaques, d'un milieu culturel élevé dont les références et le langage sont plus diversifiés et dont les ressources intellectuelles sont supérieures. Les quelques réactions couleur sont très significatives et très chargées de forces pulsionnelles face au rouge « feu », « terre avec le feu et les bombes ». Les planches pastel sont traitées d'une façon plus détachée : « temps préhistoriques », « couleurs de rêve ».

Toutefois ce détachement n'est qu'une apparence car si l'affrontement direct n'est pas exprimé par les couleurs, il l'est par l'attitude critique et exigeante, les kinesthésies d'objet et les réactions directes d'angoisse.

— Les enfants à « traits névrotiques » réagissent intensément aux couleurs surtout sur le mode CF et surtout aux planches pastel. Déjà face au rouge les réponses, si elles sont rares, sont directes et le contenu pulsionnel est donné sans ambage. Les C purs et les CF rares se réfèrent au sang qui coule, qui tombe, aux taches de sang. Les nombreuses CF et les FC des planches pastel constituent une réactivité primesautière peu intellectualisée dans des couleurs vagues : « roches de différentes couleurs », « taches de gribouillis », « pierres sur glace », ou des images de la nature : « étang », « rivière », « feuillage », sans caractère explosif.

Il faut relever ici l'importance des couleurs achromatiques qui déterminent maintes réponses aux planches I, IV, V, VI, VII.

— Les enfants du groupe « névrotique » semblent restreindre leurs réactions directes au rouge et les circonscrire un peu dans leur portée : « taches rouges », « taches de sang », « coups de feu » en CF. Si l'on en juge par les six cas où il n'y a aucune réponse couleur, le blocage porte sur toutes les couleurs. Les sujets réagissant en FC face au rouge maintiennent leur retenue aux planches pastel où ils utilisent le mode FC et se réfèrent à des contenus végétaux ; ceux qui donnent des CF à contenus vagues au rouge persistent dans ce même vague et cette impressionabilité face aux couleurs pastel. Ces dernières provoquent autant de réponses sur le mode CF que le rouge, plus de C pur, et surtout beaucoup plus de FC. Cela mis en rapport avec la sensibilité au C', indique bien la tendance générale à éviter la participation directe et à ne réagir qu'en sourdine.

— Les enfants du groupe des « prépsychotiques ». La réactivité immédiate et brutale domine ici, les réponses couleurs pures sont aussi fréquentes que les réponses CF mais les planches pastel les provoquent davantage que les planches rouges : ces dernières sont traitées par des contenus primaires et primitifs : « sang », « terre », « mer de sang », alors que les couleurs pastel évoquent des associations de niveaux différents aussi bien primitifs profonds : « boue », que simplement régressifs : « feuilles », « œufs à manger », ou que plus agressifs : « feu, flammes ». Une utilisation arbitraire de la couleur s'observe ici, tels « les serpents roses ». Les couleurs achromatiques sont très exploitées, surtout les gris et blancs et la projection d'images angoissantes en K ou FClob s'intensifie.

— Les enfants du groupe des « psychotiques » se réfèrent massivement à la couleur. Dans l'ensemble ils se comportent comme les précédents mais avec bien plus d'écho formulé face aux planches pastel qu'aux planches rouges sur le mode C et CF, alors que le mode FC est pratiquement inutilisé et quand il l'est, c'est avec une mauvaise forme. Qualitativement, l'impact couleur est *autre* que dans les groupes précédents : les réponses restent du registre pulsionnel face au rouge, mais devant les couleurs pastel elles sont encore de l'ordre de la nomination de couleur et surtout elles se réfèrent à des anatomies et des résidus : « lambeaux de chair », « organes », « veines », « viande » : on y remarque de plus une utilisation interprétative de la couleur « traître au teint bistre ».

Il faut souligner ce maniement des couleurs pastel qui ne s'observe dans aucun autre groupe et qui montre la préoccupation au sujet du fonctionnement du corps et la projection de l'angoisse de morcellement.

γ) LES INTERPRÉTATIONS « ESTOMPAGE »

Les différences de teintes isolées, le dégradé, l'estompé provoquant des appréciations de profondeur, de surface ou de texture sont autant de caractéristiques parfaitement étrangères au monde de l'enfant. A croire que passer du visuel au tactile comme dans les réponses de texture est une démarche encore impossible à certains âges. C'est d'autant plus important à remarquer que la couleur de surface — le gris — est le stimulus qui joue au contraire un rôle très captatif. Or les estompés sont surtout dans ce type de couleur.

Il est tout à fait évident, d'après la répartition des facteurs estompage dans les différents groupes, qu'ils sont presque totalement absents avant 9 ans et que même à partir de cet âge leur apparition est très isolée et sporadique. A noter aussi le peu de variété dans les contenus : le mode FE englobe les quelques percepts de texture : « chat », « poils », « peluche » ; le mode E, rare, exprime l'eau, les « scintillements de la pluie » ou les « ombres ».

Il paraît certain que le gris, le blanc, le noir ont une prégnance notable dans maintes images. Il faut même remarquer que la réaction C' l'emporte et inclut la réaction Clob qui ne conserve sa valeur propre que dans les KClob. Les distinguer des E est facile chez l'enfant d'après ses commentaires, l'influence de la couleur étant spontanément explicite.

Peut-on expliquer l'absence de ces réactions ? Insuffisance de l'exploration perceptive, non-perception des différences mineures intérieures aux taches, balayage trop rapide et superficiel du stimulus qui ne s'accroche qu'aux données saillantes ? Mais aussi aptitude à exprimer plus directement, de façon plus entière, les besoins, la captativité, même quand elle est accompagnée d'anxiété. Telles sont les différentes hypothèses que l'on peut formuler quant à l'absence de vigilance aux différences de nuances qui est due à des facteurs de développement tant instrumental qu'affectif.

CONCLUSION

L'analyse que nous avons faite nous met en présence d'un certain nombre de données et d'interactions : ces contrastes méritent réflexion et conduisent à des propositions sur la valeur interprétative des réponses couleur, sa spécificité chez l'enfant.

Si en un premier temps nous avons isolé du contexte tout ce qui concerne la réaction couleur, pris soin de distinguer la réaction qualitative de la représentation, déterminé les réactions face à l'achromatique, au rouge et au pastel ainsi que la teneur des réponses en couleur et leurs contenus, en un second temps nous devons reconnaître que le retentissement émotionnel ne passe pas uniquement par la réaction couleur, qu'au contraire il la déborde largement. Celle-ci peut même n'en constituer, à l'extrême, qu'une manifestation mineure. En effet, l'expression des craintes, la manifestation des besoins ou le retrait dans les inhibitions se révèlent aussi bien dans les images formelles et kinesthéstiques que chromesthésiques comme d'ailleurs dans les conduites verbales générales face au test. Maintes fois nous avons constaté des oscillations entre des réactions couleurs et des réponses formelles et kinesthésiques, celles-ci participant à l'extériorisation des peurs, des angoisses, des plaisirs et de la recherche relationnelle.

Il est impérieux de considérer *la totalité* des réactions obtenues si l'on veut parler de retentissement émotionnel mais on peut tenter de dégager la spécificité de l'apport des réponses couleur.

Donnée perceptive sensorielle, la couleur n'est souvent utilisée que dans cette dimension de reconnaissance du matériel, l'important étant alors de savoir si son action constitue une entrave ou une facilitation à cette démarche : c'est ainsi qu'une nomination de couleur classiquement considérée comme une réaction réflexe massive peut avoir une portée moindre dans la résonance émotionnelle qu'une réponse FC. Plus encore, la simple impressionabilité sensorielle peut signifier plus qu'une image précise donnée en C pur. La hiérarchie des réponses couleur est chez l'enfant d'application inadéquate et que l'on traduise les modes C et CF en termes de captativité, de suggestibilité, de narcissisme, d'immaturité ou d'égocentrisme, on sait fort bien que le mode CF n'est pas le seul interprète de ces dimensions.

Dans l'articulation des pôles kinesthésique/chromesthésique, c'est en définitive l'animation, la dynamisation qui semblent mener le jeu dans la projection au Rorschach chez l'enfant et c'est justice, étant donné les efforts de l'enfant pour se situer, pour différencier sa position dans le monde par rapport à autrui et dans le contexte global. Or ces besoins de se différencier, de se définir passent surtout au Rorschach par la projection des totalités d'images, totalités formelles plus ou moins animées. La représentation de soi est au premier plan et si elle se construit dans un certain climat émotionnel celui-ci n'est pas suffisamment explicité par la résonance couleur. Il est probable qu'intervient ici la limitation de l'expérience de l'enfant qui d'une part n'a pas encore assimilé les références « sociologiques » et « symboliques » des couleurs et d'autre part manque de repères à quoi rattacher les couleurs.

Dans cette perspective de priorité donnée au besoin de représentation de soi au sens large, on peut se demander comment chez l'enfant les différentes couleurs y contribuent, renvoient au vécu pulsionnel et au besoin d'échange ou au vécu narcissique comme cela peut être le cas pour l'adulte. Le vécu pulsionnel est exprimé chez l'enfant aussi bien par la forme, la kinesthésie que par la couleur, dans toutes sortes d'activités constructives ou destructrices.

Quant au besoin d'échange que l'on pense saisir à travers les réponses aux couleurs pastel, il est peu probable que chez l'enfant l'utilisation de la couleur en soit le témoignage. Il s'agirait plutôt d'une reconnaissance du monde extérieur, sous forme de constat, qui montre la sensibilité à la présence du stimulus couleur. Plus l'enfant est jeune plus le stimulus est mal utilisé : « soleil bleu », et semble représenter plutôt un élargissement de l'éventail des expériences qu'une dimension affective particulière. Toutefois celle-ci existe à travers le plaisir ou le déplaisir quand la réaction couleur est surtout sensibilité à un climat émotionnel, vécu comme sécurisant ou dangereux, gratifiant ou frustrant.

En bref, l'enfant est sensible à l'impact de la couleur mais sa résonance ne peut être caractérisée de la même manière que dans un protocole d'adulte : elle est soit impressionabilité toute qualitative soit partie intégrante de l'expression pulsionnelle soit simplement projection des sentiments de bien-être ou de malaise. On ne peut en aucun cas appliquer à l'enfant le modèle théorique interprétatif classiquement utilisé pour l'adulte.

C. Les contenus. Les réponses banales

LES CONTENUS

Éléments descriptifs de la réponse, les contenus sont objets de la cotation. En tant que tels ils sont, en général, répertoriés et groupés dans des catégories, catégories qui parcourent la gamme très vaste du réel et de l'irréel, du collectif et de l'individuel.

Dans ce travail, nous n'avons pas élaboré de classification nouvelle des contenus : nous avons utilisé les catégories généralement proposées en essayant d'une part de nous tenir à un mode d'emploi constant, d'autre part de faire ressortir d'une façon explicite les contenus doubles si souvent donnés par les enfants et aussi ceux dont la signification est double.

Toutefois, la symbolisation ne portant que sur le substantif, les catégories utilisées sont peu parlantes, même si leur éventail va des fragments aux mises en scènes et de l'informel à l'intellectualisé. L'information que nous donne le contenu tel qu'il est coté est en fait bien réduite : pour ne prendre que la prévalence du monde animal notée chez l'enfant comme chez l'adulte, elle ne nous dit rien, en tant que telle, sur la manière de vivre et de ressentir le monde ambiant. L'analyse du bestiaire utilisé est déjà plus révélatrice et l'étude des caractéristiques de l'activité ou de la position de l'animal l'est encore plus.

Les catégories les plus importantes, soit par leur fréquence, soit par leur signification, sont celles qui ont trait au monde animal, au règne végétal, aux phénomènes naturels, à la représentation humaine et parahumaine et au monde des objets fabriqués ainsi que les mises en relation et en rapport de ces différents contenus.

Il n'est guère possible de proposer des données précises quant à la distribution des catégories dans les groupes. Tout au plus peut-on, à titre d'indication, dire que les phénomènes naturels sont privilégiés par les caractériels, que la nature et les plantes sont fréquemment utilisées par les enfants jeunes et les enfants plus âgés dits « immatures », que le monde des objets prend un certain poids après 8 ans et que la mise en scène à finalité de rivalité, de compétition se trouve chez les « normatifs » alors que celle à finalité de dévoration et de destruction caractérise les « prépsychotiques » comme les « psychotiques ». Quant à la représentation humaine et parahumaine, elle nous paraît être le pivot de la projection au Rorschach ; nous la trouvons dans des expressions de différents niveaux et d'intensité variable dans tous les protocoles (voir les chapitres sur les kinesthésies humaines et la représentation de soi).

Nous pensons avoir suffisamment insisté, tout au long de cet ouvrage, sur la nécessité de prendre en considération adjectifs, épithètes, verbes qui qualifient le substantif. Ces éléments peuvent modifier profondément la signification initiale du contenu dans la mesure où un vécu de mutilation, d'incomplétude ou de déchéance n'est explicité qu'à ce niveau et non par le substantif lui-même : « papillon avec des ailes toutes déchirées », « couverture toute déchirée, en morceaux ».

Plutôt que de reprendre les catégories de contenus isolés, il paraît plus important de voir s'ils peuvent recouvrir des thèmes plus généraux. Ceux-ci sont relatifs aux positions dictées par le développement libidinal, le maniement des pulsions agressives et le besoin de représentation de soi. Nous en discuterons dans les chapitres consacrés aux notions de « Problématique » et de « Représentation de Soi ».

Il arrive que des contenus à teneur morbide apparaissent dans des protocoles adaptatifs par ailleurs : les études de Rychlak ont montré qu'il ne faut pas s'en alarmer outre mesure, surtout à l'approche de l'adolescence. De toutes manières, aucun contenu isolé ne peut avoir de signification pathognomonique d'un type d'altération psychique, mises à part, peut-être, les images de corps détérioré et morcelé, qui ne prennent cette valeur que si la malhabileté de l'expression verbale n'en est pas responsable.

On peut se poser la question de l'influence, sur les contenus, des événements fortuits ou des incidents ayant pris place immédiatement avant la passation du Rorschach, comme on peut se demander si la personnalité et la manière d'être du psychologue ne poussent pas l'enfant à valoriser tel ou tel type de références. Il est probable qu'il en est ainsi au moins partiellement et qu'une certaine attente de l'adulte, dans le sens d'une libération du monde imaginaire ou dans celui d'une mobilisation de l'efficience, modèle la réaction de certains enfants alors qu'elle laisse d'autres indifférents. Des retests dans d'autres conditions ou des épreuves d'associations, peuvent faire apparaître des éléments de réponses aux questions posées.

LES RÉPONSES BANALES

La détermination des réponses dites banales pose le même problème que celle des F+. Nous avons considéré le caractère adéquat ou inadéquat des formes par rapport aux critères adultes tout en sachant qu'il n'y a pas de données statistiques très précises relatives à la population française. Nous avons pris pour les réponses banales les mêmes critères qui, s'ils n'ont pas le mérite de l'objectivité statistique, ont celui de la fréquence de l'usage.

Pour une discussion plus approfondie des réponses banales et communes chez l'enfant, nous renvoyons le lecteur à l'ouvrage de C. Beizmann.

Les remarques que nous pouvons faire à propos des réponses banales ont une portée limitée, nos groupes et sous-groupes ne comportant pas un nombre suffisamment égal de sujets.

Les banalités de VIII et de V sont données massivement sauf par les enfants « déficitaires » et « immatures ». Celle de III : les personnages, n'existe guère chez les « névrotiques » et les « immatures » et est en général moins souvent notée par les jeunes que par les plus âgés. La deuxième banalité de cette planche : le papillon, apparaît d'une façon irrégulière, parfois en compensation de l'absence de la première banalité. L'image qui revient assez fréquemment dans les groupes est celle de X : araignée ou crabe, plus fréquemment chez les plus âgés que chez les plus jeunes. La réponse de I : papillon ou oiseau, semble à considérer dans ses manifestations en relation avec la III : personnages, elle constitue peut-être une attitude défensive contre l'irruption d'associations de danger ou de fantasmes de scènes primitives. La banalité de VI n'est que rarement donnée, à peine plus souvent que celle de II. Celle de IV est totalement absente et celle de IX ne survient jamais.

Dans les groupes normatifs sûrement et peut-être même dans les groupes cliniques, le nombre de banalités augmente avec l'âge.

Si le repérage des réponses banales est tout à fait nécessaire, ce qui l'est encore plus, c'est l'analyse de leur répartition et l'étude des réponses et des réactions qualitatives qui apparaissent en leur lieu et place. Leur valeur interprétative plus adaptative ou plus défensive en sera ainsi dégagée.

D. La signification symbolique du stimulus

Tout praticien dans son expérience est amené, par la rencontre de thèmes remarquables, à réfléchir sur les sollicitations symboliques afférentes à chacune des planches. Le problème se pose de savoir à quel corps d'hypothèses on peut se référer pour en discuter et à quel niveau va se situer cette sollicitation.

Certains cliniciens ont cherché à retrouver dans les réactions à la succession des planches la projection dans une temporalité sans faille du développement psychologique, de la naissance à l'accession de l'autonomie suivant les phases du développement libidinal. D'autres, à l'inverse, ont considéré les planches comme autant de totalités séparées, quasi indépendantes les unes des autres, sans égard pour la dynamique inhérente au déroulement de la situation. En ne se basant que sur les configurations, ils ont négligé le facteur temporel pourtant toujours présent dans la relation clinique.

De notre point de vue, il faut tenir compte de la structure spatiale des planches, de leurs configurations, mais aussi et surtout des interférences entre celles-ci et leur place dans la série. Nous voudrions davantage insister sur le retentissement d'une situation sur l'autre, voire même le déplacement, qui peuvent entraîner des perturbations et des projections à retardement sur la ou les planches suivantes, sans que la configuration de celle-ci soit directement en cause. C'est de cette affirmation que découlent les notions d'affaiblissement ou d'assouplissement et de renforcement des attitudes défensives au décours du test.

Avant d'aborder les thèmes privilégiés notés à chaque planche et le niveau de la problématique auquel ils renvoient, il sied d'attirer l'attention sur deux pôles de convergence des dix planches. Le premier concerne surtout le rapport de l'axe à la périphérie, avec insistance ou non sur la symétrie, rapport de l'intérieur à l'extérieur renvoyant à l'extrême aux notions de dedans/dehors, contenant/contenu. Le deuxième pôle a trait au caractère souvent bisexuel des configurations, pôle qui, à l'inverse du premier, sera d'ailleurs peu exploité par les enfants.

En fait, il nous est apparu que les planches provoquaient des réactions à *des niveaux bien distincts* qui ne font pas nécessairement appel à une sollicitation symbolique univoque : l'un se réfère à des images très archaïques et essentiellement à la relation duelle, aux problèmes de l'identité, un autre à la projection du vécu conflictuel actuel pré-œdipien ou œdipien, sans oublier le thème adaptatif qui peut rester très signifiant. L'attitude d'écoute et de décryptage permet d'éviter l'écueil d'une théorisation qui plaquerait sur chaque planche un symbolisme immuable.

Dans le cadre choisi, notre travail a été facilité par l'aptitude toute particulière des enfants, surtout les très jeunes, à exprimer sans ambage l'essentiel de leurs préoccupations profondes grâce à leur réceptivité, leur perméabilité et aussi leur moindre soumission que l'adulte au conformisme des schèmes culturels.

Planche I

Le stimulus est une tache gris-noire très étalée, mais aussi très centrée, appelant autant une saisie unitaire qu'un découpage en deux ou en trois : la partie du milieu et les deux parties latérales.

Le contenu manifeste le plus fréquent est un animal ailé ou, pour les jeunes enfants, une maison à fenêtres ou un arbre. L'aspect couleur est rarement mis en cause explicitement.

Pour cette planche, le contenu latent peut être subordonné à sa position de première planche, c'est-à-dire porter sur l'instauration d'un contact, ce qui peut accentuer l'expression de l'angoisse devant l'inconnu, de la dépendance face à l'adulte ou renforcer, au contraire, les diverses attitudes défensives. Il est important de comparer cette planche aux planches suivantes pour éviter de surestimer les projections ou de se polariser à outrance sur ses particularités.

Toutefois sa valeur projective reste grande chez l'enfant. Quand elle n'est pas traitée sur un monde banal, adaptatif, socialisé, elle semble solliciter en elle-même, au niveau le plus archaïque, la relation à la mère prégénitale dans ses aspects positifs et négatifs ce dont font foi les réponses « maison à fenêtres », « église », « bateau », ou à l'inverse « maison cassée », « araignée », « loup ». Nous avons par ailleurs observé que les enfants étaient aussi très sensibles à la composition tripartite de la planche qu'ils exploitent pour projeter des fantasmes de scène primitive : « deux hommes qui enlèvent une femme », ou des représentations plus évoluées de la sexualité comme dans « deux hommes qui dansent avec une femme ».

Parfois c'est l'enfant lui-même que symbolise le personnage central, l'enfant dans sa dépendance face à des images parentales ou très sécurisantes : « papa, maman qui promènent un enfant », ou très dangereuses : « des hommes qui craquent un taureau ».

Planche II

La structuration du stimulus est ici très différente, marquée autant par le blanc central que par les taches rouges qui s'organisent plus souvent autour d'un vide que dans une structure symétrique bilatérale. Cette structure bilatérale peut être cependant le support de réponses adaptatives, de la projection du mode de relations, qu'il soit pré-œdipien ou œdipien — animaux en lutte ou personnages en relation.

Une saisie globale unitaire tenant surtout compte du D noir, du D blanc et du D rouge inférieur — les D rouges supérieurs ont dans ce cas-là un rôle accessoire — suscite plus fréquemment des interprétations de niveau archaïque. Celui-ci fait appel à l'évocation de l'intérieur du corps féminin, ce qui peut être refoulé, intégré ou sublimé. Chez les jeunes enfants il entraîne aisément des fantasmes de naissance, expression de la recherche du sein maternel : « une église dans un paysage », « grotte avec des roches autour et on voit la lumière » ou, à l'opposé, la projection d'une image maternelle prégénitale angoissante : « chat énorme », dévoratrice, rejetante, voire même archaïquement mutilante, castratrice : « visage d'un homme qu'on martyrise ».

L'importance et la localisation des taches rouges peuvent, comme on le sait, provoquer chez les filles la projection de préoccupations concernant leur sexualité, leur identification sexuée. Il nous est apparu à la faveur de notre étude des protocoles de jeunes garçons, que la planche II sollicitait fortement l'angoisse de castration qui, lorsqu'elle n'était pas directement exprimée, était source de bien des démarches défensives.

Il ne faut pas négliger pour autant à cette planche l'impact des différentes pulsions agressives qui peuvent être exprimées à plusieurs niveaux allant du registre primaire non lié d'éclatement, d'explosion, à l'expression plus secondarisée sous une forme quasi socialisée de lutte et de compétition.

Planche III

La signification symbolique dominante de cette planche prend corps dans la disposition spatiale en face à face de deux silhouettes particulièrement prégnantes visuellement. La représentation humaine qui s'impose ici plus que partout ailleurs traduit le besoin de représentation de soi. Quand l'expression de ce besoin est possible, la structure de la planche induit une mise en relation avec l'autre et il s'agit, dans la majorité des cas, de deux personnages sexués ou non ou de deux animaux qui sont dans une interrelation convergente ou non. La relation ou l'interaction peuvent ne pas être évoquées, la perception se limiter à un seul personnage dont le symétrique n'est qu'un reflet ; néanmoins cela est rare chez les jeunes enfants et n'apparaît qu'à l'adolescence.

Contrairement à ce que l'on pourrait supposer, cette planche évoque plus rarement que la première la représentation, symbolique ou explicite, du couple parental. Il semble en effet qu'il s'agisse plutôt ici de la représentation de soi face à un semblable.

La polarité archaïque apparaît dans des interprétations de type « grenouille », « crabe », « monstre », renvoyant à une image maternelle prégénitale dangereuse. Toutefois même chez les enfants très perturbés, elle suscite rarement la projection de l'angoisse d'annihilation, de morcellement. L'inclusion du rouge est cependant responsable de certaines élaborations délirantes ou paranoïaques.

Planche IV

Perceptivement, le stimulus est semblable à celui de la planche I par son caractère étalé et fermé. L'impression de masse est sans doute renforcée par l'aspect particulièrement sombre des gris. La réaction spontanée est en principe globale mais elle est souvent entravée par la provocation de la signification symbolique.

La planche évoque force, puissance et autorité. Elle éveille donc les diverses réactions suscitées par cette rencontre, positives comme négatives, par exemple l'évitement et la fuite dans les aspects parcellaires, la projection de l'impuissance, voire même de la dépression dans les thèmes : « feuilles mortes », « papier brûlé », « couverture déchirée ». Dans une acceptation du symbolisme de la planche à un certain niveau d'évolution libidinale, les réponses renverront à l'image paternelle et les associations : « personnages », « Monsieur », « ogre », « animaux puissants ou leurs attributs », « aigle puissant », découleront du type de relations établies avec cette image, qu'il ne faut à aucun prix confondre avec le père réel. Cette image a force de loi, elle est le point de référence de l'identification pour les garçons et elle est l'objet du choix libidinal pour les petites filles, ce qui implique que cette image, même en l'absence de conflit aigu, restera pour les enfants imprégnée d'un pouvoir auquel ils n'ont pas encore accès et peut être teintée d'une inquiétude plus ou moins explicite. Une trop grande implication identificatoire se rencontre dans les cas d'identification à l'agresseur ou d'hypertrophie du Moi caractéristiques des personnalités à tendances paranoïaques : « un grand prêtre d'une cérémonie secrète d'une religion fétichiste ».

Toutefois, chez certains enfants et à un certain niveau d'évolution libidinale, dans le cas d'une relation duelle prégnante, la puissance n'est pas l'apanage de l'image paternelle mais se trouve bien plutôt détenue par l'image maternelle prégénitale omnipotente. C'est elle qui apparaîtra dans les associations : « grosse bête, qui est grosse, ses queues », « île dans le temps, l'île de la Tortue géante, et ici ce serait l'île du Papillon », raccourci remarquable dont les enfants ont le secret. L'interprétation : « un petit ours qui est devant, ça c'est sa mère », signe le besoin de sécurité et de gratification, la demande face à l'image maternelle. Le « sapin de Noël » relève souvent de cette problématique alors que « l'arbre » renvoie plutôt à l'image paternelle. Il arrive que cette planche réactive plus ou moins directement un conflit anal aigu ce qui, à l'extrême, aboutit à des réponses telles que « un homme assis sur un bûcher », « un gros monsieur, il fait caca ».

Il semble utile d'insister sur la réaction naturelle du sentiment d'impuissance et de crainte de l'enfant devant cette planche, ce qui ne doit plus être le cas chez l'adulte.

Planche V

Plus compacte, moins étalée sur l'axe vertical, cette planche semble abordée par l'enfant comme elle l'est par l'adulte, d'une façon unitaire et immédiate. Elle fait essentiellement appel à la projection de l'unité, de par sa structure quasi cellulaire, unité qui recoupe au premier plan le sentiment d'intégrité et le concept de soi. La globalité est de règle et peut être suivie d'articulations entre la médiane et les côtés, ce qui est rare chez l'enfant. Bien souvent, la rupture de cette unité s'effectue sous l'emprise d'un conflit soit dans des fabulations exprimant l'absence d'autonomie : « le papillon ne peut plus voler, le lapin lui a mangé les ailes », soit dans des représentations de lutte, d'affrontement – des deux D latéraux –, indice fréquent d'une lutte intérieure intersystémique comme chez les obsessionnels. En l'absence de G, sauf dans ces cas précis d'articulation, tout maniement parcellaire de la planche met en cause la formation du Moi, voire même pose le problème de l'accession à l'identité. Cette planche est, de toute évidence, très sensible à l'expression de l'absence ou de la perte de l'intégrité corporelle, que celle-ci soit due à des atteintes organiques réelles, fantasmatiquement mutilantes, comme c'est le cas de certains cardiopathes congénitaux qui donnent « un cœur opéré », ou à un manque de différenciation entre soi et l'environnement.

Planche VI

Le stimulus est ici, d'une part, très centré sur l'axe médian qui se prolonge hors de la masse et, d'autre part, fortement estompé dans la distribution des gris, cet aspect-ci n'étant guère exploité par les enfants. La valeur de provocation « sexuelle virile » de la planche n'entraîne pas d'associations directes chez les enfants. Leurs manifestations sont le plus souvent indirectes, témoins d'une sensibilité sourde au symbolisme. Ils semblent plus aptes à exploiter la dimension dynamisme/énergie que comporte ce symbolisme viril que sa dimension sexuelle à travers des contenus tels que fusées, soleils, bâtons, serpents, situés dans le D supérieur ou dans l'axe médian entier.

De toutes façons cette planche, par sa difficulté et peut-être par sa symbolique, provoque facilement un malaise chez l'enfant. Il n'exprime guère ici de fantaisies riches et projectives et ne perçoit que rarement la réponse banale. La gamme de possibilités qu'offre cette planche à un enfant est très réduite, même en ce qui concerne l'expression des positions primaires.

Planche VII

Ce stimulus est marqué autant par la figure que par le fond blanc et a un symbolisme féminin très largement reconnu. La planche suscite chez les enfants des associations concernant l'image maternelle et ce à plusieurs niveaux. Au niveau le plus archaïque c'est la béance qui induit toutes les projections déclenchées par le sentiment de carence, de vide, d'insécurité fondamentale ; ce qui est accentué par la perception de la précarité de l'équilibre des figures elles-mêmes : « bête à carapace éclatée », « peau déchiquetée », « neige ».

Les figures elles-mêmes peuvent être traitées à un niveau primaire renvoyant à une image de mère dangereuse dans des interprétations « d'araignées », « pinces de crabes », « pinces coupantes ». A l'inverse, elles permettent aussi l'extériorisation d'affects positifs dans une relation sécurisante par le biais de réponses telles que « jouets en peluche », « animaux jouant sur une balançoire ». De même le Dbl permet la production de réponses à symbolique de contenants sur un mode régressif : « nid de fourmis quand ils transportent les œufs », ou sur un mode plus évolué comme dans les réponses « pots ». A l'extrême chez les filles et les garçons plus âgés, des personnages humains, le plus souvent féminins, sont reconnus et sont l'objet de représentations sexuées bien réussies. Il existe aussi un symbolisme sexuel simple : « grotte », « baie », donné à travers des contenus de phénomènes naturels.

Planches pastel VIII, IX et X

Ces planches sont semblables de par l'introduction sur toute leur surface de la couleur mais elles sont très différentes quant à leur configuration. Notre expérience nous porterait à mettre en doute l'opinion admise selon laquelle les couleurs pastel auraient en soi une valeur de provocation spécifique. Il est notoire que la présence de la couleur provoque des commentaires subjectifs se référant à la réaction plaisir/déplaisir et une fascination : ce niveau de réaction, de nomination, de remarques et de comportement ne va pas jusqu'à la prise en considération de la couleur comme une dimension nouvelle à intégrer dans la production. Il ne semble pas y avoir appel à une symbolique privilégiée, à l'inverse de ce qui se passe pour la couleur rouge, sauf peut-être dans les cas où la couleur évoque pour l'enfant un climat plus sécurisant et plus chaleureux.

Chez l'enfant, il ne semble pas que le maniement des couleurs pastel puisse, comme chez l'adulte, être un point de repère important pour jauger des besoins relationnels. Ceux-ci sont plus clairement exprimés dans les K, les kan et les épithètes et commentaires divers.

Bien entendu, chacune de ces trois planches induira, de par sa structuration formelle et chromesthésique, des thèmes particuliers, mais ils ne constituent pas un apport fantasmatique nouveau.

Planche VIII

La planche est structurée par les enfants à partir des animaux — D latéral —, soit qu'ils mettent en place des scènes limitées au règne animal avec, selon l'âge de l'enfant, une plus ou moins grande participation de l'environnement intégrant le D médian, soit qu'ils attribuent aux animaux actions ou intentions, fruits de leurs projections de manque, de désir ou de pulsions. On observe aussi des réponses d'un autre niveau, impliquant le besoin de représentation de l'intérieur du corps parfois associé à des thèmes de destruction et de morcellement. Dans le premier cas il semble s'agir d'un besoin de repère facilité par les couleurs et les formes qui ne relève pas d'une problématique inquiétante. Dans le second cas, nous rejoignons les préoccupations concernant la perte de l'intégrité corporelle.

Planche IX

Elle se trouve être plus difficile parce que sans repère ni percept prévalents et suscite des blocages, des hésitations et des refus. Au niveau élaboré elle n'est traitée qu'en DD, en D mis en rapport, alors que la saisie G fait état de phénomènes naturels, ayant valeur d'expression pulsionnelle, qu'elle suscite davantage que la planche précédente. Ceci mis à part, elle rappelle la planche II par la présence du D médian intermaculaire compris dans la masse, mais le caractère peu accusé du contraste figure/fond introduit une troisième dimension. Celle-ci sollicite les projections imaginaires de niveau archaïque, soit sous forme de personnages inquiétants, soit plus directement dans l'expression symbolique de l'image maternelle prégénitale ou encore de sa représentation sexuelle primitive : « une crevasse cachée par des broussailles, un javelot tombe dedans », « une berge d'étang avec des tas de choses flottant », « un traître au teint bistre qui se promène pour cacher quelque chose ».

Planche X

Elle offre beaucoup de possibilités à l'enfant, possibilités qu'il utilise largement en général, la fragmentation du stimulus facilitant une exploration ludique qui peut être de l'ordre de la reconnaissance d'un monde objectif familier ou de l'ordre de la créativité plus imaginaire. Souvent interprétée par l'adulte comme une planche à symbolisme maternel à cause des images de milieu marin, de jardin qu'elle suscite, elle ne peut guère, *a priori*, être considérée comme telle pour l'enfant, sauf dans les cas où les représentations renvoient directement à une image de mère prégénitale dangereuse.

La fragmentation et la dispersion, sécurisantes pour certains, constituent un handicap pour d'autres qui sont directement renvoyés à leur angoisse de morcellement : cela entraîne soit un échec massif des mécanismes de défense sous forme de perceptions aberrantes soit une projection directe de la menace d'annihilation.

Le fait que la planche soit la dernière de la série paraît avoir moins d'impact sur les enfants qu'on ne pourrait le supposer, tout au moins dans les conditions où nous avons mené les examens. Les quelques limitations de la production trouvées parfois seraient plutôt le fait d'une lassitude facilement surmontée après intervention. Cette planche fait presque toujours partie des planches préférées.

En conclusion de nos réflexions sur ces dix planches et leur séquence, il nous importe d'insister encore une fois sur le fait que les réponses, allusions et commentaires sont plus des repères de niveaux de signification que des repères de déviances et que les capacités créatrices des individus leur permettent d'élaborer un stimulus en dépassant ce qui est donné pour y inscrire leur discours propre.

E. Les récapitulations quantitatives et qualitatives

Le psychogramme quantitatif

Les cotations des réponses sont récapitulées sur l'une des feuilles prévues à cet effet [1], [2], ou sur papier libre dans le but de faire apparaître un résumé qui puisse être rapidement saisi et comparé avec les données normatives.

Les données sont indiquées en nombre absolu, pour certaines d'entre elles en pourcentage, et en mises en rapport particulières. En ce qui concerne les modes d'appréhension il nous paraît utile d'ajouter l'indice Z, indice de combinaison de Beck, aux éléments régulièrement utilisés. Les pourcentages des réponses formelles et des réponses formelles adéquates gagnent à être complétées par le F % élargi et le F+ % élargis ce qui indique *ipso facto* le type d'influence des réactions émotionnelles sur les facteurs intellectuels.

Il nous semble que le type de résonance intime et la formule complémentaire récapitulés comme habituellement doivent être traités comme un ensemble et non comme des données séparées. Plus important encore est de considérer, au niveau de l'interprétation, l'ensemble des éléments kinesthésiques, c'est-à-dire K et toutes les kinesthésies mineures car chez l'enfant ces manifestations appartiennent au même registre. Le « pôle projectif » qu'elles représentent est un tout, le « pôle sensoriel » étant constitué par les réponses couleur de tous ordres et les réponses estompage.

Le tableau des récapitulations peut ou non tenir compte des éléments qui n'existent qu'en tendance, des manifestations de comportement, tels les retournements ou d'autres données plus complexes à évaluer tels les chocs ou équivalents de chocs ou les persévérations. Point n'est besoin de dire que les critères de ces dernières données sont plus difficiles à préciser pour l'enfant que pour l'adulte. Leur signification ne pourra, en aucun cas, être aussi tranchée et aussi absolue.

1. C. Beizmann : *Fiche de dépouillement du test de Rorschach*, C.P.A., Paris, 1966.
2. *Feuille de dépouillement*, C.P.A., Paris, 1953.

La grille d'évaluation du contexte maturatif

Nous avons construit, à partir des données du psychogramme et de celles du protocole, une grille de dépouillement [1] destinée à rendre compte de l'utilisation des facteurs dans leur configuration spécifique à chacun en regard des critères maturatifs. Cette grille appelée « grille de contexte maturatif » fait ressortir dans *un premier temps* les données globales et leur évaluation par rapport aux normes et en *un second temps* les associations entre modes perceptifs — G, D, Dd, Dbl, Do — et modes expressifs, planche par planche. Pour chacun des modes perceptifs — G ou D — on repère immédiatement la zone des dégradations et des échecs pour G— et D—, le nombre de réponses se situant dans cette zone et surtout les planches où elles se localisent [2]. On voit aussi si des mécanismes de pensée dits « prélogiques » (G confabulés, DG F—, G contaminés) ont des planches d'élection, autrement dit si certaines configurations du stimulus facilitent ou favorisent la dégradation. On y lit aussi les associations des déterminants avec ces modes perceptifs, les configurations où le contrôle est le plus efficace et les situations où les mises en rapport sont les plus fantaisistes.

Nous nous proposons de l'expliciter sous forme de démonstration par la présentation de l'analyse d'un cas particulier.

Le commentaire des résultats peut se faire en ces termes :

1. Données globales

Parmi les données globales nous notons le nombre de réponses, puis le nombre et les pourcentages des G, D, F et F+ et des Ban que nous comparons aux normes de l'âge correspondant : P % par rapport à l'âge réel. Dans le cas choisi, le pourcentage des G est normal alors que celui des D est très inférieur aux normes ce qui tient à une focalisation sur les petits détails. Le F % paraît adéquat compte tenu de l'âge de l'enfant alors que le F+ % est extrêmement faible. Le nombre de banalités est insuffisant.

2. Analyse des données

a) concerne la qualité structurale des G et le type et la qualité de l'expression associée.

Dans ce cas la qualité du G recouvre un éventail large qui va du G élaboré au G contaminé : les modes d'expression sont en F, K ou C purs. Il est remarquable de noter que ce sont les K qui permettent une articulation très positive, quant aux C, ils trouvent leur place prévisible aux planches pastel. Deux planches sont particulièrement perturbées, ce sont IV et

1. Nous remercions R. Perron et C. Chabert pour leur aide dans la mise en place de cette grille.
2. Les différentes classes ont été définies par nous-mêmes, compte tenu des classifications des G qui existent : Hemmendinger (1960), Friedman H. (1952), Beizmann (1952).

Nom C.
Prénom Patrick
Age 8 ans
Q.I.

Groupe d'origine :

Sous-groupe expérimental :

RORSCHACH
GRILLE DE DÉPOUILLEMENT : CONTEXTE MATURATIF

I. Données globales

R = 26
Z = 18,5

	N	P %	P % / âge réel
1. – G	10	38 %	= N
2. – D	8	31 %	⩽ N
3. – F	17	65 %	= N
4. – F+	4,5	27 %	⩽ N
5. – BAN	3		< N

G % : à 5-6 ans = + ⩽ 50 ⩾ –
à 7-8 ans = + ⩽ 40 ⩾ –

D % : à 5-6 ans = + >50
à 7-8 ans = + >60

F % ++ ⩾ 60
\+ 40 à 60
– ⩽ 40

F % élargi = 85 %

F+% normal et F+% élargi
++ ⩾ 70
\+ 40 à 70
– ⩽ 40

F+% élargi = 43 %

II. Analyse des données

a) *Réponses globales*

	I	II	III	IV	V	VI	VII	VIII	IX	X	
6. – G élaboré F+		IK	IK								2
7. – G courant	I				I						2
8. – (D) G CF, k, F+ F±											
9. – (D) G CF, EF, ClobF											
10. – G F±, vague		I		I							2
11. – G F–, K–, FC–, k–											
12. – G élaboré F–											
13. – (D) G F–											
14. – G confabulé, DG F–, K–, k–, CF–				I							1
15. – G contaminé						I					1
16. – G à prédominance sensorielle C, C', Clob, E									I	I	2

b) *Réponses D, Dd Dbl*

	I	II	III	IV	V	VI	VII	VIII	IX	X	
17. – DD élaboré F+, K+, k+											
18. – D courant F+, K+, k+							I	L kob kan		Ikob	4
19. – Dd F+, Dbl F+, Do F+										I	1
20. – D F±, Dd F±, Dbl F±	I										1
21. – DD élaboré F–, K–, k–											
22. – D F–, K–, k–		I					I				2
23. – Dd F–, Dbl F–	⊔	I	I				I			I	6
24. – D CF–, Dd CF–,											
25. – D FC, FE, FClob + ou Dd ou Dbl											
26. – D CF, EF, Clobf ou Dd ou Dbl		I									1
27. – D ou Dd ou Dbl impressionniste avec C pur ou E pur										I	1
28. – REFUS											

VI, traitées en déterminants formels. Le rapport entre le nombre de G+ et de G– compte tenu des K montre que la participation kinesthésique améliore l'articulation.

b) L'étude des D montre une association des éléments kinesthésiques aussi positive qu'à l'intérieur des G. Par contre, l'échec du jugement (F–) paraît étroitement associé au découpage parcellaire en Dd et en Dbl. On notera la même utilisation du sensoriel ici que dans les G.

La répartition des éléments négatifs et positifs à travers les 10 planches montre que peu de planches sont traitées uniquement sur le mode adaptatif (V et VIII). Les planches IX et X sont maniées surtout en raison de la stimulation sensorielle qu'elles déclenchent. Les planches I, II, III et VII sont « fragiles » et suscitent une lutte avec utilisation de mécanismes défensifs, oscillation entre bonne réponse en G K et réponses inadéquates avec, de surcroît, surtout pour I utilisation de Dd.

Seules les planches IV et VI ne permettent aucun essai de dégagement. En résumé, le pattern qui se dessine est marqué par l'effet positif des déterminants kinesthésiques, le recours au sensoriel pur, non pulsionnel, l'utilisation aberrante des petits détails et la répartition des perturbations. Il oriente déjà vers une supposition d'altération du fonctionnement psychique qui, ici, perturbe l'organisation perceptivo-cognitive. Pour situer précisément la portée de ces données, il faut se reporter au texte même du protocole de Patrick C., 8 ans, dans le chapitre des « Psychotiques » de moins de 8,6 ans.

3 L'interprétation : axes interprétatifs

INTRODUCTION

Les cotations, annotations et récapitulations quantitatives ne prennent de sens que s'il s'en dégage, au niveau de l'analyse, les éléments nécessaires à l'interprétation et à la synthèse finale.

Celle-ci a nécessairement pour cadre général une optique théorique alors que la démarche de travail peut, suivant les cas, avoir des points d'appui différents et valoriser des aspects particuliers.

Dans la pratique, la synthèse finale est bâtie de façon à répondre à la question posée, ses termes et ses développements sont étroitement tributaires des préoccupations du demandeur, que celui-ci soit clinicien ou pédagogue, qu'il cherche des éléments de diagnostic différentiel ou des caractéristiques de maturation. Dans ce cas il y a centration sur des aspects déterminés et isolés qui aboutira à une synthèse partielle, les signes de déviance ou les manques de l'individualité ne donnant pas un tableau complet du mode de fonctionnement.

Il s'agit là d'un biaisage introduit dans l'élaboration d'une interprétation mais n'est-ce pas la pierre d'achoppement de toute réflexion constructive en psychologie clinique ?

Certains psychologues adoptent face au Rorschach d'enfant la démarche traditionnelle, classique pour un protocole d'adulte : ils caractérisent l'investissement intellectuel, situent la participation émotionnelle et mettent en évidence les manifestations pathologiques.

D'autres prennent pour point de départ un facteur ou un élément saillant, que ce soit un contenu bizarre, l'absence d'un type de réponse ou le maniement inadéquat d'une planche et recherchent dans les autres éléments du test des indices qui justifient l'hypothèse implicite suggérée par le premier regroupement.

D'autres encore considèrent les réponses comme autant d'associations libres données dans un cadre qui, quoique structuré, ne permet ni standardisation ni systématisation des approches : l'analyse de ces associations peut aussi bien être centrée sur les défenses utilisées, le maniement de l'agressivité ou le retentissement aux valeurs symboliques des planches.

Bien des auteurs prennent pour thème central la manière dont l'enfant vit le monde et lui-même, thème qu'ils circonscrivent à partir des contenus humains et animaux surtout, et à partir aussi de la maturité verbale et de la maîtrise générale de la situation.

D'autres psychologues cherchent à repérer les manières dont s'inscrivent dans le Rorschach les étapes du développement libidinal et ne retiennent des réponses que ce sens particulier.

S'accrochent plus étroitement aux données formelles et à leur valeur normative les psychologues peu sûrs d'eux ou ceux habitués au maniement du Rorschach chez l'adulte et rompus au dégagement des indices d'altération des modes de fonctionnement en psychopathologie adulte.

La façon sans conteste la plus complète, à notre avis, est celle de Florence Halpern pour qui le développement de la personnalité est à comprendre en termes de facteurs de développement et en termes de théorie dynamique de la personnalité. Elle tient compte des éléments de maturation dans leur expression d'élaboration mentale et dans leur dimension de différenciation du Moi : modes et niveaux de réalisation, conflits et manières de les résoudre en fonction des exigences internes et externes tracent la voie qui aboutit à l'identification et à la pleine réalisation des moyens.

Les différentes approches citées se regroupent en fait sur des lignes définies en termes de développement perceptivo-cognitif et/ou psychosexuel. L'une ou l'autre de ces références est soit utilisée explicitement comme hypothèse de travail soit implicitement incluse dans les perspectives du travail psychologique.

Le schéma interprétatif que nous proposons s'est imposé à nous à partir de l'expérience clinique et découle de l'hypothèse de travail que nous avons formulée.

Nous nous sommes en effet rendu compte que le besoin d'expression, le désir de réalisation, le poids des conflits se répercutent aussi bien au niveau de l'élaboration mentale, de l'articulation perceptive qu'à celui de la problématique et de l'affect proprement dit. Nous nous sommes attachées alors à préciser les types d'interactions, les articulations, les modes d'interférences entre l'expression de la charge affective et de la problématique renvoyant à des fantasmes circonscrits d'une part et les modes d'adaptation à la réalité perceptive et cognitive d'autre part. L'expérience nous avait montré une certaine relation entre le caractère archaïque d'une problématique et le caractère dégradé de l'activité perceptivo-cognitive :

ceci dans les cas d'altérations graves du fonctionnement psychique. On pouvait alors se poser la question de la figuration de ces interactions dans des organisations moins massivement pathologiques et surtout dans des organisations du registre normal ou normatif où les manifestations sont infiniment plus modulées, les articulations plus subtiles et les oscillations plus limitées et pourtant où le registre fantasmatique est parfaitement présent.

Systématiser l'étude de ces interactions supposait que l'on abordât chaque protocole et, partant, chaque groupe de protocoles de la même manière.

Deux ensembles de données seront à chaque fois analysés :

— les données relatives aux *modes de maniement* perceptif et perceptivo-cognitif du stimulus et aux *modes d'expression* des affects ;

— les données relatives à *ce qui est exprimé* : vécu, affect, préoccupation, problématique.

Le premier ensemble de données comprend les caractéristiques générales de la réactivité face au Rorschach : nombre de réponses ; rythme et débit ; type de saisie perceptive : G, D ou autres ; modes d'expression privilégiée : F, K, k, ou C ; et contenus prévalents.

Afin de mieux saisir les interactions de tous ces facteurs, nous avons construit une grille de dépouillement des réponses, grille exposée au chapitre précédent. Même si les liaisons qu'elle met en évidence ne sont que descriptives, elles indiquent déjà les points de fragilité, la place des altérations, leur persistance et les distorsions de la perception. Il existe des moyens plus précis et plus perfectionnés pour présenter les données Rorschach dans leur apparition simultanée, néanmoins notre élaboration ne fait que servir la nécessité, à notre avis impérieuse, de lier, de mettre en rapport les différents facteurs afin de retrouver ou de saisir de plus près le caractère multidimentionnel mais unitaire de la production, soit, au fond, à dégager le « sens intégratif » des diverses constellations.

En dehors des aspects récapitulés dans les facteurs, il faut noter l'importance de *la verbalisation*, de la manière dont les facteurs sont exprimés et communiqués à autrui. Égrener des substantifs, construire des scènes foisonnantes constituent les positions extrêmes des modes d'expression verbale qui vont de l'utilisation la plus parcimonieuse du verbe à la participation la plus généreuse de la fabulation. Discours lent ou rapide, haché ou harmonieux, retenu ou logorrhéique, qui véhicule les représentations fixes ou les images fluides en constante transformation. A elle seule, la verbalisation ouvre les portes de l'individuel tout en dépendant pour les âges qui nous concernent des facteurs de développement et d'environnement culturel. Comme chez l'adulte, nous avons essayé de repérer d'une manière intuitive et qualitative les caractéristiques propres à chaque discours d'enfant à travers le Rorschach. Cette approche nous a amenées à penser qu'un approfondissement plus formel sous l'angle d'une étude linguistique serait des plus enrichissants.

Le second ensemble de données relatif à l'expression de ce qui est vécu et éprouvé constitue une telle masse qu'il nous a fallu choisir des points de centration pour l'aborder.

Nous proposons de dégager tout d'abord les thèmes dominants de la *problématique* du sujet, le niveau et l'intensité de son expression.

C'est à partir des contenus descriptifs que l'on peut dégager une thématique, en tenant compte largement des adjectifs et des épithètes qui présentent ces contenus. Le dégagement est grandement aidé par la prise en considération du déroulement des réponses inter-et intra-planche, de leur dénivellement qualitatif. Cette analyse presque pointilliste fait ressortir la problématique et la proximité des fantasmes auxquels elle renvoie. Toutefois, cette problématique ne s'inscrit pas toujours clairement dans les réponses et on ne peut que la déduire à partir du maniement de la réalité objective, du type *d'angoisse* déclenchée et de l'utilisation de *procédés défensifs* à travers tout le protocole ou à une planche particulière, en gardant à l'esprit la spécificité de signification symbolique de chacune d'elles.

Nous chercherons ensuite à situer le niveau de *représentation de soi* dans l'épreuve, son caractère parcellaire et/ou accompli à travers toutes ses composantes. Pour ce faire, nous nous sommes appuyées sur une hypothèse utilisée outre Atlantique et développée par Myriam Orr selon laquelle la projection au Rorschach n'est qu'un cas particulier d'autoreprésentation et que, par ses projections, l'enfant le réalise bien mieux que l'adulte.

L'enfant propose à travers ses réponses et ses prises de position différentes images de soi qui témoignent du degré de son autonomie et de sa différenciation par rapport au monde et aux images parentales, c'est-à-dire de l'étape où il se situe sur la voie de l'identification.

La représentation de soi est de ce fait fonction de la différenciation et de l'intériorisation des images parentales et c'est à la définir en termes Rorschach que nous nous sommes attachées.

Là aussi, comme pour le contexte maturatif, nous avons projeté la construction d'une grille dont les différents items viseraient à qualifier le degré de différenciation de la représentation humaine, directe ou symbolisée. L'utilisation de cette grille en est encore au stade de la recherche. Dans la même optique Blatt, Brooks, Brenneis et Schimek (1975) ont effectué une recherche chez l'adulte.

Étant donné l'importance et la complexité de ces deux dimensions, à savoir la problématique et la représentation de soi, et la difficulté de les aborder par le biais du Rorschach, nous avons cru nécessaire d'exposer plus clairement nos positions dans des chapitres qui en font ressortir la conceptualisation.

De la confrontation entre le premier et le deuxième ensemble de données il ressort un mode de fonctionnement spécifique pour chaque sujet que nous avons appelé *mode d'adaptation*. On peut comprendre sous ce terme le mode de résolution des conflits, le mode d'intégration des besoins et le mode de réalisation des ressources.

Ces modes ne recoupent pas directement les catégories de fonctionnement en termes nosographiques mais peuvent y être rapportés en un second temps.

A. La problématique

Dans la littérature Rorschach, il est souvent question de repérage de symptômes, sur le plan clinique, au titre de la collaboration avec une équipe médicale susceptible de les percevoir elle-même, mais ce but ne s'avère pas satisfaisant. La tâche du psychologue d'enfant consiste plutôt à tenter de rendre compte de *ce qui se passe à* un moment donné et dans quel contexte d'intégration ou de structuration de la personnalité.

Chez le très jeune enfant, cette recherche s'effectue à travers une batterie de tests projectifs qui permet une confrontation des résultats entre eux. De cet abord est née la tentative de retrouver au Rorschach les problématiques plus évidentes dans les autres tests projectifs en raison du matériel.

Cela implique une position théorique sous-jacente. Celle-ci s'applique essentiellement sur un schéma psychanalytique comprenant à la fois les notions de structuration de la personnalité et de phases de développement. Les deux sont intimement liées dans la recherche. Cependant, l'acuité du problème de la distinction entre névrose et psychose et des névroses entre elles, a, dans un premier temps, centré l'intérêt sur le niveau de structuration de la personnalité sans qu'il y ait alors eu attachement précis au dégagement de la problématique ni étude plus poussée des repères afférents aux différents stades de développement.

C'est l'étude des personnalités dites non structurées qui a rendu impératif la lecture plus affinée des tests projectifs et la recherche de ce qui pouvait différencier un enfant psychotique d'un enfant immature ou gravement carencé.

Ce nouveau regard a favorisé le développement d'une attention plus spécifique à la thématique, donc à la prégnance de l'expression fantasmatique en relation avec ce qui semblait vécu par l'enfant dans les premières années de sa vie.

Actuellement différents points de fixation peuvent être dégagés dans les conditions optimales — donc avec des réserves qui seront développées plus loin.

Les principaux points de références sont globalement les notions de relation duelle, symbiotique ou non, de relation triangulaire, les expressions fantasmatiques relatives aux phases orale, anale, phallique. Il va sans dire que tous ces éléments pris isolément restent sans signification et qu'ils sont toujours rapportés à l'ensemble d'un protocole, modulés par les mécanismes de défense qui permettent de les situer dans un contexte qui peut aller du normatif à la psychose. Il est normal, en effet, que l'enfant jeune, confronté à l'expérience de l'examen psychologique, exprime les conflits relatifs à un développement loin d'être achevé, avec souplesse ou même avec une acuité directement liée à la spécificité de la situation présente.

A travers le protocole de Rorschach, il semble maintenant possible de repérer assez précisément certaines problématiques majeures.

L'expression de l'identité

La plus évidente concerne la question de l'être entier qui se pose en termes de non-accès à l'identité ou de difficulté d'accès voire même d'angoisse de morcellement. Dans le Rorschach le manque de différenciation de soi transparaît à travers des réponses parcellaires ou globales mal adaptées au percept, souvent stéréotypées et se référant à un monde végétal ou animal dont les limites sont floues, ou au corps.

Patrick C. 8 ans — IV : Les poitrines, — ? — du corps (ne retrouve plus), c'est ça ici, il y a les pieds, le ventre, les yeux. C'est un tigre.

— VI : Le ventre. — ? — Ici là (montre sur lui) Le ventre d'une vipère, hein.

Didier 9 ans — II : C'est au-dessus du rein. Là c'est un machin, un machin rouge qui monte encore plus haut — rein, à quoi ça sert ? — à faire tenir le dos, sans ça le dos y tiendrait pas et puis il y a des morceaux de ventre.

François 5 ans — III : Elle est cassée en deux la feuille et puis les cerises elles sont tombées par terre et puis ils sont cassés. Là des raies rouges. (D lat.)

Patricia 4,5 ans — I : Ça fait des petits trous. Là ça ressemble à un singe et comme ça, ça ressemble à une girafe pis là des petits trous. Ça ressemble à une bête.

Dans d'autres cas, il s'agit de saisies très globales de niveau syncrétique où la confusion entre soi et l'environnement est si proche que cette indifférenciation s'exprime par des représentations de forces élémentaires perçues, quelle que soit la configuration, et investies de forces pulsionnelles, mais non explicitées comme telles du type : soleil, nuage, ciel, mer, orage, rochers.

Brigitte 4 ans — III : Les rues (D noir) et la mer (D med.) ; le rouge... c'est, ce sera le ciel, le rouge c'est le ciel (D r. méd.).
— VII : Un lapin et puis la mer (D inf.) et là une rue (D inf.) et du sable (Dbl inf.).

Christophe 5 ans — VI : Un soleil (G), il a tiré le monsieur (montre la ligne méd.).

Ces éléments ne sont pas toujours associés à une angoisse sous-jacente, en particulier dans le cas d'enfants très immatures dont la régression ou la fixation à un niveau de développement objectal embryonnaire permet une relative adaptation, certes au détriment d'un dégagement réussi de la différenciation entre eux-mêmes et l'environnement.

Mekadem 6,6 ans — VII : Une bête en rond.

Chrystel 6,6 ans — IX : Je rêve toutes les couleurs, un bâton (D méd. F+).

Charles 7,2 ans — III : Une grosse tache noire, dedans y a un papillon et sur le côté deux grosses taches rouges et au milieu comme des dents, y a deux jambes, deux têtes.

Louis 7,1 ans — I : Une bête. — ? — Un crabe, j'en ai vu des petits, des gros au marché. — ? — On voit les pinces.

Bien plus souvent l'angoisse est massive et reflète à travers les réponses la projection d'un univers chaotique, dangereux, voire même persécuteur, d'une agressivité destructrice susceptible d'engendrer des craintes d'annihilation. L'absence de Moi structuré, de relation d'objet possible, renvoie l'enfant à un monde où tout est dans tout, où les limites n'existent pas, où le « dedans » n'est pas protégé du « dehors » et inversement, où il n'y a pas de permanence de l'objet ; d'où des confusions contenant-contenu.

Christine 7 ans — IV : Un papillon avec des petites fenêtres avec des ailes et ses pieds, — ? —, des fenêtres pour les couleurs (tous les Dbl), les pieds ils sont comme ça (montre sur elle) et ils se causent comme ça, — ? —, les pieds de papillons, — ? —, des fenêtres pour les pieds.

Dominique 8 ans — IX : Un bâton et un fil, des dents et puis il y avait des crabes qui mangeraient de la viande un peu rose.

Michel 11 ans — X : Un petit... serpent, 2 serpents là, une ombre, un homme (qui veut le tuer), ici un fantôme, un Dracula, on dirait un revolver et un bâton pour tuer le serpent.

Hubert 11 ans — V : Ça me fait penser à deux lièvres qui se rencontrent ou un lièvre écrasé, non deux animaux sans tête qui rentrent dans un petit bonhomme à grandes oreilles et à pattes bizarres.

Pascal 11 ans — V : C'est trois lapins, les trois lapins sont autour des trois papillons, y rentrent dans les ailes du papillon, la mère lapin se met devant le papillon et le papillon peut plus voler, parce que la mère lapin lui a mangé les ailes.

Stéphane 8,5 ans — X : Ses yeux (jaune méd.), le feu (rose), un piège (bleu), une écrevisse là (gris sup.).

Cela peut apparaître aussi bien chez des enfants immatures, carencés que psychotiques, alors que l'angoisse de morcellement et les fantasmes d'annihilation totale ne se retrouvent que dans les psychoses franches.

Cette angoisse se traduit au Rorschach en termes d'objets morcelés, en pleine phase de désagrégation, de corps dissociés, fragmentés ou par le placage stéréotypé d'un seul élément du corps qui serait alors susceptible de représenter une intégrité inexistante.

Christine 10 ans — II : Je vois aussi que tout ça c'est un cœur parce que partout il y a des taches (touche la planche).

Moatti 11,6 ans — VI : Un corps de nègre, ses os (ligne méd.), la chair.

Françoise 12 ans — X : Le corps humain qui s'en va en morceaux.

Vincent 7,3 ans — I : Un monsieur avec des espèces de bras, des trous, des trous de ventre un peu, les bras, en bas avec les pieds (G).

A l'inverse, la lutte contre cette angoisse amène à des structurations globales aberrantes où le lien entre les différents éléments est d'évidence arbitraire, forcé, ce qui peut même entraîner la perception de machines humaines osseuses tout à fait dévitalisées ou, comme chez les psychotiques paranoïaques, des constructions mégalomanes rationalisées.

Christian 10 ans — III : Les os d'une tête d'animal, il y a un trou pour les yeux et la tête n'est pas ronde, mais le dessus de la tête est creux et dans le creux, il y a des petits os tout pointus, il y a aussi à côté de la tête des os qui tournent et qui remontent, alors quand il se cogne la tête, les os remontent, quand la bosse a disparu, ils redescendent.

Romain 6 ans — I : Le château... les voleurs montent là (Dd méd.), ils vont se battre, se planquent là, ils montent comme ça. — ? — Parce qu'ils sont copains.

Vincent 7,3 ans — X : Des pieds d'hommes coupés en deux (D gris), collés avec derrière un tuyau qui monte, des bêtes qui lui montent dessus.

Françoise 10,8 ans — II : Il y a du rouge à mon avis, un homme qu'on martyrise le rouge, couleur du sang, vient de l'artère où... là le nez cassé, la bouche, du sang qui coule de la bouche.

Dans certains cas moins globalement atteints, on observe une oscillation constante entre l'expression de l'angoisse de morcellement et les essais plus ou moins fructueux de restauration de l'intégrité sous forme d'images unitaires retrouvées dans des percepts plus prégnants — comme par exemple la planche V, les animaux de la planche VIII, la reconnaissance de la Ban « papillon » de la planche III.

Nicolas 8 ans — III : Un tout petit papillon, ses cornes, entouré d'un arbre (rge méd.), V puces de l'arbre (rge lat.), racines qui se changent par la pensée, grosse mâchoire qui va se refermer sur lui (D noir lat.). Deux oiseaux identiques qui ont l'air de porter quelque chose (deux cigognes, des oiseaux avec leur bec, leurs pattes-plumes).

Hervé 9,10 ans — V : Un petit papillon avec des serpents, des énormes vers de terre, j'aime pas les vipères.

Didier 10 ans — VIII : Comme ça hé ben on dirait je pense que c'est des bêtes qui montent sur une roche, elle est déjà morte la roche, elle est déjà tombée par la mer en morceaux le jour de la tempête. — ? — Des ours.

L'expression de l'oralité

La seconde problématique est la plus facile à repérer mais de loin la plus complexe à situer. L'expression de l'oralité est en effet très fréquente chez l'enfant mais elle recoupe différents niveaux d'intégration de la personnalité.

Elle s'effectue en termes d'avoir, d'être rempli, d'être vide, de mordre, de dévorer. Elle concerne en premier lieu la relation duelle avec l'image maternelle prégénitale, mais dans certains cas elle peut être réactivée dans un conflit avec une image paternelle pourtant bien différenciée.

Dans le cadre de la relation duelle prégénitale, l'oralité se présente soit sous forme d'une étroite dépendance passive avec demande de satisfaction du besoin, soit sous forme d'agressivité avec une recherche par trop dynamique de la satisfaction ou, à l'inverse, une projection des pulsions agressives sur l'image maternelle, ce qui correspond à des niveaux d'évolution bien distincts mais souvent susceptibles d'être conjointement représentés chez l'enfant.

Au Rorschach, le terme d'« avoir » se traduit par le sentiment de complétude donné par les réponses de nourriture, animaux en peluche, jouets, arbres de Noël, bébé, celles-ci indiquant la persistance de la fixation à une mère toute-puissante. Seul l'ensemble du protocole permet de juger s'il s'agit d'une régression temporaire restauratrice face à la situation ou si l'on se trouve en présence d'une demande originelle jusqu'alors non comblée. C'est ici que, lorsqu'il est possible, le repérage au Rorschach du sentiment d'être rempli ou d'être vide prend toute sa valeur. Toutes les remarques sur l'opposition figure/fond s'y réfèrent, l'un tendant à combler l'autre dans une interpénétration qui nie l'angoisse de la séparation ou du vide. Les réponses infantiles de type : maison, église, en font partie. Elles peuvent être la projection d'un grand sentiment de sécurité, mais toute insistance sur le Dbl devient un signe d'angoisse du vide plus ou moins surmontée.

Jérôme 6,6 ans — X : Les deux machins gris, ça me fait penser à des fourmis et je crois que c'est tout (D gris sup.) Tout ce qui est blanc c'est leur terrier.

Isabelle 5,6 ans — I : Un crâne avec des amygdales (G), les yeux (Dbl). < Une maison (G).

Guy 7 ans : se reporter au cas de Guy (cf. page 267).

Stéphane 6,2 ans — I : Un pont (Dbl sup.) Un trou de rocher ça peut être (Dbl inf.) Une grotte (Dbl sup.) et là les rochers qui sont en haut. C'est tout. V On peut aussi faire une maison, quatre fenêtres (Dbl central) porte (Dbl sup.) et deux balcons (D lat.) et la cheminée (D. inf.).

Raymond 9,8 ans — VII : Une crevasse, il y a un homme qui vient de tomber alors il y a un trou, c'est pour cela.

Emmanuel 5,4 ans — I : Je crois que ce doit être une maison. — ? — Parce qu'il y a des carreaux pour regarder...

— II : Ah là, là, là (D rge sup.), ça ressemble à des chaussettes, là à des rochers ou des montagnes (D gris), ou une fenêtre (Dbl).

La réponse Dbl de I est conforme à la perception infantile, mais celle de II est un placage pour éviter la confrontation avec le vide.

Cette interprétation s'étend d'ailleurs à toutes les réponses Dbl qui soit déclenchent directement l'expression de la crainte du vide (trou, etc., cf. Raymond), soit entraînent des attitudes défensives sthéniques mais peu justifiées avec placage sans critique d'une image, soit, dans le meilleur des cas, suscitent une fascination mais restent très adaptées au percept. Il faut noter aussi toute insistance particulière sur les creux et les bosses des taches.

La notion de manque à ce niveau peut passer chez l'enfant par une vigilance soutenue à ce qui lui semble non fini, déchiré et même vieux dans le sens de ruiné, délabré, ce qui peut renvoyer alors à une blessure narcissique très précoce.

Isabelle 4,11 ans — III : Oh elle est bien déchirée (une couverture). T'as vu hein... comme maman qui l'avait déchirée en plastique, c'est pas beau hein de déchirer... Elle est bien déchirée.

Corinne 6,7 ans — VIII : Une forme de pyramide. — ? — Des rats qui montent sur le mur, des vieux murs en ruines.

L'attitude sténique de compensation ne peut empêcher l'expression de carence, voire de dépression.

Xavier 8,9 ans — VII : Ça veut rien dire, ah si un pont avec des pierres à demi écroulées.

Il est plus difficile de cerner le sentiment d'« être rempli » dans les images qu'il suscite. Il peut s'exprimer par celles déjà associées au terme « avoir » mais également directement dans des références à ce qui est plein.

Thierry 12 ans — II : Une charrette remplie de foin, vue de derrière, ça c'est les roues (rouge sup.).

Matthieu 4,10 ans — VII : V Je dirais un pont et puis comme ça, Λ ce serait un joli petit panier.

Margaret 8 ans — II : C'est un vase, le trou pour mettre des fleurs.

Philippe 8,6 ans — IX : La sainte Vierge avec son petit bébé devant (G).

Il ne faut pas confondre ce qui dérive du sentiment de plénitude avec la puissance attribuée à l'image maternelle prégénitale qui suscite alors chez l'enfant crainte ou avidité et peut, de ce fait, mobiliser l'expression de l'agressivité relative à l'oralité.

Aude 8 ans — VIII : Un crabe, tout un crabe. V Deux bêtes peut-être. — ? — Elles sont après une fleur.

Nathalie 6 ans — IV : On dirait que c'est un loup (G) qui s'assoit par terre dans l'herbe. Il regarde ses amis danser avec ses enfants et après ils vont attaquer les quatre petits cochons.

C'est dans un conflit de cet ordre que surgissent souvent les associations à partir du thème de la dévoration : ils crachent, ils mordent, ils mangent, ils avalent, que cette dévoration soit vécue activement ou passivement.

Christophe 5 ans — III : Un singe là, tête, là deux singes (G), y mange ça le gros loup (montre les D rouge sup.).

Jean-Marc 5,6 ans — II : A un lapin (rouge inf.). — ? — Il veut attraper quelque chose. — ? — Il veut attraper un oiseau.

Roger 10 ans — IX : Une chenille (D rose), elle mange une feuille.

Hugues 8 ans — V : Ça ressemble à une chauve-souris... elle va manger, elle va aspirer le sang des gens... Maman m'a raconté.

Ces images sont nombreuses, sans ambiguïté, et selon l'âge de l'enfant elles peuvent être considérées comme banales. Elles concernent surtout les représentations animales parfois organisées en scènes. Dans les actions de dévoration et non de morsure, il est nécessaire de noter si l'agresseur est nettement distinct de l'agressé ou si l'on se trouve en présence d'une interaction dont l'issue ne peut être que mortifère pour les deux antagonistes.

Philippe 7,4 ans — VII : C'est un papillon... Il est mort.
— VIII : Ça aussi c'est un papillon et sur le papillon il y a une bête, il y a deux bêtes et le papillon il est mort. C'est un papillon géant, alors les panthères ils viennent le manger.

André 8 ans — VIII : Là y a des lions, puis là ils arrachent la peau de quelqu'un, puis après ils la mangent.
— X : Ça c'est plein de bêtes qui mangent quelqu'un, qui mangent des bonhommes, c'est toutes les couleurs qui mangent les bonhommes.

Aline 7,10 ans — I : Un renard. Il va manger les petits chiens. — ? — Dans les prés la maman de renard. Le renard court après elle et puis le renard il mange la maman de papa.

Colette 12 ans – X : ... Il y a deux araignées, deux crabes et un personnage au milieu avec de la moustache (D vert), une bouche (D vert) avec quatre dents et un tube digestif (D gris), qui une fois qu'il a mangé tous les animaux qui étaient là devient de la couleur des animaux.

Il s'agit alors la plupart du temps de perturbations assez graves pouvant même impliquer une structuration psychotique ou tout au moins un niveau de relation objectale encore très archaïque.

Chez beaucoup d'enfants, les thèmes d'agression orale ne sont pas donnés clairement avec utilisation de verbes d'action. Dans le Rorschach, ils se manifestent à travers des réponses : bouche, dents, mâchoires, animaux dévorants, qui selon leur mode d'insertion dans le protocole peuvent renvoyer à n'importe quel type de personnalité.

Chez les normatifs :

Huguette 6,10 ans – I : Une dame prise par deux phoques.

Patrick 8,5 ans – VIII : Un renard, et ça aussi puis ils amènent une dame.

Dans les déviances mineures :

Christiane 7,8 ans – II : Je vois des gros éclats rouges (D), un carré (Dbl), une grosse tache grise, puis une bouche (Dd pointe du D noir).

Jean-Christophe 7 ans – VI : Un poisson comme ça, queue, bouche qui s'ouvre (Dbl inf.) et les quatre nageoires (G). Une fourchette (pointes = petites saillies inf. in Dbl inf. ; manche in D med.). Une cuillère (G), une fourche (G), un serpent (G), un couteau (D méd.).

Laurent 7,9 ans – III : Une peau d'animal trouée avec la bouche ouverte (noir entier) – à l'enquête : des singes en train de prendre une bête.

Béatrice 9,9 ans – VI : Un chat qui ouvre sa bouche.

Dans les déviances majeures :

Charles 12 ans – II : « Ça des pique-bœufs » (D noir + rge inf.), les oiseaux qui rentrent dans la bouche des crocodiles et leur servent de dentiste.

La perception ici est aberrante, mais bien justifiée par le culturel, il s'agit d'une association par intellectualisation provoquée par le Dbl et le rouge perçu en bouche dévorante.

L'expression de l'analité

La problématique anale est sans doute la plus difficile à décrypter au Rorschach. Elle transparaît souvent à travers l'agressivité propre à cette phase. Elle peut renforcer tous les désirs de domination qui appartiennent à la phase phallique. Son expression la plus claire, quoique la plus remaniée, se retrouve dans les thèmes sadiques : torture, pinces, frapper, que ces actions soient effectuées par des êtres vivants ou par des objets.

Dominique 7 ans — I : Une machine pour aplatir les fers à chevaux, il y en a deux. (Dd lat. sup.)

Nicolas 7,1 ans — II : Un cœur, non pas un cœur (Dbl). < une pince là, une pince pour appuyer. (D noir et D rouge inf.)

Laurent 10,6 ans — IV : Le bas d'un homme assis sur un bûcher.
— VI : Je vois pas, deux trônes dos à dos, deux chaises de coiffeur ou de dentiste.

Stanislas 7,6 ans — X : Un roi avec des crabes qui veulent le pincer (rouge et bleu). V Un roi avec des pinces, le crabe lui pince les deux oreilles.

Les formes les plus primitives ne sont cependant pas exclues et sont livrées dans des interprétations crues toujours provocatrices. On les trouve le plus souvent dans des protocoles avec des défenses hypomaniaques : " faire caca, péter ".

Philippe 8,6 ans — IV : Un chien peut-être parce qu'il marche comme ça même, voilà et il a des grands derrières et ça c'est quand il pisse et quand il crotte.

André 7,7 ans — VI : à l'enquête : un fantôme qui pète (G).

Pierre 6 ans — IV : C'est comme de la merde, si je plongeais dans la merde.

D'une manière plus élaborée, mais qui reste encore assez brute, l'analité s'extériorise dans toutes les perceptions d'explosion, éruptions volcaniques, feu, destruction par éclatement.

Philippe 9,7 ans — VI : C'est pas un tuyau qui a sauté et le feu et la fumée là ?
— X : Quelque chose qui a sauté (Dbl lat.).

La lutte contre les pulsions anales est par contre davantage représentée. Elle se dégage de l'étude de l'importance et de la force des mécanismes de défense, essentiellement la formation réactionnelle élaborée ou directe — « c'est dégoûtant » —, l'isolation et parfois l'annulation et la dénégation.

L'expression de la génitalité

Comme il a été dit plus haut, la problématique phallique est parfois très infiltrée d'analité. La composante domination-soumission qui y est parfois liée, aussi bien dans son pôle actif que dans son pôle passif, a bien souvent recours à l'agressivité anale. Les thèmes de domination prennnent une coloration agressive nette qui se dégage au Rorschach dans les interprétations de fusée qui éclabousse du feu, objets qui piquent, qui transpercent, animaux qui piquent ou qui éventrent, dans des scènes de lutte dangereuse pour déterminer le plus fort.

Jacques 10,2 ans — II : On dirait plutôt deux personnes avec du sang qui coule et qu'ils ont l'air de vouloir se tuer.

L'agressivité anale qui renforce la compétition phallique transparaît directement dans la thématique de la planche suivante :

— III... Ce sont des acrobates, non plutôt des personnes, il y a eu une explosion, leurs habits sont déchirés, il y a un peu de sang de tous les côtés.

A l'inverse, toutes les pulsions agressives anales ou phalliques anales peuvent se retrouver dans le pôle passif et donner lieu à des associations relevant du fantasme d'être battu, brûlé, piqué, pénétré.

Antoine 11,5 ans — IX : La tête de diable sur un piquet (D rose) honorant un dieu infernal (Dbl). Il y a des yeux.

Omar 6,6 ans — VII : Là on dirait une limace qui monte sur son ventre. —?— Il ne voit rien du tout et ne le sent pas. Après la limace va monter plus haut et il va la foutre par terre. (D inf. + charnière)

Raymonde 6 ans — IX : On dirait du feu. —?— partout —?— Un bâton qui brûle et la femme qui a brûlé tout entière.

Lorsqu'elle est plus dégagée de l'analité, la préoccupation phallique engendre surtout une prolifération d'adjectifs qui recoupent toujours les notions de gros, grand, petit, fort, faible, sans qu'elle donne lieu par ailleurs à la verbalisation directe d'un rapport agressif.

On observe en dernier lieu la présence de nombreux symboles sexuels clairs. Les représentations humaines ou animales sexuées ne laissent aucun doute. Elles sont accompagnées ou non d'objets du type : cheminée, bijoux, vêtements, d'images de contenant : pot, vase, marmite, etc., de référence aux plantes, tous ces éléments pouvant d'ailleurs apparaître seuls avec la même signification. Elles peuvent être remplacées par des interprétations de parties du corps à valeur sexuelle, souvent placées au centre ou en bordure de la tache, à savoir, par ordre de fréquence, la tête, le pied, la queue, la barbe, la corne, le bec, le bassin.

Dans cette phase de l'évolution, il est normal que l'angoisse de castration soit aussi représentée. Toutes les remarques sur ce qui manque et ce qui est coupé en relèvent :

Didier 5,2 ans — II : Un bonhomme, des bonshommes, nez pointus, sa patte elle est cassée, sa main est cassée.

Emmanuel 5,8 ans — IV : Ça fait penser à un pantalon tout déchiré et des chaussures déchirées.

Philippe 6,10 ans — II : < Des poules ou des petits éléphants, ici ils saignent.

à condition toutefois qu'elles ne déclenchent aucune association avec le fantasme de destruction ou de mort, ce qui indique toujours la résurgence d'un conflit bien antérieur.

Philippe 5,6 ans — II : Un trou dans le ventre (Dbl) du papillon et les ailes, on l'a tué.

Bernard 8,9 ans — II : Du sang. Là c'est la chair (D noir), il s'est fait mal, il saigne.

Le même enfant à 10,9 ans — II : Ça ça ressemble à un genre de squelette et puis qui, il y a des traces de sang.

Éric 6,6 ans — VII : Un papillon, la queue, ils ont enlevé les ailes (G).

Dans certains cas on est renvoyé au problème d'identité, du narcissisme primaire que nous avons déjà évoqué.

Claude 7,7 ans — VIII : Un trou, de la terre autour.
— X : Des trous de montagne.

Catherine 8 ans — II : Oh il y a deux bouches, puis deux nez, puis deux yeux, c'est marrant un personnage. —?— Il n'y a qu'un personnage, les deux moitiés vont ensemble. —?— On lui a peut-être coupé la tête en deux. (D noir + D rouge inf.)

Tous les repères précédents, pris isolément, ont cette clarté dangereuse qui guette toute systématisation. Il est utile de les relever mais nécessaire de prendre garde à les mettre toujours en rapport avec l'ensemble du protocole en tenant compte de l'âge de l'enfant, de son sexe, des conditions de la passation et aussi de toutes les données cliniques recueillies.

Dans certains cas les mécanismes de défense mis en œuvre peuvent bloquer totalement toute projection donc, par là même, toute problématique. Néanmoins dans une étude d'ensemble d'un protocole, une fois effectuées les recherches sur le niveau global de différenciation perceptive, sur le mode d'expression des affects, et sur la socialisation, données qui seules peuvent permettre de cerner la forme de la structuration de la personnalité, une attention particulière accordée à la problématique complète et enrichit les premières observations.

Pour ce faire, on doit tenir compte en premier lieu de la fréquence d'apparition d'un thème particulier. Plus il se répète et plus il risque de constituer la trame du conflit à moins que cette répétition ne soit un camouflage. Quand il ne se présente qu'une fois, on ne peut le retenir que s'il se trouve confirmé par d'autres tests ou s'il est particulièrement intense à une planche qui ne suggère pas habituellement ce type d'interprétation et, en tout cas, si l'enfant ne parvient pas à mettre en œuvre des procédés efficaces dans un but de récupération.

Chez tout enfant, en effet, on peut normalement s'attendre à des moments privilégiés de régression sans qu'il s'agisse de fixations essentielles ; ces régressions sont particulièrement sollicitées par les planches I, II, IV, VII et IX mais relèvent essentiellement de la personnalité de chacun.

De ce qui vient d'être dit, il découle que toute problématique doit être mise en rapport avec les mécanismes de défense développés. Dans le cas contraire, on court le risque d'invalider les résultats. En effet, si le niveau d'intégration de la réponse renseigne déjà sur le degré de maîtrise de l'expression, la qualité des interprétations suivantes doit aussi être prise en considération et parfois même le mode de réaction qui s'instaure jusqu'à la fin du protocole. C'est ainsi qu'une expression fantasmatique intense, sporadique, unique, peut se situer dans les limites du normatif alors qu'une image similaire, apparemment moins forte, peut perturber gravement toutes les élaborations postérieures, ce qui en signe l'importance.

A l'extrême, un refus à une planche donnée de thématique fréquente peut être le reflet d'un conflit dont le niveau sera fonction de l'ensemble des résultats et du contexte clinique.

L'âge de l'enfant interfère beaucoup dans l'évaluation de la problématique. Il n'est pas dans notre propos d'exposer ici de façon exhaustive le mode de développement considéré comme normal chez l'enfant, ses particularités, ses avatars. Cependant il est fondamental de ne jamais oublier que l'évolution ne s'effectue ni de façon linéaire, ni dans une progression excluant toute persistance de stades antérieurs, toute expression régressive temporaire. A ce sujet, la plupart des auteurs insistent sur la notion de dominance, c'est-à-dire sur la nécessité de repérer le fonctionnement prépondérant de la personnalité en évitant toute polarisation outrancière sur les résurgences de rejetons de phases plus précoces, qui relèvent de points de fixation présents chez tout individu, même adulte. Pour l'enfant en voie de maturation, il est normal qu'il utilise avec souplesse la régression.

Dans le cadre d'une étude sur la problématique au Rorschach, comme d'ailleurs à tout test projectif, cela exige d'éviter les déductions hâtives, de ne pas conclure à une certaine forme de pathologie même si l'extériorisation des pulsions libidinales et agressives est prévalente. Plus l'enfant est jeune, plus il répond sans contrainte à la sollicitation, plus il exprime spontanément ses préoccupations, plus il cherche à extérioriser dans des images les conflits qu'il a dû et doit affronter. Cette attitude est renforcée par la particularité de l'examen psychologique, le stress qu'il peut représenter ou, à l'inverse, le besoin d'expression que peut entraîner une relation de face à face, dans un transfert positif.

Sur un autre plan, mais dans la même optique, il est indispensable de mentionner que toute expérience récente de la vie quotidienne vécue intensement par un enfant peut retentir directement sur les résultats obtenus et distordre la projection.

La problématique en tant que telle n'a pas valeur diagnostique. Nous ne répéterons jamais assez qu'elle ne peut être utilisée isolément et qu'elle doit être rapportée à tous les autres facteurs. Nous avons pris le risque de donner quelques exemples, par définition isolés de leur contexte, mais ils ont été choisis dans des protocoles dont la structure et d'autres manifestations de la thématique en confirmaient l'interprétation proposée ici.

Dans ce chapitre il s'est agi d'établir des repères qui constituent des jalons de la démarche d'élaboration et ne peuvent s'y substituer.

B. L'angoisse et les mécanismes de défense

Les thèmes de la problématique sont le reflet de la pression de fantasmes sous-jacents. La représentation de ces fantasmes est ou n'est pas accompagnée d'angoisse. L'absence d'angoisse n'implique pas absence de conflit, donc de souffrance. La prise en main de la situation par les mécanismes de défense du moi maintient un certain équilibre et l'angoisse surgit lorsque l'équilibre des forces se trouve rompu. Il faudra donc se garder de confondre angoisse franche et représentation de fantasmes qui renvoient à des types d'angoisse bien définis, rencontrés lors du développement libidinal ou dans une pathologie particulière. La distinction ne va pas toujours de fait et le langage employé n'y aide guère. Nous nous efforcerons cependant d'éviter la confusion entre les deux acceptations du même terme.

1) L'angoisse : manifestations directes et indirectes

Les manifestations directes de l'angoisse se situent au niveau du comportement observable dans cette situation comme dans tout autre face à face. Il s'agit d'expressions comportementales d'un retentissement émotionnel accusé, se reflétant dans les réactions somatiques mineures ou majeures d'agitation motrice, de tension posturale, de pâleur ou de sudation. Ces réactions peuvent être accompagnées de commentaires subjectifs sur la crainte, l'appréhension, la peur ressentie et même provoquer un désir de fuite ou susciter force interrogations. Dans le protocole même, différents signes indiquent l'envahissement de l'angoisse : telles les images dues au caractère entier, massif et de tonalité clair-obscur des taches, images qui font référence à une menace extraordinaire, de dimension et de force inhabituelles intégrant ou non des représentations parahumaines. Les réactions dites « de choc » sont quelquefois assumées comme telles, mais bien plus souvent elles font partie des manifestations indirectes de l'angoisse.

Parmi ces manifestations indirectes, on note d'emblée la productivité dont le caractère trop accusé ou trop restreint peut relever de l'angoisse ; le débit, le rythme et le style de la verbalisation en sont aussi de bons révélateurs. Toutes ces modalités qui concernent l'étude formelle d'un discours sont à mettre en rapport avec le corps de la réponse, c'est-à-dire le fond du discours. En présence de réponses adaptées, le caractère perturbé de ces modalités ne révèle qu'un malaise limité et superficiel.

Par contre, en présence de réponses brusquement désadaptées et franchement inadéquates, la dégradation, devenant plus globale, est suffisamment patente pour qu'il n'y ait pas de doute sur la valeur de signification d'angoisse de tous ces éléments. Dans certains cas, un dénivellement qualitatif sporadique, inattendu, dans un contexte neutre correspond à un processus régrédient qui a valeur de signe d'angoisse. Seule sa place et une étude clinique approfondie peuvent permettre de juger de l'importance à lui donner dans la formulation des résultats.

Si chez les psychotiques, on est la plupart du temps renvoyé à l'angoisse de mort, de morcellement, de persécution, menace de perte de cohésion interne, ce qui relève de leur problématique, il n'y a pas toujours expression d'angoisse chaude. On peut même être confronté à une froideur, à un non-investissement affectif. C'est dans les structures de cet ordre que l'on peut observer le plus grand détachement contrastant avec des images particulièrement fascinantes et angoissantes pour l'interlocuteur. Toutefois chez certains psychotiques et prépsychotiques, l'angoisse est chaude, parfois non liée, brute, vécue très fortement, même sur le plan émotionnel, suffisamment intense pour être directement ressentie par l'autre. Quant à la forme d'angoisse très primitive mais non psychotique que l'on trouve chez les enfants carencés, si elle ne s'exprime pas dans des thèmes dépressifs, elle peut transparaître dans l'hypersensibilité anxieuse au manque, à l'incomplet ou, à travers une participation sans recul, à des situations de danger et d'insécurité.

L'angoisse des névrotiques est, d'une façon générale, liée, plus modulée, plus circonscrite. Elle reste toutefois spectaculaire et envahissante dans les structurations phobiques, surtout dans ses effets de blocages sidérants accompagnés de malaises corporels évidents et l'insistance sur le caractère dangereux, menaçant des perceptions, même fragmentaires.

Dans le registre hystérique, l'expression de l'angoisse est bien plus fréquente qu'on ne tend à le penser sauf dans certains cas d'hystérie de conversion franche. Ce registre recouvre en effet aussi les manifestations hystéroïdes avec dramatisation, théâtralisme, qui influent très nettement sur le maniement de l'angoisse et son extériorisation. L'emphase, dans ce cas, ne doit cependant pas faire négliger la valeur réelle d'appel à l'autre et la souffrance qui la sous-tend. Par ailleurs, les mécanismes de défense ne sont pas toujours suffisamment opérants pour endiguer totalement la pression des représentations ou pulsions inconscientes. Celles-ci s'inscrivent dans le retour du refoulé, parfois accompagné d'angoisse manifeste, de thèmes anxieux. A moins que le refus, la fuite anxieuse ne soit le seul indice du déséquilibre des forces provoqué par le stimulus.

L'angoisse chez les personnalités du registre obsessionnel est très peu apparente, peu chaude, sauf sous la forme bien connue du doute, du sentiment d'incertitude. Chez l'enfant, cet aspect est peu développé, mais par contre les pulsions agressives, sadiques, ne sont pas toujours mises à une distance suffisante pour que la participation du thème agressif ne déclenche pas une décharge anxieuse franche comme lors de réponses telles que : « deux animaux qui se battent et qui saignent », ou simplement : « du sang » ou « un squelette ».

Les formes d'angoisse que nous venons d'aborder existent aussi chez des personnalités qui ne présentent pas de structuration névrotique précise. On peut également les trouver à minima dans des protocoles d'enfants immatures, caractériels à versant hystérique, phobique ou obsessionnel.

Il ne faut pas confondre avec l'angoisse les réactions de malaise diffus que l'on rencontre chez les enfants sous la forme de peur d'être jugé, peur de ne pas être accepté, qui sont les signes d'un manque d'affirmation de soi, de la persistance d'une certaine dépendance à l'adulte.

Comme nous l'avons dit dans l'introduction, de l'abord de l'angoisse découle l'étude des mécanismes de défense qui l'accompagnent dans un protocole ou qui occultent soit son expression soit celle du conflit sous-jacent. Chez l'enfant ils sont loin d'être aussi rigides, définis, délimités que chez l'adulte. Il est souvent bien plus fructueux de suivre pas à pas les divers procédés défensifs que de se centrer uniquement sur le mécanisme dominant pour dégager une structure précise. Sauf dans les cas extrêmes, c'est la mise en rapport de la problématique, de la forme d'angoisse et de toutes les attitudes de lutte, de défense, qui permettra de juger de l'équilibre ou de son point de rupture.

2. Les mécanismes de défense

Nous n'aborderons pas les mécanismes de défense sous l'angle restreint des cas extrêmes, typés, mais dans une perspective plus large. L'adaptation au Rorschach, la réponse à la sollicitation est un tout où s'insèrent projection, moyens adaptatifs de contrôle, attitudes à portée défensive. L'expression de soi passe par une accommodation à la réalité, mais toute accommodation suppose aussi le mouvement d'assimilation. Chacun utilise des procédés personnels pour satisfaire à ces deux exigences. Nous avons dégagé trois attitudes défensives adaptatives dominantes : la première a recours à la réalité, la seconde à l'affect, la troisième à la fantaisie. Elles doivent être considérées comme un mode privilégié d'adaptation qui peut à l'extrême devenir si contraignant qu'il ne permet plus qu'un fonctionnement limité et, par cela même, déviant.

C'est une gageure que vouloir traiter des attitudes à portée défensive chez l'enfant dans le test de Rorschach. Il s'agit bien plutôt d'en dégager les caractéristiques essentielles. Les procédés défensifs prennent en effet des formes multiples. On les repère toujours à travers le déroulement des réponses dans une analyse planche par planche, en tenant compte d'un discours en va-et-vient dont la teneur dépend de l'âge de l'enfant. Plus l'enfant est jeune, plus la situation est maniée avec souplesse, spontanéité et plus les attitudes, les commentaires, les références personnelles auront autant d'importance que le percept ou l'image projetée. Le contrôle, la recherche de maîtrise de la projection, de la problématique ou de l'affect ressenti, ne prendront pas les mêmes formes que chez l'adulte et s'exprimeront souvent plus librement, plus ouvertement sans que l'on soit amené pour autant à en déduire que le fonctionnement de la personnalité s'inscrit dans une structure délirante. Nous avons déjà parlé de la proximité des conflits afférents au développement chez l'enfant, ce qui implique que la démarche défensive tendra à contrebalancer la pression fantasmatique et l'angoisse qui en découle dans une élaboration qui sera verbalisée directement, d'une manière conforme au mode de pensée enfantin. L'enfant utilisera avec aisance le recours au magique, la référence à la réalité quotidienne, voire même la présence d'un interlocuteur qui peut sécuriser ou devenir témoin de l'affect ressenti.

Pour repérer les attitudes défensives, il est donc nécessaire de tenir compte du comportement, des commentaires spontanés ou sollicités, des représentations et de leurs modes d'expression. Le recoupement entre ces trois points met en évidence le mode de résolution du conflit, d'adaptation à la tâche proposée. De leur mise en relation se dégagent convergences ou contradictions qui en elles-mêmes ne renseignent pas sur le degré d'équilibre, mais sont à considérer comme points d'appui de l'analyse et de la réflexion. Sauf dans les cas exceptionnels, la convergence n'est jamais absolue : plus l'enfant est jeune, plus les fluctuations ont de l'amplitude autour d'un pôle dominant qui peut être le recours à la réalité, à l'expression de l'affect ou à la fantaisie.

Le recours à la réalité

Sous le terme de procédé défensif par recours à la réalité, il faut entendre la capacité de répondre à la consigne, de se référer à la structure perceptive du stimulus en utilisant l'expérience quotidienne. Il va sans dire que les critères d'adaptation optimale varient en fonction de l'âge de l'enfant, compte tenu des facteurs de développement perceptif, du maniement du langage, et aussi des connaissances culturelles. Toutefois, à son niveau d'évolution, tout enfant utilise, au moins partiellement, ce type de procédé défensif adaptatif. Celui-ci ne prend de valeur significative discriminatoire que lorsqu'il est systématisé, bloquant toute autre démarche, réduisant l'abord de la tâche à une recherche d'adéquation, de conformisme appauvrissant. Il s'agit bien souvent chez l'enfant d'une assimilation de l'examen à la situation scolaire, ce qui lui permet d'éviter une implication personnelle. Il peut s'agir là d'une attitude constante de répression qui, à l'extrême, participe du mécanisme de refoulement. Il est difficile chez l'enfant de bien distinguer ces deux procédés et ce d'autant plus que le refoulement est présent et normal chez tout individu. Il est de ce fait dangereux de s'y référer et de le mentionner quand par ailleurs il n'existe pas d'indices évidents de la pression du matériel refoulé ni sous forme d'émergence d'angoisse ni sous forme de contenu manifeste renvoyant clairement à un contenu latent spontanément scotomisé : à VI « ça c'est une bête qui fait peur parce que j'ai pas envie d'y toucher ; c'est le bâton qui fait peur ».

Lorsque la centration sur la recherche du réel objectif est associée à un découpage intensif des configurations, à des images et des contenus à signification symbolique chargée mais traités avec distance affective, on se trouve en présence d'un mécanisme de défense plus caractérisé, appartenant au registre de la défense par isolation. Toutes les réductions perceptives et associatives (Do) peuvent se rapporter à ce même mécanisme. Le recours à la réalité pourra être aussi utilisé à des fins de négation, comme dans les exemples suivants : à IV « c'est un crapaud, il est gros, il fait peur, non ce n'est pas un crapaud, les pattes ne sont pas comme ça », ou à II : « c'est du sang, non c'est une tache d'encre ». Il s'agit là d'une manière de se référer à la réalité comme pour nier ce qui est dit, ce qui pourrait devenir trop proche, trop anxiogène.

Le recours à l'affect

Chez certains enfants ou en des occasions particulières, c'est au contraire le recours à l'expression de l'affect, à sa libération, qui sera le moyen choisi pour résoudre la tension. Dans les protocoles d'enfants, la surabondance de commentaires subjectifs est notoire, alliée fréquemment à la verbalisation directe du plaisir ou du déplaisir. Les éléments ont plus valeur de dégagement que de décharge comme si l'extériorisation, la communication à autrui amoindrissaient le retentissement. Cette attitude va souvent de pair avec une souplesse proche de la labilité émotionnelle qui permet pour la même figure l'expression simultanée de la fascination et de la crainte. Il ne s'agit pas pour autant d'ambivalence ni de mécanisme de retournement en son contraire puisque dans un second temps, lors de l'enquête, l'enfant est souvent capable de choisir entre l'un et l'autre de ces sentiments. Nous rejoignons ici ce que nous avons déjà évoqué, c'est-à-dire l'aisance de l'enfant à progresser dans le maniement d'une situation en la verbalisant : à V « un joli papillon, il est méchant ». A l'épreuve des choix ; V, non aimée, « il fait peur ».

Spontanément en tous cas, la contradiction est tout à fait admise et son maintien est un procédé défensif très utilisé par le psychisme enfantin. Cela appartient peut-être à la survivance du sentiment de toute puissance qui peut ici concilier les contraires.

Il n'en va pas de même lorsque la recherche du retournement en son contraire de l'affect domine clairement comme dans l'exemple suivant à X : « c'est une vipère à la langue crochue, il est gentil, gentil, très gentil ». Dans ce cas la crainte, voire même les besoins agressifs, ne peuvent être ni reconnus, ni assumés. Cette démarche trouve son point culminant dans le mécanisme obsessionnel de formation réactionnelle qui, dans les Rorschach d'enfants, n'apparaît guère qu'associé au mécanisme d'isolation.

A l'inverse, chez les personnalités susceptibles de réactions de type phobique, c'est l'affect de peur ou d'angoisse qui, s'il n'évite pas toujours les représentations, bloque toute élaboration, toute possibilité d'association qui favoriseraient le dégagement. L'angoisse domine alors, l'affect paraît prendre le pas sur la thématique. Les réponses, aussi lapidaires soient-elles, sont investies d'une charge anxieuse intense rarement verbalisée mais pourtant plus importante pour le sujet que les percepts eux-mêmes, comme si l'angoisse avait une fonction défensive qui occulte l'expression de la vie fantasmatique. Par là même, ce procédé défensif est inopérant puisque l'adaptation s'en trouve très limitée.

Si l'angoisse est présente chez des enfants à personnalité de registre hystérique, voire même hystéroïde, elle n'a ni l'intensité ni le rôle limitatif de la précédente. Elle s'accompagne bien souvent de représentations qui entraînent une surenchère d'adjectifs, d'appréciations subjectives, d'extériorisations d'émotions. On se trouve en présence d'une labilité émotionnelle, d'une suggestibilité face à la situation qui déterminent des volte-face spectaculaires tout au long du protocole ou à une seule planche : ce qui est ressenti à l'instant balaie ce qui a été ressenti précédemment. Cette attitude laisse à l'interlocuteur une impression d'inauthenticité, de superficialité qui peut l'amener à ne pas voir qu'il s'agit en fait d'un procédé défensif qui renforce le refoulement. Parfois le refoulement est tel qu'il bloque toute représentation et déclenche des chocs émotionnels marqués uniquement par le refus qu'il ne faut pas confondre avec le blocage lié à la sidération phobique.

En dehors du comportement et des commentaires, l'affect s'exprime aussi dans les modes d'appréhension, surtout en G, dans les déterminants, surtout la couleur et les réponses Clob. Il peut arriver que les couleurs soient utilisées pour masquer ou combattre une implication projective très forte, renvoyant à des fantasmes destructeurs comme dans cet exemple à X : « La dernière, un rêve, couleurs de rêve. Le rêve serait agréable dans un grand jardin plein de fleurs, je les sentirais et je les cueillerais. Des ossements, ici le bassin, la colonne vertébrale, voilà », qui équivaut autant à une réaction descriptive qu'affective. Il s'agit alors d'une soumission quasi-conventionnelle à la stimulation affective qui cherche à occulter la résonance profonde. Cette attitude se retrouve aussi chez des enfants très conformistes dans des réponses couleur où celle-ci n'a pas de valeur en elle-même mais sert de délimitation ou de repère.

Le recours à la fantaisie

Il peut paraître paradoxal de parler d'un type d'attitudes défensives par recours à la fantaisie, celle-ci s'inscrivant dans les thèmes donnés qui, en premier lieu, sont analysés sous l'angle de la problématique à laquelle ils renvoient. Toutefois n'envisager les thèmes que sous leur aspect projectif, c'est négliger l'importance de l'imaginaire chez tout individu et qui plus est chez l'enfant. A tous les âges la fantaisie a une fonction créatrice qui permet une certaine forme de réalisation de soi voire de sublimation. L'enfant, si proche de l'univers magique, si porté à s'y référer, trouve dans le Rorschach un matériel qui lui permet une activité créatrice ludique où l'imaginaire a une large part. Les élaborations peuvent d'ailleurs très vite déborder le support que constitue le percept et se développer dans des fabulations qui deviennent de véritables récits imagés plus ou moins infiltrés de réalité quotidienne. Il est normal qu'un enfant manie les besoins de son monde inconscient par le biais du « jeu » qui s'inscrit au Rorschach dans des images plus projectives qu'objectives, plus fabulées que réalistes.

Le recours à la fantaisie et à la fabulation peut donc se présenter comme un procédé défensif adaptatif au sens large du terme même chez des personnalités moins structurées comme celles de certains enfants prépsychotiques.

Quand il s'exacerbe, quand la négligence de la réalité objective s'accompagne d'une surenchère d'images mobiles, d'un foisonnement de références à la vie quotidienne et d'associations libres de toutes sortes, on peut penser qu'on se trouve en présence d'un mécanisme défensif fréquent chez les personnalités hypomanes ou très hystéroïdes. Dans ce cas, même si l'imaginaire est forcément alimenté par les forces libidinales et les préoccupations plus ou moins conscientes, il ne semble pas s'agir d'une plongée sans retenue dans un univers fantasmatique comme on le rencontre dans les structures de personnalité très fragiles. Même si cet abord reste peu opérant quant à l'adaptation, il constitue une tentative de dégagement, d'évitement de l'angoisse ou du conflit par le biais de la fuite dans l'imaginaire.

Une expression fantasmatique intense peut aussi avoir valeur de défense. Le percept perd toute importance, la pensée primaire prédomine, l'univers magique tient lieu de réalité comme si l'extériorisation massive, répétée, du fantasme cherchait à en affaiblir la portée, comme si la verbalisation et la projection sur le matériel pouvaient avoir valeur d'une expulsion libératrice. La plupart du temps, cette forme de défense s'allie à d'autres essais du même niveau à savoir l'identification à l'agresseur, au puissant, le déni de la réalité, l'utilisation des pseudo-rationalisations, de justifications arbitraires. Tous ces éléments sont en fait des modes de défense psychotiques ou délirants visant le plus souvent chez les enfants à juguler le fantasme de l'angoisse d'annihilation.

Dans nos commentaires nous n'avons pas envisagé explicitement ce qui a trait à la genèse des mécanismes de défense ou plutôt au développement des fonctions défensives du Moi chez l'enfant. S'il ne peut, dans le cadre de ce travail, être question d'en traiter de façon exhaustive, qu'il suffise toutefois de rappeler que tout processus mental perceptif ou moteur peut à certains moments acquérir une fonction défensive et que la défense dépendra du degré de maturation du processus. Plus l'enfant est jeune et plus les attitudes défensives utilisent le recours à l'affect et à l'imaginaire, les fonctions instrumentales et intellectuelles étant encore peu investies. Par contre, dès que s'instaure la période de latence, le recours à la réalité prend le pas sur les autres procédés en raison du développement des pensées préopératoire et opératoire (au sens de Piaget) et de l'orientation des intérêts qu'il entraîne.

Nous avons réuni dans un même chapitre l'angoisse et les attitudes défensives : cela tient pour beaucoup au fait que dans le cadre de la réalité clinique il est artificiel de les dissocier. On les aborde toujours conjointement en élucidant leurs répercussions et leur interaction.

Il est néanmoins impossible de proposer un tableau de correspondance entre niveaux de la problématique, modes d'expression de l'angoisse et types d'attitudes défensives. Si, dans une optique schématisée, certains recoupements sont possibles, la spécificité et la variété des réactions de l'enfant ne permettent guère de déductions systématisées. Le rythme du développement, l'investissement ou le non investissement des différents processus mentaux interfèrent avec l'action du monde extérieur. C'est de cette confrontation ou de cette rencontre que découlent le type d'approche de la situation et le mode de résolution des conflits.

C. La représentation de soi et les images parentales

Le Rorschach teste la présence d'une image du corps intégré, qu'il y ait ou non des réponses portant sur le corps. Cette hypothèse de travail est, actuellement, tout à fait acceptée. Elle se dégage d'ailleurs du texte même de Rorschach publié à titre posthume, même si elle n'est pas explicitée en ces termes. Elle a son point de départ dans le rythme spatial du stimulus organisé autour d'un axe médian vertical et réparti de telle manière qu'il pousse à une délimitation du dehors et du dedans, de l'extérieur et de l'intérieur. C'est aussi vers ce choix qu'oriente la consigne engageant à une interaction entre le perceptif et l'imaginaire. La capacité à établir des limites entre l'intérieur et l'extérieur rend compte de l'acquisition d'un niveau de développement libidinal où les relations objectales seraient instaurées. Le processus des réponses est ancré sur cette capacité de différenciation entre soi et autrui. On rejoint la notion d'identité, c'est-à-dire la possibilité de reconnaître ses limites, de se concevoir comme une unité en correspondance avec l'environnement et pourtant autre.

Il n'y a donc pas au Rorschach projection du corps propre connu, objet de l'activité cognitive, mais bien plutôt du corps vécu, objet et sujet de l'activité affective. C'est dans cette optique que nous avons choisi le terme de représentation de soi traduisant la manière d'être au monde face à autrui, donc chez l'enfant, face aux images parentales.

Pour la clarté de l'exposé, dans un premier temps, nous allons préciser les facteurs du test qui constituent les repères de la projection du schéma corporel, aussi bien dans des images du corps humain que dans des images autres qu'humaines. Dans un deuxième temps, nous aborderons la signification de ces images et les représentations de soi qu'elles impliquent.

1. Les repères de la projection du schéma corporel

La projection réussie du schéma corporel dans des réponses autres qu'humaines se révèle dans les trois aspects d'une association donnée : le cadre perceptif, le mode expressif et le contenu. L'aspect perceptif doit être dégagé et bien délimité, qu'il concerne une saisie globale unitaire ou une analyse en sous-unités : chevauchements, superpositions ou combinaisons contaminées peuvent évoquer un défaut de différenciation de soi. Pour le mode d'expression, le souci de sa délimitation importe plus que sa rigueur objective, même si les facteurs kinesthésiques et couleur l'emportent sur le formel ; ce qui prime, c'est la souplesse et la possibilité d'oscillation entre des positions diverses sans perte de la possibilité de centration. Quant aux contenus, ils peuvent balayer un champ assez vaste, très dépendant de l'âge de l'enfant. Les plus représentatifs, tels qu'arbre, sapin, bâton, sont centrés sur la médiane. Celle-ci joue le rôle d'un axe structurant organisateur, manié parfois uniquement au niveau descriptif : « ligne », « traits », ou interprété à des niveaux symboliques plus ou moins élaborés. Tous ces contenus se rapportent le plus souvent à la projection d'une position verticale stable du corps dans l'espace. Les contenus animaux, quantitativement les plus fréquents, bien localisés et entiers constituent aussi des critères valables d'une différenciation réussie. Dans un autre registre, des objets et des phénomènes naturels peuvent participer à ce dégagement.

En bref, tout contenu descriptif ou toute image autre qu'humaine, quelle qu'en soit la teneur, peut avoir une signification de différenciation positive à condition d'avoir des limites stables et adéquates.

La transcription directe du schéma corporel dans des images de corps humain doit pour avoir valeur positive obéir aux mêmes conditions de différenciation perceptive et de délimitation conceptuelle. Il faut cependant tenir compte d'un certain nombre de chevauchements entre images humaines et objets, images humaines et images animales. Ceux-ci représentent selon le cas, soit des étapes de transition, soit des stades de confusion, surtout chez les enfants plus âgés. Nous ne reprendrons pas ici tout ce qui a déjà été discuté à propos de la projection kinesthésique et de l'inégalité des niveaux de son expression planche par planche, et, en ce qui concerne les représentations de soi englobant les images humaines et non humaines, on peut envisager pour chacune des planches le caractère direct ou indirect de leurs manifestations ainsi que leur expression archaïque ou évoluée.

2. Les représentations de soi face à l'environnement

L'image du corps projeté n'est pas une instance, c'est ce qui donne son intérêt privilégié en même temps que sa complexité à l'étude de la projection du schéma corporel au Rorschach. Cette image est chargée de significations diverses, elle concentre sur elle tout autant l'investissement narcissique que l'investissement d'autrui, en bref le besoin d'auto-représentation au sens large du terme. De fait la représentation de soi et son niveau d'expression sont fonction des conditions du développement libidinal, du niveau de relation à l'objet, des besoins, des craintes et de la manière dont les images parentales sont vécues. Parfois, ces éléments sont très liés et on ne peut les dégager que par des déductions confirmées par la clinique, l'enquête, des caractéristiques mineures complémentaires et des commentaires surajoutés. En ce qui concerne les images parentales, l'attention doit se porter surtout sur les planches qui sollicitent fortement leur projection, soit chez les enfants I, IV, VI et VII, sans toutefois oublier qu'elles sont implicitement présentes tout au long du test.

Pour l'enfant, la manière d'être au monde face à autrui étant très dépendante des relations établies avec les images parentales, le discours qu'il tente d'élaborer sur lui-même implique nécessairement une référence à ces images telles qu'il les fantasme.

Dans d'autres occasions, les images parentales sont spontanément plus explicites ou transparaissent quand on pratique la forme d'enquête que nous avons préconisée pour l'enfant. Elles sont données tout autant à travers des images humaines que des images animales. Cependant, une expression manifeste et claire peut aller de pair avec des représentations plus archaïques camouflées renvoyant à un conflit antérieur mal élucidé. Cette coexistence est presque de règle chez l'enfant tant que la position d'identification sexuée n'est pas assumée. Elle correspond dans les protocoles à l'association de réponses humaines kinesthésiques bien construites avec des projections d'images corporelles partielles relatives à l'humain, à l'animal ou au végétal.

Nous nous proposons d'aborder maintenant la progression que l'on peut observer au Rorschach dans l'élaboration de la représentation de soi et des images parentales, soit de la représentation de soi et de la relation d'objet instaurée.

L'accession à l'identité

On peut se demander si un matériel tel que le Rorschach permet de déceler des troubles de structuration de la relation d'objet. Nous avons fait allusion à ce thème dans le chapitre sur la kinesthésie dans la problématique, au paragraphe traitant de la différenciation intérieur-extérieur, la projection du sentiment de la non-existence, du manque de limite, de la permanence d'une fusion qui bloque l'individuation.

Dans ce cas, les limites des images dans le protocole sont très floues et mobiles, l'abord perceptif est contaminé ou très fragmentaire, les représentations humaines, rares, sont d'emblée distordues, souvent parcellaires ou franchement anatomiques. Dans ce contexte où les limites entre soi et l'environnement n'existent pas, il ne peut être question de dégager des images parentales différenciées, tout au plus voit-on apparaître des références à des images para-humaines qui expriment la persistance d'un monde d'omnipotence, avec projection sur un autre, mal distinct, de ses propres pulsions. Ce mode de relation n'existe que par la survivance d'un lien particulièrement étroit avec une image maternelle très archaïque dans une quasi confusion entre le sujet et l'objet.

Toutefois, rares sont les protocoles où se dessine d'un bout à l'autre une représentation de soi aussi peu structurée, aussi chaotique. Par contre, des projections de cet ordre coexistent souvent avec la mise en place de tentatives de structuration s'appuyant sur l'axe médian, ligne de force de la position corporelle, élément qui centre et qui différencie. Une recherche active de l'unité participe aussi de la même démarche. Il n'est pas nécessaire que les productions soient d'une qualité formelle stricte, c'est bien plutôt la poursuite de la mise en place d'un schéma corporel même embryonnaire qui doit être valorisé ici. Ce but peut être atteint par divers moyens à condition que le sujet tienne compte de la médiane en l'intégrant dans la réponse ou qu'il l'inclue implicitement dans la saisie de l'espace.

Dans ce cas, il peut s'agir aussi bien de descriptions quasi géométriques que d'images se référant au monde végétal telles que arbre, tronc, chêne, poteau d'Indiens, que d'images animales d'un règne plus ou moins évolué. L'image humaine tend à apparaître parfois encore comprise dans l'image animale (H/A), souvent péniblement reconstituée à partir d'une description point par point dans certains cas représentée par la perception, soit de parties anatomiques qui semblent avoir valeur de repères, soit de segments corporels essentiels tels que la tête. Quand les représentations humaines sont entières, elles restent souvent mal construites, sauf à III, ou bizarres, voire monstrueuses. Il semble qu'il existe dans ces cas-là une sensibilité particulière à ce qui n'est pas achevé, témoin d'une image de soi incertaine, encore fragile, hyperdépendante de l'environnement, relevant peut-être d'une blessure narcissique primaire fortement réactivée par le matériel ou en tous cas du besoin d'une relation duelle très proche qui cadre et sécurise. Ceci est confirmé par la présence dans les réponses d'une référence explicite ou non à une image maternelle prégénitale dont le rôle est prédominant.

La recherche de l'identification

L'étape suivante ne concerne plus le problème de la recherche de l'accession à l'identité. Celle-ci est acquise, le but poursuivi est la projection d'une image de soi différenciée, mais encore dépendante de l'autre, en quête d'autonomie. Tous les avatars du développement libidinal à partir de l'établissement net d'une relation d'objet peuvent s'inscrire dans les interprétations. Dans ces protocoles la représentation de soi dépendra du niveau des besoins, des positions fantasmatiques dominantes, du stade de relation à autrui auquel le sujet est parvenu. On rejoint là toute la dimension de la thématique. Les limites du corps perçu ne font plus de doute, c'est l'étendue de l'espace dans lequel il se situe qui reste encore problématique, la marge de sa liberté, l'aire d'action. Ici l'expression de la réciprocité des relations devient dominante, l'axe médian est alors la ligne de force de cette interaction. On peut à ce niveau de représentation de soi se vivre tout aussi bien comme carencé ou protégé, agresseur ou agressé, petite fille ou petit garçon à la recherche d'une identification non encore assumée.

L'image de soi n'est pas toujours projetée sous une forme humaine, mais elle est présente dans les prises de position perceptives bien assumées, correctement justifiées, même si elles ne sont pas d'une grande rigueur formelle. Cependant, plus l'on s'approche de l'accès à l'identification et plus abondent les images animales anthropomorphes, humaines, et leur animation. Ici les images parentales sont, la plupart du temps, largement représentées. Elles s'expriment dans la sensibilité nette à la signification thématique des planches I, IV, VI et VII ; d'où des réactions spécifiques qui peuvent aller du refus à la reconnaissance explicite, d'un abord très circonscrit à la projection fabulée. Il va de soi que ces images dépendent du niveau de développement libidinal, qu'elles peuvent rester prégénitales, peu différenciées ou être composites, reflétant à la fois la persistance de fixations et un degré de structuration beaucoup plus évoluée. On peut, malgré une délimitation précise du percept humain, se trouver en présence d'attributs insolites d'appartenance para-humaine ou animale : ils sont alors le lieu de projection de la problématique sous-jacente, que celle-ci soit normative ou non. De toute manière, quels que soient les modes secondarisés ou immatures de représentation des images parentales et les conflits prégénitaux ou préœdipiens qu'ils impliquent, leur niveau de détermination ne pose plus le problème de l'accès à l'identité pour le sujet. On peut exister avec des limites propres, mais néanmoins dans une dépendance à l'autre qui est normale chez l'enfant et qu'il faut se garder de confondre avec la symbiose, avec le sentiment de perte de cohésion interne ou avec la projection d'une image de soi non unitaire, non intégrée.

Plus les images humaines et animales sont bien campées et animées, plus on s'approche de l'accès à une identification stable et sexuée. Comme nous l'avons vu, ce n'est pas la surabondance des kinesthésies humaines ou animales qui en fait foi. Celle-ci est bien plutôt l'indice d'une recherche active d'identification sexuée, non encore assumée. Elle correspond à un forcing, à des attitudes de surcompensation permettant de nier la fragilité des positions, les difficultés de réalisation et d'affirmation dans ce domaine. Chez l'enfant, le recours au magique, l'identification au puissant relèvent de la même tentative de dépasser les handicaps et les interdits fantasmatiques ou réels qu'il rencontre lors de son évolution.

Parallèlement les images parentales sont soit évitées, soit minimisées dans leur rôle, soit encore survalorisées dans leur puissance, ce qui rend compte de leur importance et de la manière dont chaque enfant vit le conflit œdipien.

Quand le conflit est dépassé et l'identification sexuée bien assumée, ce qui dans les protocoles d'enfants normatifs paraît se situer vers 8 ans, les kinesthésies se réduisent en nombre, les engrammes humains ont des composantes plus socialisées, même parfois des rôles sociaux. Le besoin de représentation des images parentales devient aussi moins pressant et c'est la représentation de soi, la recherche de l'affirmation de ses capacités et de ses intérêts, de la projection de son image dans l'avenir comme être entier et sexué qui prend le pas sur les tentatives antérieures de dégagement pour accéder à une réelle autonomie.

C'est la raison pour laquelle la planche I perd de son importance, alors que les planches IV et VII sont prises en charge par le sujet comme si transparaissait là le résultat d'une intériorisation réussie des images parentales.

L'acceptation d'une image sexuée s'observe dans les représentations nettement différenciées et sexuées, qu'il s'agisse de perceptions de personnages adultes ou enfantins, voire même d'animaux, ou à travers une symbolique déjà bien précise.

A cette étape, qui correspond à la période de latence, il ne faut toutefois pas s'étonner de rencontrer parfois des protocoles neutres ou avec un surinvestissement de l'objet au détriment des représentations humaines, ou comportant des percepts consciemment non animés. La répression, le refoulement servent dans ce cas, nettement, à renforcer l'autonomie, la force du Moi, pour permettre un investissement libidinal plus poussé d'une réalisation sociale de soi plus large.

On sait, par ailleurs, que cette attitude sera remise en cause dès la pré-adolescence, que les conflits internes réapparaîtront plus largement, dans une recrudescence de représentations humaines, ou dans leur répression, témoins d'une recherche d'établissement de nouvelles relations objectales. Seule la maturité assumée permettra de trouver un compromis harmonieux visant à une représentation de soi dans une réalisation affective, intellectuelle et sociale.

La représentation de soi, dans l'optique que nous avons essayé de dégager, va de l'ébauche du schéma corporel à la réalisation de son unité vers la projection d'une image du corps sexué en situation dans le monde, face à l'Autre, qui ouvre l'accès à l'identification et à la maturité.

DEUXIÈME PARTIE

L'ÉTUDE DES CAS

Introduction : La présentation de l'échantillon

Les protocoles que nous allons présenter proviennent de quatre sources* :

– protocoles d'enfants hospitalisés à la clinique psychiatrique infantile de l'hôpital de La Salpêtrière à Paris ;

– protocoles de sujets cardiopathes hospitalisés pour interventions correctrices au Centre Marie-Lannelonge ;

– protocoles d'enfants de différents groupes scolaires examinés dans le cadre d'une recherche ;

– protocoles d'enfants vus en privé sur demande de pédopsychiatres ou de psychiatres.

Nous avons choisi en un premier temps d'utiliser le plus grand nombre possible de protocoles d'origines diverses pour éviter le biaisage qu'apporte forcément le travail sur un échantillon restreint d'origine très localisée.

Par ailleurs, tout en tenant compte de l'anamnèse quelquefois très rudimentaire, pour ne pas dire absente dans le cas des enfants des groupes scolaires, nous avons effectué une première lecture des protocoles sans nous référer au diagnostic clinique. Nous cherchions plutôt à repérer par rapport à l'âge de l'enfant les patterns qui correspondaient le plus à la notion de « normativité » c'est-à-dire des types d'interaction entre l'expression affective comprise largement et l'utilisation des ressources intellectuelles. Partant de là, nous avons implicitement dégagé les éléments qui ne

* Nous tenons à remercier, tout particulièrement, les membres de la clinique psychiatrique infantile de l'hôpital de La Salpêtrière, médecins, psychologues et collaborateurs techniques, sans oublier tous les interlocuteurs rencontrés dans notre pratique professionnelle. L'apport de tous ces échanges a été considérable et, incontestablement, se trouve être à la source de nos prises de positions.

pouvaient plus participer de la « normativité » et pris position plus explicitement sur l'acuité et la spécificité de la déviance.

Nous avions au départ le souci de constituer des groupes cliniques homogènes quant à l'âge – de 2 ans en 2 ans – et au sexe, mais il nous a fallu renoncer à cette exigence. Les groupes sont inégaux entre eux quantitativement et par la répartition des sexes. La moyenne est de 12 dossiers par groupe clinique. Quant à l'âge, nous avons simplement distingué les enfants de moins de 8,6 ans et les plus âgés jusqu'à 11,6 ans. Toutefois, notre matériel nous a permis de constituer un échantillon de cas d'enfants de moins de 6 ans, à partir des groupes scolaires, dernière classe de maternelle et cours préparatoire, et du groupe clinique.

En un second temps, des groupes précis tels les « névrotiques », les « caractériels » et d'autres ont été dégagés et caractérisés à partir de notre démarche de recherche, c'est-à-dire de notre souci de transcrire le mode de fonctionnement psychique au Rorschach sans nous limiter à l'établissement d'un diagnostic. Notre expérience clinique a cependant beaucoup facilité notre tâche de regroupement.

Dans un troisième temps, la grande difficulté que nous avions à résoudre concernait le choix des dossiers à retenir – parmi les 12 – pour l'exposé de l'analyse et de la synthèse interprétative. Devant l'impossibilité de suivre une méthodologie rigoureuse pour opérer cette sélection, nous avons opté pour le critère didactique, autrement dit nous avons détaché d'une part les protocoles les plus démonstratifs et d'autre part les protocoles les plus difficiles à interpréter.

Par ailleurs nous avons tenté diverses exploitations quantitatives des facteurs du test groupe par groupe et âge par âge : les données obtenues n'ont été considérées que comme des indications qualitatives ou des orientations. La composition des groupes n'était pas assez homogène pour que l'on puisse tabler sur les résultats des traitements statistiques simples. La complexité des interactions était difficilement maniable dans les conditions concrètes de notre travail. Une exploitation quantitative systématique pourrait se faire dans un autre contexte.

Chacun des groupes cliniques présentés débute par ce que nous avons appelé une « synthèse du groupe », synthèse relative à la totalité des dossiers – entre 12 et 15 – constituant un groupe. Cette synthèse est suivie d'exemples individuels – entre 3 et 7 – dont les protocoles sont commentés en suivant le schéma interprétatif proposé. Les références aux facteurs du test ne sont données que pour préciser les points d'appui de l'interprétation et rendre explicite la démarche. Telles quelles, ces synthèses individuelles ne sont pas toutes à considérer comme des compte rendus cliniques, mais comme les élaborations nécessaires à la rédaction de ces derniers. Ces interprétations sont le fruit de mises en rapport poussées et d'une certaine imprégnation par la tonalité générale du protocole. Il va de soi qu'il n'était pas possible pour nous de donner toutes les étapes de la maturation de ce compte rendu qui, de ce fait, constitue un résumé qui peut paraître aride.

La finalité de notre travail, quels que soient les découpages et les regroupements que nous avons effectués, est de faire parler le protocole lui-même, de rendre apparent le sens des liaisons et des ensembles d'éléments qui y sont inscrits, d'en montrer la richesse et la signification.

1 Les « Normatifs »

A. Les « Normatifs » de 4 à 6 ans

α) LA SYNTHÈSE DU GROUPE

Face au Rorschach, les enfants de ce groupe semblent vivre une expérience dont la teneur exacte est difficile à définir, mais que l'on peut assimiler davantage à une exploration, à un jeu créateur imaginatif qu'à une tâche à accomplir.

La spontanéité projective et l'aisance généralement manifestées sont parfois rompues par des instants de retenue ou même d'inhibition qui n'apparaissent d'ailleurs souvent qu'à la première planche en tant que réaction devant une situation inconnue plus que malaise devant l'aspect symbolique de la planche. Le contact avec le matériel se fait en général par des réactions directes qui traitent la configuration comme une image à reconnaître ou par des démonstrations plus tâtonnantes qui expriment des retenues ou des prises de distance et sont souvent accompagnées de commentaires subjectifs de rejet ou d'attirance. La verbalisation et le comportement sont très dépendants de la relation mais ils constituent une communication suffisante et font que le recours à la fabulation n'est pas nécessaire.

La productivité semble aisée et va jusqu'à vingt réponses. Elle est caractérisée par une étonnante facilité à découper le stimulus perceptif pour cet âge, alors que l'on s'attend à une dominance de réactions globales. Parmi celles-ci on note des organisations *pars pro toto*, des constructions personnelles non justifiées et des généralisations à partir de détails tels les G confabulés. Des possibilités d'articulation des percepts globaux se font jour aussi par le biais des scènes humaines et animales. L'analyse perceptive dénote la distinction des détails sur un fond qui lie l'expérience émotionnelle au travail perceptif. Toutefois on doit noter l'absence des petits détails alors que les espaces blancs sont souvent perçus en tant que lieux de passage et non en tant que manques. Des scotomisations perceptives et associatives sont possibles.

La répartition des modes d'appréhension ne correspond pas à celle indiquée par les études normatives pour lesquelles les réactions des âges considérés (entre 4 ans et 5,8 ans) sont très massivement globales. Notre échantillon est certes restreint mais il semble que l'on puisse invoquer aussi une plus grande autonomie et indépendance des enfants de cette génération-ci dues aux nouvelles orientations de l'éducation.

Les réponses sont déterminées par la forme dans une proportion déjà très adulte (60 %) et par l'activité humaine ou animale bien contrôlée par la composante formelle (F+ % élargi). Le stimulus couleur attire et provoque des appréciations de plaisir ou enrichit une donnée perceptive existante (exemple : « des chaussures rouges »). La couleur grise, elle, est utilisée dans des images déterminées. Les nominations de couleur apparaissent ici — elles ont été comptabilisées dans la somme des réactions couleur. En bref il est rare que la réponse couleur exprime un vécu émotionnel précis ; c'est une donnée perceptive qui ne constitue pas le point de départ d'une association.

Les contenus sont des animaux souvent anthropomorphes et des représentations humaines. Les trois engrammes dits banals les plus fréquemment reconnus sont ceux des planches VIII, V et III.

Le terme « problématique » appliqué à ces enfants considérés comme « normatifs » peut paraître excessif. Il convient, dans ce contexte, de l'envisager comme la dénomination d'un essai de repérage du niveau de développement libidinal dans la projection. Par ailleurs il faut rappeler que le Rorschach facilite la régression tout en offrant un cadre qui permet de la maintenir. Il ne sera donc pas étonnant de voir clairement apparaître chez les enfants de cet âge des éléments du conflit œdipien plus ou moins fortement réactivé, ou même des points de fixation antérieurs utilisés comme moyen de restauration ou d'évitement du conflit. La démarche essentielle reste pour le psychologue la mise en relation de cette problématique avec les moyens utilisés pour l'intégrer ou s'en dégager, c'est-à-dire les mécanismes de défense qui n'entraînent en l'occurrence ni appauvrissement ni déviation notables.

Les préoccupations sont le plus directement projetées sur des scènes humaines et animales, dans l'expression des relations entre les protagonistes. En outre, les réponses isolées, les épithètes, peuvent, en fonction de la place qu'ils occupent, avoir une importance cruciale, souvent éclairée par les commentaires à l'épreuve du choix.

Après analyse il ressort que la problématique se dissocie difficilement des relations aux images parentales et de la recherche d'une identification sexuée. On voit ainsi s'extérioriser, chez les garçons, l'angoisse de castration, la rivalité face à une image paternelle plus ou moins puissante, la revendication affective face à l'image maternelle. Chez les filles, l'image maternelle suscite une certaine ambivalence, l'image paternelle est à la fois crainte et désirée.

Le conflit œdipien se trouve donc au premier plan et dans la majorité des cas l'identification sexuelle est encore difficile à assumer bien que ceci ne mette pas en cause l'affirmation de soi face à autrui et au monde extérieur.

Le mode de fonctionnement que nous avons appelé « normatif » se dégage ainsi de lui-même. Il se trouve caractérisé par une spontanéité aussi bien dans l'expression que dans la retenue, un maniement du matériel assez actif, plus personnel que socialisé, qui exprime de façon nuancée le travail de mise en place des relations, l'investissement de la réalisation de soi encore tributaire des images parentales.

ß) LES EXEMPLES

Laurence D., 3,11 ans

L'enfant, vue lors d'une recherche, réagit très spontanément à la situation avec force appréciations subjectives à valeur affective. Le protocole paraît fourni pour cet âge. Il mobilise une activité perceptive importante avec découpages d'une part et mises en rapport d'autre part. Cette activité est, immédiatement, nettement campée et justifiée par l'animation et la portée affective de l'image avec recours aux globalisations syncrétiques (IX) et aux généralisations (VII) normales à cet âge. Cette participation infléchit l'adéquation du contrôle (le F% élargi est plus bas que le F% normal) ce qui est parfaitement normal. En effet, la mentalisation ne peut être suffisante et la prise en considération de critères multiples est impossible. Il s'opère une sorte de reconnaissance des images à travers la forme, bien vite reprise dans le retentissement émotionnel suscité. Cela conduit à une animation transcrite sous forme de kinesthésies animales, de FC ou de FClob, étant entendu qu'il est très difficile et probablement artificiel de choisir la cotation, « une grosse bête » pouvant aussi bien être une kan qu'un FClob ou encore une kan Clob. La manière dont l'enfant vit l'image est en effet pour elle difficile à transmettre verbalement. Ici le stimulus couleur est déjà compris dans les interprétations alors qu'il pourrait n'être qu'objet d'excitation ou d'association au quotidien sans que le percept lui-même soit en jeu.

Le bestiaire utilisé montre une crainte importante de ce qui pourrait être agressif et une tendance au retournement en son contraire.

A travers ce texte, la relation à l'image maternelle paraît positive et rassurante (VIII, IX, X) mais non sans ambivalence (VII, III). L'image paternelle n'est pas explicite. L'image de soi est déjà différenciée avec une bonne connaissance de l'environnement (Cf. le rapport G/D, les prises de position, la variété du bestiaire).

La participation émotionnelle chaude, les attitudes naïves pour édulcorer la portée anxiogène des images sont bien le fait d'enfants de cet âge, alors que le maniement perceptif et l'adaptation différenciée aux situations sont le signe d'une maturation assez avancée.

PROTOCOLE DE RORSCHACH DE LAURENCE D., 3, 11 ans (1969)

	Cotations			
I				
De la peinture	G	C'	Fgt	
de la grenouille... — ? — *pattes, cheveux, il y a la queue, il y a les ailes, non les pattes*	G	F–	A	
II				
Une bête... araignée... le dos et la tête ici (Dbl) — ? — *les cheveux (*D. r. sup) *les ailes pour s'envoler*	G/bl	F– kan	A	
III				
Un crabe,	G	F–	A	
non des petites biches qui portent des pommes de terre	G	kan+	A	
Un papillon	D	F+	A	Ban
V Il y a des singes	D	F+	A	
Des arbres (D lat)	D	F+	Pl	
IV				
Une petite bête, une grosse bête (— ? — *Oh oui, méchante, mouche à miel*)	G	F±	A	
V				
Là un crocodile, aussi les oreilles	D	F+	A	
Une bête	G	F±	A	
VI				
C'est très mignon,... Il y a...				
C'est une grosse bête qui mord, il a des moustaches	G	FClob	A	
Un poisson, il fait plongeon (D méd. sup.)	D	kan–	A	

				Cotations
VII				
– Un crabe... qui est très gentil (*sa tête* [tiers inf.] *et les pattes)*	DG	F–	A	
VIII				
– C'est très joli, la petite bête				
– elle vole, elle monte, il a pas fait ses pattes (D méd)	D	kan–	A	
– « Et puis ? : *Ah ça très mignon, ce sont des panthères* » –	D	F+	A	Ban
IX				
– Une grosse bête qui habite chez sa maman	(D)G	F–	A	
– Joli papillon – ? – *parce qu'il a mis toutes les couleurs*	G	FC	A	
X				
– C'est beau ça, étoile de mer bleue Ça c'est un canard (ne retrouve plus)	D	FC	A	
– Une église (D gris sup) le jardin – ? – *fenêtre*	D	F+	Arch	
– Tout ça tomates, fraises	D	CF	pl	
– Le point (D or. méd.)	D	F±	Fgt	
– La cheminée de la maison et il y a le canard qui vient manger	D	kan	Sc. An	
– (– ? – *le rocher parce qu'il monte, il court vite*)				

PSYCHOGRAMME RÉSUMÉ

R : 23	G % : 48	F % : 65	F% élargi : 91
	D % : 52	F+ % : 54	F+ élargi : 46
	Z : 27	A % : 78	
T. App. G D		H % : 0	
T.R.I. 0K/3 Σ C		Ban : 2	
F.C. 4k/0			
R.C. % 39			

Agnès O., 4,3 ans

Enfant vue dans un service d'hospitalisation spécialisé pour troubles du caractère évoluant dans un contexte familial difficile (jalousie face aux demi-sœurs et au beau-père). Agnès se montre assez familière, opposante et séductrice, cherchant par des minauderies et pitreries à manipuler l'autre.

La réactivité est accrue par les sollicitations (celles-ci sont en effet indispensables pour certains enfants dont le besoin de dépendance interfère avec le besoin de réalisation). Le mode analytique est déjà bien utilisé ici, d'une manière adéquate – mais il faut tenir compte des D, nominations de couleur – alors que les globalisations restent parfois syncrétiques et mal contrôlées, ce qui n'est pas étonnant. L'expression formelle est importante mais tout de suite ramenée à une expérience subjective. Elle est complétée par les réactions brutes au stimulus couleur qui ont un écho personnel et ne peuvent être encore intégrées à un cadre de représentations (NC).

La variété des contenus frappe beaucoup dans ce protocole où les animaux anthropomorphes côtoient des êtres humains très bien définis et des objets qui font étroitement partie du monde enfantin.

La problématique est marquée par une oscillation entre le besoin de dépendance et de régression et des positions trop évoluées, liées à de fortes préoccupations sexuelles. Les deux thématiques sont déclenchées par la symbolique des planches, suscitées par le type de besoin qu'engendre chaque image parentale : les préoccupations sexuelles sont dominantes dans les planches à symbolique virile (IV, VI) alors que le désir de dépendance et de gratification concerne l'image maternelle (VII, X).

Dans ce contexte l'image de soi est déjà très différenciée par rapport au monde extérieur et à autrui ; l'affirmation est peut-être trop marquée dans le comportement pour ne pas masquer une certaine souffrancce.

Le mode de fonctionnement est adaptatif mais l'expression trop prononcée des besoins et le comportement indiquent une polarité hystéroïde certaine.

PROTOCOLE DE RORSCHACH D'AGNÈS O., 4,3 ans (1971)

		Cotations		
I				
Je sais pas (nouvelles explications)				
– V Maison	G/bl	F–	Arch	
– Λ Papillon	G	F+	A	Ban
II				
Je sais pas. Tu vas dire avec moi !				
– Le rouge, c'est comme la couleur avec mes chaussures et mes chaussettes	D →	C CF	NC	
V/fait le tour du gris avec le doigt/				
III				
– Ça c'est des monsieurs	G	K	H	Ban
– des lunettes (D r. méd.) Maman n'en a des lunettes	Réf.			
– Musique pour faire la chanson, pour danser (D r. lat) C'est les deux/fait le pitre/	pers. D	F+	Obj. mus.	

Cotations

IV

Réponses		Cotations		
Encore ça ? /fait le clown/ Ça fait toc, toc, /fait le geste/ oh il y en a beaucoup hein, ils sont emmêlés mes cheveux /donne des signes d'exaspération : manifestement veut fuir la planche/	Réf.pers.	Choc		
– V Des oreilles (D lat) – ? – *D'un monsieur*	D	F–	Hd	
– Regarde les grosses jambes et les pieds d'un monsieur	Do	F+	Hd	
Λ (montre le D méd. inf.) une culotte – ? – *pour monsieur, un slip, culotte, Papa aussi il en a* – (E.L. « Où est la tête du monsieur ? » – La situe bien : « Un monsieur entier ? » : « *non on peut pas le voir* »	D	F–	Obj	

V

– Pitreries diverses/ Ça c'est un lapin, ses oreilles (D sup.) ses pieds (D inf.), ses mains (D lat.) sa tête, sa bouche	G	F–	A	

VI

/toujours même discours « encore n'en a encore beaucoup beaucoup encore »/				
– Ça c'est un monsieur, tête en haut, bras (D lat) pieds – ? – *Un monsieur gentil*	G	F–	H	
– V Les jambes du monsieur				

VII

/attitudes et pitreries diverses/				
– C'est un sapin – ? – *de Noël, il apporte des joujoux avec des cadeaux*/ils sont emmêlés mes cheveux V/ soupire, détourne la conversation se passe la main dans les cheveux avec nervosité, approche sa chaise, gratte ses genoux/	G	F–	Pl/Obj	

VIII

– /Mêmes attitudes/ C'est la couleur ça encore, la couleur c'est comme un rouge	D	C	NC	
– Un toutou, deux toutous. Tu es un voyou,	D	F+	A	Ban
– regarde ses mains du monsieur (D gris) et sa tête	DdD	F–	Hd	
– V C'est jaune, c'est orange	D	C	NC	

IX

– Encore la couleur orange, y en a beaucoup encore ? Maintenant n'en a qu'une (montre la X)	D	C	Nc	
– Ça deux petites fenêtres pour regarder dehors (Dbl in D vert)	Ddbl	F+	Arch	
< je sais pas... V non plus... Λ non plus				

X

/Même attitude/ Maintenant y en a plus, on va les ranger là-dedans				
– V Regarde le petit bébé (D vert méd.)	D	F+	H	
– Regarde deux rouges (D bleu lat.)	D	C	NC	
– Examinateur : « Non bleu » – « *Ma Maman dit « rouge »*/ se gratte la tête/ :				
– Ça c'est deux jaunes (D méd.)	D	C	NC	

CHOIX + : V puis désigne VIII, IX, X, III
CHOIX – : VI, IV, II

PSYCHOGRAMME RÉSUMÉ

R : 21	G % : 29	F % : 67	F % élargi : 71
	D % : 62	F+ % : 50	F+ % élargi : 53
T. App. G D Dbl Do	Dbl % : 5	A % : 14	
T.R.I. : IK/9 Σ C	Do % : 5	H % : 28	
F.C. : 0/0	Ban : 3		
RC % : 43	Z : 13,5		

Emmanuel D., 5,4 ans

Vu dans le cadre d'une recherche sur l'admission au cours préparatoire, Emmanuel souffre des difficultés relationnelles de ses parents. L'enfant se montre très spontané, actif et par moments brusquement circonspect. Cette variation dans l'attitude se répercute dans une certaine oscillation de niveau d'organisation perceptive et de qualité imaginative des réponses. Une légère excitation favorise la fabulation mais il est vite recentré sur le processus d'interprétation.

L'abord perceptif est déjà bien différencié et surtout utilisé en fonction du besoin à exprimer : certaines globalisations peuvent être articulées alors que d'autres sont encore syncrétiques et on note des signes de limitation perceptive et une attention sporadique aux lacunes. C'est sur la forme qu'est fondée l'interprétation (71 %) et les réactions plus personnelles à valeur émotionnelle sont bien encadrées par elle. On peut noter dans les contenus l'importance donnée aux représentations humaines, encore qu'elles ne soient pas toujours animées, et aux plantes. On remarque aussi la centration sur le caractère unilatéral des engrammes au détriment des images doubles habituellement perçues.

Le maniement de la représentation humaine (H non K, H à IV, VII, IX, blocage à III) ne saurait relever d'une simple difficulté à aborder l'identification sexuée mais paraît bien plutôt, en égard à la situation actuelle d'Emmanuel, un évitement de la représentation conjointe des images parentales, comme si cet enfant cherchait à nier le conflit existant entre les parents. Néanmoins, quand elles sont isolées, les images parentales sont l'une et l'autre bien perçues, parfois campées directement et parfois, surtout pour l'image maternelle, livrées à travers le symbolisme (maison, mer, bateau...).

L'adaptation est très souple mais un peu capricieuse. Elle s'effectue par l'affirmation de la représentation de soi et la recherche active de l'identification.

PROTOCOLE DE RORSCHACH D'EMMANUEL D., 5,4 ans (1974)

	Cotations			
I				
De ce côté on regarde ?				
– V C'est quoi... Je crois que ce doit être une maison – ? – *parce qu'il y a des carreaux pour regarder pas de porte*	DblG	F–	Arch	
– ? – *Je sais plus* – Λ Et comme ça ? – *Une colline, plutôt comme ça* V – *A un animal ?* – *Peut-être à une vache* V *son corps et sa tête il y a ça*	Blocage			
II				
– Ah là, là ! Là (D. r. sup.) ça ressemble à des chaussettes	D	FC	Obj	
– là à des rochers ou des montagnes	D	F±	Nat	
– ou une fenêtre	Dbl	CF	Obj	
J'en ai des rouges aussi des chaussettes	Réf. pers.			
III				
– V Un bras avec une main, ça ressemble	Do	F+	Hd	
Λ Les autres choses, ça ne me donne pas... je sais pas	Blocage			
IV				
– Un monsieur – ? – *il s'assoit sur quelque chose, sur un tabouret*	G	K	H	
V				
– Là un papillon – Tu l'aimes ? – *Non il est noir, j'aime pas les papillons noirs*	G	FC'	A	Ban
VI				
– Ça doit être un chat, ça ressemble à un chat, la tête, moi ça me donne pas des idées	G	F–	A	
– en dessous, ça me donne idée d'un bonhomme, il y a deux jambes au lieu d'une (D), non quatre jambes au lieu d'une	D	F–	H	
VII				
– Oh V la moitié d'un monsieur ou une dame /montre sur la planche/ (*cheveux, bras et une jambe*) il y a pas la tête	G	F–	H	

		Cotations		
VIII				
– Ça ressemble à un petit bateau qui est en bleu et gris	D	F+	Obj	
– les autres un chat, deux chats,	D	F+	A	Ban
– et la mer (D. or.) – Pourquoi la mer ? – *Parce qu'il y a le bateau et les chats* – Et la couleur te plaît ? – *Oui*	(D) G	F–	Scène	
IX				
– V Moi je regarde de ce côté, une dame (*Les deux bras* (D vert) *jambes* (D or.) *tête* (rose)	G	K–	H	
– Elle fait quoi ? – *Elle danse c'est une vieille dame*				
X				
– Ça, ça a l'air d'un petit sapin (D rose) sapin pas terminé	D	F–	pl	
– Deux cerises... deux cerises en train de mûrir /– ? – *Elles sont petites*/	D	F+	pl	
– Un papillon (D bl. méd.) Moi, j'ai plus d'idées	D	F+	A	

PSYCHOGRAMME RÉSUMÉ

R : 17	G. % : 41	F % : 71	F % élargi : 94
	D % : 47	F % : 47	F+ % élargi : 59
	Z : 13,5	A % : 24	
		H % : 29	
T. App. G D Dbl Do		Ban : 2	
T.R.I. : 2 K/2 Σ C			
F.C. : 0/0			
R.C. % : 41			

Claude M., 5,7 ans

L'enfant, atteint d'une cardiopathie congénitale, est examiné dans le cadre d'une recherche sur la souffrance somatique et ses implications psychiques.

Si l'on en croit le nombre de réponses, il semble limiter sa participation, mais en fait il structure et articule activement le matériel et le manipule en fonction d'un besoin de mise en rapport. Il semble vivre directement les situations et utilise un langage tantôt lapidaire tantôt assez construit. L'approche perceptive est aussi bien analytique que globalisante et elle se caractérise par une série de dénivellations avec régression et réaménagement qui semblent être fonction de la signification des planches et du besoin de projection. Le mode global semble porter davantage le poids de la charge fantasmatique. L'expression formelle pure est très réduite : c'est bien plus l'action et la relation humaine et animale qui font le corps des associations. Notons que la réaction aux couleurs grise et blanche a été suffisamment forte pour déclencher tout un travail dynamique d'expression de l'émotion et de structuration sous une forme socialisée. C'est important à relever si l'on considère qu'il s'agit de mécanismes face au vécu abandonnique indiqué par la teneur de la réponse – VII. La compensation se fait aisément sur le mode de la socialisation (cf. les 5 banalités).

La thématique majeure est celle de l'abord du conflit œdipien. Elle s'exprime par un investissement massif de la relation dans le désir de la maintenir à un niveau d'échange positif, ce qui entraîne une certaine minimisation de ce qui pourrait susciter l'agressivité. Compte tenu de la souffrance organique importante, cette recherche d'identification est peut-être par trop poussée et compensatoire et sert à lutter contre une position moins assurée qui correspondrait au pôle régressif de la représentation des images parentales et surtout à l'expression d'un vécu abandonnique face à l'image maternelle.

Les capacités perceptivo-cognitives constituent une base des plus valables pour la réalisation de cette compensation.

PROTOCOLE DE RORSCHACH DE CLAUDE M., 5,7 ans (1964)

	Cotations			
I				
– Deux ours. – Comment sont-ils ? – *Ils se bagarrent*	D	K	A	
– en noir, un poisson, encore un ours	D	F–	A	
II				
– C'est deux messieurs qui s'amusent	G	K	H	
III				
– Deux messieurs qui s'amusent aux	G	K	H	Ban
– rubans	D	FC	Obj	Ban
IV				
– Alors ça c'est un taureau, il s'amuse non il	G	kan	A	
– s'amuse à rien, c'est pas une rascasse ?	G	F–	A	
V				
– Un papillon qu'est en train de voler	G	kan	A	Ban
VI				
– Ça c'est une mouche ou alors un papillon	DG	F–	A	

				Cotations
VII				
– Des pieds V	Do	F+	Hd	
– de la neige, des pieds en neige	DG	C'F	Elém	
– C'est un pont en neige	G	FC'	Arch	
VIII				
– C'est deux ours qui montent quoi	D	kan	A	Ban
– sur un papillon, non sur un poisson,	DD	F+	A	
– non deux femmes sur un poisson	D	F–	H	
IX				
– V Un monsieur qui regarde la cigogne (D or.)	D	K	H	
X				
– Araignée (D bl. lat)	D	F+	A	Ban
– langouste (D rose)	D	CF–	A	

CHOIX + : VIII, IX, X
CHOIX – : VI, VII

PSYCHOGRAMME RÉSUMÉ

R : 18	G % : 47	F % : 38	F % élargi : 89
	D % : 50	F+ % : 43	F+ % élargi : 63
	Do % : 6	A % : 59	
		H % : 24	
T. App. G D Do			
T.R.I. : 4 K/3,5 Σ C	Z : 28,5	Ban : 5	
F.C. 3 k /0			
R.C. % : 29			

Manuel G., 5,8ans

Garçon vu dans le cadre d'une recherche scolaire. Il se présente comme très coopérant, vivant et désireux de plaire. Face au matériel il garde une distance suffisante qui est facilement rompue, par les interventions de l'examinateur, en faveur de réactions plus régressives mais aussi ludiques et humoristiques. Aussi apte à découper qu'à globaliser, il passe avec souplesse des constats perceptifs à valeur dynamique à des généralisations puis à des articulations dont l'adéquation objective reste bonne (sauf à II). Les réponses sont dictées par la forme et par l'animation formellement contrôlée. La spontanéité passe davantage par l'expression kinesthésique

que par la couleur et les contenus ne valorisent pas directement la relation, contrairement au cas précédent : ils se réfèrent à des positions plus variées.

Malgré un certain désir de retenue, la pression de la problématique est assez forte pour jaillir à la moindre sollicitation. Elle se situe au niveau d'un essai de résolution de l'Œdipe avec expression de l'angoisse de castration (II) et de la position de rivalité face à l'image paternelle. L'identification phallique est toutefois difficile à assumer et pousse Manuel à adopter des attitudes plus passives et même à dévaloriser l'image virile. Au contraire, l'image féminine paraît très valorisée, choix d'identification encore possible parce qu'investie de puissance (VII). Cette problématique d'identification sexulle avec difficulté à adopter l'un des rôles n'altère pas l'affirmation de soi. Le conflit est bien assumé, l'angoisse suffisamment liée. Les capacités de dégagement, dont le recours à l'humour, assurent un fonctionnement normal.

PROTOCOLE DE RORSCHACH DE MANUEL G., 5,8 ans (1973)

	Cotations			
I				
— Je sais pas... — A quoi ça te fait penser ? — *A de la peinture,* c'est tout	G	C'	Fgt	
II				
— Ça ressemble à une tête... le nez la bouche ouverte et les yeux	G	F—	Hd	
— A qui sont-ils ? — *A un Monsieur*				
— Comment est-il ? — Il crache du sang (Peur — ? « *Non* », il rit « *je vois que le blanc* »)	D	CF	Sg	
III				
— Ça fait penser à des monsieurs qui se battent pour avoir une cravate	G	K	H	Ban
IV				
— Ça fait penser à un pantalon tout déchiré et des chaussures déchirées	(D) G	F+	Vêt.	
— A qui sont-ils ? — *A un « vieillard »*				
— Comment est-il ? — *Il marche, il est gentil*				
V				
— Ça fait penser à un oiseau qui vole	G	kan	A	Ban
— Comment est-il ? — *Il est beau*				
VI				
— Ça ressemble à un loup, sa tête et son museau (D sup) — Il fait quelque chose ? — *Il renifle* (Peur ? — « *Non* » rit)	G	F—	Ad	

		Cotations		
VII				
– Euh à un petit lapin qui se regarde dans une glace... Il se trouve beau mais pas avec des couleurs – C'est un garçon ou une fille lapin ? –	D	kan	A	
– *C'est une petite fille, elle est assise sur un papaillon tout écrasé* (D inf.)	D	F+	H	
VIII				
– Un papillon (D ro.)	D	FC	A	
– Et pis des bêtes qui montent sur un papillon	D	kan	A	Ban
– et un deuxième papillon et un troisième papillon (D bl. et D. gr.) Ça compte les couleurs ? – A quoi elles te font penser les couleurs ?	D	FC	A	
– *celles-là à des cochons ?*				
IX				
– Ça ressemble à une tête de cerf avec ses cornes (D or.) – Il fait quelque chose ? – *Il marche*	D	F+	Ad	
X				
– Ça ressemble à une image, à un tableau /Rit très fort/	G	F±	Art	
– Qu'est-ce qu'il représente ?				
– *Un monsieur, sa tête et ses moustaches et plein de choses autour de lui... il est affolé par les choses qui tournent autour de lui*	D	K	H	

CHOIX + : X « parce que c'est un personnage
VIII « trois papillons, parce que on voit des papillons, des bêtes qui montent dessus et le papillon il est tout écrasé »
CHOIX – : « les noires » IV « c'est mal dessiné »
I « je sais pas ce que c'est »
MAMAN : « aucune »
PAPA : X « parce que c'est un monsieur »
TOI : VII parce que avec mon frère, on s'amuse aux lapins et on a pris des feuilles et on a fait des couvertures de lapin comme une fourrure »

PSYCHOGRAMME RÉSUMÉ

R : 15		G % : 47	F % : 40	F % élargi : 86
		D % : 53	F+ % : 58	F+ % élargi : 80
			A % : 47	
T. App. G D			H % : 27	
T.R.I. 2 K/3,5	C	Ban : 3		
F.C. 3 k/0		Z : 31		
R.C. % : 40				

B. Les «Normatifs» de 6 à 8 ans :

α) LA SYNTHÈSE DU GROUPE

Les cas analysés ne sont proposés qu'à titre démonstratif de quelques types de manifestations ou d'expressions Rorschach, le groupe total de cet âge nous permet les considérations suivantes dont le caractère, bien entendu, n'est pas exhaustif.

La participation est, ici, toujours active, spontanée, souvent encore très enfantine par les interventions directes, les remarques personnelles, les exclamations. Tout ceci va parfois de pair avec une attitude plus scolaire, descriptive, car une grande réserve domine dans une grande partie des cas. Il y a donc une certaine oscillation entre un comportement subjectif et des attitudes plus restrictives.

Pour la majorité de ces enfants, il y a conscience d'interpréter avec possibilité au cours du test d'une perte passagère de cette attitude et d'un retour au contact direct sans critique des enfants plus jeunes.

L'approche perceptive est, d'une façon générale, assez diversifiée : apparition des modes mineurs (Dd, Dbl, Do) au détriment des D et rapport G/D plus personnel que lié à l'âge. Les saisies globales peuvent encore être marquées par la persistance de confabulations enfantines, de généralisations hâtives. Moins le G est fréquent, plus on s'éloigne des caractéristiques de mode de pensée « prélogique » infantile.

L'abord analytique n'indique pas forcément un mode perceptif bien ancré, en ce sens que la rigueur recherchée communément dans le découpage n'est pas encore investie par l'enfant. Cela n'est toutefois pas à comparer avec l'échec du contrôle des D chez l'adulte, échec toujours considéré comme très significatif. On comprend mieux le flou des percepts D si l'on se réfère aux réponses impliquant plusieurs D par une mise en rapport de juxtaposition très conforme à la logique infantile. Les modes mineurs se trouvent en priorité aux planches fermées, massives, ce qui confirme leur caractère défensif ou leur fonction de récupération devant des situations qui provoquent un choc.

L'expression privilégiée semble être formelle, parfois dynamisée sous forme de K et kan à facteur formel dominant, d'autres fois incluant la couleur dans la forme CF, sans exclure la réaction FC.

La sensibilité aux couleurs grises doit être ici signalée alors que les réactions E et Clob sont des plus rares. Les contenus référentiels sont assez variés, A, H, nature, mais on remarque, à cet âge, l'apparition des contenus objets et le repérage aisé de quatre des banalités de la liste classique (V, VIII, I et X).

La problématique dominante se réfère à la résolution du conflit œdipien avec des thèmes de recherche d'une affirmation, d'une identification sexuées, la persistance d'une certaine angoisse de castration chez le garçon et d'une crainte de l'image virile chez la fille. Selon les enfants, l'expression de cette problématique peut être chaude, le conflit projeté avec force, mais sans jamais entraîner d'angoisse non maîtrisée. C'est cet élément qui nous a fait retenir dans la série des enfants « normatifs » certains cas où la charge fantasmatique était importante, mais dont la capacité à lutter pour maintenir un niveau structural évolué était la preuve de l'existence d'une aptitude au dégagement, quels que soient les mécanismes de défense utilisés. Dans ce contexte, c'est l'image paternelle qui est prévalente tant chez les filles que chez les garçons, avec parfois une insistance sur le rapport puissance/impuissance, et, par surcroît, pour les garçons, rivalité. L'image maternelle se retrouve surtout au niveau symbolique dans un but de sécurisation à travers des images plus régressives, ou, chez les filles, par le biais d'objets typiquement féminins narcissisants. Il va sans dire que certains évitent toute référence directe et que les déductions ne sont possibles que d'après des indices de conduite face aux planches à valeur symbolique plus spécifique. L'image de soi est chez tous nettement présente et pour une bonne partie déjà nettement sexuée, alors que pour d'autres on note encore des positions de dépendance ou de surcompensation qui traduisent l'incertitude quant à l'affirmation de soi.

L'adaptation est encore sujette à la diversité inhérente aux personnalités, mais il faut remarquer une certaine prévalence du conformisme au détriment de la créativité.

ß) LES EXEMPLES

Laure J., 6,2 ans

Le protocole est pris dans une ambiance amicale, sans nécessité ni contrainte particulière. L'approche est aisée, simple, sans blocage, comportant des commentaires subjectifs, voire artistiques. Une hésitation se fait jour devant des planches telles que II et IX mais elle est vite surmontée. La verbalisation est souple, adéquate, plus descriptive que fabulante avec une réelle conscience d'interpréter.

La réactivité est assez fournie. Le mode perceptif est autant global qu'analytique, d'un niveau de structuration parfois élaboré. Le contrôle formel est meilleur dans l'analyse que dans les globalisations, ce que l'on observe en effet à cet âge : l'impression globale porte encore la marque de la spontanéité et d'un facteur personnel.

Dans ce cadre perceptif, l'expression privilégiée reste formelle mais avec une participation des kinesthésies et des couleurs, ce qui indique déjà une certaine variété des modes d'intégration et de mobilisation de l'expérience.

On peut donc noter d'ores et déjà la richesse intellectuelle et créative de ce qui est donné, la souplesse de maniement et, à travers les contenus et les épithètes, la valorisation d'une certaine puissance et affirmation de soi (château, tour Eiffel, aigle, ballon). Ceci est en relation avec une préoccupation du rôle viril (ce qui apparaît nettement et d'une manière spontanée à la planche II). Dans ce contexte, la prévalence est apparemment donnée à l'image paternelle ; sans informations plus précises, on ne peut en déduire qu'il s'agit effectivement de la personne du père, il faut se contenter de poser qu'il y a là une représentation de la virilité. L'important est, ici, que l'identification à cette image puissante existe et qu'elle porte ses fruits dans le domaine intellectuel.

En résumé, autant d'indications qu'on peut interpréter comme le signe d'une personnalité déjà bien structurée avec une réelle maturité du Moi dans un contexte de niveau œdipien : à noter la grande sensibilité au symbolisme.

PROTOCOLE DE RORSCHACH DE LAURENCE J., 6,2ans (1962)

	Cotations			
I				
– ...Des ours... et un bonhomme... il tient la main aux ours et les pattes...	G	K	H Scène	
– V Un château avec un drapeau et une fenêtre Un petit peu un château et un petit peu la tour Eiffel	G/bl	F+	Arch	
II				
Oh, c'est drôle V... ça... je sais pas ce que ça représente		Choc		
– V Un gros monsieur avec ses chaussettes et il a son petit robinet, plutôt un petit peu clown. R., add. : *un château avec un très grand jardin*	G	K–	H (H)	
III				
– V Un singe	G	F–	A	
– Et un nœud papillon	D	F+	Obj	Ban
– deux petits lézards avec deux grandes queues (D lat.)	D	F–	A	
– Λ autrement c'est un crapaud E. L. : *fantômes*	G	F–	A	

		Cotations		
IV				
– Un gros chien, là, c'est tout parce que ça ressemble à un chien	G	F–	A	
– < v Λ v < Un bœuf, un gros bœuf avec cornes (D lat. sup.)	DG	F–	A	
V				
– Une chauve-souris – ? – *dans un livre, c'est comme ça*	G	F+	A	Ban
– v < v à un papillon...	G	F+	A	
– < Une sorte de lune comme ça	G	F–	Nat	
VI				
– Ça c'est très joli, c'est du Picasso	G	C'	Art	
– < v Λ Un gros pinceau pour peindre des pièces	G	F–	Obj	
– v Un scarabée	G	F–	A	
– Ça ressemble aussi à une tortue	G	F+	A	
VII				
– deux petits lapins sur une pierre	(D)G	F + kan	A	
– < V Des personnes, non plutôt des personnes et un pont	DD	F + kan	H	
– Ça ressemble aussi à un éléphant.	D	F+	Ad	
VIII				
– Ça c'est un petit bateau... de mer (D gris bleu) ça c'est le bas et ça les voiles.	G	F+	Obj	
– V à deux petits cochons, ils grimpent... < ils sont en train d'aller arranger les voiles	D	F+ → kan	A	Ban
IX				
Je peux pas savoir ce que c'est		→ Refus		
– V Deux aigles (D orange) là je crois qu'il n'y a que ça	D	F–	A	
– Et deux ours (D vert)	D	F+	A	
– Et ça c'est quatre ballons (D rose) – ? – *si c'était noir ce serait le ciel*	D	FC	Obj	
X				
Ça c'est le plus beau.	DD	kan	A	Ban
– Ça c'est deux crabes qui tiennent deux olives (D vert)	D	FC	Pl	
– Deux petites cerises	D	FC	Pl	
– V Λ Deux petits chiens	D	F+	A	
– Puis la tour Eiffel en haut d'un pont	DD	F+	arch	
– Deux coqs avec des petites abeilles et un petit lapin	DD	F+	A	
– Des éléphants (D jaune lat.)	D	F–	A	
– Des chaussettes (D brun lat.)	D	F–	Obj	

CHOIX + : VII, X, IX, VIII
CHOIX – : V, IV

PSYCHOGRAMME RÉSUMÉ

R : 32	G % : 50	F % : 78	F % élargi : 97
	D % : 50	F + % : 56	F + % élargi : 61
T. App. G,D	Z : 49	A % : 59	
T.R.I. 2K/3 Σ C		H % : 9	
F. Compl. Ik/0		Ban : 4	
R.C. % : 41			

Michel B., 6,3 ans

Ce garçon, vu dans un groupe scolaire, répond largement à la situation, mais autant par des commentaires que par des engrammes définis. L'approche paraît spontanée, rapide — avec cependant un blocage très net à la planche VI dans une expression verbale touffue comportant beaucoup de descriptions et de justifications qui dévoilent l'intensité de la participation.

L'approche perceptive est surtout analytique (D = 52 %) et même avec utilisation de Dd et de Do de qualité structurale médiocre avec une persistance notable du mode de fonctionnement *pars pro toto* sans critique, ce qui conduit à une insuffisance du contrôle formel. Les images sont données presque uniquement par référence à la forme à portée particulièrement dynamique, investie de signification affective. L'enfant semble s'engager dans la description objective d'une façon aussi vivante qu'un enfant plus âgé dont les associations seraient plus franchement émotives. Sous une apparente stéréotypie — images animales prépondérantes — on note une variété dans le bestiaire, ce qui montre une certaine souplesse des associations — à l'intérieur du règne animal.

Ce qui ressort des données du test quant aux préoccupations est une sensibilité particulière à ce qui est fort, puissant, agressif dont il essaie de dégager en évitant (VI) ou en minimisant (II) ou en déniant (fin de II) la perception trop angoissante, tout en qualifiant les animaux de « petits ».

Les choix des planches font penser que les images parentales ne sont pas très différenciées, mais il se peut qu'il s'agisse là aussi d'un évitement (compte tenu de la perception du « gorille » à la planche IV, choisi pourtant comme image d'identification). En fait l'image virile est peut-être plus nette qu'il ne veut bien le dire.

Dans un conflit actuel lié à une problématique œdipienne et de choix d'identification, le test semble avoir mobilisé tout un jeu de procédés défensifs dont on ne peut pas préjuger de la stabilité. Compte tenu de l'âge de l'enfant on peut penser qu'il s'agit d'un moment de conflit ; en l'absence d'information sur le comportement et de données d'anamnèse on ne peut présupposer du mode de résolution ultérieur.

PROTOCOLE DE RORSCHACH DE MICHEL B., 6,3 ANS (1973)

	Cotations			
I				
Oh : comme animaux ou comme gens ?				
– V Ah C'est une écrevisse on dirait une écrevisse avec ses petites pattes, une écrevisse, un gros machin avec des pattes, des écrevisses, des machins comme ça. Ça peut être une écrevisse... /regarde un bobo qu'il a au doigt et le tripote/	DG	F–	A	
II				
Là... /regarde de biais/ Des petites bêtes, une qui est comme ça /tourne la tête d'un côté/ et l'autre comme ça tourne la tête de l'autre côté/	D	F– → kan	A	
– Deux petites bêtes ça pourrait bien être, avec leur queue < /prend la planche en main/ deux petites bêtes. Ça se voit à la tête – genre de bête ? – *ça on dirait une tête de girafe mais une girafe c'est pas gris, ça a des taches et la queue* – ? – *elles regardent* – à quoi tu vois ça ? – *à la queue et les deux têtes*	DG	F–	A	
– La couleur ça me fait penser à rien, si le gris on dirait un machin avec des cornes là, un sanglier, mais c'est pas un sanglier, c'est une sorte de petite bête. /touche à nouveau son bobo/	D	F+	A	Ban
III				
– C'est facile ça. Deux petits bonshommes, attends, oui, deux petits bonshommes avec la tête, le corps et les jambes et ils se regardent et il y a	G	K	H	Ban
– un petit papillon	D	F+	A	Ban
– et les parapluies (D r. lat)	D	F–	Obj	
– Non ça c'est les chauves-souris (D r. lat.) je crois que c'est des chauves-souris.	D	F–	A	
– D rouge médian ? – *un papillon.* – ? – *C'est du sang Le feu c'est jaune et orange.*				
IV				
– Ça ressemble à un gorille ça. Un gorille avec sa queue, ses pattes, ses mains quoi, sa tête, son corps et ses pieds.	G	F+ → K	A	
– Ou alors c'est un hibou, une chouette. C'est un gorille ou un hibou. – ? – *il avance comme ça* /fait le geste avec ses bras, imitant la position du gorille/ – peur ? – *non.*	G	F–	A	
V				
– Un papillon /petit sourire/	G	F+	A	Ban
– Et deux petits oiseaux sur sa tête, enfin, non, c'est ses cornes /touche à nouveau à son bobo /– ? – *il vole*/	Dd	F–	A	

			Cotations	
VI				
Là, Oh ! là ! là ! Ça c'est bizarre !		Choc		
V Λ V Λ ça je sais pas, je sais pas...		→ Refus		
– Ça me fait penser juste à... ça c'est des plumes d'indien. C'est tout.	Do	F+	Obj/Hd	
VII				
– Une fumée. C'est tout. Je vois rien d'autre, des machins comme des virages, le mouvement.	G	kob	Nat	
– Non c'est pas de la fumée, c'est deux animaux qui se regardent avec la bouche ouverte. – ? – *des loups* – peur ? – *non* Je vois rien d'autre.	D	F–	A	
VIII				
– C'est facile /sourire/ Deux petites souris qui grimpent. Ça se voit aux petites souris, aux pattes, au ventre et à l'oreille, à la tête. C'est tout.	D	F+	A	Ban
– la couleur ? – *Ça c'est des couleurs de feuille, orange c'est une couleur d'orange et le rose de framboise.*				
IX				
– Rien. Je sais pas. Ça on dirait des têtes de buffles (D rose inf.) les machins qui ont des cornes en avant, des bisons, ça s'appelle des bisons. Je vois rien d'autre.	D	F–	Ad	
X				
– V Un petit bâton (Dd in D gris sup.)	Dd	F+	Obj	
– avec de la fumée (D rose)	D	F±	Nat	
– Des soleils (D bleu lat.)	D	F–	Nat	
– Des petits poissons (D vert sup.) C'est tout. Je vois rien d'autre.	D	F+	A	

CHOIX + : VI, V, IV, VII, X « joli »
CHOIX – : III, II, I, VII, IX « pas joli »
PAPA : VII « parce que là y a papa et là maman »
MAMAN : VII idem
TOI : « le gorille parce qu'il est fort et moi aussi je suis fort. »

PSYCHOGRAMME RÉSUMÉ

R : 21	G % : 33	F % : 90	F % élargi : 95
	D % : 52	F+ % : 45	F+ % élargi : 47
	Dd % : 10	A % : 67	
	Do % : 5	H % : 5	
	Z : 11,5	Ban : 5	

T. App. G D Dd Do
T.R.I. : 1K/0
F. compl. : 1k/0
R.C. % : 29

Jérôme T., 6,6 mois

Enfant de cours préparatoire, vu dans son cadre scolaire. Très posé, il réagit à la situation avec une grande vivacité imaginative en proposant des réponses qui s'enchaînent les unes aux autres par le biais des contenus, des références qualitatives ; tout cela relève d'un foisonnement de l'imaginaire, fabulant et très personnel, sans pour autant exclure la réalité qui dans ce contexte est constitué par le cadre perceptif.

L'abord perceptif est à forte dominante G ce qui est logique, avec intégration réussie des Dbl, d'un niveau de structuration très élaboré. Il est dicté souvent par des éléments kinesthésiques et fort bien contrôlés quant à l'adéquation entre l'image et le stimulus, si l'on tient compte du niveau formel des associations prises dans leur ensemble (F, K, k, FC – autrement dit du F+ % élargi). Le niveau de contrôle est moindre si l'on se limite aux réponses formelles pures. Les associations se font le plus fréquemment par le biais des kinesthésies de toutes catégories n'excluant pas les réactions sensorielles et les contenus référentiels sont souvent donnés en scènes où s'expriment des relations assez anthropomorphes.

Le foisonnement d'un imaginaire très créateur correspond à une projection intense de forces libidinales dont l'exigence personnalise tout rapport avec l'objet sans jamais nier la réalité de celui-ci : en font foi les réponses à l'enquête et aux choix qui apparaissent fabulantes mais sont toujours justifiées par la réalité. Il semble qu'il y ait un va-et-vient créateur du percept projeté l'un maintenant l'autre et celui-ci l'enrichissant. Le problème posé est celui de l'angoisse de castration (III et VI) en liaison avec des préoccupations phalliques et la persistance de fantasmes sadiques attribués à l'image paternelle. Quant à l'image maternelle, elle joue un rôle évident de réassurance mais ne transparaît qu'à travers des images symboliques (mer, terrier).

Il est manifeste que l'adaptation de Jérôme se fait par le biais d'une expression libre des besoins, le développement d'une grande curiosité intellectuelle qui, tout en lui permettant de s'affirmer, contrebalancent la difficulté d'identification virile liée à l'image paternelle aussi fantasmatiquement puissante.

PROTOCOLE DE RORSCHACH DE JÉRÔME T., 6, 6 ans (1973)

	Cotations			
I				
– Ça me fait penser à des hommes qui veulent craquer un taureau *(un animal qui ressemble à un zébu ça a des cornes comme un zébu mais c'est pas pareil. C'est le mari de la vache)* Ça me fait penser aussi qu'il voulait attraper un truc comment ça s'appelle, un taureau, et qu'ils ont fallu le couper en deux parce que il tirait trop fort. Il y en a un qui tirait très fort d'un côté et l'autre très fort de son côté, alors ça commence à se craquer – ? – *ils veulent le craquer pour le manger* (sourit) – ? – *J'en ai jamais vu j'ai vu un taureau qui courait à la télé et certains qui les emmenaient à la boucherie pour les tuer.*	G	K	H/Sc	
– Ou alors ça me fait penser à la terre de l'Amérique du Sud *(La tête de taureau me fait penser à l'Amérique parce que j'ai déjà vu l'Amérique en photo. Il y a la terre et l'espace. L'Amérique du Sud en haut et du Nord en bas)*	D	F–	Géo	
– Ça me fait penser aussi à la France C'est tout ! *(Parce qu'il y a des petits points Là, c'est la forme de Chatelaillon* *(Ça me fait penser aussi au squelette du dos de l'éléphant* (G) *– ? – parce que l'autre fois je suis allé au musée du squelette des éléphants et on a vu de dos le squelette*	G	F–	Géo	
II				
– Ça, ça me fait penser au cœur qui saigne (D r. inf.)	D	CF	At	
– Ou alors c'est un trou de volcan qui explose on voit du devant un trou du volcan qui commence à exploser C'est tout –	Dbl	kob	Nat	
III				
– Rien. Si c'est deux hommes qui transportent quelque chose, ils transportent un animal en squelette qu'ils vont retirer, je ne sais pas ou qu'ils vont mettre dans un trou je ne sais plus.	G D	K F–	H/Sc At/A	Ban
– Là le truc rouge, ça me fait penser à un papillon. Un papillon à qui il manque deux bouts, la queue et la tête. Je ne sais plus à quoi ça me fait penser –	D	F+	A	Ban
IV				
– Le cerveau *(Parce que c'est la forme d'un cerveau, j'en ai vu à la télé – ? – D'homme)*	G	F–	At	

	Cotations			
– Ou à un géant qui a la tête écrasée et des bras tout petits (– « Que fait-il ? » – *Il veut attraper un animal féroce alors comme il n'y arrive pas alors il marche de plus en plus vite. C'est un géant qu'il manque la tête.* « Peur ? » *Oui* /Dit cela en souriant/ – « Et à toi ? *Je ne sais pas parce que je ne l'ai jamais vu allongé, je l'ai vu en squelette* »)	G	K	(H)	
– Un animal féroce à qui il manque la tête (*Il baisse la tête*)	G	F Clob	A̸	
– Je ne sais plus. Un dragon (D inf : la tête)	G	F+	(A)	
– A un... à un... comment ça s'appelle rhinocéros parce qu'il a des cornes et qu'il baisse la tête (D inf : tête)	G	F–	A	
V				
– Un papillon *(Il vole, il va aller chercher son manger)*	G	kan	A	Ban
– Deux bêtes qui essaient d'attraper l'antilope (Antilope : D méd.)	G	kan	A/Sc	
VI				
– Ça fait penser à une arête de poisson Un poisson qu'est pas fini encore de mangé. Là ça a été fini et on voit l'arête	G	F–	Alim.	
– Ou alors ça fait un chat qui s'est fait couper jusque son front et il est mort et on lui a enlevé la peau pour la vendre (R. Add. Cervelle derrière le front)	G	F+	A̸	(Ban)
VII				
– Ça, ça me fait penser à la mer (Dbl) elle est au milieu et là il y a des grands rochers et c'est là où il y en a qui plongent et je ne sais plus (*On ne voit pas de plongeur*)	Dbl G	F±	Nat	
VIII				
Je ne sais pas ça > si je regarde comme ça,			→ Refus	
– là, il y a un animal qui	G	kan	A/Sc	Ban
– marche dans l'herbe et à la fois dans l'eau. Ou même deux animaux qui vont dans l'eau. Les deux animaux c'est le rose et l'eau c'est le bleu – genre d'animaux ? – *des rats* (herbe : D rose, or. et gr.)	D	CF	Nat	
IX				
Ça je ne sais pas à quoi ça me fait penser, quand je retourne de l'autre côté – V – ça me fait penser à une				
– bouteille qui jette de l'eau. Quand le bonhomme a appuyé fort sur la bouteille il y a le bouchon qui a sauté et l'eau qui est sortie. (Dbl : bouteille)	DblG	kob	Obj	

X

Ça me fait penser quand je dessine des trucs comme ça				
– Les deux machins gris ça me fait penser à des fourmis (D gris sup.) et je crois que c'est tout	D	F+	A	Ban
– Tout ce qui est blanc c'est leur terrier. C'est tout. – le reste ? – *c'est la terre*	DblG	F±	Nat	
– « Couleurs ? » *Quand je dessine des choses en couleur ça me fait penser à des couleuvres parce que ça s'écrit pareil, sauf qu'il y a un « v ».* (E.L. Bleu lat. ? *Ça ça ressemble à un soleil, mais c'est pas jaune*)		Assoc. par assonance		

CHOIX + : X « parce qu'elle a plus de couleurs que les autres »
IV « parce qu'elle a des grosses couleurs »
VIII « parce qu'elle a des très belles couleurs »
II « parce qu'il y a du rouge et du noir et le rouge et le noir ça va avec »
III « parce qu'il y a quelque chose qui ressemble à une table quand on regarde comme ça (à l'envers) avec des rallonges (D inf. « jambes » habituelles) et les pieds (D n. sup « têtes » habituelles). Non ça fait penser à un géant qui a la tête là et qui lève les bras » – ? – *il est gros et il s'est dessiné sur son ventre un papillon, non une pelote de laine – ? – Il avait sommeil il s'est levé du lit et comme il a trop chaud alors il se détend.*

CHOIX – : I, V, VI, VII, IV
I : « Celle que j'aime le moins de toutes. Ils ont pas de couleurs, en noir ça ressemble à quelque chose qu'ils veulent fermer à clef parce qu'il y a deux bosses qui sont de la même hauteur et quand ils ferment on ne voit qu'une bosse. Ils veulent fermer le taureau pour dire à leur chef qu'ils ont coupé en deux, comme ça le chef les gronderait pas. Sans ça s'ils l'ont pas coupé le chef les gronderait et les enverrait balader. »

PSYCHOGRAMME RÉSUMÉ

R : 28	G % : 70	F % : 52	F % élargi : 91
	D % : 26	F+ % : 52	F+ % élargi : 61
	Dbl % : 4	A % : 42	
T. App G D Dbl		H % : 13	
T.R.I. : 3 k/2 Σ C	Z : 41	Ban : 5	
F.C. : 5 k/0			
R.C. % 22			

Béatrice M., 7,4 ans

Béatrice, élève de cours préparatoire, se comporte d'une manière extrêmement restrictive face à la situation sans pourtant qu'il y ait de refus ni de blocage massif. On observe à travers la répartition des réponses et une verbalisation limitée à son objet, une certaine réserve qui pourrait bien être un manque de liberté et d'affirmation ou un repli sur des positions minimales (pas de retournements spontanés, réponses très limitées aux questions posées). Il y a pourtant une participation personnelle (Dbl, Do, contenus) mais toujours dans un cadre conformiste où le type d'appréhension du stimulus est celui de l'adulte. Les aspects formels sont les seuls utilisés avec une rigueur trop grande sans jamais laisser place à la recherche d'une valorisation créative. Ici, comme dans d'autres cas, même si les définitions des images ne sont que formelles, elles ont une portée « dynamique » timide : « collier, robe, serpents » comme si l'abord plus direct, plus animé, plus franc était interdit.

A travers ce qui est donné, il semble que l'identification féminine existe dans un désir très fort dépassant l'interdit, que le désir de valorisation narcissique est présent mais que la crainte d'affirmer ouvertement ses positions lui font préférer une position régressive plus sécurisante (robe, fumée, petits poussins à la place des hommes, choix de la planche III pour « elle »). Elle semble utiliser le refoulement et l'évitement pour ne pas être confrontée à ce qui l'angoisse (II et IV), c'est-à-dire l'identification sexuée et la relation à l'homme (IV et VI).

L'adaptation semble se faire, dans les limites du test tout au moins, sur un mode conformiste, le plus neutre possible au détriment d'une réalisation plus entière de ses capacités. Elle paraît une petite fille adaptée, avec une structure de style hystéro-phobique *a minima*.

PROTOCOLE DE RORSCHACH DE BÉTRICE M., 7,4 ans (1972)

	Cotations			
I				
– Un papillon (– fait quelque chose ? – *il vole*)	G	F+	A	Ban
II				
– Un oiseau (Dbl) (– fait quelque chose ? – *il vole*) (indication possibilité de retournement. Encouragements)	Dbl	F+	A	
III				
– Un squelette de tête (D noir médian inf.) – ? – *d'homme*	D	F+	At Hd	
– Des lunettes (D rouge médian) – ? – *parce qu'il y a des yeux (D rouge médian)*	D	F–	Obj	
– Deux petits chevals (D rouge lat.)	D	F–	A	
– font quelque chose ? – *regardent leur queue*				
– Deux petits poussins (D noir sauf « jambe »)	D	F+	A	
– qu'est-ce qui t'a fait penser aux poussins ? – *parce qu'il y a la tête.*				
(E. L. : ne voit pas les personnages.)				

IV				
– Deux petits serpents (D lat. saillie sup.) (– ? – *ils marchent)*	D	F+	A	
– Deux pieds (bas des bottes) – de qui ? – *d'un monsieur*	Do	F+	Hd	
V				
– Un papillon	G	F+	A	Ban
VI				
– Une tête de renard (D sup) elle a des moustaches et un nez, des oreilles. (– ? – *il marche*)	G	F–	Ad	
VII				
– Un collier	G	F+	Obj.	
VIII				
– Deux bêtes, des cochons parce que c'est rose. (– ? – *ils marchent*)	D	FC	A	Ban
IX				
– Une robe (D lacunaire)	D	F+	Obj.	
– De la fumée (D rose) (ne peut expliquer pourquoi)	D	F±	Nat.	
X				
– Deux crabes (D gris sup.)	D	F+	A	Ban
– et deux crevettes (D jaune méd.)	D	F–	A	
– Une tête de lapin	D	F+	Ad	Ban

CHOIX + : VI « le renard parce qu'elle est plus facile »
CHOIX – : VIII « parce qu'elle est plus dure »
PAPA « Le papillon (V) parce qu'elle est belle »
MAMAN « Le collier parce que c'est pour les filles » (VII)
TOI III « parce qu'elle est belle »
PEUR « Le renard (VI) parce que c'est méchant »

PSYCHOGRAMME RÉSUMÉ

R : 17	G % : 24	F % : 94	F % élargi : 100
T. App = G D Dbl Do	D % : 65	F+ % : 72	F+ % élargi : 73,5
T.R.I. = 0/0,5 Σ C	Dbl % : 6	A % : 65	
F. compl. 0/0	Do % : 6	H % : 6	
R.C. : 35	Z : 10	Ban : 5	

Jérémie J., 7,10 ans

Enfant atteint de cardiopathie congénitale, examiné dans un service de chirurgie dans le cadre d'une recherche sur les implications psychologiques des interventions sur les cardiopathies. Jérémie garde une approche assez distante avec conscience d'interpréter sauf quand il s'agit de projections d'images du corps données directement à partir de VIII. La productivité, centrée sur des localisations limitées, est gonflée par la présence d'éléments descriptifs bien infantiles (trait, point, etc.) ; on retrouve la même limitation au niveau des contenus.

L'approche perceptive est donc essentiellement un découpage du stimulus (petits détails et réponses unilatérales) qui paraît exclure une recherche d'élaboration plus poussée ou une manipulation imaginative, peut-être par essai de se maintenir à un niveau de réalité certain. Le contrôle est d'autant moins opérant qu'il s'agit d'images anatomiques directement liées à sa souffrance physique. Les réponses sont définies par la configuration mais aussi par l'écho émotionnel C ou C' et leurs contenus sont surtout des réponses anatomiques ou des représentations humaines avec peu de références dites banales.

L'abord du protocole paraît s'effectuer à trois niveaux selon les planches : un premier niveau de recherche de sa position à travers des représentations humaines où transparaît déjà une sensibilité au manque (homme sans tête, arbre coupé) à la mutilation, mais bien justifiée par le percept, un autre niveau de recherche de sécurisation plus régressive (arbre, maison, sapin) et un niveau de projection directe de la « souffrance corporelle » en rapport avec son handicap. Les réponses aussi directement dramatiques (mon cœur, les veines...) sont accompagnées de recours à des images plus neutres et même banales. Les images parentales, sans être bien différenciées, sont présentes et sécurisantes en général, soit de manière directe (Père Noël), soit sous une forme symbolique (arbre, église, maison). La représentation de soi est recherchée à travers les réponses humaines, les images du corps et les positions de dépendance face aux adultes.

Compte tenu de la gravité de l'atteinte somatique réelle, la possibilité que conserve cet enfant d'exprimer une angoisse justifiée et de s'en dégager, montre un niveau de maturité du Moi déjà structuré malgré le recours à la régression et à la dépendance. Si la défense reste ténue, le désir de réalisation et d'affirmation de soi est présent. Contrairement à beaucoup d'enfants gravement atteints, Jérémie ne semble pas risquer de se réfugier dans une forme de débilisation avec appauvrissement affectif.

PROTOCOLE DE RORSCHACH DE JÉRÉMIE J., 7, 10 ans (1960)

	Cotations			
I				
– ressemble à la robe d'une dame (D médian) le bras, le corps, le pied la tête aussi (D lat)	D	F+	Obj/H	
– Non, il manque la tête, les doigts, la fille il manque la tête les pieds.	Do	F+	Hd	
– Des petites taches	Dd	F±	Fgt	
– Au milieu un grand trait et un petit point blanc	Dd	F±	Fgt	
– Je vois aussi un petit peu de blanc ici	Dd/bl	C'	Fgt	
II				
– Ça ça ressemble à un père Noël	D	K	(H)	
– A l'église tout au fond	D	F+	Arch	
III				
– Ça ressemble à un petit bonhomme qui ont quelque chose et qui vont chercher de l'eau, le corps n'est pas tout à fait fini.	G	K crit. obj.	H	Ban
IV				
– Ça, ça ressemble à l'arbre et un enfant là parce qu'on voit	G	F+	Pl	
– les pieds	D	F–	Hd	
V				
– Ça, ça ressemble à l'abeille, ou à un lièvre	G	F–	A	
– des pieds de lièvre	D	F–	Ad	
VI				
– Ça ça ressemble à un sapin	D	F–	Pl	
– A des os ça ressemble	D	F–	At	
– Un grand trait et un petit	Dd	F±	Fgt	
VII				
– Ça ça ressemble à une maison. Un homme devant, ça ressemble à Donald (Dd médian)	Dd	kp	ScH	
– A un nuage	D	C'F	Nat	
VIII				
– A un cœur... d'enfant (D gris et Dbl)	D	F–	At	
– Ça ça, un estomac là (D r. or.)	D	CF–	At	
– Des petites souris	D	F+	A	Ban
IX				
– C'est presque pareil qu'un cœur	D	F–	At	
– Un foie – réponse position	D	F–	At	
– Un cou... cœur, 2 cœurs, veines – réponse position	Dd	CF–	At	

X				*Cotations*		
– Le dernier à un arbre coupé		D	F+	Pl	
– à un crabe		D	F+	A	Ban
– libellule (D vert)		D	FC	A	
– Os		D	F–	At	
– Ça c'est le cœur droit et le cœur gauche	– position –	D	F–	At	

CHOIX + II, VIII, VII
CHOIX – III, I

PSYCHOGRAMME RÉSUMÉ

R : 28	G % : 11	F % : 71	F % élargi : 86
	D % : 64	F+ % : 42	F+ % élargi : 48
	Dd % : 21	A % : 18	
	Do % : 4	H % : 18	
	Z : 9	At % : 28	
		Ban : 3	

T. App. G D Dd Do
T.R.I. 2K/5 Σ C
F. compl. Ik/0
R.C. % : 39

Madeleine B., 8 ans

L'enfant est hospitalisée en milieu spécialisé pour troubles du comportement : elle a été l'objet d'un rejet maternel et soumise à l'influence d'une grand-mère particulièrement possessive et pathogène.

La productivité assez importante paraît relever d'une expression libre sans fabulation, très souple, un peu comme si elle pensait tout haut et d'autant plus spontanée que la relation avec la psychologue était établie depuis longtemps.

L'approche perceptive n'utilise que des découpes faciles à dissocier, mais qu'elle met souvent en rapport les unes avec les autres en un rapprochement qui tient encore de la juxtaposition, sans toutefois chercher à parvenir au G qui n'est donné qu'à des fins défensives (VI). Les réponses sont peut-être trop souvent formelles et il y a un mouvement de retenue dans leur animation : à noter que les réactions plus personnelles et affectives sont toujours subordonnées au formel (le F % élargi est très élevé), ce qui indiquerait un souci de socialisation qui pourrait peut-être avoir valeur de formation réactionnelle.

A travers les différentes manières de réagir aux situations appelant ou obligeant à une prise de position quant à son identification et position face à l'image masculine (I, II, IV, VI, X), on perçoit une gêne face à la sexualité qu'elle cherche à masquer sous une forme humoristique et par le moyen de mécanisme d'évitement (IV, VI) et de déplacement (III, X « fille qui allonge la jambe », « fille qui tient les chevaux »). Ceci laisserait à penser qu'il y a chez elle une revendication phallique qu'elle ne peut exprimer directement. Il est possible que cette problématique soit en partie responsable d'une forme d'évitement des mises en relation, ce qui rend difficile les K données en G et gêne la manifestation des élaborations secondaires.

Il n'en reste pas moins qu'à travers ce protocole l'identification féminine est réalisée, même si elle est source de craintes et que l'adaptation générale se fait en souplesse avec ébauche d'une mise en place défensive de la période de latence.

PROTOCOLE DE RORSCHACH DE MADELEINE B., 8 ans (1969)

	Cotations			
I				
— (nombreux retournements) des fantômes (D méd.) — ? — *à une aventure de Popeye parce qu'on dirait des fantômes des femmes parce que ça fait comme une jupe, des fantômes qui s'amusent.* — peur ? — *non, ça n'existe pas.*	D → K	F+	(H)	
— Des ours (D lat.)	D	F+	A	
— Qu'est-ce que c'est les petites taches ? des cailloux (Dd dans le blanc) (— en G ? — *les côtes et les poumons*) Vous devez gagner beaucoup d'argent !	Ddbl	F±	Fgt	
II				
— Il y a du rouge	D	C	NC	
— Ça m'a l'air aussi des fantômes (D r sup. et gris) V Λ deux choses qui se ressemblent. Je ne sais pas à quoi elles ressemblent V Λ <	D	F+ Rem. Sym.	(H)	
— comme ça j'ai l'impression que c'est des nuages parce que c'est formé comme ça (D noir)	D	F±	Nat.	
Λ j'arrive pas à voir ce que ça peut être ça (D r. sup.)		choc au rouge		
III				
— Ça me fait penser à deux choses ce rouge : à un papillon	D	FC	A	Ban
— et à un ruban	D	FC	Obj.	
— Là on dirait deux hommes qui mettent leurs pieds dans... l'eau Ici deux petits trucs (D r. lat.) que j'ai pas dit, j'allais	G	K	H	Ban

		Cotations		
– dire quelque chose qui ressemble pas tellement : une girafe, en fait le cou de la girafe. C'est tout.	Dd	F–	Ad	
– < Une fille qui allonge sa jambe (D r. lat.)	D	K	H	
– Ça un os (D r. méd.)	D	F–	At	
IV				
– Ça me fait penser à un chien avec des oreilles, les pattes de devant et les pattes de derrière serrées. C'est tout. V < non je ne vois pas.	G	F–	A	
V				
– Ah ça ! Un papillon avec antennes et ailes	G	F+	A	Ban
– Aussi à une chauve-souris, à comme des pattes et des ailes	G	F+	A	
VI				
(nombreux retournements)...		Choc		
– V de l'herbe, un poteau et deux ours qui s'amusent. C'est tout	(D) G	kan	A	Scène
VII				
– Ça m'a l'air de deux petits lapins et entre eux	D	F+	A	
– un papillon. C'est tout	D	F+	A	
VIII				
– Merci, c'est joli. Je vois toujours un papillon. à cause de ses ailes et de son corps.	D	F+	A	
– J'ai pensé à deux rats.	D	F+	A Ban	
– V Le papillon tient deux éléphants (D gris et vert) Je les ai reconnus à cause de leur trompe et à la télé Babar a un costume vert. C'est tout.	D	FC–	A	
IX				
– ... Un oiseau que je connais pas son nom sur une branche. Des oiseaux un peu colorés.	D	FC	A	
– Toujours un papillon (D vert)	D	F+	A	
– Comme ça V à un parapluie (D rose)	D	F–	Obj.	
– < comme ça à un ours (D rose) avec de gros pieds. Surtout la tête et la moitié du corps. C'est tout.	D	F–	A	
X				
– De plus en plus joli V Là un crabe, des crabes	D	F+	A Ban	
– Des chevaux de mer (D vert)	D	F+	A	
– Une petite fille qui tient les chevaux (D vert)	D	K	H	
– Des hirondelles (D bleu médian)	D	F–	A	
– Là aussi des crabes	D	F+	A	
Des canards (D jaune)	D	FC	A	

CHOIX + : VIII, IX, X, III « beaux dessins »
CHOIX – : II « fantômes, j'y crois pas pourtant ».
VI (montre le D sup.)
IV « les chiens sont méchants ».

PEUR : II « si je croyais aux fantômes ».

PSYCHOGRAMME RÉSUMÉ

R : 31	G % : 16	F % : 68	F % élargi : 97
	D % : 77	F+ % : 67	F+ % élargi : 67
	Dd % : 3	A % : 65	
	Ddbl % : 3	H % : 16	
	Z : 24	Ban : 5	

T. App. G D Dd
T.R.I. 3K/4 Σ C
F. Compl. Ik/0
R.C. % : 42

C. Les « Normatifs » de 8 à 10 ans

α) LA SYNTHÈSE DU GROUPE

Dans ce groupe, l'adaptation à la situation est constante, sans refus ni réticence, la participation est aisée mais elle n'est plus ponctuée d'exclamations et d'interpellations diverses et relève peut-être un peu plus de la prise de conscience d'une tâche à accomplir. L'attitude devient sérieuse et retenue mais elle n'annule pas pour autant le vécu personnel. Le langage est partout adéquat avec utilisation correcte de la syntaxe, la fabulation est rare, parfois possible, et la conscience d'interpréter est toujours présente.

La productivité assez fournie – 26 réponses en moyenne – est constituée de modes perceptifs dont la répartition, très différente du groupe précédent, rejoint celle de l'adulte. Les protocoles à dominante de globalisation y sont rares, les découpages plus fréquents et plus investis, ce mode d'appréhension se moulant davantage dans la structure même du stimulus. Les modes mineurs, surtout Dd et Do, peuvent intervenir et soulignent des moments de restriction ou de limitation de la mainmise perceptive. On n'observe plus de mécanismes dits prélogiques dans la structuration des réponses qui ne sont plus confabulées ni syncrétiques.

La configuration est dominante dans la désignation des images et son importance est accrue si on tient compte des déterminants doubles à F prévalents ou des kinesthésies; la rigueur du jugement est ici spectaculaire, surtout par rapport à l'âge précédent – F+ % à 73 % contre 53 % – et elle n'est pas mise en cause par les facteurs de dynamisation K, kan ni par les intégrations couleur – en fait foi le F+ % élargi : enfin la projection de l'image humaine et son animation, les mises en scène animales sont fréquentes. Tout en étant le lieu d'une vie émotionnelle certaine, elles sont aussi la marque d'une capacité d'intérioriser le jeu, d'une adaptation en souplesse des besoins face à un environnement donné. Les réactions couleur sont assez neutres, moins personnelles que les réactions kinesthésiques et elles sont, de plus, très fréquemment contrôlées par la forme. Elles n'expriment que rarement le pulsionnel et à travers l'apparition des C' une sensibilité contenue, à la limite de la vigilance. Les contenus référentiels sont essentiellement des images animales d'un bestiaire assez large et des réponses humaines. Il n'y a pas d'intellectualisation poussée ni de construction imaginaire.

Malgré la présence de tous ces facteurs de secondarisation, toute problématique n'est pas absente de ces protocoles bien qu'elle soit toujours donnée *a minima.* Il faut la chercher à travers les images de représentations, la symbolisation et même le maniement des planches qui sont pour certains autant de procédés défensifs leur permettant bien souvent d'éviter ou de camoufler le problème sous-jacent. Pour ces enfants, le terme de conflit, dans son emploi habituel en clinique, nous paraît excessif. La thématique évoquée est à situer à un niveau nettement phallique œdipien avec la présence d'un symbolisme sexuel franc. Pour les garçons, il s'agit bien souvent de maîtriser l'angoisse de castration dans les limites de sa réactivation par le Rorschach — surtout aux planches II, IV et VI — et de chercher un mode de confrontation à une image paternelle très valorisée. Ici la rivalité n'est jamais abordée de front. Pour les filles, il existe très clairement une recherche de valorisation narcissique qui peut même être une position de recours pour fuir une image virile encore inquiétante.

Il semblerait donc que le Rorschach ait le privilège d'actualiser pour ces enfants les difficultés que comporte leur identification sexuée, ceci bien sûr à un niveau de représentation symbolique.

Il va de soi que les images parentales sont nettement différenciées et bien campées, l'image paternelle étant en général bien plus explicite pour tous à cet âge-là. L'image maternelle est toujours présente et jamais investie de projections archaïques. Chez certains enfants, les images peuvent passer uniquement par le symbole, l'image de soi étant nettement reconnue comme sexuée, mais peut-être pas toujours acceptée comme telle. En fait il semble plus important de porter une attention particulière à l'expression de cette image à travers les processus de maturation du Moi, particulièrement repérables dans ce groupe incluant la maîtrise en souplesse des besoins émotionnels, l'adéquation à la réalité objective ainsi que la capacité à différer l'action.

Le mode de fonctionnement de ce groupe est sans nul doute caractérisé par une homogénéité certaine. De plus, il témoigne d'une évolution importante par rapport à l'âge précédent et montre les aptitudes, les positions propres à la période de latence avec cette prédominance des processus de secondarisation et de conformisme social sur la vie fantasmatique.

ß) LES EXEMPLES

Didier V., 8,2 ans

L'enfant consulte pour apparition récente de tics.

Il répond à la situation de test de façon active et spontanée par des réponses imagées données avec naïveté et conviction, bien qu'il soit conscient d'interpréter. Le langage est correct et permet une expression en souplesse des projections mais sans fabulation particulière.

La saisie perceptive est fonction de la structure du stimulus et de l'effort de différenciation, le niveau de structuration des engrammes est très correct, surtout lorsqu'il s'agit des découpes : certaines impressions globales reflètent la sensibilité à la couleur et manquent alors d'élaboration. L'éventail des déterminants utilisé est très large, fonction de l'objectivité et de la richesse imaginative et non du débordement de l'imaginaire. Le souci d'adéquation et l'exigence sociale permettent le contrôle. Les contenus sont variés et prennent aisément une signification personnelle.

Le protocole montre une énergie libidinale assez importante s'inscrivant dans les cadres proposés et centrée sur les différentes représentations de la puissance (hommes et nature). Didier désire s'identifier à une image paternelle très valorisée (IV) dont il ressent la force et avec laquelle il n'ose pas se placer en situation de rivalité (réponses unilatérales) ce qui l'amène à adopter une attitude régressive passive (I). L'image maternelle, bien campée, n'est pas spécialement explicite.

Le mode d'adaptation est encore celui, souple et franc, des jeunes enfants mais, tout en exprimant *a minima* l'exigence pulsionnelle, il tient compte des données perceptivo-cognitives et s'y intègre activement. Les processus de secondarisation sont déjà mis en place, mais le conflit très chaud en est peut-être responsable, ce qui, dans ce cas, entraînerait dans l'avenir une structuration sur un mode obsessionnel.

PROTOCOLE DE RORSCHACH DE DIDIER V., 8,2 ans (1960)

	Cotations			
I				
– Un papillon, je vois, c'est long, les ailes, la forme deux petites antennes	G	F+	A	Ban
– Une libellule	G	F–	A	
– Ou un homme, Papa, Maman qui promènent leur petit enfant par la main, il court.	G	K	H/Sc	

		Cotations		
II				
– Ça, ça pourrait bien être le ciel avec quelques petits nuages foncés	G	C'	Nat	
– Deux bêtes avec leur nez côte à côte, non... V Je ne vois pas à quoi ça ressemble quand je regarde comme ça	D	F+	Ad	Ban
III				
– Là, on dirait un homme ou une femme qui porte un sac	DD	K	H	Ban
– Au milieu on dirait un petit papillon avec ses ailes rouges	D	FC	A	Ban
– < Là on dirait une main (Dd ext. in D « jambe »)	Dd	F+	Hd	
– V Une bête comme ça, grosse bête, pas gentille	Dd	F± → Clob	A	
IV				
– Ça, ça doit être un gros monsieur avec bras et jambes (– ? – *musclé*)	G	KClob	H	
– Un gros nuage (*commencement d'orage*)	G	C'F	Nat	
V				
– Un petit papillon, deux petites pattes, ses antennes	G	F+	A	Ban
– < Ça ressemble à une bête, gueule, bouche (D + Dd lat)	Dd	F±	A	
VI				
– Ça peut ressembler à un chat	G	F–	A	
– A un volcan, puis à... (– ? – *il lance sa lave*)	D	F+ →kob	Nat	
VII				
– Petits nuages	D	C'F	Nat	
– Des petits lapins qui dansent	D	kan	A	
– Une dame qui se regarde dans la glace	D	K	H	
VIII				
– Aussi à un volcan (les couleurs)	G	CF	Expl.	
– Deux bêtes, là avec une queue, deux pattes, là aussi	D	F+	A	Ban
– Montagne (D r.-or.) rochers, dessins, des trous, là le haut (*Deux bisons* [D lat.])	D	F±	Nat	
IX				
– Une fusée (Dbl + D méd.)	D	F+	Obj	
– A un gros bloc de rocher qui tombe (D rose)	D	kob	Nat	
– A un taureau là (D vert)	D	F–	A	
– Ça, à un oiseau avec son bec (D or.)	D	F+	A	
X				
– Alors ça ça peut ressembler à un tuyau	Dd	F+	Obj	
– A un crabe	D	F+	A	Ban
– Une pince	D	F+	Obj	
– Le bleu, V à un bonhomme qui se donne la main	D	K	H	
– < Une chauve-souris (D « cerises »)	D	F–	A	
Λ Plus rien, non				

CHOIX + : VII « dame et lapins »
III, « dame, un homme et une dame, la bête »
CHOIX – : IV « bonhomme »
VI
PEUR : Ours, crabes, monsieurs, biceps, bisons.

PSYCHOGRAMME RÉSUMÉ

R : 30	G % : 30	F % : 57	F % élargi : 83
	D % : 57	F+ % : 70	F+ % élargi : 87
	Dd % : 13	A % : 47	
T. App. : G D Dd		H % : 17	
T.R.I. : 5 K/5 Σ C	Z : 30	Ban : 6	
F.C. : 2 k/0			
R.C. % : 40			

Gilbert G., 8,5 ans

Enfant atteint d'une cardiopathie congénitale, examiné lors d'examens systématiques en vue d'une recherche. Il se montre très réfléchi et sérieux dans l'abord de la situation ce qui aboutit à des mises en rapport et des combinaisons objectives de bonne qualité, amenées d'une manière concise, directe, sans fioritures. Le nombre de réponses est restreint, réparti en fonction du stimulus, tant qu'il s'agit de localisations : les combinaisons sont basées sur l'action humaine et animale et les formes, la couleur étant utilisée pour les découpes isolées. Le souci d'adéquation est presque trop important pour cet âge (le F+ % et le F+ % élargi) et ne laisse pas suffisamment passer la spontanéité et le vécu personnel ; il s'agit pourtant d'une mainmise des processus de secondarisation et non point d'un recours appauvrissant à une socialisation dont les éléments sont d'ailleurs bien représentés.

Il ne s'agit pas ici d'une recherche de projection ni d'un besoin d'expression et si problématique il y a, elle est difficile à repérer du fait de la prise en charge par les processus de secondarisation. Le seul indice thématique est donné par la mise en rapport des réponses avec les choix et également par la teneur des réponses couleur ; il nous oriente vers une suspicion d'un problème relatif à l'agressivité. Cette agressivité paraît liée au rapport avec l'image paternelle dont la représentation est soit évitée soit transposée d'une manière symbolique, alors que l'image maternelle est directement amenée. La bonne différenciation perceptive et cognitive est un garant de l'existence d'une image de soi bien élaborée.

L'ensemble de la réaction est de l'ordre de l'hyperadaptation qui, dans ces circonstances particulières, est peut-être nécessaire en tant que mode de défense mais pourrait recouper une forme de négation de la réalité somatique.

PROTOCOLE DE RORSCHACH DE GILBERT G., 8,5 ans (1962)

	Cotations			
I				
– Deux éléphants qui attrapent un ours	G	kan	A/Sc	
II				
– Deux cochons	D	F+	A	Ban
– Comme deux aigles (D.r. sup. à partir du Dd « griffes »)	(Dd) D	F–	A	
III				
– Des femmes qui voient un papillon	G	K	H	Ban
	D	F+	A	Ban
IV				
– Une fontaine	G	F+	Arch	
V				
– Un papillon (*les antennes, les ailes*)	G	F+	A	Ban
VI				
– Un chat qu'on a coupé en deux, qu'on a écarté – ? – *moustaches, tête, pattes*	G	F+	Ad	
VII				
– Deux femmes qui se regardent – ? – *pas tout à fait entière, jusqu'aux jambes*	G	K	H̸	
VIII				
– < V Deux renards qui grimpent sur un rocher	D	kan	A	Ban
IX				
– Des flammes (D or. et bas du D rose)	D	CF	Élém	
X				
– Deux crabes	D	F+	A	Ban
– et des fourmis, c'est un peu grand (D gris lat)	D	FC	A	
– Deux lions (D jaune)	D	F+	A	
– Et de la fumée (D rose)	D	CF±	Élém.	

CHOIX + : II et VIII
CHOIX – : IV et I

PSYCHOGRAMME RÉSUMÉ

R : 15	G % : 40	F % : 53	F % élargi : 87
	D % : 60	F+ % : 88	F+ % élargi : 92
		A % : 67	
T. App. G D		H % : 13	
T.R.I. : 2 K/2,5 Σ C	Z : 21,5	Ban : 6	
F.C. 2 k/0			
R.C. % : 40			

Bill T., 8,11 ans

Vu pour mauvaise latéralisation, troubles mineurs d'adaptation scolaire et difficultés caractérielles, le garçon réagit vivement, un peu à l'emporte-pièce dans un langage correct mais peu élaboré. Si la productivité est suffisante, elle est irrégulière et subordonnée aux réactions de malaise suscitées par la situation qui provoquent aussi les différentes interpellations tranchées du début du test.

La saisie perceptive centrée sur le découpage est immédiate, formellement bien contrôlée mais ne paraissant pas refléter un investissement intellectuel particulier. Les éléments à valeur émotionnelle passent davantage dans les attitudes et les contenus que dans une intégration réelle du stimulus. Les contenus animaux évoquent un bestiaire choisi et déjà personnel. On ne note aucune référence directe à l'image humaine, si ce n'est à l'enquête.

La thématique qui concerne essentiellement la puissance et la castration se décrypte à travers la fréquence des références aux animaux forts, carnassiers, le maniement de la planche II (fascination par le rouge, maîtrisée en un second temps, angoisse sucitée, par le vide qui entraîne une dénégation) et de la planche III. A IV le mécanisme projectif et défensif indique la crainte d'une image puissante virile et renvoie à une position passive de refuge auprès de l'image maternelle.

On peut faire l'hypothèse que l'absence d'image humaine tient, malgré la sthénie apparente, aux difficultés de s'affirmer dans une identification sexuée, ce qu'il ne peut faire que par le biais d'images animales qui permettent une certaine distance par le déplacement.

L'adaptation est inégale et capricieuse en raison de l'attitude défensive un peu caractérielle destinée à maîtriser une résonance encore très grande de la problématique œdipienne.

PROTOCOLE DE RORSCHACH DE BILL T., 8,11 ans (1962)

		Cotations		
I				
– Une chauve-souris	G	F+	A	Ban
– ou un hanneton, ah ! oui	D	F+	A	
(R. Add. : un homme à gauche, une femme à droite)				
II				
Qu'est-ce que ça peut être ça, je sais pas		Remarque		
– Un animal	D	F±	A	
– C'est quoi les taches rouges ?	D	CF	Fgt	
– Un papillon ici, rouge	D	FC	A	
– Ici les phoques si on veut (D. r. sup)	D	F+	A	
Le milieu, rien du tout		Négat. du noir et du Dbl		
III				
Ben quoi, qu'est-ce que ça représente ?		Remarque		
– Un nœud de papillon	D	F+	Obj	Ban
– Puis deux singes qui tirent sur une marmite	G	K	A	
Elle s'est cassée, c'est un dessin ça.				
IV				
– Un ours, oui, mais sans cette espèce de machin	G	F+	A	
	D	F–	Fgt	
– Un petit ours qui est devant, ça c'est la mère	G	K–	A/Sc	
V				
– Un lapin	D	F+	A	
– Deux lions morts (chaque côté), ça c'est le lapin	D	F–	A	
Je sais pas ce que c'est				
VI				
– La peau d'un chacal ou d'un renard – ? – *la tête*	G	F+	Ad	Ban
VII				
– Un petit chien (D de droite)	D	F+	A	
– Puis une fille, la tête d'une fille (D de gauche)	D	F+	Hd	
< Non ce n'est pas ça, un chien les oreilles puis un autre chien				
VIII				
– Un papillon (*les ailes surtout* [D r. or.])	D	F+	A	
– Ici deux jaguars, c'est pas la couleur	D	F+	A	Ban
– Le reste c'est un épouvantail (*chapeau, bâton*)	D	F+	Obj	
IX				
– Un hanneton (D vert et D or.)	D	F–	A	
– Ce machin rose, un ver (de terre)	D	F–	A	
Il y a des plis				

			Cotations		
X					
– Des crabes	D	F+	A	Ban
– Une musaraigne	D	F+	A	
– Des vers de terre qui amènent quelque chose (D vert)	D	kan	A	
– puis le bassin d'un homme (D bl. méd.)	D	F+	At	
– Le machin... rien du tout, une lettre un « H » (D rose et D bleu) Et voilà, on les a tous fait.	D	F–	Symb.	

CHOIX + : II et III « amusantes »
CHOIX – : IV « en voilà déjà une que je n'aime pas »
X « couleurs pas belles »

PSYCHOGRAMME RÉSUMÉ

R : 26	G % : 19 D % : 81	F % : 85 F+ % : 71 A % : 69	F % élargi : 96 F+ % élargi : 70
T. App. : G D T.R.I. : 2 K/1,5 Σ C F.C. : 0/0 R.C. % : 38	Z : 17,5	H % : 4 Ban : 5	

Sylvie D., 8,8 ans

Sylvie est amenée en consultation privée pour préoccupations sexuelles inquiétant l'entourage et en particulier un traumatisme sexuel supposé. La réactivité est inégale, hésitante, réfléchie, donnée dans un langage bien construit, montrant une nette conscience d'interpréter. La retenue que l'on peut percevoir n'empêche pas une projection assez personnelle dans un cadre perceptif bien différencié et de bon niveau qui passe par le biais de déterminants formels et kinesthésiques assez bien contrôlés et par l'évitement des couleurs. Les images utilisées appartiennent d'une façon dominante au règne animal après un départ en projections humaines qui sont induites par la problématique de fond.

D'emblée, la centration sur les relations sexuelles est abordée, mais elle déclenche aussitôt l'intervention d'un interdit surmoïque et le repli à une position narcissique avec prise de distance – I. On peut supposer que le reste du protocole, surtout aux planches II et III, découle de la même problématique avec la même tendance au déplacement-distanciation sur les images animales ou au refuge dans le narcissisme. On note une crainte face à l'image virile et une sensibilité à la symbolisation sexuelle de l'image féminine qui paraît l'angoisser.

Les images parentales sont très nettement reconnues et sexuées, le besoin de représentation de soi est très fort.

L'adaptation est fonction d'une bonne maîtrise de l'anxiété impliquant un dégagement réussi, ceci au cas où le traumatisme serait réel. Dans le cas contraire, un risque d'évolution névrotique est à craindre parce que la préoccupation est trop envahissante.

PROTOCOLE DE RORSCHACH DE SYLVIE D., 8,8 ans (1968)

		Cotations		
I				
– Des messieurs qui prennent une dame	G	K	H	
– Des policiers qui prennent un voleur	G	K	H	
– < Un cochon qui se reflète dans l'eau	D	F–	A	
		→ sym.		
II				
(Multiples retournements)		→ Choc		
– Deux ours – V – ils s'embrassent	D	kan	A	Ban
III				
V Λ...			→ Choc	
– Des jambes... de chèvres ou de bouc	D	F+	Ad	
– Un animal qui se regarde quelque part	D	F±	A	
(E. L. « D rouge ? » : *C'est un nœud*)				
IV				
(latence +++)		Choc		
– < Λ L'impression d'un monsieur assis sur une grande mèche	G	K	A	
– ou alors un éléphant	G	F–	A	
V				
(Retournements)		Choc		
– < On dirait une montagne	D	F±	Nat	
– Λ Dans ce sens, un oiseau qui vole	G	kan	A	Ban
VI				
– < C'est une espèce de château avec des arbres et une tour là	D	F+	Arch	
VII				
/Retournement et latence +/		choc		
V Quelque chose qui est partagé au milieu là, c'est la même image ?		Rem. symétrie		
– Λ des nuages, à de la fumée, au ciel	G	C'	Nat	
(*forme des nuages, de la fumée, quand ça s'en va*)		→ kob		

		Cotations		
VIII				
– < Un loup ou une panthère sur des roches ou quelque chose – ? – *Ça ressemble à un rocher*	D	F+	A	Ban
IX				
– < Un singe qui fait une espèce de grimace au bord de la rivière (D vert)	D	kan	A → sym.	
– On dirait des ours ou un cochon, plutôt un cochon (D rose)	D	FC	A	
X				
– > < Peut-être des souris qui sont accrochées à quelque chose (D gris)	D	F+	A	Ban
– Çà, à une chenille (D vert) parce que c''est coupé en deux	D	F–	A	
– Un... une chose de tilleul (D « cerises »)	D	F+	Pl	

CHOIX + : VIII et X « il y a plus de couleurs vives »
CHOIX – : VI et IV « c'est trop foncé, ressemble à presque rien »
PERSONNAGES de III : « *Peut-être des dames qui prennent... ? Pas vu à cause des boucs ou chèvres. Un ours sans compter la tête. Le rouge je ne sais pas ce que ça veut dire* »

PSYCHOGRAMME RÉSUMÉ

R : 18	G % : 33	F % : 56	F % élargi : 94
	D % : 67	F+ % : 60	F+ % élargi : 71
	Z : 20	A % : 61	
T. App. G D		H % : 17	
T.R.I. : 3 K/2 Σ C			
F.C. : 3 k/0		Ban : 4	
R.C. % : 33			

Isabelle P., 9 ans

L'enfant est amenée en consultation du fait de ses troubles spécifiques d'apprentissage du calcul et de conduites quelque peu immatures avec incapacité de supporter des situations de compétition.

Réactivité aisée, tantôt débouchant sur la possibilité de fabuler, tantôt nettement plus inhibée avec le souci de se conformer à l'engramme formel même si c'est pour le dynamiser par la suite. La verbalisation est correcte Isabelle utilisant des phrases complètes mais pouvant aussi se limiter aux substantifs. L'abord perceptif est conforme à la structuration du stimulus et ne se singularise que par les restrictions brusques intervenant aux plan ches massives (IV, VI et I). Une sélection attentive des images n'empêche pas une animation enfantine courante – K, k – l'expression d'une sensibilité bien maintenue. L'aisance à retrouver les engrammes banals n'a rien de spécialement défensif.

La place des indices de restriction suggère une gêne devant la reconnaissance de l'image virile (IV, VI) pourtant par ailleurs très valorisée. Sur le plan de l'identification, on remarque l'existence d'un thème narcissique mais l'absence de toute référence au symbolisme féminin, ce qui pourrait éventuellement poser le problème de l'acceptation de la féminité. C'est toutefois une hypothèse qu'on ne saurait avancer sans autres données.

Dans l'ensemble, l'adaptation correcte à la situation pourrait être considérée comme un peu trop défensive, mais peut-être s'agit-il là de la recherche d'un équilibre propre à la période de latence.

PROTOCOLE DE RORSCHACH D'ISABELLE P., 9 ans (1965)

	Cotations			
I				
– Une chauve-souris V elle a des ailes, des yeux noirs, ce sont ses pattes, on voit son corps, V une petite queue	G	F+	A	Ban
– > Λ < > On dirait que c'est la casquette d'un mo-sieur,	Dd	F+	obj	
– alors il a raconté plein de mensonges, son nez il est là	D	kp	Hd	
II				
V Λ		→ choc		
– Ce sont deux petits ours, ça c'est leurs pattes, ils tapent dans leurs mains, ça, voilà leurs oreilles, les pattes de derrière	D	K	A	Ban
III				
– Ce sont deux messieurs et puis ils ont deux paniers chacun, ils ont un panier, ça c'est leurs jambes un bras de profil	G	K	H	Ban
– Ça on dirait que c'est un papillon	D	FC	A	Ban
IV				
– V C'est une feuille	G	F±	Pl	
– Λ Là on dirait que ce sont des pieds et là des bras	Do	F+	Hd	
– et voilà la tête et ça le milieu du corps	Do	F+	Ad	
– – ? – *Oiseau*				
V				
– Ça un papillon V là on dirait un corps, des pattes	G	F+	A	Ban
– On dirait trois lapins qui se rentrent, ça on dirait un lapin, voilà les pattes	D	kan	A/Sc	

				Cotations
VI				
Alors ça V Λ Je ne sais pas ce que c'est,			→ choc	
– là on dirait deux ailes d'un oiseau (*C'est un oiseau*)	Do	F+	Ad	
– Là on dirait qu'on a tué un ours, on a gardé ses pattes, on a mis par terre comme un tapis	G	F+	Ad/obj.	Ban
VII				
– Là on dirait que c'est un indien qui se reflète dans une glace – ? – *il se regarde dans la glace*	D	K	H	
– < V On dirait que ça, c'est un papillon	D	F+	A	
VIII				
– < On dirait une panthère et ça, l'autre, qui sautent d'une roche dans une autre	D	kan	A	Ban
– Là on dirait une tête de loup (D gris)	D	F+	Ad	
IX				
– V Là on dirait que c'est un hippopotame, ça	D	F–	A	
– Ça le derrière d'un cochon, 4 pattes, ça je sais pas (R. Add : Des roches l'une sur l'autre)	D	F–	Ad	
X				
– Ça on dirait une araignée	D	F+	A	Ban
– Là, jaune, on dirait des poussins	D	FC	A	
– Le vert, deux chenilles,	D	FC	A	
– une tête de lapin (On dirait deux souris)	D	F+	Ad	Ban
– Un pont (D bl. méd.)	D	F+	Arch	
– Un morceau de bois gris, c'est tout	D	C'F±	Pl	

CHOIX + : X
CHOIX – : IV

PSYCHOGRAMME RÉSUMÉ

R : 25	G % : 20	F % : 60	F % élargi : 96
	D % : 60	F+ % : 83	F+ % élargi : 85
	Dd % : 4	A % : 68	
T. App. G D Dd Do	Do % : 12	H % : 16	
T.R.I. 3K/2,5 Σ C			
F.C. 3 k/0	Z : 29	Ban : 9	
R.C. % : 40			

2 Les jeunes enfants « tout venant psychiatrique »

LES EXEMPLES

Christophe M., 5,6 ans

Enfant hospitalisé par sa mère pour troubles du langage et « bizarreries » qu'elle rapproche du comportement du père, décédé depuis peu. Milieu démuni et marginal.

Timide et inhibé, mais cherchant instamment à se faire accepter, Christophe réagit directement au test comme si le matériel était une réalité agressive et anxiogène, ce dont fait foi la projection stéréotypée de l'image du « gros loup ». Il faut noter cependant que ces images angoissantes, données en facteurs formels et kinesthésiques, n'inhibent pas entièrement le processus associatif et qu'elles sont même parfois intégrées dans des réponses « banales ». Le mode perceptif global obéit à un mécanisme primitif dont le caractère syncrétique semble accentué par la portée émotionnelle menaçante du contour. Les découpages dont Christophe semble déjà capable sont plus dégagés de cette confusion et sont facilités par l'apparition des couleurs.

A partir des images, de leur persistance mais aussi de leur maniement, on peut penser que Christophe vit sous la menace d'un monde extérieur rendu dangereux par la projection sur ce monde de fantasmes agressifs, surtout de dévoration. La différenciation des images parentales n'est guère possible à déceler. En fait, la facture phobique archaïque du protocole ne permet pas de supposer qu'elles soient dissociées.

PROTOCOLE DE RORSCHACH DE CHRISTOPHE M., 5,6 ans (1974)

		Cotations			
I					
– Un gros loup		G	F–	A	
– Deux gros loups méchants		G	ClobF	A	
II					
– Un gros loup, là puis là	PSV	*D	FClob	A	Ban
– V Jaune, là (D r. inf.) – ? – *la tête du loup*		D	C	Nc	
III					
– Un singe, la tête là, deux singes, deux,		G	F+	A	(Ban)
– Jaune là (D r. méd.) y mange ça, gros loup (les deux D r. sup.)	PSV	DD	kan	A/Sc	
IV					
– Un gros loup et là	PSV	G	FClob	A	
– < V culotte		D	F–	Obj	
V					
– Un gros loup	PSV	G	F–	A	
VI					
– Un soleil		G	F–	Nat	
– Il a tiré le monsieur (montre la ligne médiane)		DG	K–	H/Sc	
VII					
– Un soleil	PSV	G	F–	Nat	
– Éléphant		D	F+	A	
– < Un soleil (D inf)		D	F–	Nat	
VIII					
– Un gros loup, deux gros loups (D rose)	PSV	D	F+	A	Ban
– Un sapin (D vert gris)		D	F+	Pl	
IX					
V... 1'4"			Choc		
– Une branche (Dd dans D or)		Dd	F+	Pl	
X					
– Un « yé », ça pique (veut dire « araignée ») ça aussi (D gris sup)		DdD	kan	A	Ban
– Un canard, deux canards (D j. ext.) /Veut aller voir sa mère/		D	F+	A	

* Persévération

PSYCHOGRAMME RÉSUMÉ

R : 19	G % : 42	F % : 63	F % élargi : 90
	D % : 53	F+ % : 50	F+ % élargi : 47
	Dd % : 5	A % : 53	
T. App. G D Dd		H % : 5	
TRI : 1 K/1,5 Σ C	Z : 11,5	Ban : 3	
F.C. : 2 k/0			
R.C. % : 26			

Franck C., 5,6 ans

Enfant hospitalisé pour demande de placement motivée par l'hyperkinésie apparue très tôt et une agressivité accentuée récemment dans le cadre scolaire. Après une certaine réticence avant le test, l'enfant manipule et explore activement le matériel en égrenant des contenus d'appartenance très diverse sans liens apparents, ce qui donne l'impression d'une richesse imaginative mais aussi d'un désordre. Les modes perceptifs très dispersés dans le texte balaient toutes les possibilités du parcellaire au global, sans ébauche de mise en rapport ou d'articulation et sont d'un niveau de structuration peu poussé. C'est le facteur formel qui définit les images dont certaines néanmoins ont une signification très « affective »; la réaction couleur existe et indique déjà un essai de réduction de la polarité pulsionnelle. Le découpage du percept, la dominante formelle vont de pair avec un souci de donner des éléments partiels tant qu'il s'agit de contenus animaux et humains – pas de K, pas de kan, présence de Ad et de Hd – alors que le monde des objets est perçu dans son unité.

La mise en relation de ces mécanismes, qui ont valeur de défense, avec la thématique suggérée par les contenus et leur répartition, évoque la prédominance d'une fantasmatique phallique anale. Franck cherche à s'affirmer à travers une expression symbolique très orientée par le besoin de canaliser les pulsions pour satisfaire à l'exigence de la pression du Surmoi, ce qui restreint de façon nette les possibilités d'épanouissement et de dépassement du conflit pour accéder à un abord plus franc de la position œdipienne.

Il s'agit peut-être d'une phase de transition ou bien d'une ébauche de structuration obsessionnelle, bien que le comportement manifeste actuel évoque plutôt une caractéropathie. Il peut être important de rappeler que le Rorschach, plus que les autres tests projectifs d'enfants, mobilise les aspects de structuration du Moi présents chez un enfant qui, par ailleurs, et face à d'autres situations projectives ou dans la vie quotidienne, ne les manifeste pas.

Dans le cas présent, l'utilisation positive des capacités intellectuelles — Q.I. 121 au Terman-Merrill — va de pair avec le maniement du Rorschach. Lorsque cliniquement les données vont dans le sens d'une caractéropathie, il est très important de rechercher, par le moyen du Rorschach, s'il n'existe pas de mise en place de mécanismes de défense et de contrôle — au niveau du test — qui orienteraient l'évolution dans un tout autre sens.

PROTOCOLE DE RORSCHACH DE FRANCK C., 5,6 ans (1972)

	Cotations			
I				
— Une tête de vache	G	F—	Ad	
— < V > Deux petits canards — ? — *juste la tête*	Dd	F+	Ad	
II				
— V Ça c'est un bec (D méd. sup)	Dd	F+	Ad	
— Λ je vois une église et une rue (D gr. méd.)	D	F+	Arch	
— Là on dirait du soleil (D r. sup.) — ? — *parce que c'est en haut,*	D	F—	Nat	
		rép. position		
non c'est ça (montre le D r. inf.)				
— parce qu'il descend, il va dans l'eau pour la nuit	G	F—	Nat	
III				
— Un nez (D gr méd.)	D	F—	Hd	
— des cornes (Dd « têtes » habituelles) qui z'ont les vaches	Dd	F—	Ad	
— deux petits canards (D. « jambes »)	D	F+	A	
— Deux poissons (D lat.) Ça c'est l'eau (montre le Dbl) en dessous	D/bl	F+	A	
— Ça c'est les yeux de la famille, des lunettes on dirait (D r. méd.)	D	F+	Obj	
IV				
— Une tête de vache, les oreilles et là son nez (D inf) et sa joue	G	F—	Ad	
— Ça ça ressemble à une couronne (Dd-*in* D inf. méd.)	Dd	F+	Obj	
— Ça, ça ressemble à une Tour Eiffel (D méd.)	D	F—	Arch	
— et la fumée, là (partie blanche de la planche)	Ø	C'	Nat	
V				
— Un papillon	G	F+	A	Ban
— et des bouches de crocodiles (D lat)	D	F+	Ad	
VI				
— une feuille à l'automne, ça la feuille et là les petites feuilles (D sup)	G	F+	Pl	
— < Ça ressemble à des ailes de z'oiseaux (in D sup)	Do	F+	Ad	
— Λ < la bouche d'un crocodile qui est fermée (D lat)	D	F—	Ad	

		Cotations		
VII				
– une barbe	G	F+	Hd	
– < V à un pont	G	F+	Arch	
– Λ deux petits canards (deux premiers tiers)	D	F–	A	
VIII				
– V à une barbe encore pointue (D gris)	D	F+	Hd	
– < A une fusée (D méd.)	D	F+	Obj	
– Une bête et une autre bête	D	F+	A	Ban
– Λ à une pelouse – ? – *parce que c'est vert*	D	CF	Pl	
– Un sapin – ? – *parce que c'est vert*	D	FC	Pl	
Ça je sais pas (montre le D or.)				
IX				
– V < V à de la fumée, c'est rouge la fumée	D	C	Nat	
X				
– V à un bâton (Dd *in* D gris sup)	Dd	F+	Obj	
– un crabe et là aussi, on voit bien ses pattes et ses yeux, regarde	D	F+	A	Ban
– Une barbe (D vert inf) PSV	D	F+	Hd	
– et là de la fumée rose	D	C	Nat	
– Λ Comme une fusée (Dbl et D gris sup.)	DDbl	F+	Obj	

CHOIX + : V, VI, VII, I, IV, VIII
CHOIX – : X, IX, II, III (puis remet II et III avec les choix positifs)
MAMAN : V « un papillon »
PAPA : IV « parce qu'elle est grosse »
PEUR : I « parce qu'elle est grande »

PSYCHOGRAMME RÉSUMÉ

R : 34	G % : 26	F % : 85	F % élargi : 88
	D % : 53	F+ % : 69	F+ % élargi : 70
	Dd % : 15	A % : 35	
	Dbl % : 3	H % : 12	
	Do % : 3		
T. Appr. G D Dd Dbl Do			
T.R.I. 0/6 Σ C	Z : 18	Ban : 3	
F.C. 0/0			
R.C. % : 32			

Isabeau P., 4,11ans

L'enfant est mise en observation pour troubles alimentaires et difficultés familiales. D'un abord très inhibée, elle réagit très bien aux encouragements et à un certain maternage et elle investit beaucoup d'énergie dans les épreuves présentées.

L'approche du Rorschach se fait par le biais d'une image unique à signification certainement privilégiée dont l'évocation semble nécessaire jusqu'à la moitié du test : l'expression verbale se limite alors à des descriptions et Isabeau essaie de cerner ainsi « sa » réalité. Par la suite un plus grand recul est possible avec persistance d'appréciations et d'interventions subjectives. Le maniement perceptif est fonction de cette coupure du test, il reste très global et indifférencié. Persévératif au début, il se précise et se localise mieux dans la seconde partie : il y a aussi deux niveaux dans l'adéquation du jugement qui correspondent à cette scission. Les contenus sont centrés sur l'objet — la couverture — pour se diversifier en représentations humaines et animales.

La thématique sous-jacente renvoie à l'image maternelle — I, III, choix — Isabeau extériorise une insécurité profonde, l'angoisse de ne pas être reconnue ni valorisée par une image maternelle frustrante et dénarcissisante. On observe des tentatives de réassurance pour annuler l'angoisse par retournement de l'affect en son contraire — V et VI — et accentuation de l'expression du narcissisme chaque fois que la situation le permet — V et VII.

Une expression si constante de malaise affectif et d'incomplétude, associée à des images de restauration qui sont autant de surcompensations, fait craindre une évolution névrotique ou dépressive.

PROTOCOLE DE RORSCHACH D'ISABEAU P., 4,11 ans (1972)

		Cotations	
I			
Qu'est-ce que c'est ?...			
— Une couverture qui est arrachée, du plastique, parce qu'elle est en plastique, t'as vu y a deux petits trous, elle est pas belle la couverture, hein...	G/bl	F— annulation E Critique	Obj/Fgt
II			
— La couverture que elle est bien chirée, déchirée, elle est en plastique	G.	F—	Obj/Fgt
— « Rouge ? » : *Ils vont pas là, ils sont même pas pareils, c'est pas pareils. C'est pas beau... Non*		critique Annulation	

	Cotations			
III				
– Oh ! elle est bien déchirée. T'as vu hein... Comme une maman qui l'avait déchirée en plastique, c'est pas beau hein de déchirer... Elle est bien déchirée	G	F–	Obj/Fgt	
– Ils ont deux têtes, deux cous, la robe, des pieds, ça ressemble à un bonhomme	D	K	H	
– « Et ça ? » (D r. méd.) *Oh non il faut beaucoup de rouge partout* – « Un papillon ? » – « *Ah oui c'est ça il vole* » (D kan A)				
IV				
... Il est un petit petit peu déchiré Ça ressemble... est-ce que ça ressemble Dis-le... Dis-moi à quoi ça ressemble...		Choc ++		
– Ça ressemble à une couverture bien déchirée PSV	G	F–	Obj/Fgt	
Oh bien y a pas de rouge ni de vert... (– « Un gros monsieur ? » – *Regarde, il y a de grandes chaussures, des mains un grand pantalon (D méd) J'aime pas les méchants comme ça, un méchant loup, hein...*) (DdG KClob)				
V				
– ... Un papillon, oui un papillon qui s'envole, il s'envole, un beau papillon, il est pas déchiré, hein, il est beau.	G	kan	A	Ban
		restauration		
VI				
...Qu'est-ce que c'est ?...				
– ça ressemble à un bonhomme... un beau bonhomme... Il a un grand, un gros, un gros ventre	G	F–	H	
Ça c'est une arête <				
– Ah non ça ressemble à une guitare C'est pas une couverture –	G	F+	Obj	
VII				
– Oh, oh, oui, ça ressemble à une dame, c'est une enfant... Oh ben oui, c'est beau ça hein, c'est des petits enfants <	D	F+	H	
– Ça c'est un papillon, c'est beau hein tout ça, pas comme les autres y en a des pas jolies	D	F+	A	
VIII				
– Oh bien oui... Ça c'est deux petits chiens	D	F+	A	Ban
– Ça le bâteau (D méd.)	D	F+	Obj	
Oh oui, je sais bien ce que c'est... – ? – *pour le bateau je l'ai déjà dit c'est sûr, c'est vrai, je t'ai pas menti, un petit peu... parce que... un bâton... j'avais dit d'abord.*				
IX				
– Oh ça ressemble... un beau bâton avec deux petits singes (D or.) qui... deux petits singes au bâton, même ils sont en bateau parce qu'il a peur de l'eau. T'auras de la chance parce que tu as écrit, hein, moi aussi... je m'amuse bien.	DD	F+	A/Sc	

			Cotations	
X				
Deux petits... C'est le modèle ça (D bleu)				
– Ça les bâtons (D rose)	D	F–	Obj
– Ça, ça ressemble... Un papillon < (D vert)	D	F–	A
– Des épaules ça, là (D bleu) parce qu'au bord y a quelque chose, des mains	D	F–	Hd
– Des petites feuilles, toutes petites (D or et br lat)	D	F±	Pl

CHOIX + : V, VI, VIII, IX
CHOIX – : VII, IV, I « ils sont pas beau. Y a des couvertures déchirées »
MAMAN : I « je l'ai trouvé »
PAPA (spontanément donné) IV « le loup il va avoir peur la maman, le loup, hein, la maman elle va avoir peur »
PEUR : IV « Parce que c'est le loup »
TOI : V « parce que j'aime bien çui-là, j'aime pas les loups avec des grands pieds »

PSYCHOGRAMME RÉSUMÉ

R : 17	G % : 41 D % : 59	F % : 88 F+ % : 43 A % : 29 H % : 21	F % élargi : 100 F+ % élargi : 53
T. Appr. G D T.R.I. : 1 K/0 F.C. : 1 k/0 R.C. % : 41	Z : 20	Ban : 2	

François M., 5,6 ans

Enfant hospitalisé pour instabilité – né de père inconnu, élevé en nourrice, il a eu des troubles alimentaires importants dans les trois premières années.

Il se montre très instable et agité, en quête constante d'approbation et d'attention, cherchant à fuir les difficultés. La réactivité centrée sur deux contenus, plantes et abeilles, et légèrement plus diversifiée vers la fin du test, frappe par son niveau massivement inférieur à la mobilisation des capacités intellectuelles – Q.I. 92 au Terman-Merrill–. La globalisation très persévérative dans l'abord perceptif répond à un mécanisme prélogique sur un mode syncrétique. Le détail prévaut sur le reste et donne lieu à une réponse justifiée par des références personnelles, un vécu subjectif, et parfois des pseudo-retours au matériel objectif, quand il n'est pas pris en charge par une certaine excitation proche de la fabulation. Une attitude plus active et analytique utilisée en fin de test et facilitée par les couleurs peut faire illusion, mais elle reste d'un registre très immature. Le contenu végétal se trouve ici au premier plan.

Outre la facture très primaire du protocole, on relève la projection de craintes phobiques archaïques vagues, l'expression d'un sentiment de danger mal défini. Parallèlement il existe une très forte sensibilité au manque que la régression, le recours à des thèmes primitifs rassurants — arbres, fruits — cherchent à combler. Il est clair que l'on se trouve ici face à un protocole où la demande affective prime tous les besoins et se trouve être la voie d'expression d'une immaturité de fond.

PROTOCOLE DE RORSCHACH DE FRANCOIS M., 5,6 ans (1972)

		Cotations	
I			
— A un arbre	G	F+	Pl
— Et puis à une feuille Des petits trucs comme ça (Dd lat)	G/bl	F—	Pl
— Des cerises parce que moi je vois des cerises dans les « narbres » Des tout petits, des petits trous sur les feuilles	DdG	F—	Pl
II			
— Des trucs rouges	D	CF	Fgt
— — ? — *à une abeille, toute noire et puis à la maison, j'en ai vu une grande comme ça (écarte les bras au maximum) une fois elle m'a piqué là*	D → C'	kan	A
— Ça un autre arbre avec des trucs PSV rouges comme des cerises rouges. Les trucs de la feuille ici comme ça. Un petit trou dans la feuille.	G	/CF—	Pl
III			
— Oh... Elle est cassée en deux la feuille et puis les cerises elles sont tombées par terre et puis ils sont cassées Là des raies rouges (D lat) J'ai terminé La feuille elle s'est déchirée (E.L. « Deux bonshommes ? » : [montre le rouge méd.] L'examinateur montre les bonshommes : *Oui ils accourent, ils se parlaient... et puis cinq minutes après ils parlent plus, ils veulent plus parler — ? — des femmes parce qu'y sont grandes comme ça* — [mime])	DG	CF—	Pl
IV			
— C'est pareil... C'est la même PSV feuille... La feuille elle est sur un arbre (D méd.) avec plein de feuilles dessus et puis des petits trous là et un autre là et elle est déchirée là et là et là. (Dbl)	G/bl	F—	Pl

		Cotations	
V			
Ah... je sais... ce que j'ai dit tout à l'heure, que j'avais dans ma maison		Réf. personnelle	
– Une grande abeille, elle a ses ailes PSV comme ça et puis elle a des cornes derrière (D inf) et puis des oreilles devant, non des cornes...	G	F+	A
VI			
– C'est pareil, ah... il y a une abeille PSV sur la branche de l'arbre > et puis elle est sur une feuille là < /range soigneusement les planches chaque fois/	(D) G	F+	Pl
VII			
– Un monsieur ? Non !... déchiré parce que... Il s'est déchiré, non ? et je vois plus rien	G	F–	H
– C'est une tête d'abeille, une toute petite mouche là < (Dd méd)	Dd	F+	Ad
VIII			
– Elle est verte, rose, orange, elle est verte, verte, rose, rose, rose... grise	G	C	NC
– « A quoi ça ressemble ? – *Un sapin* (– « D rose lat ? » : */Des cerises qui z'ont la peau rose* (D CF Pl), < *comme des souris qui z'ont la peau rose*	G	F–	Pl
– Λ Et puis là quelque chose orange... regarde... – ? – *à un z'affaire, des affaires pour mettre sur nous quand nos affaires sont sales on en met des autres*	D	F±	Obj
IX			
– C'est pareil V < Ça ressemble à un chien, ça (D rose lat.)	D	F–	A
– Après ça à une feuille verte (Dd *in* D vert)	Dd	CF	Pl.
– Deux feuilles vertes	D	CF	Pl
– Et puis ça à des affaires, des affaires comme celle-là (reprend la planche VIII) PSV – ? – *j'ai un pull orange comme ça et ma mère un plus foncé* –	D	F±	Obj
X			
– Du jaune... jaune, du bleu, du vert, du gris, du vert, du bleu du rose et du gris sur le rose	(D) G	C	NC
– (D Bleu latéral ?) *Un soleil*	D	CF	Nat
– (Jaune latéral ?) *Une feuille jaune*	D	CF	Pl
– (gris méd ?) *Un œil, non ? Un œil tout gris, le dedans et du blanc sur les côtés*	D	C'F–	Hd
– (« vert médian ?) *A une feuille verte à une abeille vert.)*			

CHOIX + : « les couleurs, les trois là, vert, gris orange rose »
CHOIX – : rejette VII, V, II, II : « l'abeille là plein partout »
PAPA : « Moi j'en ai pas. J'ai vu Pascal ; çui-là à Pascal : » VIII
MAMAN : IX et X « les plus beaux »

PSYCHOGRAMME RÉSUMÉ

R : 23	G % : 52	F % : 48	F % élargi : 52
	D % : 39	F+ % : 32	F+ % élargi : 29
	Dd % : 11	A % : 17	
T. App G D Dd		H % : 4	
TRI 0 K/12 Σ C	Z : 15	Ban : 0	
FC 1 k/0			
R.C. % 48			

Patricia R., 4,5 ans

Enfant hospitalisée pour troubles du comportement ayant motivés un rejet du milieu scolaire. Elle est élevée par son père, la mère ayant abandonné le foyer.

D'attitude capricieuse, Patricia est irrégulière, passe des reconnaissances presque distancées aux oppositions et abandons de participation, ce qui reflèterait une difficulté à investir autre chose que la quête affective. Les modes perceptifs sont curieusement répartis dans le test et relèvent d'un repérage sporadique de certaines localisations peu prégnantes, sans aucun essai d'exploration ni même de jeu. Les passages d'une situation à une autre et d'une réponse à une autre paraissent gratuits sans pourtant appartenir au dévidement hypomane et ne s'effectuent que grâce à une stimulation constante. La fréquence relative des modes d'appréhension est du type adulte, mais n'a aucunement valeur de démarche perceptive voulue. La forme régit les associations avec la participation d'une excitation face à la couleur, donnée brute dont Patricia ne fait que constater la présence d'une façon répétitive et vide et qu'elle ne peut jamais intégrer d'une façon adéquate. Le bestiaire est varié pour son âge.

Les deux thèmes oraux donnés – VI et IX – ne paraissent pas plus investis que les facteurs cités plus haut. Leur présence et leur archaïsme dans un contexte de non-investissement aussi massif constituent des facteurs presque plus inquiétants que s'ils étaient livrés avec la participation et l'angoisse inhérentes à ce type d'expression. Ils ne déclenchent que des réactions de comportement moteur.

Tout en formulant des réserves étant donné l'âge de l'enfant, on peut rapprocher cette expression crue de fantasmes donnés à froid des passages à l'acte et des modes de réaction propres aux « psychopathes » plus âgés.

PROTOCOLE DE RORSCHACH DE PATRICIA R., 4,5 ans (1974)

			Cotations			
	I					
	On dirait comme une girafe			Remarque		
	/Avait parlé de girafe avant le test/					
	Qu'est-ce que tu écris là ?			Équiv.	Choc	
–	V Ça fait des petits trous.		Ddbl	F±	Fgt	
–	Là ça ressemble à un singe et comme ça, ça ressemble à une girafe, pis là des petits trous (– ? – *là je sais pas* /s'agite, dit n'importe quoi/ *Ça ressemble à une bête, oh non une cuillère, oh non*)		D	F–	A	
	II					
–	C'est des têtes et pis c'est du rouge, ça y est		D	F+	Hd	
–	Des têtes en peinture ; avec des yeux, le nez, la bouche (Dd *in* D rouge sup : bouche) (E.L. – ? – *des têtes de monsieur* – ? – *il est en train de se promener* (corps : Dd *in* Dbl)		D	CF	Fgt	
–	(D. r. inf.) ? : *Du rouge, ben quand on a du mal* » – « Du sang ? » *Oui*					
	III					
	Du rouge encore			Rem rouge		Ban
–	C'est des papillons (D r. méd.)		D	FC	A	
–	Pis des petits chiens (queue = D « jambes » habituelles) Ça ressemble comme un chat E.L. : D r. lat. ? – *Ça c'est la girafe* – « Et dans ce sens " V " » ?		D	F–	A	
–	*Une queue encore.*					
	IV					
–	Ça ressemble comme un coq (Dd sup)		Dd	F–	Ad	
–	C'est comme une girafe, c'est comme une tortue		G	F–	A	
–	« Dans ce sens ? » V – *Je sais pas*					
	V					
–	C'est comme une tortue Ça ressemble, je sais pas Moi j'ai soif	PSV	G	F–	A	
	VI					
–	C'est comme un serpent (D sup)		D	F+	A	
–	? *Ben il est en train de chercher où il y a des enfants, ben pour les manger, il a faim.* (E.L. – G ? – *C'est ses habits*) Très instable, va vers la porte/		G	kan	A	
	VII					
–	Un singe, un singe, regarde il y en a deux, moi j'ai plus envie de regarder celle-là		(D) G	F+	A	

		Cotations			
VIII					
— Maintenant ça ressemble à des couleurs, des couleurs, je sais pas	(D) G	C	Fgt		
— Des petits chiens — ? — *des petits chiens encore* /regarde à peine, chantonne, s'agite/	D	F+	A	Ban	
IX					
— Ça c'est des bouches (D or. et Dbl) — ? — *des bouches de couleur orange* — ? — *de monsieurs. Hé! les bouches c'est pas des monsieurs! Quand il y a la bouche ouverte il y a une langue.*	D/bl	CF—	Hd		
— Un petit peu de couleurs — ? — *comme des couleurs...* — ? — *ben comme du jaune et du vert* /s'assoit par terre et manifestement ne veut pas participer/	D	C	Fgt		
X					
— Alors il y a des tortues	D	F—	A		
— Pis des sapins	D	F+	Pl		
— pis des crocodiles	D	F—	A		
Pis des chiens,					
— pis un soleil	D	ȻF	Nat		
Ça y est on a fini —					

PSYCHOGRAMME RÉSUMÉ

R : 20	G % : 25	F % : 65	F % élargi : 75
	D % : 65	F+ : 42	F+ % élargi : 43,5
	Dbl % : 10	A % : 60	
T. Appr. G D Dbl		H % : 10	
T.R.I. 0K/6,5 ξ C	Z : 2	Ban : 2	
F.C. 1k/0			
RC % : 40			

Olivier, 5 ans

Olivier est placé en observation pour angoisse massive, agitation et bizarreries du comportement apparus lors de l'hospitalisation en psychiatrie de son père.

De contact très inégal et très anxieux, l'enfant projette immédiatement une angoisse aiguë sur le matériel, cherchant à se rassurer sur la réalité des animaux et des actions menées. C'est par des perceptions globales très syncrétiques et confabulées — X — que sont exprimés des fantasmes sans aucun recours à l'objectif mais en référence à un bestiaire limité aux animaux aquatiques ou ailés qu'Olivier essaie constamment de cadrer dans des limites définies.

Olivier vit dans un univers sous l'emprise constante de l'angoisse d'annihilation dont l'expression la plus vive est donnée à la planche III et à la planche X sous forme de fantasmes de morcellement.

Cet enfant de 5 ans, dont de toute évidence la structuration est psychotique, a pu transmettre, en s'aidant des configurations du Rorschach, l'univers chaotique et fusionnel dans lequel il se débat.

PROTOCOLE DE RORSCHACH D'OLIVIER L., 5 ans (1968)

	Cotations			
I				
– Un poisson avec des nageoires, on peut pas monter sur un poisson hein madame ? avec une bouche là (Dd in +) Ça boit de l'eau	G/Dd	F– confabule	A	
II				
– C'est tout ça qu'est tombé, qu'est-ce qu'il y a eu au poisson ? (montre Dbl) PSV	Dbl G	Choc F–	A	
– il saigne là	D	CF	Sg	
III				
Tout est tiré				
– Là on dirait des canards, des têtes, il a pas de jambes	D	F+	A	
– Là ça saigne, du sang V A	D	CF	Sg	
IV				
– Une « nouille », c'est un poisson, ça va dans l'eau à la mer. Là c'est la bouche, les petites bêtes, ils sauvent les « nouilles », la « nouille » elle s'en va, là c'est ses pattes pour qu'elle peut marcher, c'est sa queue.	G	kan-	A	
V				
– Un oiseau avec des ailes et là c'est ses oreilles, c'est beau, c'est noir, c'est noir que ça s'appelle et là c'est couleur blanc	G	F+ Rem. couleur	A	Ban
VI				
– Ça ressemble à une araignée à un moustique madame ?	G	F–	A	
– Qu'est-ce que c'est que ça, c'est une grenouille madame ? Ça va pas dans l'eau une « nouille »	G	F–	A	
VII				
– C'est un papillon (D inf.) un papillon madame, un beau papillon, un papillon ça parle pas !	D	F+	A	
– Des ailes, un bateau, un poisson dans l'eau/parle d'une voix monocorde/qu'est-ce que c'est madame ?	Dbl G	F–	A	

		Cotations		
VIII				
– < Un petit éléphant,	D	F+	A	
– deux bêtes toutes petites qui grimpent sur la montagne, ça grimpe aussi, là une montagne. Ils tombent pas sur des arbres, mon Pépé, il tombe pas sur des arbres à couper	D	kan	A	Ban
IX				
– Une bête qui nage dans l'eau	DG	F–	A	
– V Une « nouille », elle est de toutes les couleurs, elle a beaucoup de couleurs, ça saigne, elle est tombée sur le trottoir.	G	CF–	A	
X				
– C'est une « nouille » toute cassée	G	F–	A	
– C'est ça le moustique (Dd ext. in D bleu lat.) Mon Pépé met ça pour qu'il y ait pas de moustique à la fenêtre	Dd	F–	A	
– Il y a trois bêtes maintenant, une grande maman bête avec des jambes (D gris et rose) et ça c'est son cœur (D or. méd.)	(D) G confabule	kan–	A → K	
– - ? – *autour des petits bébés bêtes*		Rép. position		

CHOIX + : III parce qu'il y a un papillon avec des canards
CHOIX – : REFUS
PEUR : IV pour les petites bêtes

PSYCHOGRAMME RÉSUMÉ

R : 18	G % : 61	F % : 67	F % élargi : 83
	D % : 33	F+ % : 33	F+ % élargi : 33
	Dd % : 6	A % : 89	
	Z : 26	H % : 0	
		Ban : 2	

T.A. : G D Dd
T.R.I. 0K/3 Σ C
F.C. 3k/0 Σ E
R.C. % : 39

Jean-Claude T., 5,1 ans

L'enfant est hospitalisé en vue d'une intervention sur une cardiopathie congénitale et examiné dans le cadre d'une recherche.

La lecture du protocole donne d'emblée une impression de sérieux dans l'abord authentique de la réalité actuellement prégnante. On distingue deux phases dans la réactivité : une première centrée sur la relation humaine active, une seconde qui est tout entière projection du corps/cœur et de la souffrance perceptible aussi bien à travers les objets médicaux à valeur d'agression qu'à travers l'extériorisation d'un vécu abandonnique — VII —. L'abord perceptif découle de cette dichotomie. Tandis qu'il se révèle très élaboré dans les globalisations qui campent les relations humaines, il se dégrade dans celles à contenus anatomiques. Cet abord est toujours adapté au niveau mieux différencié des découpes. C'est par le biais des kinesthésies et des formes que Jean-Claude s'exprime et il n'utilise les couleurs que dans le contexte d'une sensibilité assez dépressive — C' de VII et C de X et les commentaires.

Étant données les conditions actuelles, la projection, centrée sur la représentation de soi et la souffrance corporelle, est une indication d'un certain degré d'intégration et de maturité affective. Il faut noter en effet l'absence de mécanismes névrotiques qui auraient déplacé ou nié la réalité. D'autre part, la capacité de projeter le manque et le besoin dans une représentation de soi très exigeante est l'indice d'une recherche active d'images d'identification.

Le maniement de la situation montre chez ce jeune enfant presque trop de lucidité et de sthénie dans la manière d'assumer la souffrance somatique et l'angoisse face aux agressions subies.

PROTOCOLE DE RORSCHACH DE JEAN-CLAUDE T. 5,1 ans (1967)

			Cotations		
I					
— On dirait que c'est un corps ça (D méd.)		D	F+	Hd	
— Ça c'est des bonhommes — ? — *ils tiennent le corps*		G	K	H	
II					
— Ça c'est deux messieurs, ah ! oui qui se tapent les mains		G	K	H	
III					
— C'est encore des messieurs... ils se baissent		G	K	H	Ban
IV					
— C'est encore un monsieur, il est drôle aussi... ben, on se demande où qu'elle est sa tête, il est assis		G	K	H	
— sur une poire — ? — *C'est mangé tout autour de la poire, l'aiguille elle est passée...*		D	F—	Alim/Obj	
V					
— On dirait que c'est un corps qu'on opère... avec les deux machins là, ouverts, je ne sais pas c'est ouvert		G	F—	At	
VI					
— On dirait que c'est encore un corps	PSV	G	F—	At	
— je vois un trait toujours au milieu		D	F±	Fgt	

			Cotations			
	VII					
– Là c'est des machins de neige, des tout drôles – ? – *parce que c'est blanc*		(D) G	C'F	Nat		
	VIII					
– Il y a deux bêtes, c'est des bêtes, on le voit bien – ? – au milieu on dirait encore un corps, un parterre		D	F+	A		Ban
– – ? – *Oh non ! c'est un corps*	PSV	D	F+	At		
	IX					
– Ça c'est encore un corps – ? – *le trait au milieu ?*	PSV	(D) G	F–	At		
	X					
Je vois rien / devient ergoteur / quoi... j'ai chaud...				Choc		
– je vois des couleurs		(D) G	C		Fgt	
– On dirait que c'est des bêtes, des araignées, ça me plaît pas		D	F+	A		Ban
– Ça me fait penser beaucoup à une pince (D vert méd.)		D	F+	Obj.		

CHOIX + : IV et III
CHOIX – : VIII et IX

PSYCHOGRAMME RÉSUMÉ

R : 16	G % : 56	F % : 63	F % élargi : 88
T. Appr. G D	D % : 44	F+ % : 55	F+ % élargi : 67
T.R.I. 4 K/2,5 Σ C		A % : 13	
F.C. 0/0		H % : 31	
R.C. % : 38			
	Z : 18,5	Ban : 3	

3 Les cas de déviance mineure

A. Les moins de 8 ans

1. Les « caractériels » de 6 à 8 ans

α LA SYNTHÈSE DU GROUPE

Dans ce groupe, l'approche est aisée, le discours est plus rapide, mais la réactivité moins fournie que chez les normatifs, alors que l'attitude et la relation à l'examinateur sont plus libres, plus familières. La confrontation avec ces situations provoque des affirmations du type constat. Elle entraîne rarement un recul ou une fuite dans des représentations se référant au scolaire ou au culturel. La fabulation n'est guère utilisée, ni comme dégagement, ni comme moyen d'expression du fantasme.

Les modes perceptifs sont variables, avec, parfois, des rapports d'égalité entre la globalisation et l'analyse, sans qu'il y ait recherche particulière d'élaboration, ni de détails petits ou intermaculaires. Cela correspond à la spontanéité des réactions et à la prévalence d'une expression directe, comme agie, sans détours, des sensations et des mouvements émotifs suscités par la situation. La correction préconsciente ne se fait pas encore et la réaction n'est pas objet de mentalisation. Cela s'applique aussi bien aux modes d'expression qu'aux modes perceptifs et explique la priorité donnée aux réponses couleurs, aux kinesthésies d'objet et aux kinesthésies animales, particulièrement primesautières. Il ne s'agit pas là d'une absence d'équipement mental, mais bien plutôt d'un mode de conduite spécifique, car, malgré le peu de recours à l'élément formel, le contrôle de la réalité à travers le F+ % et le F+ % élargi est satisfaisant. Les contenus prévalents sont des images animales très intensément mêlées aux réponses se référant à la nature, au feu, aux explosions, aux objets à portée symbolique anale ou phallique. Les références aux banalités sont déjà assez fréquentes.

La problématique est ici assez claire, facile à décrypter pour ce qui est de la charge agressive, mais elle reste à expliciter en termes de pulsions sadiques-anales auxquelles elle renvoie avec toute la thématique de recherche de puissance et de lutte contre une position de passivité. Cette lutte est d'autant plus nécessaire que les images parentales sont difficiles à aborder, surtout l'image paternelle. Elles sont, en effet, investies d'une puissance telle que l'enfant ne peut s'affirmer que dans la rivalité active. On comprend alors que les représentations de soi se caractérisent par une très grande affirmation et même une survalorisation qu'il ne faut pas confondre avec la toute-puissance magique de la mégalomanie. Il s'agit là plutôt d'un processus d'identification à l'agresseur.

A cet âge, l'adaptation s'effectue plus généralement par hypersthénie que par opposition franche, ce qui permet ainsi de ne pas laisser de prise à l'angoisse. On ne peut guère à ce stade présupposer de l'évolution, qui peut en fait aboutir, soit à une intériorisation du conflit dans le sens névrotique, soit à un mode caractériel courant, soit encore évoluer vers une psychopathie.

ß) LES EXEMPLES

Raymonde L., 6 ans

Adressée en consultation pour troubles d'adaptation scolaire et difficultés motrices, l'enfant se lance facilement dans la tâche qu'elle exploite comme un moyen d'entrer indirectement en relation et en compétition avec l'autre en exprimant sans retenue toute son ambivalence (cf. III, VII, etc.). Elle utilise toutes les formes de pression dont elle peut disposer et qui donnent une allure de jeu et de provocation au protocole.

L'abord perceptif est étroitement fonction de cette attitude, ce qui se traduit sous forme de constat hyper-affirmatif (après I) avec prévalence des saisies globales portant la thématique, mais aussi perception analytique déjà sthénique utilisée à des fins défensives, tous les percepts étant bien contrôlés sur le plan de l'adéquation formelle. Le mode d'expression est plus affectif que formel et très marqué par la résonance directe à la couleur et à la sollicitation symbolique (refus de toucher à VI). Le monde de la nature, largement utilisé dans les contenus, détrône le bestiaire pourtant habituel à cet âge.

C'est la symbolique sexuelle qui est le pivot du protocole, évoquant les dangers de la scène primitive (III, VI, IX) et une certaine revendication phallique non exprimée directement. Les contenus de registre anal véhiculent cette symbolique (IX). Il y a peut-être un refus d'accepter une certaine réalité sexuelle, mais qui échoue à IX.

Dans cette optique, les images parentales sont différenciées, mais constamment associées en raison de la problématique sexuelle prévalente – l'image de l'homme appelle l'image de la femme – et Raymonde se situe elle-même dans une attitude d'hyper-affirmation de soi, dans une sorte de refus d'être la victime.

Dans les limites de ce Rorschach, le mode d'adaptation est dominé par les aspects caractériels. Ce type de relations à l'autre que Raymonde instaure lui permet d'éviter d'être submergée par l'angoisse. Les mêmes aspects pourraient appartenir à une polarité hystérique, si, actuellement, la primauté n'était pas donnée au passage à l'acte en termes Rorschach.

PROTOCOLE DE RORSCHACH DE RAYMONDE L., 6 ans (1971)

		Cotations		
I				
– On dirait que ça ressemble à un nuage... (il y a des petits trous blancs et un trait noir là)	G	F±	Nat	
– Une fleur (sans justification)	G	F–	Pl	
II				
– C'est la même, mais il y a du rouge	D	C	Nc	
– Une flaque d'eau (r. inf.) / est apparemment ennuyée de voir l'examinateur noter qu'elle se tait / *C'est tout* ! (R. Add. : Des doigts [Dr. sup.]. Un papillon [D noir])	D	F±	Fgt	
III				
Je veux en dire que deux ; Ça il n'y a rien du tout. Il n'y a pas de rouge, pas de noir, rien. C'est tout. C'est pas vrai, je te faisais une farce. J'aime pas bien te faire des farces.		→ Refus		
– Deux gens qu'a une jambe cassée, et ils regardent la	G	K	H	Ban
– la laine en papillon – Qui sont-ils ? – *Une dame et un monsieur*	D	F+	Obj.	
	D	F+	A	Ban
IV				
– Il y a un arbre, et puis des trucs là (D lat.), je ne sais pas ce que c'est.	G	F+	pl.	
V				
(regarde combien il reste de planches, range les autres constamment, se justifie).				
– Un papillon, le papillon s'envole, c'est tout – ? – *Un papillon tout noir*	G	kan → C'	A	Ban

VI

– Ça c'est une bête qui fait peur, parce que j'ai pas envie d'y toucher. /regarde, attitude de théâtralisme/ C'est le bâton qui fait peur, j'ai pas envie d'y toucher à cette bête méchante. /tient la planche du bout des doigts/.	G	FClob	A

VII

– Il y a des nuages, ils sont très drôles	(D) G	F±	Nat
– Il y a queue des petits lapins, les oreilles des petits lapins (peut les voir en entier dans les deux premiers tiers)	D	F+	Ad
– Un petit bâton sur le nuage (D troisième tiers)	D	/F±	Obj
– (renverse la situation +++ ; veut que je devine)			
– Dbl ? – *Du blanc* !			

VIII

– Là c'est un petit arbre (D gr. bleu) Il y a le tronc (regarde à peine la planche, se balance debout sur sa chaise...) Je ne sais pas, c'est rien du tout (Devient verbalement agressive) J'aime pas ces images, j'aime toutes les noires, elle est pas belle (E.L. *Je vois pas clair*)	D	F+	Pl
		Choc C	

IX

– On dirait du feu, partout, – ? – *un bâton qui brûle*	G	C	Feu
– et la femme a brûlé tout entière.	D	kobC	Obj
– J'en ai marre !	G	KC	H

X

– (Heureuse parce que c'est la dernière) Il y a de la belle couleur		Remarque C	
– Des oiseaux – ? – *Ils sont envolés dans la cour, maintenant il n'y a plus d'oiseaux*	D	kan	A
– Le soleil, t'as déjà vu un soleil bleu ?	D	F+	Nat
– Il y a presque de la couleur jaune du soleil ;	D	₡	Nat
– la couleur rose je ne sais pas. Oh c'est drôle ton bureau est tout blanc comme notre classe (théatrâlisme +++ du ton et de la mimique)	D	C	NC

PSYCHOGRAMME RÉSUMÉ

R : 21	G % : 43	F % : 52	F % élargi : 81
	D % : 57	F+ % : 73	F+ % élargi : 82
		A % : 24	
	Z : 22	H % : 10	
T. App. : G D		Ban : 3	
T.R.I. : 2K/7 Σ C			
F.C. : 3k/0			
R.C. % : 38			

Nicolas W., 7 ans

Amené pour difficultés d'investissement scolaire et difficultés relationnelles (il est exclu ou participe à des bagarres), Nicolas entre directement dans une exploitation ludique très concrète avec participation corporelle explicitée et interpellation du psychologue. Il n'y a guère de recul dans sa manière de faire, les constats sont spontanément sans appel, leurs justifications se réfèrent à la réalité de l'objet et non pas à sa représentation. La réactivité importante est trop rapide et évoque une excitabilité.

L'approche perceptive est trop souvent globale et immédiate, sans réflexion ni retour. Cela conduit à un manque de rigueur dans le jugement qui s'améliore cependant lors des découpages plus circonscrits dont l'abord est moins immédiat. Seules sont utilisées des caractéristiques formelles, avec une focalisation sur l'objet, objet agressant (pince, revolver) ou sur le corps agressé donné directement ou sous-entendu.

La thématique de ce protocole est vraiment une thématique obsédante centrée sur l'expression de pulsions sadiques-anales et sur une tentative de négation d'une angoisse de castration très forte.

Les images parentales ne sont pas abordées de façon différenciées, elles ne peuvent qu'être « responsables » de ce fantasme d'être en danger de mutilation. Nicolas ne se dégage qu'en recherchant à tout prix l'identification à l'agresseur et en niant l'angoisse par la rapidité du débit verbal et l'essai de démonstration permanente de sa puissance devant l'examinateur, ne supportant à aucun moment une faille dans ses élaborations.

Cette compensation et l'absence évidente d'insight donnent au protocole une facture essentiellement caractérielle associée ici à un aspect encore très immature.

PROTOCOLE DE RORSCHACH DE NICOLAS W., 7,1 ans (1974)

(N.B. La prise du protocole a nécessité de nombreuses questions du fait d'un incident arrivé à l'enfant la veille : il s'était coincé le doigt dans une porte.)

	Cotations			
I				
— Ça c'est une chauve-souris... ...	G	F+	A	Ban
— Ça peut-être une toile d'araignée — ? — *accrochée à des fils comme ça — ? — parce que tu rentres dans la maison.* (Add. : Un papillon.)	G	F—	Ad/Fgt	
II				
— Ça c'est plus dur, un cœur, non, pas un cœur (— ? — : *Ça ressemble*)	Dbl	F—	At	

	Cotations			
– < une pince là, une pince là pour appuyer (fait le geste trois fois)	G	F–	O	
– je sais pas, V Λ là aussi une petite pince	D/bl	F+	Obj.	
– Un ballon – ? – *tout partout* et le rouge ? : *des petits revolvers là* (joue à faire l'avion avec un crayon, anime beaucoup ce qu'il dit).	G	F–	Obj.	
III				
– Une grenouille, ses bras... ses gros yeux	G	F–	A/Hd	
– Un tuyau (Dr. lat.) – ? – *pour mettre l'eau dedans* –	Dd	F+	Obj.	
– Un revolver à eau (D r. lat.) et ça c'est un petit truc là, tu sais.	D	F+	Obj.	
– Oh... 2 petits hommes là, ils se regardent	G	K	H	Ban
IV				
– Ça... un cœur dans le cerveau, dans le ventre, tu sais, là	G	F–	At/Hd	
– Oh la cervelle là... parce que c'est (V)	G	F–	At	
– un truc pour les bateaux pour qu'ils s'en aillent pas et 2 petits crochets	G	F+	Obj.	
V				
– Ça c'est une scie à béton, truc comme ça (fait geste	G	F+	A	Ban
et le bruit ça ressemble beaucoup ça, je regarde la scie)	D	kob	Obj	
VI				
– Ça c'est un oiseau	(D) G	kob	Obj.	
– V < Un petit truc là pour faire... Tu appuies là, ça resaute... tu sais (D méd. inf)				
VII				
– Là c'est une pince à doigt, si tu mets PSV le doigt ça coupe le doigt (– « Tu peux dire ce que tu vois d'autre ? » *Un petit animal tout ça, les mains, les bras, la tête, un petit homme quoi je m'ai trompé.* »)	G	kob	Obj.	
VIII				
– Ça ça ressemble à une toile d'araignée, là les fils	(D) G	F–	Fgt	
– Là il y a deux cochons qui s'accrochent, il y a des petits cochons	D	F+	A	Ban
– Une petite fusée qui... pour partir.	D	kob	Obj.	
IX				
– Ah, celle-là, ça ressemble à une fusée là, ça PSV	D	kob	Obj.	
– V Un petit Babar ; Babar il descend sur la fusée (r : tête, bras : vert, jambes : orange)	G	kan	Jeu Sc.	
X				
– Ça ça ressemble à une pince (D gris) PSV	D	F+	Obj.	
– Et plein de petits crabes, petites bestioles, une grosse pince et plein de bestioles.	(D) G	F±	A	
– Une pince à couper les trucs, les mains, tout ça PSV	D	kob	Obj.	

	Cotations			
– V Deux crabes (Add. : Oiseau [jaune] ; les petits lapins.) « Elles sont pareilles ? toujours pareilles, roses, roses, roses » (8, 9, 10)	D	F+	A	Ban

CHOIX + III, IX, VIII, X, VI, V.
CHOIX – I, VII, IV.

PSYCHOGRAMME RÉSUMÉ

R : 26	G % : 58	F % : 73	F % élargi : 100
	D % : 35	F+ : 55	F+ % élargi : 63
	Dd % : 4	A % : 27	
T. App. : G D Dd Dbl	Dbl % : 4	H % : 4	
T.R.I. : IK/0		Ban : 5	
F.C. : 6k/0	Z : 46		
R.C. % : 35			

Georges K., 8,2 ans

On sait que Georges est assez indolent, passif, s'adaptant mal aux exigences scolaires et qu'il vit dans un contexte de difficultés matérielles certaines. Il semble vivre la situation de test comme une possibilité d'expression et de libération, répond par des phrases construites, bien campées, même quand ce ne sont que des constats directs qui cèdent parfois la place à une prise de distance plus importante.

La productivité est modérée. Il ne semble pas que ce soit par nécessité de camouflage ni d'écran défensif. Les modes perceptifs sont à prévalence analytique, mais reliés deux à deux sans qu'il s'agisse pourtant d'élaboration intentionnelle, le résultat de la mise en rapport étant de bonne qualité. L'activité animale, anthropomorphe, ou humaine et les réactions couleurs semblent prendre le pas sur les éléments formels au travers d'engrammes définis formellement, ainsi que l'indique le F % élargi. La dynamique prévaut sur l'intellectualisation, surtout si l'on tient compte de ce qu'apportent épithètes, adjectifs et verbes.

La charge agressive est présente partout dans une expression de rivalité s'exprimant sans modulation. Elle est liée à la présence d'une image paternelle forte, angoissante, à laquelle Georges désire fortement s'identifier (IX) dans une démarche d'identification à l'agresseur. On perçoit, par ailleurs, une polarité passive, dépressive (C') qui lui permet sans doute d'éviter la compétition malgré la force des pulsions.

L'adaptation paraît devoir se faire dans la réalité à deux niveaux. Le Rorschach révèle une potentialité de réactions caractérielles clastiques — ce qui n'apparaissait guère en clinique — et à aucun moment la facture de ce protocole ne laisse supposer l'élaboration de mécanismes défensifs susceptibles de faciliter l'intériorisation du conflit.

PROTOCOLE DE RORSCHACH DE GEORGES K., 8,2 ans (1963)

	Cotations			
I				
– C'est des cascades, petites montagnes, (*la neige, ça ressemble dans l'eau, ça représente la neige*)	(Dd) G	C'F	Nat	
II				
– < C'est deux ours	D	kan	A	Ban
– Et puis ça saigne, ils se sont bagarrés	D	CF	Sg	
III				
– Là, c'est deux petits ânes, non deux animaux qui se bagarrent	D	kan	A	
– Et puis il y a du sang	D	C	Sg	
IV				
– Ça c'est une personne, c'est une personne... qui va attraper des animaux, poissons, enfant, vole tous les enfants	G	KClob	H	
V				
– Ça ça ressemble à une souris volante	G	kan	A	Ban
VI				
– Là, c'est un personnage du genre sérieux parce que dans les contes c'est des blagues	G	F–	(H)	
VII				
– Là, ça représente deux petits ânes qui se regardent (D sup)	D	kan–	A	
– En bas, c'est deux lunettes (D inf.)	D	F–	Obj.	
VIII				
– Là, c'est deux ours blancs qui attaquent j'ai jamais vu ça (montre D bleu, orange)	D	kan	A	Ban
– Un poisson (D gris sup)	D	F+	A	
IX				
– Là il y a deux crabes, non deux chasseurs qui se visent l'un dans l'autre	D	K	H	
– En bas c'est les deux crabes (D vert)	D	F–	A	
– L'orange (D rose) je ne sais pas, deux boules de neige	D	CF–	Nat.	

	Cotations			
X				
– Là, il y a deux araignées, deux petits crabes	D	F+	A	Ban
– là, deux petits lions	D	F+	A	
– Là, c'est deux singes (D bleu méd.)	D	F+	A	
– Pour sécher les cheveux, le truc (D jaune lat.)	D	F+	Obj.	Orig.
– Là des raisins (« cerises »)	D	F+	pl.	

CHOIX + : VIII, IX, X, VII
CHOIX – : les autres

PSYCHOGRAMME RÉSUMÉ

R : 20	G % : 20	F % : 45	F % élargi : 80
	D % : 80	F+ % : 67	F+ % élargi : 75
		A % : 50	
	Z : 18	H % : 15	
T. App. G D			
T.R.I. 2K/4,5 C		Ban : 4	
F.C. : 5 k/0			
R.C. % : 50			

2. Les « traits névrotiques » de 6 à 8 ans

α) LA SYNTHÈSE DU GROUPE

Les conduites face à la situation particulière du Rorschach sont dans ce groupe peu homogènes, ce qui ne peut surprendre étant donné la plus grande implication et la résonance sans schématisation déterminée qui nous les a fait classer dans ce groupe. La situation paraît concerner davantage ces enfants qui se montrent moins primesautiers. Leur participation devient en quelque sorte plus sérieuse. La créactivité est plus diversifiée : il existe un pôle restrictif pour un tiers du groupe et un pôle expansif plus proche de la productivité du groupe normatif.

Une approche globale d'un niveau peu élaboré domine, avec cependant des associations formelles adéquates. L'effort d'analyse se fait avec un contrôle plus rigoureux. Bien qu'il y ait peu de réponses, l'expression émotionnelle est vive et variée, mais pouvant être soudainement freinée ou barrée. Lorsque la réactivité est quantitativement plus fournie, elle reste encore de mode global, mais susceptible d'élaborations plus riches, élaborations réussies sans aucune suspicion de désorganisation. Le découpage

Rorschach :
Psychodiagnostics

TABLE DES PLANCHES

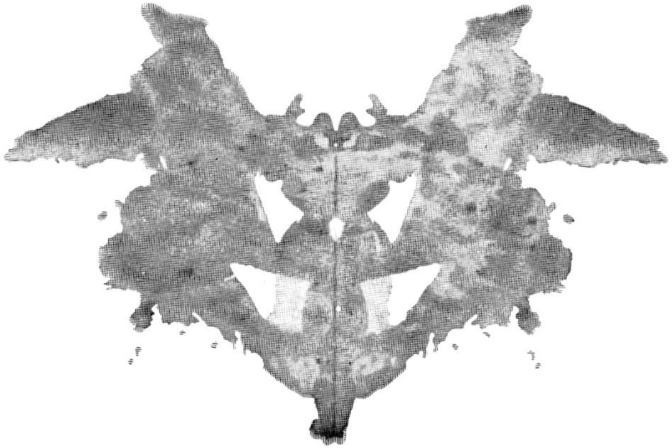

I

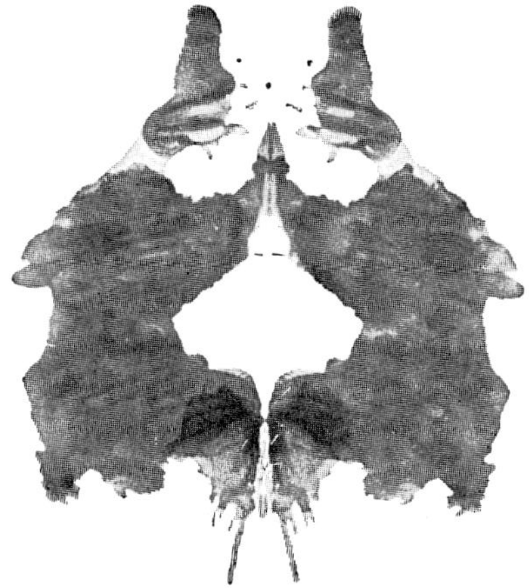

II

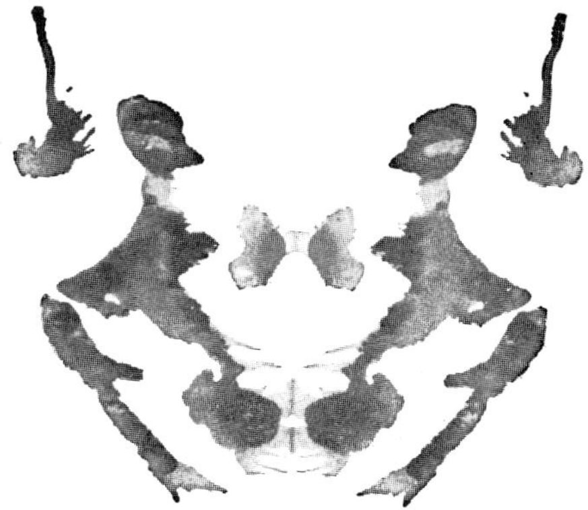

III

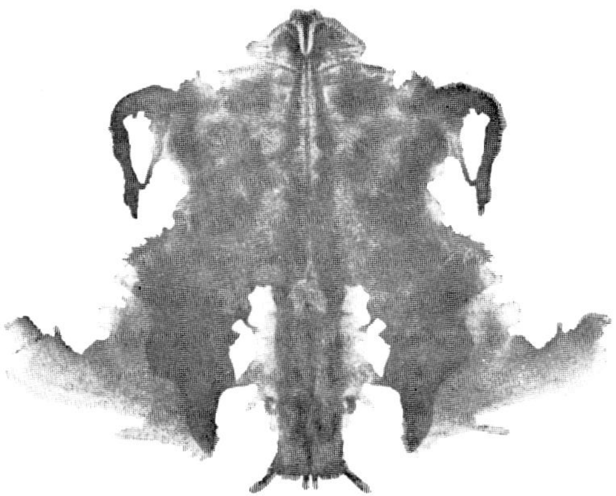

IV

V

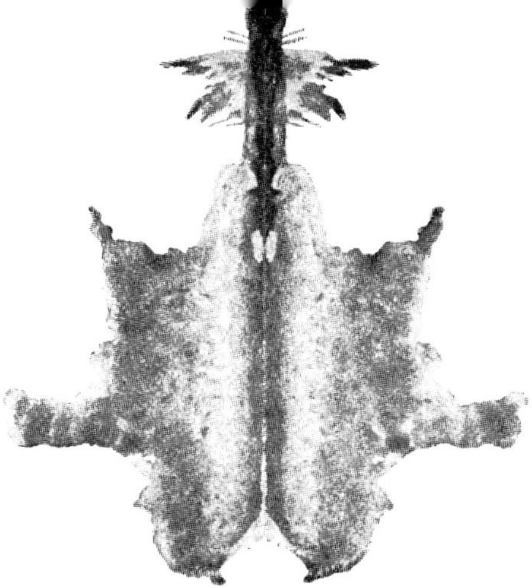

VI

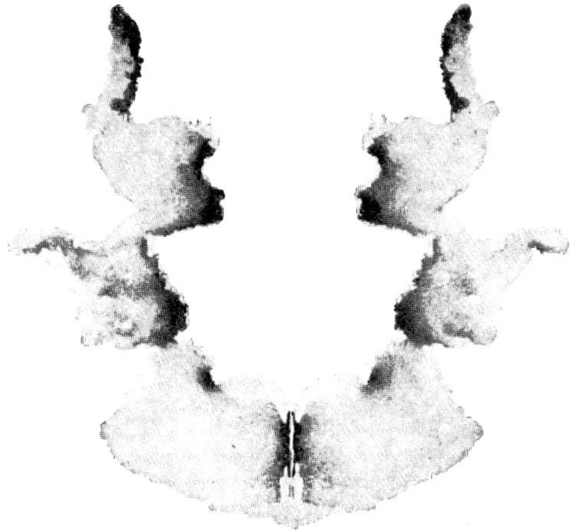

VII

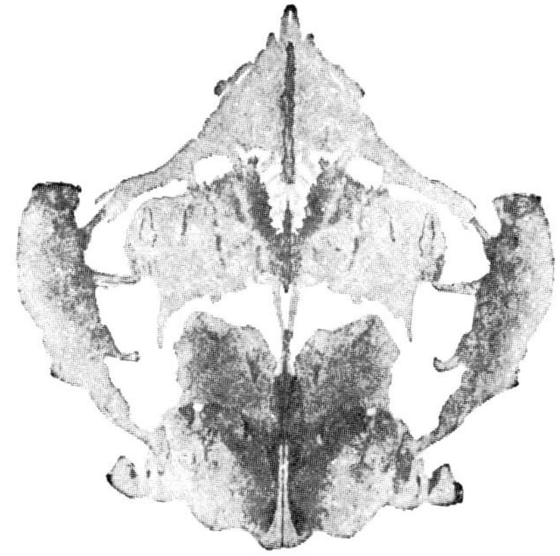

VIII

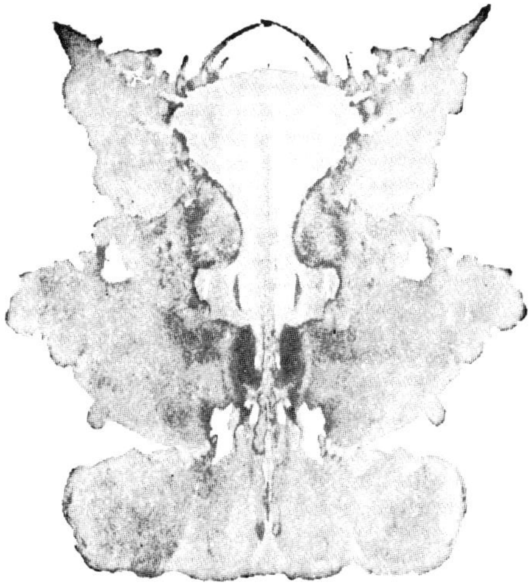

IX

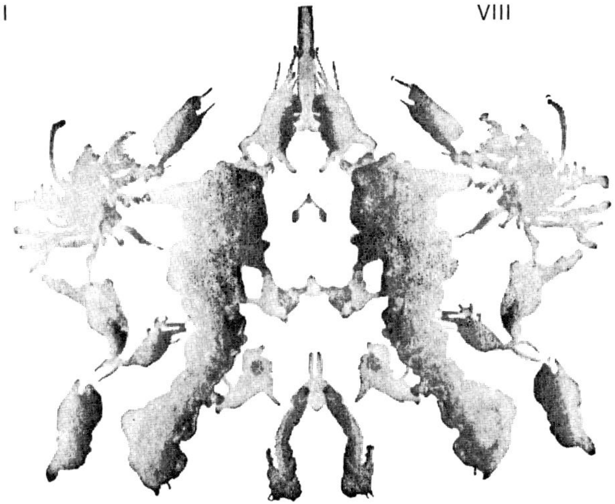

X

en D permet toujours un contrôle meilleur. L'aspect formel est exploité normalement. Toutes les catégories de kinesthésies interviennent et les couleurs apparaissent ici de façon plus fréquente et parfois même massive. Les images de référence sont essentiellement animales et on peut noter que les représentations imaginaires tant humaines qu'animales n'interviennent que très peu. Les engrammes classiques, dits banals, sont reconnus surtout à V et VIII.

Dans l'ensemble, la démarche perceptive logique et l'intellectualisation ne sont pas spécialement investies et l'attitude scolaire n'y trouve pas place.

Ce qui fait la spécificité de ce groupe, c'est la tonalité anxieuse, jamais massive, mais laissant à la lecture l'impression d'un climat de tension et de lutte. Le conflit est présent, chaud, même lorsqu'il n'est pas exprimé directement, il est manifestement réactivé par les images du Rorschach. Il s'agit pour certains de la difficulté à résoudre le conflit œdipien avec persistance d'une angoisse de castration trop forte et ambivalence du choix des identifications. Pour d'autres, il y a régression à des stades de fixation antérieurs avec résurgence d'images parentales pré-œdipiennes. Ne pouvant se permettre de projeter leur problématique, quelques-uns se réfugient dans des attitudes défensives telles que l'évitement et le refoulement. Toutefois, chez tous, l'énergie n'est pas totalement bloquée comme dans les névroses caractérisées. Une certaine souplesse, un recul un peu ludique laissent supposer que les forces du Moi ne sont pas entièrement drainées par la lutte et qu'il demeure des capacités d'ouverture et de compensation.

La représentation des images parentales est conforme aux positions adoptées par chaque enfant : dans certains cas elle est représentée à deux niveaux dont l'un correspond à celle existant chez les normatifs et l'autre est plus régressif, dans d'autres cas elle est évitée. Il semblerait là que l'image paternelle ne soit pas ici aussi prédominante que chez les normatifs.

Il n'est pas étonnant de constater que c'est la recherche active de la représentation de soi qui est au premier plan, peut-être pour se libérer d'une grande dépendance des images parentales. Il faut noter chez les petites filles la fréquence d'attitudes de compensation sur un mode narcissique assez outrancier, alors que, chez les garçons, les compensations viriles du type caractériel observées ailleurs n'apparaissent pas.

ß) LES EXEMPLES

Patrick S., 6,5 ans

L'enfant, élève du cours préparatoire, est vu à l'école. Dans un climat de malaise et de réticence, il donne, après encouragement, un grand nombre de réponses en termes très descriptifs et en gardant une grande distance. Celle-ci est beaucoup plus de l'ordre de l'inhibition que du blocage essentiel puisque les questions déclenchent des fabulations et des commentaires personnels.

L'approche perceptive dominante est un découpage qui ne vise pas l'analyse active, mais qui procède du besoin de limitation, de restriction : la surcharge en D rejoint à maintes reprises le mode d'approche Do et ce sont les D qui portent l'expression de la problématique et qui seront, de ce fait, plus facilement objets de dégradation dans leur qualité structurale. Les éléments formels guident les associations et si d'autres aspects s'y ajoutent ce sont des animations anthropomorphes de la forme. Le F% élargi est à 100 % avec valorisation des représentations incomplètes de l'image humaine — Hd nombreux fournissant le H% à 42.

La tension persiste tout au long du protocole. Elle paraît suscitée par une angoisse face à toute sollicitation de la pulsion agressive que P. vit comme susceptible de l'atteindre, ce dont font foi les commentaires et les remarques. Cette atteinte concerne au premier chef la castration, ce qui détermine chez lui une recherche importante de la représentation totale non mutilée de l'image humaine qui échoue la plupart du temps ou provoque des associations sur des thèmes de mutilation. La fabulation suscitée par les questions lui permet de formuler sa crainte et de diminuer ainsi la tension accumulée lors du recours aux mécanismes d'inhibition. Les images parentales apparaissent à deux niveaux : elles sont soit bien campées, soit plus floues en raison de l'évitement ou de la projection de l'angoisse de castration sur l'image maternelle (VII, VIII, IX). La représentation de soi existe et semble constamment recherchée. Elle ne parvient cependant pas à atteindre son but à cause des difficultés d'affirmation de soi dans un rôle sexué.

L'adaptation est possible à partir d'un blocage qui est facilement levé. La tension qui soustend l'expression altère et limite l'épanouissement de l'enfant. P. semble susceptible de réagir névrotiquement dans le sens d'une inhibition rétraction dans les situations de stress.

PROTOCOLE DE RORSCHACH DE PATRICK S., 6,5 ans (1966)

	Cotations			
I				
— Je ne sais pas, à une bête comme une mouche, ça (montre D méd.) ça ressemble au corps et ça à la tête	D	F+	A	
— Ou à une chauve-souris (Elle fait quelque chose ? : *je ne sais pas, elle vole* —) V Λ	G	F+	A	Ban

Cotations

II

V J'en sais rien (encouragements +++ ; regarde ailleurs) je ne sais pas...		→ Choc		
(– D noir ? : ... ; – animal ? : *on dirait deux ours qui se tapent la main ça c'est la tête et ça c'est les pieds. Je suis allé au Zoo de Vincennes avant je suis allé au zoo de Vincennes, les girafes, elles bavaient sur nous.* – Rouge ? : *Ça à un papillon* (D r. inf.) *parce que ça c'est les ailes et ça, sa tête et son corps, ça, j'en sais rien* (D r. sup.) *on dirait que les ours ils tiennent ça et ça* (D r. sup.)		Refus		

III

– Ça on dirait un... un crabe, ça (D noir inf.)	D	F–	A	
– On dirait des branches d'arbre ça aussi (« jambes » habituelles)	D	F+	Pl	
– Et ça c'est un papillon, on dirait un papillon ça	D	F+	A	Ban
– On dirait des bonshommes, on dirait des monsieurs	G	K	H	Ban
– On dirait une tête de cheval ça (D r. lat) et ça aussi (id.) et ça et ça les jambes – ? – *du cheval* (Dd sup. *in* r. lat.)	D	F–	Ad	
– (– Ils font quelque chose les messieurs ? : *Ils ont attrapé un crabe. Ils l'ont attrapé par-derrière parce que il l'aurait piqué par-devant ou bien pincé, il est gros. Ça c'est une branche de bois et ça aussi. Là, elle a été coupée et là aussi et elle a été cassée et là aussi* (D noir lat. inf.)				

IV

– Ça on dirait des pieds	Do	F+	Hd	
– V... Ça on dirait des pieds çà, des mains et ça c'est le corps, ça c'est quoi ? (D méd. inf.)	Ǥ	F+	H	
(– Pieds et mains de qui ? : *D'un monsieur, on voit pas la tête.* – Comment il est ce monsieur ? : *debout.*				
– Fait-il quelque chose ? : ... *je ne sais pas*				

V

– Une bête qui vole	G	kan	A	
– Un papillon /reste avec la planche en main, assez dépendant/	G	F+	A	Ban

VI

/assez gêné, regarde ailleurs/		→ Choc		
– Ça c'est une bête qui vole (D sup.)	D	kan	A	
(Genre de bête ? : *je sais pas, elle coupe là et là. Il y a la bête qui vole*)				
– Et ça une feuille (D. inf.)	D	F±	Pl	

VII

– Ça on dirait une tête (D troisième tiers)	D	F–	Hd	
– et des bras et des bras (D deuxième tiers)	Do	F+	Hd	
– puis des pieds (D premier tiers) – De qui ? : *D'une dame* – (– Dame en G ? : *Non on ne voit pas son corps là* [Dbl] *on voit pas ses yeux.* – Fait quelque chose ? : *Elle marche*)	D	F–	Hd	

	Cotations			
VIII				
/Regarde combien il reste de planches, regarde ailleurs/				
– On dirait un renard et ça aussi (D lat.) et puis ils amènent une dame, ça c'est la main et ça l'autre (D gris)	G	kan	A/Sc.	Ban
– et ça c'est le corps et ça les pieds (D or. lat) (le corps : vert et rose-or.) (– C ? : *C'est sa robe et sa tête et ça un voile et ses mains, les deux renards, ils amènent une mariée, puis c'est tout ; on voit plus rien*)	D	F–	H	
IX				
– V On dirait une tête, ça c'est les oreilles et là aussi (D rose)	D	F–	Hd	
– Ça c'est le corps (D vert)	D	F–	Hd	
– Ça c'est les mains et ça aussi Et ça c'est les pieds (D or.)	D	F–	Hd	
– Ça c'est les yeux et ça le nez (Dd *in* D rose méd.)	Dd	F–	Hd	
– De qui ? – : *D'une petite fille.* – A quoi vois-tu que c'est une petite fille ? : *On voit plus rien !* –				
X				
– on dirait deux abeilles qui prendent un pot de miel (D gr. sup.)	D	kan	A	Ban
– et ça (D bl. lat.) un crabe et ça aussi	D	F+	A	Ban
– Puis ils ont des saucissons à la main (D vert sup.)	D	F–	Alim.	
– Ça on dirait deux petits enfants (D j. méd.) – ? – *parce que ça et ça c'est leurs jambes, bras, œil, tête, corps* – garçon ou fille ? : *Deux petits garçons*	D	F–	H	
– Et ça un lion et ça (D brun roux) – ? – *Sa crinière, sa bouche, ses pattes*	D	F+	A	
– Et ça, c'est un cerf et ça aussi (D brun) avec sa patte arrière et ses cornes.	D	F+	A	
– Et ça un oiseau, sa queue et ça aussi (D j. lat)	D	F+	A	
– Ça c'est une pince (D vert inf.)	D	F+	Obj	
– Et ça deux messieurs (D bl. méd) ils ont trouvé une pierre, ça c'est un rocher et ça aussi (D rose) où ils sont montés dessus. Après c'est tout.	D	K	H	

CHOIX + : VIII, IX, X, III, II « parce qu'elles sont en couleur »
CHOIX – : VII, VI et IV « pas beau » « pour VII on voit que la moitié du corps »
PAPA : ne sait pas
MAMAN : III « Ça c'est papa et ça c'est maman »
TOI : ne sait pas
PEUR : IV « parce qu'elle est grosse »

PSYCHOGRAMME RÉSUMÉ

R : 31	G % : 19	F % : 81	F % élargi : 100
	D % : 68	F+ % : 50	F+ % élargi : 61
T. App : G D Dd Do	Dd % : 3	A % : 45	
T.R.I. : 2 K/0	Do % : 6	H % : 42	
F.C. : 4 k/0			
R.C. % : 48	Z : 20	Ban : 7	

Philippe C., 7,6 ans

Très petit de taille, très enfant d'attitude, Philippe est amené pour « nervosité ». La réactivité semble aisée, mais elle est augmentée par un certain besoin de dépendance et reste déterminée par la structure même du stimulus. L'utilisation des phrases complètes vise plus à expliciter sa manière de faire qu'à définir des images. En effet, celles-ci une fois trouvées et données, Philippe se satisfait de cette découverte et n'en profite pas pour l'exploiter de façon personnelle.

Si le rapport des fréquences des modes d'appréhension est du type adulte, il faut signaler la persistance de structurations de niveau très enfantin et qui ne sont pas critiquées, avec parfois des retours sur les détails médians qui sont autant d'essais défensifs mal réussis. Les configurations formelles sont responsables des réponses et les deux intégrations couleurs sont très plaquées. Le bestiaire est utilisé sans grande personnalisation.

Le plus évident dans ce protocole est le doute de Philippe quant à ses capacités, et son sentiment d'impuissance, alors qu'en un second temps on peut repérer beaucoup de thèmes renvoyant à l'agressivité sur un mode sadique-anal. Ces thèmes comme à peine esquissés sont peu assumés et on dégage mal s'il s'agit chez lui d'une peur de l'agressivité ou d'un désir non assumé de posséder la puissance. Le même flou règne dans la projection des images parentales dont on discerne mal la différenciation, même si les planches à symbolique virile accentuent le malaise et acculent Philippe soit à une régression dans le mode d'approche comme à IV soit à une mobilisation de défenses plus définies comme à VI. Dans ces conditions la représentation de soi ne peut guère être précise.

L'adaptation se fait dans la relation de dépendance à l'autre, dans une attitude de mise à distance qui permet d'éviter la prise de conscience d'une anxiété flottante perceptible dans tout le protocole.

PROTOCOLE DE RORSCHACH DE PHILIPPE C., 7,6 ans (1968)

	Cotations			
I				
– C'est un bonhomme avec bras, tête, il a des pieds (D lat. sup.)	D	F–	H	
– Il a des ailes, ah, ça un aigle	(D) G	F+	A	Ban
II				
– C'est une pince, voilà	D	F+	Obj.	
– Du rouge en bas et du rouge là	D	C	NC	
Je mets à l'envers V je peux pas reconnaître – ? –				
– *A des chaussures* (D r. sup.) – ? – *à des piquants*	D	F–	Obj	

		Cotations		
III				
Comme ça...		→ choc		
– Un papillon ça (D r. méd. « *parce que rouge* »)	D	FC	A	Ban
– Ça c'est une autruche, ça ressemble	D	F+	A	
Un petit faon, faut pas dire fa-on V				
– Ça c'est du bois (« jambe » habituelle)	D	F±	Pl	
IV				
– ... Un papillon. Je retourne ?	G	F–	A	
– V Qu'est-ce ... On dirait un roi (*parce qu'il a une couronne.*) On peut pas deviner, c'est pas un	Dd G	F–	(H)	
– escargot	DG	F–	A	
– un oiseau	DG	F+	A	
V				
– Un papillon	G	F+	A	Ban
– V Puis comme ça un papillon quand même	G	F+	A	
VI				
– Il y a des traits, – ? – *au milieu il y a ça* (Dd int.)	Dd	F±	Fgt	
– ailes, piquants, V je peux pas deviner	Do	F+	Ad	
VII				
– Là il y a un trait V	Dd	F±	Fgt	
– Une petite fenêtre là (Dd méd.)	Dd	F+	Fgt	
– On dirait un éléphant (les deux premiers tiers), ça aussi	D	F–	A	
– Ça y est, V des petits agneaux qui croquent un	D	F–	A	
– papillon	G	kan	A	
VIII				
Oh les belles couleurs		Rem. couleurs		
– On dirait que ça c'est des cochons parce que c'est rose	D	FC	A	Ban
– Il y a des traits	Dd	F±	Fgt	
– V je retourne, un perroquet	D	F–	A	
– Oui, puis un papillon, je peux pas trouver (D r. – or.)	D	F+	A	
IX				
Encore !... ça... V ... Λ				
– On dirait des crabes non... des langoustes...	D	F+	A	
– Des cochons parce que c'est rose PSV	D	CF	A	
Je ne sais pas ça (D vert)				
X				
– C'est difficile, V, Ça c'est une pince	D	F+	Obj	
– Une langouste (D vert sup.) là aussi	D	F–	A	
– Un serpent avec une pince (D vert méd.)	DD	F–	A	
– Ce seraient des montagnes	D	F±	Nat	
– Des langoustes (D bl. lat.)	D	F–	A	
– Puis un crabe (D gr. lat.)	D	F+	A	
– Λ Là des escargots (D j. méd.)	D	F+	A	

CHOIX + : X, IX, VIII, VII
CHOIX – : les noires, toutes les noires, sauf VII, : IV, I, V, VI « ça me fait penser à des cauchemars, des fois quand on rêve de fantômes ».

PSYCHOGRAMME RÉSUMÉ

R : 34	G % : 24	F % : 85	F % : élargi : 94
	D % : 62	F+ % : 61	F+ % élargi : 63
T. App. G D Dd Do	Dd % : 12	A % : 62	
T.R.I. : 0K/2 Σ C	Do % : 3	H % : 6	
F.C. : 1k/0	Z : 8,5	Ban : 4	
R.C. % : 41			

Manuelle E., 7,2 ans

Élève de cours élémentaire, vue à l'école, cette enfant donne avec une verbalisation aisée un protocole riche, imaginatif, avec une certaine conscience d'interpréter au sens d'entrer dans le jeu. D'emblée, l'impression d'ensemble est celle d'une maîtrise en souplesse des problèmes et d'un investissement intellectuel déjà assez poussé.

L'approche perceptive est à trop forte dominance globale, mais garde un bon niveau de structuration et une aptitude spontanée à la combinaison, délaissant du même coup la recherche d'une analyse qui est du reste peu adéquate quand elle est donnée. L'expression est très variée, elle est aussi bien orientée vers l'utilisation du sensoriel et vers l'animation des images humaines et animales qu'attachée au formel. La diversité des contenus va également dans ce sens.

La variété des images et des projections fait état d'une grande facilité de symbolisation, adaptée aux planches, avec une insistance particulière donnée à des symboles représentant aussi bien l'image virile que l'image féminine. La thématique reste typiquement sado-masochique dans la projection d'images féminines représentées par des contenants particulièrement « remplis » (VII) donc valorisés, ou tout à fait dénarcissisés (collier sans perle, fleur morte). *A contrario,* l'image virile n'est jamais positive, mais toujours mutilée. Le conflit se situe dans la difficulté d'identification à l'image maternelle très puissante et en cela dominatrice, la seule réalisation possible est d'être le « contenant », ce qui renvoie au fantasme de maternité.

Il semblerait que Manuelle parvienne à se dégager de la situation et que la richesse intellectuelle et affective soit une heureuse compensation au sentiment d'impuissance qu'elle peut, par ailleurs, ressentir.

PROTOCOLE DE RORSCHACH DE MANUELLE E., 7,2 ans (1974)

	Cotations			
I				
– Un papillon (*il a des antennes et la queue avec sa raie*)	G	F+	A	Ban
– Un bonnet d'âne (Vu à l'envers – ? – *Là c'est les oreilles* (D lat.) *et là les yeux*)	G/bl	F+	Obj	
– Un masque c'est tout (V *Là je l'ai trouvé joli comme un masque à la télé pour mettre sur la tête)*	G/bl	F+	Masque	
II				
Ça ressemble encore à un papillon, un papillon – déchiré qu'on a mis le feu ; c'est tout. (– ? – : *il avait de petites ailes* (nie l'influence de la couleur) *le feu c'est rouge un feu*	G	CF	A/Elem.	
III				
– On dirait des petits messieurs qui sont dans le feu qui sont brûlés dans la marmite (– ? – *le feu y a le rouge et la marmite* – brûlés ? : *Y sont noirs* –)	G	KCC'	H/Sc	Ban
– Ou un papillon, c'est tout (R. méd.) (– ? *Y a, il est... une couleur rouge et fait comme ça*)	D	FC	A	Ban
IV				
– Un papillon – ? – *Y a les... ses... un papillon mort ses ailes baissées*	G	F+	A	
– Une marmite (D méd.) – ? – *C'est comme ça.*	D	F–	Obj.	
– Une petite cabane (– ? – *la porte là... le toit et les machins.*) C'est tout.	G	F–	Arch.	
– V Λ On dirait un bonhomme qui a plus de tête (*Il est assis sur un tabouret et a plus de tête*)	G	K	H	
– V On dirait de l'herbe avec un bout de bois... Une feuille (G) (le bout de bois : D méd.) planté y a ça plus noir là. Tout.	G	EF	Pl	
V				
– Une limace qui est dans une marmite (– ? – *là c'est la limace* (montre D. méd.), *ses petits machins*)	(D) G	F–	A/Obj.	
– Un papillon	G	F+	A	Ban
– Un oiseau (– G ? : *le ciel, il vole*) V Un oiseau qui vole dans le ciel. C'est tout.	G	kan	A	
VI				
– Une fleur qui a plus de... (D méd.) Une fleur cassée, sans	D	F–	Pl	
pétales, elle est morte		→ Clob		
– Une marmite où qu'y a un oiseau qui vole dedans, c'est tout !	(D) G	kan–	A/Obj.	
– V La maison d'un oiseau, les ailes de l'oiseau (D sup.) C'est tout – ? *L'oiseau avec ses ailes* – ? –	D	F+	A	
C'est grand et noir (D sup.) *comme les marmites* (D inf.) – ? – *Là c'est la maison et l'oiseau qui vole dans le ciel*)	(D) G	F–	A/Obj.	

VII

– Une ronde de papillon quoi (*Comme le feu d'artifice avec la ronde autour*)	G	kan	A	
– Un collier qui était détaché et y a plus de perles (– ? – *avec les perles attachées autour*)	G	F+	Obj	
– Un bracelet (id)	G	F+	Obj	
– V Une ronde où qu'y a plein de monde dedans (même ronde que tout à l'heure)	G	K–	H	

VIII

– Un avion (D gris sup) – ? – *son grand...* – ? – *ses ailes*	D	F+	Obj	
– Un papillon qui a des bêtes dessus de chaque côté (D méd.) (– ? – : *Là y a des ailes... et le milieu.* – ? – *Ben des petits ours*) C'est tout.	DD	F+	A	Ban
– Un papillon V C'est tout.	D	FC	A	

IX

– Une église qui est défaite et dedans y a des	G	F–	Arch	
– feuilles (*elle a beaucoup de couleurs* – ? – *les feuilles* [montre le D vert] *ont volé dedans, quand on a démoli la vieille église)*	D	CF	pl.	
– V Un monsieur, sans oreille, sans tête, sans rien (– ? – *avec ses pieds* – ? – *y a les pieds comme des mains et son cou, mais sans tête,* (pas d'influence de la couleur). C'est tout !	G	F–	~~H~~	

X

– Des étoiles dans la nuit (D Bl. lat.) (– ? – *Y a un rond et comme ça* [fait le geste])	D	F–	Nat	
– Puis y a une fleur, ou alors une fleur avec des pétales (D rose et tout le centre) V Une fleur avec des couleurs (même local.). C'est tout	D	CF	pl.	

CHOIX + : X, IX, « Y z'ont beaucoup de couleurs, sont gaies »
CHOIX – : V, VII « z'ont des couleurs foncées »

PSYCHOGRAMME RÉSUMÉ

R : 30	G % : 67 %	F % : 60	F% élargi : 87
	D % : 33 %	F+ % : 56	F+ % élargi : 54
		A % : 43	
T. App. : G D	Z : 37	H % : 13	
T.R.I. : 3 K/4 Σ C			
F.C. : 3k/1 Σ E			
R.C. % : 27		Ban : 5	

Fabienne F., 7,2 ans

Examinée dans le cadre scolaire, l'enfant est d'emblée très bloquée, réfugiée dans un silence qui paraît intentionnel étant donné la présence de réponses additionnelles sollicitées. La productivité est donc très restreinte et va jusqu'au refus pour trois des situations, mais elle est parfaitement contrôlée et ce contrôle reste d'une vigilance excessive même lorsque Fabienne réussit à introduire des éléments plus dynamiques. L'expression verbale paraît très pénible, réduite, comme si elle craignait de donner de plus amples développements.

Le mode d'appréhension est aussi bien global qu'analytique et sa qualité d'élaboration montre une capacité à maîtriser l'un comme l'autre avec succès et laisse supposer des possibilités plus larges de maniement instrumental.

C'est à travers les quelques images et les conduites de blocage, leurs formes et leurs places, que l'on peut avancer la notion d'une problématique sexuelle du registre hystérique, sûrement très anxiogène, mais déjà bien refoulée. (Cf. perception de la scène sexuée à I, mécanisme de refoulement à II, blocage et abord partiel à IV, refus de VI avec réponse additionnelle en Do, blocage refoulement à VII et IX.) Les images parentales sont nettement reconnues et différenciées. Il faut cependant remarquer que les difficultés de réaction (II, VII, IX) paraissent plutôt renvoyer à ses propres difficultés d'identification féminine que relever d'un mode de relation complexe avec l'image maternelle. Il n'est guère possible à partir de ce protocole d'établir le type de relations aux images parentales puisque ces relations sont éludées.

L'adaptation nous paraît se faire sur un mode hystérique, mais il faut se garder d'en déduire qu'il s'agit d'une névrose franche étant donné la situation particulière dans laquelle s'est effectué le test, la réticence aussi délibérée et l'existence évidente de possibilités d'intégration.

PROTOCOLE DE RORSCHACH DE FABIENNE F., 7,2 ans (1975)

		Cotations	
I			Choc
– (Très bloquée).... Une danseuse et deux danseurs – ? – *Ça ressemble à en... y dansent*	G	K	H
II			
/Prend la planche, à 1'15 retournements +++ 3'30/			Choc
– Λ une rivière (retournements) Ya de l'eau (Dbl) /Rend la planche à 5'/.	Dbl	C'F	Elém.

				Cotations	
III					
– 8" Deux messieurs (– ? – y veulent prendre le papillon)		G	K	H	Ban
– Un papillon		D	F+	A	Ban
IV					
/Retournements – encouragements à l'/					
– 3' Un hibou (D méd.) (? – *Ça ressemble*)		D	F+	A	
R. Add. *Deux crocodiles, ça ressemble* (D lat.)					
V					
– 3" Une chauve-souris		G	F+	A	Ban
– V Λ Un papillon (*Il a des grandes ailes et une tête de papillon*)		G	F+	A	
VI					
/Retournements + + +/ 2' /se tait toujours sans rendre la planche, encouragements/ Rien !			Refus		
R. Add. *Ça une tête de messieur* (D méd. sup.)					
VII					
/Retournements + + +, veut rendre la planche à l', encouragements/ 4' Rien ! /rend la planche/			Refus		
VIII					
– 13" Deux ours, ils sont tous pareils		D	F+	A	Ban
– V Λ Un papillon (D r. inf.) – ? – *il est joli.* Rien		D	FC	A	
IX					
– 1'30 Rien il est pas beau	5'	Refus			
X					
– V Λ Un lapin... Rien	2'40	D	F+	A	
Add. : *Deux pinces de crabe* (D vert sup.)					

CHOIX + : VIII, V
CHOIX – : X, IX

Elle ne peut justifier ses choix

PSYCHOGRAMME RÉSUMÉ

R : 10	G % : 40	F % : 60	F % élargi : 80
Refus : 3	D % : 50	F+ % : 100	F+ % élargi : 100
	Dbl % : 10	A % : 70	
		H % : 20	
T. App. G D Dbl	Z : 10,5		
T.R.I. : 2 K/1,5 Σ C		Ban : 4	
F.C. : 0/0			
R.C. % : 30			

Christiane K., 7,8 ans

Enfant vue pour comportement captatif et apparition de tics. Elle répond de façon pléthorique et désordonnée à la situation comme si elle cherchait à donner satisfaction à la demande sans poursuivre une adéquation objective ou personnelle. Le déroulement des réponses et leur caractère apparemment gratuit rappellent un dévidement du registre hypomane.

Le mode de perception, limitatif, circonscrit et sans but, ne paraît pas spécialement l'indice d'un type particulier de défense ou de mode de pensée. Seule la réalité du stimulus sensoriel et factuel (forme, couleur, texture, grandeur) importe. Les modes mineurs utilisés sont en général réduits à une énumération descriptive sauf certains qui, assez brusquement, semblent traduire la persistance d'un univers bien archaïque. L'expression utilisée est formelle pour 65 % mais surtout sensorielle, sous forme de constats immédiats, directs, très proches de la réaction physiologique et sans acte d'intégration (« c'est du blanc », « un éclat rouge », « tache grise »). Les contenus référentiels sont des éléments partiels dont on ignore la référence sous-jacente (trois doigts, deux yeux).

Quel que soit l'effort d'analyse on ne peut retrouver de trace précise d'une problématique authentique ; les rares repères présents tels « gros ventre », « bouche », « ailes », surgissent d'une façon insolite sans qu'on puisse les rattacher à une fantasmatisation.

En cela, le protocole n'appartient peut-être pas à une série « traits névrotiques » au sens strict, mais il n'est pas non plus névrotique en raison de l'absence d'intériorisation du conflit. La seule issue possible pour cette enfant, compte tenu du symptôme, paraît être la somatisation.

PROTOCOLE DE RORSCHACH DE CHRISTIANE K., 7,8 ans (1963)

	Cotations		
I			
– Une tache	G	F±	Fgt
– Une sorte d'aile déchirée	Do	F+	Ad
– Des petites pattes, deux gros yeux, un trait	Ddo	F+	Ad
– Un petit coin blanc	Dbl	C'F	Fgt
– Un gros ventre (« jupe » habituelle) (s'esclaffe)	D	F–	Hd
– Que c'est une sorte de bête... un petit pied – ? – *à une bête*	Dd	F–	Ad
II			
– Je vois des gros éclats rouges	D	C	Fgt
– Un carré	Dbl	F–	Géom.
– Une... grosse tache grise,	D	C'F	Fgt
– Puis une bouche (Dd *in* D méd. sup.)	Dd	F–	Ad
– Je vois des petits traits puis un grand trait	Dd	F±	Fgt

		Cotations		
III				
– Je vois on dirait une sorte de singe	D	F+	A	
– Un papillon	D	F+	A	Ban
– Des têtes, des pieds, des pattes	D	F–	Ad	
– Des taches, deux traits, des traits, des petits traits	Dd	F–	Fgt	
IV				
– Une grosse tache grise, un trait au milieu	G	C'F	Fgt	
– Des petites cornes, deux petites cornes là	Dd	F+	Ad	
– Et deux petits... on dirait que ça penche – ? – *des branches cassées*	D	F+	pl.	
– Deux gros pieds avec des petits traits en dessous	Do	F+	Hd	
V				
– Ah Deux, deux cornes, deux pattes, deux ailes	Do	F+	Ad	
– Et un trait au milieu et... (Ça ferait un papillon)	Dd	F±	Fgt	
VI				
– Un grand trait au milieu des petites moustaches	Do	F+	Ad	
– Des petits traits	D	F±	Fgt	
– Une grosse tache grise avec des pattes	G	F–	Fgt	
– Deux trucs, ronds blancs (D méd.) des pattes qui se relèvent	Dd	F–	Ad	
– Et puis deux grands yeux (Dd inf.)	Dd	F–	Ad	
VII				
– Des taches grises en zig-zag, une sorte de côté, un côté–là, un côté de tache	D	FC'	Fgt	
– (– ? *Un animal*) trait blanc au milieu du blanc	D	C'	NC	
VIII				
– Deux bêtes de chaque côté	D	F+	A	Ban
– Un grand éclair orange – ? – *de feu d'artifice*	D	C	Élém.	
– Un autre éclair de feu d'artifice rouge	D	C	Élém.	
– On dirait des feuilles vertes	D	CF	Pl.	
IX				
– Deux pattes, ils ont deux mains, trois doigts – ? – *On dirait qu'ils ont un chapeau de clown sur la tête*	Do	F+	Hd	
– On dirait un fantôme, deux fantômes	D	F+	(H)	
– Des taches vertes,	D	CF	Fgt	
– un trait entre et une grosse tache rose, c'est tout	D	F±	Fgt	
X				
– Une branche (D gris sup.)	D	F±	pl.	
– Deux taches, une sorte d'écrevisse bleue	D	FȻ	A	Ban
– Deux feuilles vertes, deux cerises qui tombent, des bran-	D	FC	pl.	
ches (D gr. lat.)	D	kob	pl.	
– Deux grosses taches rouges, de côté deux taches orange	D	CF	Fgt	
– Des branches vertes (D vert méd.)	D	CF	pl.	
– Deux rayons de soleil et un autre sur la branche.	D	CF	Nat.	

PSYCHOGRAMME RÉSUMÉ

R : 43	G % : 7	F % : 65	F % élargi : 72
	D % : 56	F+ % : 62	F+ % élargi : 65
	Dd % : 21	A % : 33	
T. App : G D Dd Dbl Do	Dbl % : 5	H % : 12	
T.R.I. : 0K/14,5 Σ C	Do % : 12		
F.C. : 1 k/0 Σ E	Z : 10	Ban : 3	
R.C. % : 35			

3. Les « névrotiques » de 6 à 8 ans

α) LA SYNTHÈSE DU GROUPE

Ces protocoles témoignent d'une résonance certaine à la situation et au matériel lui-même qui personnalise la réactivité dans le sens soit du foisonnement soit de la restriction. L'implication est évidente et s'exprime surtout directement dans les images elles-mêmes, alors que les références personnelles et les commentaires subjectifs se font plus rares. La verbalisation, même lorsqu'elle est réduite à l'utilisation des substantifs, reflète une conscience nette d'interpréter et, par ailleurs, la charge projective semble favoriser une plus grande élaboration verbale.

Dans ce groupe, l'amplitude de la réactivité augmente et les positions de restriction ou d'expression sont plus accusées. Dans un contexte restrictif, les modes perceptifs se répartissent en quantité comme chez l'adulte mais, en qualité, ils frappent par le flou et l'indétermination des engrammes. Ceux-ci sont interprétés en fonction des formes avec participation de réactions primaires à la couleur. La productivité importante s'exprime par l'utilisation très large du stimulus en découpes habituelles, inhabituelles et lacunaires comprises. Ceci constitue déjà l'indication de références à des aspects structuraux plus individualisés supposant davantage de projections personnelles et une organisation plus complexe. La saisie perceptive analytique surtout au niveau des découpes (D), bien que plus investie que dans les groupes précédents, ne s'accompagne pas d'une recherche de rigueur objective. La prise en considération des engrammes courants est un peu restreinte, même la banalité de III n'est guère donnée. Le mode d'expression, bien que formel, est par ailleurs peu kinesthésique, alors que la stimulation couleur déclenche facilement des associations. Il est aussi à remarquer que cela va de pair avec un blocage de la représentation humaine au niveau des contenus, sauf dans les cas où la problématique est centrée sur la recherche de la différenciation de soi.

Pour nombre d'entre ces enfants, la structuration de la personnalité est déjà très orientée avec une thématique dominante et différente selon le type de problématique. Dans chaque protocole, les procédés défensifs utilisés sont d'un registre déjà plus nettement limité, plus circonscrit. Le recours à un mode défensif privilégié entraîne de ce fait une diversité de facture des productions, diversité qui ne se rencontre pas dans les autres groupes. D'autres cas sont moins nettement typés, dont la coloration globale est névrotique, et qui fonctionnent surtout de manière plus régressive avec l'expression de craintes mal délimitées, mais prégénitales. Chez ceux-ci apparaissent des recherches sporadiques d'une organisation défensive qui permettrait une meilleure prise en main du conflit. Il s'agirait en fait de «pré-névrose», l'âge et le mode de fonctionnement n'ayant pas encore permis une stabilisation.

Comme dans le groupe « Traits névrotiques», les images parentales ne sont pas toujours nettement abordées, mais, par surcroît, elles sont plus souvent indifférenciées. Il s'agit la plupart du temps d'une persistance de l'emprise de l'image maternelle prégénitale. Quand l'image paternelle est représentée, elle semble surtout investie d'une puissance phallique dangereuse mais d'un registre archaïque, plus primitif que l'image phallique de la position œdipienne.

La représentation de soi, l'image de soi existe, mais selon les enfants il s'opère un choix quant à la représentation d'eux-mêmes qu'ils poursuivent, ce qui relève peut-être d'un compromis, d'un balancement entre la stratégie défensive et la projection, le compromis étant un moyen de conserver l'unité du Moi.

ß) LES EXEMPLES

Didier H., 6,2 ans

Didier a été hospitalisé après la transformation d'un tic phonatoire en coprolalie qui pertube gravement son expression et compromet son adaptation scolaire qui, jusqu'à présent, était satisfaisante. C'est un enfant de contact aisé, déjà bien socialisé tout en conservant une certaine spontanéité. Son efficience intellectuelle montre dans ce domaine une maturité bien supérieure à son âge réel.

Le contraste entre la productivité importante et la verbalisation lapidaire en substantifs précis, sans adjectifs, est ici la preuve d'une forte réactivité face au stimulus. Didier est interpellé par le matériel, l'aborde avec sthénie par le biais d'un découpage analytique systématique et d'une attention brusquement focalisée sur les petits détails. Le recours aux caractéristiques formelles particulièrement élevé étant donné le nombre de réponses et confirmé par le F% élargi rend compte de la vigilance d'une part et d'un désir très fort de minimiser l'influence émotionnelle d'autre part. Tout se passe comme si Didier réalisait ici dans le Rorschach une limitation de ses besoins qui peut être perçue comme une centration sur une efficacité de rendement de type scolaire. L'acuité et la persistance de ces conduites, mais sans référence à la clinique, serait déjà source de préoccupations, compte tenu de l'âge de l'enfant. Il s'agit là, de toute évidence, de mécanismes d'isolation d'autant plus remarquables que la présence des pulsions transparaît déjà dans le symptôme et que leur expression deviendra massive dans les autres épreuves projectives.

Dans le Rorschach, l'attitude défensive, associée à la coprolalie, ne peut qu'amener à suspecter une problématique anale très contenue par des mécanismes de défense rigides. Dans le cas de cet enfant dont la structure obsessionnelle n'est pas en doute à partir du Rorschach, ce sont les autres épreuves projectives qui ont permis de préciser que la défense s'organisait contre des pulsions sadiques tant orales qu'anales.

Ce mode de structuration est sans conteste assez évolué et n'altère donc pas la représentation des images parentales, même si celles-ci ne sont pas particulièrement recherchées. Il semblerait que l'image paternelle renforce les défenses et entraîne minimisations et déplacements.

Si la structure du protocole est le signe d'une précocité du Moi, rare à cet âge, allant de pair avec une mise en place de mécanismes obsessionnels, elle est plus prédictive que reflet d'une stucturation actuelle puisque les mêmes mécanismes de défense ne seront trouvés qu'à minima dans les autres tests et que les manifestations des pulsions y seront directes. Il s'agit d'une organisation pré-névrotique de type obsessionnel qui ne peut que se systématiser, se renforcer pour laisser place à un fonctionnement de toute la personnalité identique à celui observé au Rorschach.

PROTOCOLE DE RORSCHACH DE DIDIER H., 6,2 ans (1970)

		Cotations		
I				
– 25"... Merde... Un jouet pour compter (Ddbl inf.)		Ddbl	F–	Obj.
– Ça ressemble à un « M » (« bosses » sup.)		Dd	F+	Symb.
– Ça une tête de chien (Dd lat. sup.)		Dd	F+	Ad
– Une aile d'oiseau (Dd lat.)		Dd	F+	Ad
(E.L. G ? : *à un arbre, il y a le pied, des feuilles*)	3'			
II				
– 20" ... Merde... V Une toupie (Dbl)		Dbl	F+	Obj
– C'est un pied de monsieur (D r. sup)		D	F–	Hd
– Λ Une langue (Dd lat. dans tête de singe)	2'20	Dd → Do	F–	Hd

		Cotations			
III					
– 9" Λ une dame, non deux		G	K	H	Ban
– A un papillon		D	F+	A	Ban
– Une chaussure (Dd *in* D r. lat)		Dd	F+	Obj	
– Un nez (D méd. inf.)		D	F+	Hd	
– Un sac (D méd. inf.)		D	F+	Obj	
– Une tête de cheval (Dd *in* D r. lat.)	1'50	Dd → Do	F+	Ad	
IV					
– 25" Un pied d'arbre (D méd.)		D → Do	F+	Pl	
– Un serpent (D lat)		D	F+	A	
– V Une bête, un chien (D lat) (E.L. G ? : *A un arbre qui retombe.*)	2'17	D	F+	A	
V					
– 6" Un gros papillon noir (*ses ailes, son corps, ses bosses, ses yeux là*)	1'45	G	FC'	A	Ban
VI					
– 7"... Merde... Des bras de chien (saillie lat.)		D	F–	H/Ad	
– Un grand trait (D méd.)		D	F+	Fgt	
– Des bosses /expression gênée/	2'15	D	F±	Fgt	
VII					
– 45" Un papillon, non trois, c'est tout /s'agite beau-		D	F+	A	
coup/	1'20	(D) G	F–	A	
VIII					
– 13" Une petite souris, deux, roses... < V qui montent à un arbre (*parce que trait et la couleur*)		D	F+ → kan	A	Ban
– < Λ Et là un papillon de toutes les couleurs (D or. r.)		D	FC	A	
– > Ça c'est un autre papillon parce qu'il a un trait au milieu et aussi les couleurs (D vert)	3'	D	FC	A	
IX					
– 38"... Merde... V Un rond (D rose)		D	F±	Géom	
– Un carré (D centre rose)		D	F–	Géom	
– Un papillon vert		D	FC	A	
– Une patte de poulet parce que c'est rond (D or.) (*Non deux pattes et un peu la couleur*)	2'10	D	F– → C	Ad/alim	
X					
– 6" Un crabe... deux		D	F+	A	Ban
– Deux petites souris (D gris lat)		D	F+	A	
– Là un pont (Dd gris haut)		Dd	F+	Arch	
– Un escargot (D jaune méd.)		D	F+	A	
– Un pied d'un monsieur, non d'une dame, non d'un monsieur (D jaune lat.)		D	F–	Hd	
– Un serpent parce que c'est vert (D vert inf.)		D	FC	A	
– Un petit lapin, non une tortue parce que c'est de la même couleur (D marron)		D	CF–	A	

		Cotations	
– Un petit crabe parce que c'est gris (D gris lat.)	D	FC'	A
– Un rocher, deux rochers (D rose)	D	F±	Fgt
– Un tout petit papillon parce que de toutes les couleurs (D or. méd.)	D	FC–	A
– Ça c'est des pattes de petit bébé (Dd *in* méd. vert inf.) 3'25	Do	F+	Hd/Ad

CHOIX + : IX et X
CHOIX – : II «à cause du rouge» et I
PEUR : X «le crabe»; IV «la tête de singe»
MAMAN : III «parce qu'il y a une dame»
PAPA : «je vais pas le trouver, il y en a pas»

PSYCHOGRAMME RÉSUMÉ

R : 41	G % : 7	F % : 76	F % élargi : 97
	D % : 64	F+ % : 69	F+ % élargi : 68
	Dd % : 22	A % : 56	
T. App. G D Dd Dbl Do	Dbl % : 4	H % : 15	
T.R.I. 1 K/5 Σ C	Ddbl % : 2		
F.C. 0/0		Ban : 5	
R.C. % : 46			
	Z : 7		

Michel P., 6,6 ans

L'enfant, hospitalisé pour boiterie pithiatique, est l'avant-dernier de six. Il est surprotégé par sa mère. Malgré la séparation d'avec sa famille qui vit en province, il se présente comme un enfant gai, spontané, d'excellent contact. Très familier avec l'examinateur qu'il connaît bien, l'enfant adopte une attitude de réticence capricieuse avec quête affective et besoin intense de séduction. La réactivité est un peu inégale avec tentatives de diversion et blocages. La conscience d'interpréter et la lucidité subsistent tout au long du test ; l'expression verbale est limitée à une reconnaissance d'images précises émaillée de remarques subjectives.

La saisie perceptive ne se fait guère qu'en globalisations avec intégration poussée des espaces blancs. Celles-ci sont autant fonction de la signification symbolique des planches que de leur caractère structural : le niveau de ces réponses est soit simplement adéquat, soit plus élaboré et l'articulation se fait par l'intégration des éléments intermaculaires et des stimuli couleur, ces derniers devenant très chargés de signification. Le mode d'expression est dans l'ensemble très subordonné à la couleur ; les contenus assez variés sont caractérisés par l'absence de réponse humaine et la présence d'engrammes anatomiques.

Sur le plan thématique, il est évident que l'importance est donnée sur un mode symbolique sexué, à la représentation du corps maternel (II et VII). On note en outre le refoulement de l'angoisse de castration avec renversement en son contraire (II) alors que, parallèlement, les planches IV et VI déclenchent un blocage. Cela suggère un surinvestissement de sa virilité provoqué par un problème œdipien beaucoup plus conflictuel qu'il ne le paraît au premier abord. On peut se demander si ce ne sont pas les contenus anatomiques qui portent toute l'anxiété de l'image du corps que, par ailleurs, il se refuse à projeter dynamiquement (refus de H même à E.L. de III).

Les désirs semblent s'exprimer assez ouvertement et c'est le refoulement inattendu de l'angoisse qui donne au protocole sa facture de névrose hystérique. Étant donné l'âge de l'enfant, l'aspect actuel de névrose hystérique ne permet pas de préjuger de l'évolution vers une hystérie de conversion.

PROTOCOLE DE RORSCHACH DE MICHEL P., 6,6 ans (1971)

		Cotations		
I				
– Ça ressemble un peu à un cerf-volant	G	F+	Obj	
– Ou à un oiseau s'il n'y avait pas ça	G̸	F+	A	Ban
– V Un triangle les deux là	Dbl	F–	Géom	
– Ça peut ressembler à une grotte avec des fenêtres (*couloir, escalier, le noir quoi*)	G/bl	C'F	Nat	
II				
– Ça me fait penser à un papillon avec des petites choses rouges, les ailes et les cornes, ça c'est le corps (Dbl)	Dbl/G	FC	A	
– V Ça peut faire un autre cerf-volant	G	F+	Obj	
– Un avion à réaction (nie l'importance et l'influence du rouge) (E.L. sur D rouge ? : *à l'abeille si c'était collé.*) je voudrais tirer à la carabine tu pourrais m'emmener	Dbl	F+	Obj	
III		crit. obj.		
– Celle-là est difficile... c'est de la peinture	G	C	Peint.	
– Là encore un papillon parce que les ailes et puis il est rouge	D	FC	A	Ban
– Là je peux voir des têtes de coq (tête de la Ban)	Do	F+	Ad	
Je peux pas voir autre chose (suggestion de tourner) Les autres c'est pour demain (E.L. sur les personnages : *-non.*)		→ Refus		
IV				
Là, je vois rien d'intéressant		→ Refus		
– A une photo de cerveau (veut dire radio)	G	C'F	At	
– V Là ça me fait penser à un oiseau	G	F+	A	

Cotations

V

– Ça me fait penser encore à un papillon	G	F+	A	Ban
– autrement c'est une chauve-souris	G	F+	A	

VI

/Me demande de téléphoner à ses parents/	Réf. pers.
Celle-là je trouve rien de beau V rien, rien, rien.	Refus

VII

– V Ça, ça peut ressembler à un mur cassé	G	F–	Fgt
– Et aussi à une grotte qui est toute noire dedans et qu'il y a pas d'escalier	G/bl	C'F	Nat
– Et un long couloir et il y a une sortie après de la fumée *(c'est surtout la fumée)*	(D)G	EF	Nat

VIII

Elle me plaît bien		Réf. pers.		
– V Ça me fait penser au ventre, des os, etc. (c'est très coloré) j'aime pas le poisson, j'aime les spaghettis	D	CF–	At	
– Comme ça, ça me fait penser à une petite souris Il y en a deux /Veut voir son dossier/	D	F+	A	Ban

IX

– Ça fait toujours penser à un cerveau – ? – *la couleur* /encouragements à tourner/ *rien d'autre*	G	CF	At

X

– Là je trouve rien. Il y a rien que des couleurs	(D)G	C	NC
– Un crabe (gr. lat.)	D	F+	A
– Un soleil (D bleu) c'est rond et il y a les rayons (E.L. vert ? : *Rien, c'est du vert*)	D	F–	Nat

---

CHOIX + : V « toute noire, je l'aime bien », VIII et IX « les couleurs sont belles »
CHOIX – : X, IV, « rien de beau », VI –

PSYCHOGRAMME RÉSUMÉ

R : 23	G % : 65	F % : 57	F % élargi : 65
	D % : 22	F+ % : 77	F+ % élargi : 73
	Dbl et Dbl	A % : 32	
	intégr.) % : 9	H % : 0	
T. App. G.D. Dbl Do	Do % : 4		
T.R.I. O K/9 Σ C	Z : 30	Ban : 4	
F.C. O k/1 Σ E			
R.C. % : 26			

Dominique V., 7,3 ans

L'enfant est mise en observation pour troubles du langage, mauvaise latéralisation sur un fond de bizarreries du comportement, désintérêt scolaire et manifestations agressives sporadiques.

La forte productivité semble correspondre à une trop grande aisance associative qui s'appauvrit et se dessèche dans la seconde moitié du test. Les phrases complètes du début laissent en effet la place à une simple énumération. Le même glissement s'observe à l'intérieur des modes d'appréhension : les mises en rapport qui donnent lieu à des globalisations adéquates cèdent ensuite le pas à un découpage analytique trop intense et du même coup moins bien contrôlé. Le mode d'expression se dissocie de la même manière : varié, nourri en réactions kinesthésiques et couleurs au début, réduit au formel ou au laisser-aller sensoriel en fin de test.

Ces deux niveaux sont le reflet de la dynamique projective ; dans un premier temps, Dominique exprime avec force et d'une manière crue une thématique de destruction de type anal contre laquelle s'érige, en un second temps, une stratégie défensive. Il s'agit aussi bien de mécanismes d'isolation que de réduction de l'affect. Les images parentales n'apparaissent que dans la première partie du test, sexuellement bien campées, avec un fantasme de scène primitive de registre anal très marqué (I, II, IV, VII) et la projection d'une image paternelle manifestement d'une puissance plus anale que phallique. Il y a recherche d'identification à cette image sur un mode qui pourrait être un peu mégalomaniaque (« hommes volants » à I, planche IV) ce que le TAT confirmera.

L'adaptation est actuellement en voie d'organisation sur un mode obsessionnel pour se dégager de fixations anales trop prégnantes.

PROTOCOLE DE RORSCHACH DE DOMINIQUE V., 7,3 ans (1968)

	Cotations			
I				
– < V Ça ressemble à une chauve-souris	G	F+	A	Ban
– A une machine pour aplatir les fers à chevaux il y en a deux (saillies lat.) (*« têtes des chiens »*)	Dd	F+	Obj.	
– Λ Deux hommes volants qui tiennent le corps d'une femme avec les bras et les mains, mais sans tête	G	K	H/Sc	
II				
– V Ça ça ressemble à deux hommes avec les pieds en sang	G	KC	H	
– parce que coupés, sans tête et leurs mains sont en sang	D	CF	Sg	
– < Λ Ça ressemble à deux chaussettes (D. r. sup.)	D	F +	Obj	

		Cotations		
– Ça ressemble à un œillet ou un chrysanthème (D. r. inf) Ça y est ! (E.L. : *Une dame avec sa jupe déchirée en bas* [Refuse la banalité])	D	CF	pl	
III				
– Un squelette, deux	G	F +	At	
– Un nœud papillon	D	F +	Obj.	Ban
– <Un crochet (D r. sup) C'est tout	D	F –	Obj	
– Deux branches d'arbres	D	F +	pl.	
IV				
– Ça me fait penser à un homme qui a fait caca Il y a une tache qui descend	G	K	H	
– V Une branche	D	F ±	Pl	
– < V Un aigle Une chauve-souris < Et puis c'est tout	G	F –	A	
V				
– < Une chauve-souris	G	F +	A	Ban
– Une branche aussi, deux	D	F ±	pl	
– Deux pinces, trois, même quatre	D	F +	Obj	
– Et puis une corde (D méd.)	D	F –	Obj	
– Et puis la moitié d'un chapeau d'âne	Dd	F –	Obj	
– Deux petites montagnes C'est tout	Dd	F ±	Nat	
VI				
– Ça me fait penser à un papillon	D	F–	A	
– A la moustache d'un chat (*on voit le bas de la tête*) Λ La moitié de sa tête	Do	F–	Ad	
– A une corde plus longue	D	F±	Obj	
– A un autre petit papillon	Dd	F+	A	
– A deux branches (D lat.) C'est tout.	D	F–	pl.	
VII				
– V Des fesses d'un homme et puis les jambes	D	F–	Hd → At	
– Et puis deux minijupes de la petite souris de la télévision	D	F+	Obj	
VIII				
– Deux moutons, plutôt des loups	D	F+	A	Ban
– La moitié d'un sapin, la pointe et 2 branches	D	FC	pl	
– Deux pierres, même quatre et six même (D vert +D or. j.)	D	F±	Nat	
– < Et puis un peu d'herbe. C'est tout	D	C	pl	
IX				
– Deux homards, plutôt deux langoustines	D	FC	A	
– Deux... à de l'herbe	D	C	pl	
– A une corde	D	F–	Obj	
– Une clef (D rose et D méd.) Plus rien d'autre.	D	F–	Obj	

X				*Cotations*
– Deux crabes	D	F+	A	Ban
– Deux petits crabes avec un couteau de mer (D gr. sup.)	D	F+	A	Ban
– Des pierres	D	F±	Fgt	
– De l'herbe	D	C	pl.	
– Des nuages	D	F±	Nat	

CHOIX + : IX et X pour les couleurs
CHOIX – : VI et VII « c'est tout noir »

PSYCHOGRAMME RÉSUMÉ

R : 40	G % : 18	F % : 75	F % élargi : 88
	D % : 70	F+ % : 53	F+ % élargi : 66
T. App. : G D Dd Do	Dd % : 10	A % : 25	
T.R.I. : 3K/7,5 Σ C	Do % : 2	H % : 10	
F.C. : 0/0			
R.C. % : 33	Z : 20	Ban : 6	

Petrus B., 7,10 ans

Pris en charge pour phobie scolaire grave avec anxiété massive laissant craindre une évolution psychotique, l'enfant avait en face à face un contact facile et une participation satisfaisante lors de la passation d'autres épreuves que le Rorschach. Cela contraste avec le malaise intense manifesté dans le comportement lors du Rorschach. Le blocage s'exprime par le silence, le langage infantile, la perplexité et le flou des idées lors des demandes d'explication.

La restriction de la productivité est évidente avec deux refus en début de test, mais un soulagement semble intervenir dès la présentation des planches pastel. Les réponses globales, comme les réponses analytiques, sont de style très infantile. Il n'y a aucun essai de confrontation à la réalité objective, ce qui est en contradiction avec l'efficience intellectuelle connue par ailleurs. Aux planches pastel, le stimulus couleur est manié sur un mode immature qui reflète la demande de sécurisation, exprimant la détente après l'échec complet de reconnaissance du percept.

De toute évidence, il s'agit d'un protocole typique de névrose phobique grave avec sidération intense bloquant et désorganisant les processus mentaux. Rien ne peut être exprimé que l'angoisse devant des engrammes qui paraissent autant d'images de cauchemars où il ne peut trouver de repères. Cependant la rémission observée aux planches pastel permet d'affirmer que l'évolution ne s'effectuera pas sur un mode psychotique.

PROTOCOLE DE RORSCHACH DE PETRUS B., 7,10 ans (1970)

	Cotations			
I				
– Je vois une mouche – ? – *parce que ça a un peu la forme* /s'explique difficilement/ On voit que c'est des ailes et le ventre – C' ? – *Non*	DG	F–	A	
II				
V /attitude de dépendance, infantilisme des réactions, pas de spontanéité dans les explications, aucune lucidité/				
– Un papillon... c'est un peu la tête (Dd méd.) Λ le papillon a une queue (– Rouge ? – : *Non*)	DdG	F–	A	
III				
/Cherche une explication pour satisfaire la demande Pas d'autonomie ni d'initiative personnelle, tourne sur suggestion/ A rien		Refus		
IV				
/De plus en plus fermé, gêné, très petit garçon/				
– V Λ une abeille – ? – *parce que ça a des petites pointes et ça a des petites cornes autour de la tête et à les queues sont... – ? – les abeilles ont deux queues – ? – servent à la faire voler*	DdG	F–	A	
V				
/Signes de perplexité, me regarde/ Je sais pas – ? – – Ça me fait peur. On voit des bâtons à la tête et même à la queue – Quelle tête ? – .../ est au supplice/		Refus Choc clob		
VI				
Ça me fait penser à une grenouille – ? – *parce que* – *on voit la queue* (localisation aberrante) *et des pieds autour de la queue* (crochets dans le Dbl) (situe bien tête et pattes)	DdG	F–	A	
VII				
– V Des éléphants (deux premiers tiers) (situe bien la tête)	D	F+	A	
VIII				
– /Soulagement/ je pense à une souris	D	F+	A	Ban
– ? – *Deux qui montent dans des branches* (D vert)	D	CF	pl	
– V d'une petite fleur (D rose-or.) – ? – *on croit que c'est des bâtons* /doute de lui +++/	D	CF	pl	

			Cotations		
IX					
– V ∧ < Je pense à deux chats (D rose, tête bien située) – ? – *on voit une tête ronde et le ventre je vois*	D	F–	A/Ad → kan		
– *qu'il prend de l'herbe* (D vert)	D	C	pl		
X					
V ∧ < Je pense à rien		Equiv. choc			
– A des petites bêtes qui vit dans l'eau	(D) G	CF	A		
– Un crabe	D	F+	A	Ban	
– Des chevals de mer (D bleu central)	D	F–	A		
– Une crevette (D gris) C'est tout	D	F–	A		

CHOIX + : IV « C'est une belle forme », VI « La grenouille parce qu'elle a beaucoup de choses qui lui ressemblent »
CHOIX – : II « parce qu'on voit pas assez de couleur », I « parce qu'elle a les ailes mal faites, pas un peu de couleur ». (Hésite pour III)
PEUR : III « on dirait des bêtes sauvages »
MAMAN : X « C'est une couleur qui ressemble un peu à ma salle à moi » (salle de jeu)
PAPA : VIII « Parce que c'est un peu la forme de mon père » – ? – « les souris parce que la tête lui ressemble un peu »

PSYCHOGRAMME RÉSUMÉ

R : 14	G % : 36	F % : 71	F % élargi : 71
T. App : G D	D % : 64	F+ % : 30	F+ % élargi : 30
T.R.I. OK/4,5 Σ C		A % : 79	
F.C. : 0/0	Z : 19	H % : 0	
R.C. % : 64		Ban : 2	

Corinne D., 8 ans

L'enfant est hospitalisée pour troubles divers apparus progressivement après le suicide d'une sœur aînée. Elle a les traits pâles et tirés, un aspect sérieux, voire grave, et une surexcitation émotive marquée. La réactivité est assez étoffée. Les images sont immédiatement et largement campées, caractérisées comme si son besoin de projeter l'incitait à mettre l'accent sur les repères les plus significatifs.

C'est le découpage qui prime dans l'abord perceptif et il reflète une saisie du rapport possible de deux localisations du stimulus tout en évitant une mise en relation plus dynamique et plus complète. Les rapports spatiaux sont précis et soustendus par une relation manifestement chargée de signification qui n'est donnée que dans un deuxième temps ou sur question. Les images sont campées dans leur aspect formel avec, pour certaines, une animation toujours bien contrôlée ; elles se réfèrent presque exclusivement à des scènes animales à caractère anthropomorphe.

Les éléments dominants et obsédants sont la dépréciation-mutilation et la tonalité dépressive grave (voir épithètes utilisés) directement donnée dans tout le protocole. La dépréciation et la dévalorisation semblent liées à une position sado-masochiste qui renvoie à une image très agressive de la sexualité que Corinne ne peut assumer sur un mode directement humain et qu'elle est poussée à transposer sur un mode symbolique. La dépression pourrait être comprise comme le seul moyen d'exprimer une culpabilité intense due à la pression d'un Sur-moi archaïque exigeant.

L'état névrotique est nettement du registre dépressif grave avec peu d'éléments qui laisseraient espérer une évolution favorable, sinon l'efficience intellectuelle encore utilisée et les capacités d'insight qu'implique la projection. Cette intériorisation pourrait néanmoins constituer un facteur d'aggravation.

PROTOCOLE DE RORSCHACH DE CORINNE D., 8 ans (1972)

	Cotations			
I				
– A des ours (D lat)	D	F+	A	
– ? – entre les deux ours on dirait qu'il y a une lionne et que eux ils mettent leurs mains à côté, qu'ils sont sur deux pattes – ? – *pas gentils*	G	kan	H/Ad Sc	
II				
– Ça me fait penser à deux gorilles qui se mettent les mains comme ça	D	K	A Sc	Ban
– et qu'au-dessus d'eux il y a deux ailes de papillon décollées	D	F–	A	
– et en dessous ils saignent (bis) Ils sont sur deux pattes – ? – *pas gentils* – Peur ? *Non* –	D	CF	Sg	
III				
– On dirait deux caniches qui se mettent debout sur leur queue	G	kan	A	
– un papillon entre les deux caniches	D	F+	A	Ban
– et là deux singes qui courent ici (D r. lat) qui tournent autour des caniches – ? – *ils se tiennent sur la queue, ils encerclent un papillon* – ? – *le papillon est joli la couleur est pas belle.*	D	kan	A	
IV				
– Là, on dirait, euh... on dirait des grandes bottes	D	F+	Obj	
– entre les deux bottes y a un putois, un putois, un grand putois sur deux pattes entre des vieilles bottes très déchirées	D	F–	A	

V

– Là on dirait qu'y a un gros papillon avec deux pattes qu'il a des grosses ailes un peu tordues avec du blanc et que c'est un papillon déchiré, il est tout noir, il a pas de pattes. C'est un papillon brûlé ?	G	FC'	A	Ban

VI

– Que là y a un lapin qu'a pas d'oreille qu'a des ailes déchirées avec un grand bâton, deux ronds et deux ailes déchirées et en bas des petites pattes, les deux petits ronds, et des pattes, des pattes fines et des pattes un peu épaisses.	G	F–	A	

VII

– Là on dirait deux lapins, des lapins qui sont sur le côté	D	F+	A	
– et en dessous y a un papillon gris avec des antennes fines, un corps gris et des ailes très déchirées et les lapins ils ont une patte en arrière et le museau tout barbouillé et une petite touffe et trois petites pattes (D deuxième tiers) – ? – *Ils sont mignons*	D	FC'	A	

VIII

– Là on dirait des os, là qui sont comme ça	D	F–	At	
– Là, la colonne vertébrale (axe du gris)	D	F+	At	
– Là y a des pattes un peu épaisses, deux trais épais deux trais qui ressemblent à des bottes En haut des petits points, des bosses, et là c'est	Dd	F+	Obj.	
– pas droit, et là on dirait un papillon bleu qui est déchiré et en dessous des pattes fines, en dessous un joli papillon	D	FC	A	
– Et là deux moutons qui touchent où y a deux pattes grosses et deux pattes fines sur les deux côtés	D	F+	A	Ban

IX

– Là on dirait un gros papillon déchiré des deux côtés (D or.)	D	F–	A	
– et là des pattes, plein de pattes, des déchirures partout,	Dd	F–	Ad	
– en dessous un autre papillon déchiré, puis un gros trait un peu tordu en haut et	D	F+	A	
– en bas un autre papillon avec deux petits noyaux, déchiré	Dd D	F–	A	

X

– Là deux araignées bleues avec plein de traits partout et une patate au milieu de l'araignée	D	F+	A	Ban
– un petit arbuste (D vert sup)	D	FC	Pl	
– Deux petits scorpions (D brun)	D	F+	A	
– Et puis y a des bouts d'ailes de papillon déchiré (Dj, rose)	D	F±	Ad	
– Et là, en dessous y en a une tête d'âne qu'a les oreilles en l'air (D vert)	D	F+	Ad	

CHOIX + : VIII « parce que ça, en dessous, c'est joli » ; IX « parce que c'est joli, le rose et ça aussi »
CHOIX – : IV « parce que c'est affreux, c'est gris » ; I « parce que ça ressemble à un masque de sorcier. »
MAMAN : « Pas une seule »
PAPA : « Pas une seule » – ? – « Parce que ça lui ressemble pas. »

PSYCHOGRAMME RÉSUMÉ

R : 28	G % : 14	F % : 68	F % élargi : 96
	D % : 79	F+ % : 60	F+% élargi : 68,5
T. App. G D Dd	Dd % : 7	A % : 79	
T.R.I. : 1 K/3 Σ C		H % : 0	
F.C. : 3 k/0			
R.C. % : 50	Z : 22	Ban : 5	

Jocelyne B., 8 ans

L'enfant consulte pour inhibition et petits tics variés qui gênent son adaptation scolaire. Elle n'a d'ailleurs pas pu faire face à la situation des épreuves verbales du WISC alors qu'elle obtient à l'échelle des performances un QI de 117.

De fait, la réactivité face au Rorschach est très restreinte. L'expression verbale est lapidaire ou descriptive avec propension à se retrancher derrière un sentiment d'incapacité sur un mode immature. Les réponses globales ne correspondent pas aux percepts banals, elles sont sans sthénie ni rigueur. Les détails ne sont mieux contrôlés que parce que Jocelyne donne ceux qui sont les plus prégnants. Elle n'est conduite dans sa réactivité que par des éléments formels ou après insistance par des réactions couleur de niveau primaire. Paradoxalement, elle fait appel à une gamme assez variée de contenus.

La forte anxiété est indiquée d'une part par la sidération et, d'autre part, par des contenus peu élaborés mais explicites que l'on peut attribuer à une crainte de l'agressivité, ou par des interprétations plus régressives, peut-être dans une recherche de sécurisation.

L'image masculine apparaît plus spontanément sans qu'elle puisse préciser son implication. L'image maternelle semble présente dans les symboles régressifs (ciel, mer). Dans ce contexte, l'image de soi est voilée par l'inhibition massive.

L'adaptation ne peut se faire que sur un mode phobique grave.

PROTOCOLE DE RORSCHACH DE JOCELYNE B., 8 ans (1968)

	Cotations			
I				
– Une tête – ? – *d'animal*	G	F–	Ad	
II		→ Refus		
– Je sais pas – ? – (montre le D rouge) *du sang* (– D noir ? – : *le sang*)	D	C	Sg	
III				
– Je sais pas Une cravate là	D	F+	Obj	Ban
– V Λ je sais pas V Un monsieur, son ventre (Dbl) et sa tête (D méd. inf.)	D/Dbl	F–	H	
IV				
– Un monsieur, un grand monsieur, ses pieds	G	F+	H	
– ou un arbre (à partir du D central)	(D) G	F+	pl	
V				
– Une mouche avec ses ailes et sa tête avec des piquants	G	F–	A	
VI				
– V Un papillon	D	F+	A	
VII				
Je sais pas		→ Refus		
– la mer (Dbl) et du sable	Dbl G	F±	Nat	
VIII				
– Un mouton qui monte sur un arbre	D	F+	A	Ban
IX				
– V Le ciel (D rose)	D	C	Nat	
X				
– Des bêtes – ? – *Un crabe*	D	F+	A	Ban
– Une mouche (D gris sup)	D	F–	A	
– Un serpent (D vert méd.) Je sais pas	D	F+	A	

PSYCHOGRAMME RÉSUMÉ

R : 14	G % : 36	F % : 86	F % élargi : 86
	D % : 64	F+ % : 62	F+ % élargi : 62
		A % : 50	
T. App. : G D		H % : 14	
T.R.I. : 0K/3 Σ C	Z : 13	Ban : 3	
F.C. : 0/0			
R.C. : 36			

4. Les « immatures » de 6 à 8 ans

α) LA SYNTHÈSE DU GROUPE

Dans ce groupe on trouve encoredes enfants, parmi les plus jeunes, qui réagissent au test par besoin de se faire accepter, ou par jeu. Les autres, plus nombreux, semblent se plier avec une certaine docilité à la situation, tout en donnant sporadiquement des réactions plus personnelles. L'expression verbale est peu élaborée, le plus souvent lapidaire ou naïve, le vocabulaire est pauvre, les images stéréotypées.

Le maniement du percept n'est guère actif, l'approche est surtout globale, parfois encore syncrétique, et il n'est pas exclu de trouver un accrochage aux interstices blancs et aux petits détails. Ce qui est notable dans ce groupe, c'est l'absence de référence à la représentation humaine et la très faible proportion des images animales actives. Le stimulus couleur paraît plus largement exploité, ne serait-ce qu'en tant que repère descriptif (NC), mais il n'a que très exceptionnellement valeur pulsionnelle. Les engrammes banals sont bien peu utilisés (2 banalités en moyenne) et l'importance donnée au monde animal est contrebalancée par celle du monde végétal.

Les images parentales ne sont pas représentées ou bien leur différenciation n'est qu'ébauchée, sans précision du rôle. Leurs repères restent symboliques, primitifs, sous forme de contenants — grottes, maisons — ou, simplement, de réaction aux planches IV, VI et VII et s'appliquent le plus fréquemment à l'image maternelle prégénitale.

Dans l'ensemble, ces protocoles laissent l'impression de non-évolution sans distorsion évidente. Toutefois, on peut y trouver des éléments partiels de type phobique archaïque, dont on ne saurait toujours dire s'ils ont participé au blocage de la maturation ou s'ils sont un moyen primitif d'exprimer les peurs et les craintes en l'absence d'un équipement plus évolué. Cependant, le fait que ces enfants aient un niveau intellectuel paranormal nous inciterait plutôt à préférer la première hypothèse sauf dans le cas d'enfants peu stimulés par l'entourage.

ß) LES EXEMPLES

Mekadem B., 6,6 ans

Enfant hospitalisé pour encoprésie et retard du langage imputable à son bilinguisme. Il a eu une petite enfance très perturbée dans le milieu familial comme dans les placements nourriciers. La réactivité correspond à un besoin d'expression renforcée par le désir de satisfaire et d'être accepté et passe par des constats verbalisés d'une façon très fruste et répétitive.

L'approche perceptive très primaire, persévératrice, se réalise par des repères limités et appliqués sans discernement. Le niveau de structuration est celui du jeune enfant — mais sans caractéristique pathologique, c'est-à-dire sans confabulation ni syncrétisme. Dans cet ensemble, à première vue très peu différencié, on perçoit une ébauche de particularisation dans le choix de contenus animaux pourtant encore peu définis. L'interprétation est, en fait, réduite à une exploration du stimulus perceptif (« c'est rouge », « c'est une bête », « ça monte »), elle ne peut guère permettre l'expression des besoins. Seule la crainte peut être décryptée à partir des caractères attribués à « la bête ».

Malgré la facture infantile des images et l'aspect primitif de la structuration, on peut cependant parler ici d'une ébauche de la projection de l'image de soi à travers la persévération du percept « arbre », première étape de la représentation du corps. Les qualités anthropomorphes attribuées aux animaux relèvent du même besoin.

Le tableau d'immaturité globale — perceptive, intellectuelle et affective — rend compte d'une non-évolution et non pas d'une distorsion des modes de fonctionnement.

PROTOCOLE DE RORSCHACH DE MEKADEM B., 6,6 ans (1971)

	Cotations		
I			
— Un petit n'arbre (D lat)	D	F–	Pl.
— Un autre arbre (même côté)	D	F–	Pl
— Ça (montre le centre) un arbre	D	F–	Pl
(Add. en G : Des feuilles d'un arbre)			

			Cotations		
II					
– Je vois un arbre	PSV	G	F–	Pl	
– Puis il y a quelque chose de rouge – ? – *C'est une bête*		D	CF	A Fgt	
– *Celle-là, puis celle-là* (D r. sup. et noir) V		D	F–	A	
III					
– Un oiseau		D	F+	A	
– Une lunette (D r. méd.)		D	F+	Obj	
– Un oiseau comme celui-là (D r. lat.) et puis celui-là aussi (D noir) (E.L.-H ? : *Oui.* – Papillon ? : *Oui* –)		D	F–	A	
IV					
– Un petit n'arbre	PSV	G	F+	Pl	
– Ça c'est un chat (D lat. + Dd in noir méd.)		Dd	F–	A	
– Une grosse bête qui fait peur /ne retourne les planches que sur invitation/		G	FClob	A	
V					
– Ça, un papillon, ses oreilles, des pieds, ses mains		G	F+	A/Hd	Ban
VI					
– V C'est les bêtes, une bête gentille – ? – *fait un peu peur* /très suggestible, dit n'importe quoi/		G	F–	A	
VII					
/silence... /je connais pas celle-là			→ Refus		
– V Une bête en rond	PSV	G	F–	A	
VIII					
– Une bête	PSV	D	F+	A	Ban
– et une bête qui donne la main à la grosse bête (D gr. bl.)		G	kan–	A/Hd	
IX					
– On voit une bête qui a monté /s'agite/	PSV	D	F–	A	
– On voit un arbre vert		D	CF	Pl	
X					
– Je vois plein de bêtes qui montent /les situe par la couleur, mais ne peut les définir/ – *là* (Dbl.), *là* (D gr.), *là* (D vert)		(D) G	kan	A	

CHOIX inefficace car il confond aimé et non aimé et se montre trop suggestible.

PSYCHOGRAMME RÉSUMÉ

R : 20	G % : 40	F % : 75	F % élargi : 90
	D % : 55	F+ % : 33	F+ % élargi : 33
T. App. G D Dd	Dd % : 5	A % : 60	
T.R.I. : 0K/2 Σ C		H % : 60	
F.C. : 2/0		H % : 0	
R.C. % : 25	Z : 28	Ban : 2	

Charles C., 7,2 ans

Examiné dans le cadre d'une recherche à l'école, Charles est sage, stable et un peu anxieux. Il garde une attitude scolaire d'exploration par trop systématique, ce qui ne laisse plus de place à la prise de conscience de la spécificité de chacune des planches, ni, encore moins, à la créativité. Le caractère uniforme et quasi visqueux de cette démarche n'empêche pas, à quelques planches, l'apparition d'images plus personnelles (surtout à III, IX, X). La productivité élevée dépend étroitement du repérage spatial et sensoriel (sensibilité à la couleur du stimulus et surtout aux couleurs blanche, grise et noire), ce qui explique un type d'appréhension varié à répartition adulte dont, cependant, le niveau de structuration est faible. Les réponses sont déterminées par des éléments descriptifs, éléments prenant en compte aussi souvent la couleur que la forme : les remarques qualitatives accusent encore cette sensibilité couleur dont l'impact est en fait plus perceptif qu'émotionnel.

Les quelques indices plus personnels dont le protocole est émaillé montrent une prévalence des pulsions sadiques orales (bec, dents, mâchoires, pinces) mais sur le mode partiel, sans ébauche d'organisation, ce qui évoque la résurgence de phobies archaïques. La mise en rapport ne peut pas s'effectuer à un niveau symbolique, le lien ne peut être que spatial ; le repérage à ce niveau permet, de ce fait, l'élaboration d'une ébauche d'unité. Celle-ci reste néanmoins fragile, de type faux-soi, conformiste (cf. D, Ban, A %), témoin d'une immaturité foncière tant affective qu'intellectuelle et perceptivo-cognitive, constituée d'éléments pouvant servir de base ultérieurement à une organisation défensive rigide.

PROTOCOLE DE RORSCHACH DE CHARLES C., 7,2 ans (1974)

		Cotations		
I				
– Je vois une grosse tache d'encre avec 4 trous au milieu, une barre au milieu	G/bl	C'F	Fgt	
– A un oiseau... avec de grandes ailes (*il a des ailes, un bec*) et une grosse tache noire	G	FC'	A	Ban
– V – ? – *deux pattes... avec deux petites ailes avec un long bec avec une tache blanche au milieu, c'est tout* (*– ? : ce n'est pas un oiseau, c'est des pattes et des ailes*)	D	F–	Ad/Fgt	
II				
– Une grosse tache noire avec quatre taches rouges, avec un peu de gris dedans	G	CF	Fgt	
– avec un long bec (D méd. sup.)... avec une grosse tache blanche au milieu... y a une barre dans le bec – ? – *à un oiseau...* (*sur le gris y a un peu de rouge... y a des taches noires plus foncées, y a des grandes ailes*) – ? – *Plus rien.*	D/bl	F–	A	
III				
– A une grosse tache noire	G	C'F	Fgt	
– Dedans y a un papillon (r. méd.)	D	F+	A	Ban
– Et sur le côté deux grosses taches rouges,	D	CF	Fgt	
– au milieu, comme des dents, des dents d'une bête (Dd. méd. inf.)	Dd	F–	Ad	
– Y a deux jambes... deux têtes... Le papillon... il a des ailes roses, les têtes ont un peu de gris... plus rien	Do	F+	Hd	
IV				
– A une grosse tache noire	G	C'F	Fgt	
– Avec deux ailes... 2 pieds... ça ressemble à un oiseau, ça a deux pieds gris... la tête un peu grise et les pattes noires Une raie au milieu, en dessous des pieds il y a deux talons. Il y a des taches noires plus foncées... c'est tout	G	FC'	A	
		Remarque C'		
V				
– A une chauve-souris avec deux pattes, deux grandes ailes... au bout il y a des petites ailes, deux grandes oreilles, une raie au milieu, des taches plus foncées, y a la tête un peu grise... dans les ailes y a deux trous, sur les ailes y a deux petites bosses sur le bout des ailes y a un peu de gris... C'est tout	G	F+	A	Ban
		Description		
		Remarque C'		

Cotations

VI

– A une grosse bête avec une longue barre au milieu... deux grosses pattes, deux moustaches, deux ailes (– ? – : *un lion*, – ? – : *y a des moustaches*).	G	FC'	A	
– Un peu de blanc, du gris, du gris un peu plus foncé, du noir un peu plus foncé.		Description C'		
– Aux ailes y a... ça ressemble à un oiseau qui vole, avec des grandes ailes... 2 pattes grises (D inf., sans l'oiseau d'en haut) (– ? – : *y a des grandes ailes*)	D	kan–	A	

VII

– A une grosse tache noire avec du blanc en dedans et une raie grise	G	C'F	Fgt	
– Deux ailes grises (troisième tiers) (*C'est long et ça ressemble*)	D	F+	Ad	
– Ça ressemble à... y a deux têtes d'ours (deuxième tiers) (*y a un petit museau*)	D	F+	Ad	
– Avec deux lièvres, les deux lièvres ont des grandes oreilles (premier tiers)	D	F+	A	
Y a des ailes grises, les ours sont gris, les lapins z'ont un nez blanc, ont le menton tout noir, /pose la planche/		Description C'		

VIII

– Y a deux cochons (*y sont roses*)	D	FC	A	Ban
– V Y a du vert clair, vert foncé, du orangé, du rose...	D	C	NC	
– Y a un tuyau (Dd méd. vert) – ? – : *je sais pas*	Dd	F–	Fgt	
– Ça ressemble à un oiseau avec le bec qui s'ouvre (D gris) (*la carcasse*)	D	F+	A	
Les cochons ont des petites queues, l'oiseau a des pattes /pose la planche/				

IX

– Ça ressemble à un oiseau (D vert) – (*Y a des grandes ailes*)	D	F–	A	
y a du rose, du vert foncé, du orange et du rose	D	C	NC	
– Y a deux têtes de bœuf (D rose ext.)	D	F–	Ad	
– Deux têtes de crocodiles (*y sont verts et ont la forme*)	D	FC	Ad	
– et deux mâchoires avec une raie au milieu (D orange) – (*y a des dents –) /pose la planche/*	D	F–	Ad	

X

– Y a deux crabes (– *Y a plein de pattes*)	D	F+	A	Ban
– Y a une écrevisse (D vert médian) – (*y a une pince*)	D	F–	A	
– Y a deux mâchoires (D rose) – (*y a des dents*)	D	F–	Ad	
– Deux lions (D. jaune) – (*y a la tête, ont la forme*)	D	F+	A	
– Deux crabes gris (D sup) – (y a des pinces)	D	F+	A	Ban
– Deux... un lapin (Centre vert inf.) – (*Y a deux grandes oreilles*)	D	F–	A	
– Deux dindons (D vert inf. lat.) (*Y a une grande queue*)	D	F–	A	

CHOIX + : X et VIII « Y a des bêtes »
CHOIX – : V et I « sont pas belles »

PSYCHOGRAMME RÉSUMÉ

R : 35	G % : 26	F % : 57	F % élargi : 77
	D % : 66	F+ % : 45	F+ % élargi : 48
	Dd % : 6	A % : 71	
T. App. G D Dd Do	Do % : 3	H % : 3	
T.R.I. : 0K/11,5 Σ C (dt 7 C')			
F.C. : 1/0	Z : 6,5	Ban : 6	
R.C. % : 46			

Marc V., 7,1 ans

Enfant né prématuré, Marc nous est adressé pour non-investissement et échec scolaires et comportement infantile. Très spontané, primesautier, Marc définit en quelque sorte les planches d'une manière ludique sans qu'on ait l'impression qu'il tente ainsi de masquer une gêne. La réactivité est essentiellement de type global avec persistance d'un mode syncrétique. Le contrôle mental est inexistant par absence du souci d'adéquation à la réalité. C'est la ressemblance formelle qui guide la réaction, rompue brusquement par une projection spontanée dans la kinesthésie de III.

L'univers représenté est à dominante passive, primitive, mais il en émerge la projection d'images phalliques partielles très maladroitement campées.

Il semble bien qu'il s'agisse d'un retard de maturation sans conflit majeur, ni signe de trouble organique. (Voir l'évolution de cet enfant, dans le deuxième protocole, passé à l'âge de 10 ans, dans le groupe « névrotique ».)

PREMIER PROTOCOLE DE RORSCHACH DE MARC V., 7,1 ans (1966)

	Cotations		
I			
— Un arbre	G	F—	Pl
— — ? — *A de la couleur grise* (E.L. ? : *si un papillon*)	G	C'	NC

	Cotations			
II				
– Un papillon, là, les ailes	G	F–	A	
– On dirait une feuille, je croyais que ça c'était une queue (tour du D noir)	D	F–	Pl	
III				
– Des hommes, ils ramassent une pierre, ils sont drôles	G	K	H	Ban
– Un papillon	D	F+	A	Ban
IV				
– Un rat, il a une grande queue	G	F–	A	
V				
– Un escargot, il a des cornes	G	F–	A	
VI				
– Une abeille (*tout ça* [D sup], *puis ça* (D inf.)	G	F–	A	
VII				
– Un arbre	G	F–	Pl.	
VIII				
– Une feuille de toutes les couleurs, grise	D	CF–	Pl	
– On dirait des moutons, si on les met comme ça, regarde, c'est qui qu'a fait ces dessins ? Dis donc, on marche vite.	D	F+	A	Ban
IX				
– Une feuille (*tout ça, parce qu'il y a une queue là*)	(D) G	F–	Pl	
X				
– Un artichaut, tout ça	G	F–	Pl	
– un peu des arbres, ça (D rose) puis des feuilles, une queue	D	F–	Pl	

PSYCHOGRAMME RÉSUMÉ

R : 15	G % : 67	F % : 80	F % élargi : 86
T. App. G D	D % : 33	F+ % : 17	F+ % élargi : 23
T.R.I. : 1K/2,5 Σ C		A % : 40	
F.C. : 0/0	Z : 21,5	H % : 6	
R.C. % : 33		Ban : 3	

Chantal D., 8 ans

Fillette vue pour lenteur d'apprentissage scolaire. Elle est de contact assez neutre sans réticence, mais aussi sans réelle participation. Sa réactivité au Rorschach paraît adaptative, sans vigueur ni motivation personnelle particulière alors qu'il y a des essais de refus et une émergence surprenante d'images de niveau très archaïque (VIII).

La saisie perceptive est assez variée, avec participation de modes mineurs, ceux-ci mieux contrôlés que l'approche globale, très floue et non élaborée. Les données formelles sont prépondérantes et semblent exprimer davantage la problématique que les réponses couleur obtenues en un second temps (IX et X) et dont l'impact émotionnel est camouflé.

Les contenus, à la fois dans leurs thèmes et leur lieu d'apparition, sont peut-être moins neutres qu'ils ne le paraissent au premier abord. Une étude attentive dévoile une résonance spécifique (IV et VII), bien que primitive, à la sollicitation symbolique des planches. Leur signification va dans le sens d'une crainte vague des images de puissance, d'une valorisation de la position virile (III et choix +) et d'une ambivalence foncière face à une image maternelle prégénitale (VII, VIII, IX et X) avec à la fois rejet et attraction, et essai de valorisation non assumée.

En raison d'un conflit, difficile à cerner, mais sûrement précoce avec l'image maternelle, il y a pour cette enfant incapacité d'accéder à une identification féminine et maintien dans une position régressive, ce qui a pour première répercussion le blocage de l'investissement intellectuel et scolaire. L'immaturité ici a presque valeur de compromis défensif.

PROTOCOLE DE RORSCHACH DE CHANTAL D., 8,3 ans (1962)

	Cotations			
I				
– C'est un loup (*bout du nez, joues, yeux, petit bout du nez et oreilles*)	G/bl	F–	A	
II				
– C'est deux petits lapins (*pattes.* : (r. inf.), *oreilles* (D ext.) *et le bout de la queue*)	D	kan	A	
– – ? – *ils se battent, ils saignent*	D	Cf	Sg	
III				
– Ça, c'est deux garçons, la tête, les mains et là c'est un fourneau, ils se lavent les mains.	G	K	H	Ban
– Un papillon	D	F+	A	Ban
– Des araignées (D r. lat.)	D	F–	A	

		Cotations			
IV					
– Ça c'est une tête, les bras, les bras, la queue, les pattes		Do	F+	Ad	
– Ça c'est une, c'est un cheval		G	F–	A	
V					
– Comment ça s'appelle, un oiseau volant, je ne sais pas comment ça s'appelle		G	kan	A	Ban
VI					
– La terre, la France, n'importe		D/G	F±	Géo	
– et ça, un petit papillon qui vole (D. sup.) L'Allemagne, la Suisse, la France.		D	kan	A	
VII					
Alors, là, j'arrive pas à trouver			→ Refus		
– Un pot		Dbl	F+	Obj.	
VIII					
– C'est des os qu'on a dans le ventre et tout le ventre, là, partout (E.L. : *Pot, on met des fleurs au bout* ; – accepte la suggestion « animal » ; et précise : *une souris ou des rats*)		DG	F–	At	
IX					
– Là, un petit pot (Dbl)	PSV	Dbl	F+	Obj	
– Et là c'est la couleur pour décorer le pot		D/G	C	Coul.	
X					
– V Là une chauve-souris (D gris brun lat.)		D	F+	A	
– Ça c'est un « of » (D gris) (veut dire « os »)		D	F–	At	
– Là, c'est du rouge, du bleu, du jaune, du vert et du bleu		D	C	NC	
– Un pont (D bl. méd.) (Add. Le rose : des fleurs, des plantes et des bijoux) (Temps total 10')		D	F+	Arch	

CHOIX + : I, III, V
CHOIX – : « j'aime mal » II et VII

PSYCHOGRAMME RÉSUMÉ

R : 19	G % : 37	F % : 63	F % élargi : 84
	D % : 47	F+ % : 67	F+ % élargi : 75
T. App. G D Dbl Do	Dbl % : 11	A % : 47	
T.R.I. : 1 K/4 Σ C	Do % : 5	H % : 5	
F.C. : 3 k/0	Z : 22	Ban : 3	
R.C. % : 37			

B. Les plus de 8 ans

1. Les « caractériels » de 8 à 11 ans

α) LA SYNTHÈSE DU GROUPE

Dans ce groupe la situation est abordée de deux manières distinctes. La différence est peut-être accentuée par la composition du groupe — beaucoup de cas venant d'un milieu culturel élevé et ayant été vus en consultation privée. L'expression est chez les uns encore infantile, immature ou fruste avec participation vive et instable alors que chez les autres elle est très affirmée, tranchée, voire provocatrice avec une adaptation plus contrôlée et vigilante. Chez ceux-ci la verbalisation est nettement plus précise, plus intellectualisée alors qu'elle reste enfantine dans l'autre groupe. Dans l'ensemble il n'y a guère de fabulation et un bon recul est observé, sauf quand l'immaturité globale ne le permet pas encore.

La réactivité est quantitativement assez limitée, elle suit la dominance des modes perceptifs globaux des âges inférieurs et ne paraît que rarement orientée par la recherche du parcellaire, même si on relève parfois la présence de quelques petits détails. L'élaboration n'est jamais pathologique mais elle est tâtonnante et peu vigoureuse sauf quand elle est le signe de prises en main vigilantes. Le découpage analytique n'est pas très rigoureux et insuffisamment contrôlé, l'investissement formel n'étant pas le but.

L'interprétation se fait surtout en fonction de la mise en action des personnages avec une surcharge excessive de K pour certains et aussi, ce qui est spécifique à ces deux sous-groupes de caractériels, en fonction de l'animation des objets et des éléments naturels. Les réponses couleur se limitent à des réactions en priorité sensorielles, du type CF chargées d'un vécu pulsionnel avec la participation dans le même contexte des couleurs grises. Les contenus référentiels, toujours centrés sur l'activité animale, comprennent ici davantage d'objets et d'éléments du monde naturel, les personnages qui apparaissent ne sont plus uniquement ceux du monde quotidien. Le recours aux engrammes de socialisation est peu utilisé — moyenne de 4 banalités —

La problématique exprimée uniformise ces deux groupes. Il s'agit en effet de la projection d'un monde pulsionnel exigeant, violent et sadique : les éléments du registre anal prédominent, bien qu'ils soient parfois associés à d'autres. Il existe très nettement chez eux la recherche d'une maîtrise de l'angoisse à laquelle ils parviennent en accédant à une position de puissance parfois clairement exprimée comme identification à l'agresseur et parfois camouflée sous un comportement provocateur affirmé, voire opposant. Chez certains, cette position n'est pas constamment maintenue et on voit apparaître des thèmes suggérant des désirs de régression, de soumission passive, cette attitude ne paraissant pas foncièrement acceptée. Il semble bien que seule l'affirmation de la domination sur le monde extérieur et sur autrui reste valorisée et n'entraîne pas de culpabilité.

De toute évidence il existe chez ces enfants une capacité à représenter les images parentales d'une façon sexuée différenciée avec en général, sauf dans les cas les plus frustes, une attribution correcte des rôles. Le type de relation avec ces images passe peut-être avec plus de vérité dans la thématique activité/passivité, domination/soumission dont le premier pôle est le plus explicité. Comme il s'agit uniquement de garçons, l'image phallique puissante semble toujours se référer à l'image virile.

Le mode de fonctionnement de ces enfants découle de ce qui a été décrit précédemment. Il s'exprime par des manifestations plus franches d'intolérance au monde extérieur, avec conduites agressives, passages à l'acte verbaux, sans recherche de séduction. La manipulation de l'autre consiste à montrer sa plus grande force et non à le faire rentrer dans son jeu. Les expressions de l'agressivité peuvent être très différentes et utiliser un éventail de modes d'action assez large.

La stucturation à cet âge paraît suffisamment ébauchée pour qu'on puisse caractériser le mode d'évolution qui peut aller de la caractéropathie simple à la psychopathie sans exclure le caractère paranoïaque franc.

ß) LES EXEMPLES

Philippe G., 8,6 ans

Enfant vivant à l'étranger et posant des problèmes d'adaptation scolaire et familiale.

C'est d'une façon très vive, par prises de position et interpellations diverses que Philippe réagit au test dans un langage direct et non sans une certaine excitation verbale. La participation est intense, le débit très rapide, la mobilité des associations est grande pour la même localisation avec recherche d'une plus grande adéquation, les images sont rajoutées en un second temps après des appréciations personnelles. Les réponses sont trop fréquemment des décharges globales de niveau moyen et de facture plus émotionnelle qu'intellectuelle ; le découpage, surtout en fin de test, paraît tributaire d'une réactivité particulière aux couleurs à valeur pulsionnelle (VIII, IX, X). L'interprétation est souvent formelle dans les engrammes, mais les contenus ont une valeur dynamique ; elle est toujours primesautière et comme menée par le surcroît de stimulation subjective des situations. En fait, le manque de recul et d'intériorisation que cette attitude implique se répercute dans l'insuffisance du contrôle et du jugement et le peu de recours aux images courantes. Les réponses C' ici sont proches des réponses couleur pures à valeur pulsionnelle franche et n'ont pas la tonalité nuancée et retenue qu'elles prennent habituellement.

La charge affective globale des commentaires et des contenus appartient à une problématique phallique anale — fusée, avions, feu, fumée, animaux puissants, remarques scatologiques et attitudes de provocation. Cette thématique est donnée avec une parfaite maîtrise de l'angoisse malgré la présence de réponses FClob, parce qu'elle est quasiment niée grâce à l'excitation d'une part et à l'adoption systématique d'une attitude de puissance face à la situation globale d'autre part. Philippe ne peut se permettre de rompre cette attitude et d'accepter ses besoins régressifs, comme en témoignent sa réaction à IX, l'interprétation mère-enfant donnée à l'enquête et le rejet définitif au moment du choix.

L'image paternelle est reconnue dans un engramme assez inquiétant (III) dont il neutralise la puissance et l'animation. Ce mécanisme se retrouve dans les différentes réactions suscitées par IV et à minima à IV. La scission de l'image maternelle — choix du symbolisme de VIII malgré les contenus donnés et réponse additionnelle de IX — est le reflet d'une profonde ambivalence à son égard. On est frappé par les attributs phalliques qui lui sont associés.

Les images parentales paraissent l'une comme l'autre encore investies d'une puissance dangereuse que l'enfant combat grâce à un mécanisme d'identification à l'agresseur, responsable de l'attitude d'hyper-affirmation de soi, de surcompensation évidente à travers le protocole.

L'aspect caractériel ici dépeint aurait pu être décrit dans un langage plus « caractérologique » étant donné l'égocentrisme et l'impulsivité encore très infantile manifestés.

PROTOCOLE DE RORSCHACH DE PHILIPPE G., 8,6 ans (1970)

		Cotations		
I				
A rien du tout... pf, à rien du tout, c'est				
– dégoûtant ce truc regardez, qui l'a fait ?	G	C'	Fgt	
– Un papillon... Hum on dirait pas un papillon	G	F+	A	Ban
– Un oiseau, ah non, ça peut pas être un oiseau	G	F+	A	
Une chauve-souris, je pense que c'est ça.				
C'est tout.				
(*A cause des ailes et du corps c'est pas du tout un papillon*) /Fait voler la planche/				
II				
Ça ressemble à rien, je te dis				
– Ah oui, ça c'est facile, à la fusée, pas la fusée, mais un spécial avion comme ça (*Un jet*)	Dbl	F+	Obj.	
– V T'as vu tout ce feu et la fumée de tous les côtés et les nuages alors je pense que c'est dans le ciel	G	CC' → kob	Élém.	
III				
– V un monsieur, à un monsieur (*Parce qu'il fait comme ça : petite cravate et gros yeux*)	G	F–	H	
– Λ Peut-être à un a... à un chien, ah mais t'as raison, un chien peut-être (*parce qu'il marche comme ça même, voilà et a des derrières, et ça c'est quand il pisse et qu'il crotte*)	D	kan–	A	
IV				
J'aime pas, c'est pas beau du tout		Equiv. Choc et critique		
– Moi, je dirais un rhinocéros, non	G	F–	A	
– Hmmm... Tu sais ce que c'est... un monstre. C'est un monsieur qui... a des gros pieds et des petites mains – « Peur ? » : *Non*	G	FClob → K	(H)	
V				
– Un papillon	G	F+	A	Ban
– Un escargot (D méd.) (*Les cornes... Non j'ai pas dit ça*)	D	F+	A	
VI				
– Un chat /rit/ Non, je crois rien dessus je dirais un chat et puis pff C'est dégoûtant, c'est dégoûtant ; qui a fait...	G	F–	A	
C'est comme ça qu'il a peint là		Crit. agress.		
(*Avec le gros cou... et son museau... Il est plus vivant*)				
VII				
– V Un chapeau de fleur... à une fille ça oui (*qu'on aurait quand on se marie*)	G	F–	Obj	
– Une fusée qui vole (D méd. inf.) et la fumée autour	DD	kobC'	Obj	

		Cotations	
VIII			
– V Alors là un hippopotame, on peut dire que c'est un hippopotame, hein, Ah non, ah non (D r. or.)	D	F–	A
– Un chien (même localisation) (*parce que très gros*)	D	F–	A
– Ah non, justement, un monstre à deux têtes, une vache à deux têtes (même localisation) — ? — *parce que deux têtes et pas beaucoup de poils dessus ; peut-être un taureau à deux têtes* (E.L. *Qu'ils sont beaux les deux animaux, vachement ! des rats. La couleur c'est du feu)*	D	FClob+	(Ad)
IX			
Je sais pas... attends... Λ V Je l'aurais dit si je savais /Pousse des cris/ (*Aucune idée... l'orange on dirait du feu, le vert : un ours, non, la Sainte Vierge avec son petit bébé*)		Refus	
X			
– Fusée... non (D gris sup.)	D	kob	Obj
– Un avion, non, peut-être une fusée ou deux fusées qui partent (D vert méd.) (R. Add. l'orange : un petit avion (D « cerises ») /retournements/ Non /Pose la planche/	D	F–	Obj
– Ah oui, des écureuils /rit/ (D gr. brun lat.)	D	F–	A
– Des abeilles (D jaune méd.)	D	F–	A

CHOIX + : IV « parce que c'est drôle »
CHOIX – : IX « ils me plaisent tous »
PAPA : III « parce que c'est un monsieur »
MAMAN : VIII « Elle met son tablier sur elle et elle a ses deux têtes »
PEUR : IV « si je la verrais en vrai, j'aurais peur »

PSYCHOGRAMME RÉSUMÉ

R : 21	G % : 48	F % : 67	F % élargi : 90
	D % : 48	F+ % : 43	F+ % élargi : 53
	Dbl % : 5	A % : 67	
		H % : 10	
T. Appr. : G D Dbl	Z : 11	Ban : 2	
T.R.I. : 0K/4 Σ C			
F.C. : 3k/0			
R.C. % : 26			

Christian T., 9 ans

Vu en privé pour troubles du caractère, difficultés d'adaptation scolaire et lenteur.

Christian semble vouloir se poser d'une façon très tranchée dans la négation comme dans l'affirmation à travers un langage contrôlé et des images très personnelles. La manière d'amener les 18 réponses indique qu'il vit intensément les situations, ce qui est confirmé par la forte accentuation du pôle projectif kinesthésique au détriment des engrammes formels. Ceci n'empêche pas une attention bien répartie de l'exploration perceptive, le niveau de structuration étant correct et l'ensemble du contrôle formel et de la conformité sociale satisfaisant malgré l'originalité indéniable de certaines mises en scène.

La problématique est centrée sur la relation humaine qui est teintée d'agressivité voilée, soit par crainte de la rétorsion, soit par conscience d'un certain interdit. On peut se demander s'il n'y a pas une certaine retenue de pulsions sadiques. Les tentatives de nier « Ce n'est rien » toute importance aux figures sont autant de défenses sthéniques contre l'angoisse d'une expression trop nette des images agressives.

Il y a peut-être chez lui une grande crainte de se trouver dans une position passive — ce que l'on déduit de l'abondance des images actives — qui l'entraîne à gonfler tout ce qui a trait à la survalorisation de soi.

Les images parentales sont bien reconnues et sexuées, l'image paternelle transparaît surtout comme puissante, voire dangeureuse ; en relèverait peut-être l'image qu'il veut donner de lui-même et dont il n'est pas en fin de compte très sûr.

Le mode de fonctionnement et les mécanismes de défense sont typiquement caractériels. Toutefois il persiste chez lui un malaise et un doute quant à sa position de puissance qui ordinairement sont absents chez les caractériels francs, ce qui pourrait indiquer une évolution plus névrotique.

PROTOCOLE DE RORSCHACH DE CHRISTIAN T., 9 ans (1963)

		Cotations		
I				
— Ce n'est rien ça ! Deux hommes qui montent sur deux femmes ; qui a fait le dessin ?	G	K	H/Sc	
— ou attrapent les serpents (D sup. médian « mains ») il y a une seule femme.	D	F—	A	
II				
		→ Choc		
— Rien... Des rhinocéros parce qu'il y a ici deux cornes avec des pattes	D	F+	A	Ban

	Cotations			
III				
– Des nègres sauvages – ? – *parce qu'on mange l'homme, on le met dans un grand comme ça, on le met on le mange*	G	K	H	Ban
– L'examinateur montre D r. méd. ? : *C'est un papillon*	(D	F+	A	Ban)
– C'est un chat, en l'air, en l'air, voilà la queue (D r. lat.)	D	F+	A	
IV				
V Ce n'est rien		→ Choc		
– Peut-être un monstre du Japon – ? – *animal* – ? – *Fait peur*	G	ClobF	(A)	
V				
– Une chauve-souris, ici sa tête, il vole, là, comme ça	G	kan	A	Ban
VI				
– V Ici c'est un homme long	D	K–	H	
– il a un brouillard devant lui il est arrêté	(D)G	C'	Nat	
VII				
– Ici, c'est un peau-rouge, il se voit au miroir il reste... là comme ça, plume, sa tête, pierre. C'est un enfant qui a fait celle-ci.	D	K–	H	
VIII				
C'est deux panthères qui montent sur un arbre Ou qui marchent sur des animaux	D	kan	A	Ban
Peut-être encore un monstre du Japon – ? – *une fois je l'ai vu* – ? – *au Château de Fontainebleau, deux monstres*	D	F±	(A)	
IX				
Ce n'est rien, il n'y a rien comme ça		Équiv. Choc		
Si, il V il y a deux hommes sous cet	DD	K–	H/Sc	
arbre, nuage, et il pleut (D vert) sur ceci ils sont mouillés : leurs pieds ici (montre Dd orange) avec des bottes	D	kob	Nat	
– Deux boucles Λ comme ça il y a rien	Dd	F±	Fgt	
X				
Sous la mer, écrevisses, poissons (*ce n'est pas la couleur*)	G	F±	Pays.	
Ici il y a ça : des crabes	D	F+	A	Ban

CHOIX + : X « poissons » IX et I
CHOIX – : IV et V

PSYCHOGRAMME RÉSUMÉ

R : 18	G % : 33	F % : 44	F % élargi : 89
	D % : 61	F+ % : 75	F+ % élargi : 72
	Dd % : 5	A % : 50	
		H % : 28	
T. Appr. G D Dd	Z : 32	Ban : 5	
T.R.I. : 5K/1,5 Σ C			
F.C. : 3 k/0			
R.C. % : 39			

Xavier F., 8,7 ans

Hospitalisé pour troubles du comportement et agressivité intense à l'intérieur du groupe familial où il est considéré comme un « tyran domestique ».

Face au test, l'attitude est très affirmée, directive parfois, amenant à des positions et des images très décantées, sélectionnées suivant un principe d'importance relative, principe qui n'est plus opérant dès que la synthèse est mise en échec, surtout à VI et aux planches couleur. Un langage précis et parfois utilisé pour prendre du recul ou une emprise sur une donnée incertaine. La limitation aux globalisations et aux grandes découpes et la plus grande difficulté à contrôler l'adéquation des détails ainsi que certaines remarques de dépréciation font penser qu'un découpage plus poussé est sciemment évité. Les élaborations, de très bon niveau, sont en effet bien contrôlées et utilisent autant des éléments formels que kinesthésiques dont l'impact est perçu avec vigilance. Les contenus sont assez diversifiés mais centrés sur les activités animales et humaines.

Cette vigilance dont il fait preuve dans la mainmise perceptive va de pair avec une hyperconscience de la situation et une grande sensibilité à la spécificité des planches qui lui permet d'éviter une projection trop massive de la problématique. Ceci transparaît déjà dans l'aptitude à neutraliser les représentations humaines qui ne sont définies que dans leurs postures, ne sont jamais sexuées ni mises en relation active. Cette apparence de non engagement est en contradiction avec d'autres projections en particulier le bestiaire, la réaction pulsionnelle à II et les réponses très lourdes de sens à VI et VII. Tous ces éléments convergent vers une thématique de puissance/impuissance, activité/passivité avec une fixation anale dominante et, malgré le désir de puissance phallique, une difficulté à accepter directement le symbolisme phallique (IV et VI).

Il semblerait qu'à travers les images données il existe une dévalorisation des images virile (IV et VI) et féminine, mais compte tenu du caractère différencié de la personnalité, on peut se demander si ce n'est pas là déjà le résultat d'une élaboration quasi consciente de relations fantasmatiques beaucoup plus complexes. On peut supposer que Xavier cherche à lutter contre la tendance à la soumission et à la passivité du registre homosexuel.

L'adaptation semble se réaliser sur un mode caractériel à polarité paranoïaque étant donné le besoin de puissance et l'hypertrophie du Moi.

PROTOCOLE DE RORSCHACH DE XAVIER F., 8,9 ans (1974)

		Cotations		
I				
– Ça c'est un papillon Je vais vous dire comment c'est fait : c'est exactement la même chose divisée en deux	G	F+	A	Ban
– Ça a l'air de trois personnes qui font la ronde	G	K	H	
– Ça a l'air d'une fourmi et de deux aigles	D	F+	A	
	D	F+	A	
II				
Attendez ! V On dirait... ça fait				
– un paysage, on dirait de la terre avec du feu	G	CF	Nat	
– et une bombe qui explose Il faut tout utiliser ?	G	kob	Expl.	
– Λ On pourrait dire deux personnes qui se tiennent	D	K	H	
– par un bras et lèvent un pied V Dans l'autre sens aussi, mais assis (D r. sup : *Ça ressemble à l'Afrique deux Afrique*)	D	K–	H	
III				
– Deux petites filles, ben, deux personnes qui se baisent	G	K	H	Ban
– V C'est tout ! attends ! on dirait un papillon et	D	FC	A	Ban
– ça une cigogne avec leurs longues pattes (D r. lat)	D	F–	A	
IV				
Combien y en a ? On en fait huit !		Équiv. Choc		
Λ Ça ressemble, je sais pas. Je peux supprimer le truc du milieu ?		Rem. D méd.		
– Ça ressemble à un clown avec des trucs très larges et de toutes petites mains	₲	K	H	
V				
– Λ Ça c'est un papillon V Dans les deux sens	G	F+	A	Ban

		Cotations		
VI				
Λ V Λ Non, je ne vois rien, V, je vois rien		Équiv. Choc		
– Λ V Ça pourrait ressembler au soleil masqué c'est tout	D	F–	Nat	
La grande partie représente rien				
/Cherche l'explication du procédé des planches, joue avec le calendrier/				
(– Banalité ? : *Oui, peau de bête à quatre pattes* – ? – tigre ou bison)				
VII				
Ça, ça veut rien dire		Rem. nég.		
– V Ah si un pont avec des pierres à moitié écroulées	G	F+	Arch	
– Λ – ? – *un fer à cheval mal fait*	G	F+	Obj	
VIII				
– Ça on dirait une bête, de chaque côté, comme une panthère, elle a quatre pattes, bon ça va	*D*	F+	A	Ban
– Rien d'autre à part une vague ressemblance avec un papillon	D	FC	A	
– G ? : *Rien*				
IX				
– V Vague ressemblance, le tout, avec un papillon puis c'est tout.	D	F–	A	
X				
– Ça c'est une Tour Eiffel	D	F+	Arch	
– Ça, ça ressemble à des crabes	D	F+	A	Ban
– V Ça un pont ou un fer à cheval (D vert méd.)	D	F–	Arch/Obj	
– Λ Ça, ça ressemble à une araignée qui se promène (D bleu méd.)	D	kan–	A	
– G ? : *Rien du tout*				

CHOIX + : VIII « parce qu'elles ont des couleurs et des trucs mieux » – ? – « *crabes, panthères* »,
et X

CHOIX – : IV « pas jolie et pas bien dessinée et ont pas de couleurs
I

PEUR : aucune

PSYCHOGRAMME RÉSUMÉ

R : 23	G % : 39	F % : 56	F % élargi : 96
	D % : 61	F+% : 68	F+ % élargi : 73
T. Appr. G D		A% : 47	
T.R.I. : 5 K/1,5 Σ C		H % : 21	
F.C. : 2 k/0	Z : 30	Ban : 6	
R.C. % : 30			

Laurent B., 10,6 ans

Des difficultés caractérielles et d'adaptation scolaire ont conduit l'enfant en consultation privée.

Face à la situation, l'attitude est sarcastique, restrictive et négativiste, ce qui n'empêche pas l'émergence brutale de thèmes très chargés. Les conduites perceptives — surtout globales — sont dictées par des attitudes contradictoires, semble-t-il, telle : éviter l'engagement par des G « vagues » et maintenir la charge fantasmatique dans des globalisations articulées avec vigilance. Le jugement, dans ces conditions, n'est pas opérant, étant donné le peu de souci de s'adapter à l'objectivité du stimulus et à la situation générale. D'ailleurs les contenus et le langage indiquent un recours à l'intellectualisation qui satisfait Laurent par l'affirmation de sa supériorité et de sa non-implication. La manière de traiter les planches pastel montre la négation de tout retentissement émotionnel et la capacité de mise à distance de l'affect.

L'intention « négativiste » aboutit à ce qu'il cherche, c'est-à-dire à bloquer le plus possible l'expression de thèmes personnels. La défense est d'autant mieux réussie que la provocation est directe (II et III) ; elle cède à une sollicitation plus insidieuse parce que moins sensorielle et plus symbolique pour laisser place à une problématique sadique à prédominance anale — avec déplacement sur l'oral à VI avec une composante mégalomane qui transparaît déjà à travers l'intellectualisation factice.

Ce contexte implique un mode de relation perturbé avec les images parentales qui ne peut plus apparaître ici. Actuellement c'est la représentation de soi qui est dominante à travers la défense, la résistance, l'affirmation de sa supériorité et le dédain de l'autre. Un mode de fonctionnement de caractériel grave et une éventuelle évolution vers le caractère paranoïaque sont à craindre.

PROTOCOLE DE RORSCHACH DE LAURENT B., 10,6 ans (1968)

	Cotations			
I				
— Une chauve-souris < je parle de la forme Je ne vois pas ce que ça peut faire	G	F+	A	Ban
II				
/Fronce les sourcils/ V Non je ne vois rien < V (E.L. *accepte « avion et flammes »*)	Refus			

III				
– Une statue ça	G	F–	Art	
– < On pourrait voir un museau de bête (Dd)	Dd	F+	Ad	
– Le pied d'un... cervidé (« *d'un bovidé* ») (E.L. ? V Λ D rouge méd ? – *Non.* Un papillon ? *Oui, ça pourrait être*)	D	F+	Ad	
IV				
– Ça c'est le bas d'un homme assis sur un bûcher, on voit mieux les jambes (*Il est plutôt irréel*)	G	K–	(Hd)	
V				
– Ça fait penser aussi à une chauve-souris ou à un papillon aussi	G	F+	A	Ban
VI				
Je vois pas /Nombreux retournements/		Equiv. Choc → Refus		
– Deux trônes dos à dos, deux chaises de coiffeur ou de dentiste. Qu'est-ce que ça peut faire...	(D) G	F–	Obj	
VII				
– V Ça, ça a l'air de deux femmes qui se tournent le dos et qui rencontrent leurs visages, qui s'arrêtent... avec leurs cheveux, chignon (– ? – *Ça se pourraient qu'elles dansent*)	G	K	H	
VIII				
– < Deux animaux qui montent sur un arbre de forme bizarre (*sangliers, porcs*) (– « Et le reste ? » : *Le reste ça a l'air de rien. Non pas plus joli, si, plus joli, pas grand changement*)	D	kan	A	Ban
IX				
– < V Deux oiseaux sous un champignon (*Perroquets en cage* [D rose et D vert])	DD	F–	A/Pl	
X				
– V Ça... C'est des temps préhistoriques – ? – *parce que ça a vaguement l'air d'animaux qui ont des formes bizarres*	G	F±	Sc	
– Ou... ça peut faire le fond de la mer avec des hippocampes (*Ça a un peu la couleur, corail, mollusque, des espèces de poissons*)	G	CF	Pays.	

CHOIX + : X, IV
CHOIX – : II, III
PEUR : I « ça a l'air d'un monstre »

PSYCHOGRAMME RÉSUMÉ

R : 12	G % : 67	F % : 67	F % élargi : 92
	D % : 25	F+ % : 56	F+ % élargi : 59
	Dd % : 8	A % : 42	
T. Appr. G D Dd			
T.R.I. : 2 K/1 Σ C	Z : 23	H % : 17	
F.C. : 1 k/0			
R.C. % : 31		Ban : 3	

2. Les « traits névrotiques » de 8 à 11 ans :

α) LA SYNTHÈSE DU GROUPE

Dans la mesure où les traits névrotiques peuvent appartenir à des registres différents, on ne s'étonnera pas de trouver ici des types de manifestations diverses, voire opposées, compte tenu aussi du groupe d'âge considéré et du sexe des enfants. Cette dernière donnée à elle seule différencie les conduites : les filles sont préoccupées par leur séduction dans leur position face à l'image virile ; les garçons, face à la même image, recherchent plus l'affirmation de soi-même par la puissance et la compétition. Cela se répercute sur la manière d'aborder la situation qui sera toujours exploitée à des fins de réalisation de soi avec, chez les filles, une accentuation de l'aspect exhibitionniste et l'expression du besoin de la relation à l'autre et chez les garçons un désir de maîtrise active et moins de souci de la relation.

Ce besoin d'expression n'est pas général et il est évident qu'une dimension de restriction et d'appauvrissement existe également, ce qui explique les différences de productivité : la majorité s'exprimant aisément par le biais de 25 ou 30 réponses alors que d'autres dépassent à peine douze réponses avec parfois des refus. Le langage dans l'ensemble est bien utilisé et assez imagé, plus ou moins varié, témoignant de la conscience d'interpréter sans exclure l'apparition sporadique d'interprétations plus directes.

Dans ce groupe, on peut parler, au plan de l'appréhension, d'une démarche ordonnée et d'une utilisation « adulte » des modes perceptifs, ce qui rejoint les constatations faites pour le groupe « normatifs » et relèverait vraisemblablement de critères de développement. Le découpage analytique prime, intégrant la couleur franche et non les C', mais dans les cas où les globalisations restent dominantes elles sont le fruit d'élaborations poussées et ne comportent jamais de faille de structuration. Parmi les modes mineurs le détail d'inhibition et le petit détail paraissent assez utilisés dans une dimension restrictive défensive alors que les éléments lacunaires ne sont guère employés. L'interprétation se fait moins au moyen des qualités formelles que dans le groupe des normatifs et exploite plutôt le registre kinesthésique, y compris les kinesthésies d'objet, comme le registre des réactions colorées, couleurs brutes surtout. L'acuité du jugement n'est pas aussi recherchée que chez les normatifs, mais elle n'est pas diminuée par l'interférence des éléments affectifs (F + % élargi). Les images référentielles font état d'un bestiaire assez varié et d'un monde naturel dynamique, le tout campé dans une interaction avec l'humain et avec intervention a minima de l'irréel.

La problématique s'exprime ici à des niveaux plus variés que dans le groupe des normatifs du même âge, avec plus d'intensité, non sans tension interne qui transparaît à travers l'évident malaise et/où les procédés défensifs de différents registres. Il faut noter d'emblée que chez eux, on voit poindre déjà le besoin de mise en place de défenses plus polarisées pour contrôler la charge anxieuse. La thématique peut être de niveau œdipien avec des préoccupations trop constantes concernant la sexualité. Elle peut être aussi très entachée de fixations anales avec centration sur des positions de puissance et de compétition, comme elle peut aussi se référer à une fixation anale dominante avec une expression pulsionnelle forte renvoyant à une avidité orale. On peut voir apparaître une polarité plus dépressive. Il ne faut pas exclure les réactions phobiques a minima engendrées par un conflit œdipien trop chaud.

Dans notre échantillon, chez les filles, la polarité désir et crainte de la sexualité est la plus évidente. Chez les garçons, il s'agit plutôt de la difficulté d'identification à l'image virile encore trop investie de puissance et de la persistance de l'angoisse de castration quels que soient les mécanismes de défense mis en œuvre pour la résoudre, la dépasser ou la masquer.

Dans ce contexte, les images parentales sont bien reconnues et différenciées, sexuées, et la présence de moments de régression avec résurgence de besoins plus primaires ne semblent pas indiquer la dominance d'images parentales prégénitales.

L'image de soi est partout nettement affirmée, soit par le biais d'attitudes sthéniques et de mainmises associatives, soit dans la mise en place de mécanismes de défense, soit par le biais de l'extériorisation de conflits précis.

La présence déjà nette de mécanismes de défense polarisés qui peuvent entraîner une perte d'énergie ou une difficulté d'investissement est contrebalancée par une certaine souplesse d'adaptation à l'environnement ce qui autorise à penser qu'en dehors des situations fragilisantes, il existe un fonctionnement du Moi suffisamment libre et efficace.

ß) LES EXEMPLES

Anne-Marie, 8,11 ans

Enfant vue en pédiatrie pour spasme du sanglot. Elle est qualifiée de très captative par son entourage. L'adaptation au test est aisée et souple, comme si elle cherchait à montrer sa bonne volonté et son savoir-faire. Les très nombreuses réponses sont en fait très irrégulières dans leur structure perceptive et inégales dans leur qualité objective. Le souci de répondre à la sollicitation prime sur la recherche de maîtrise et de réalisation personnelle : la reconnaissance de la réalité objective existe, mais n'est guère investie.

La saisie perceptive semble fonction d'un découpage facile du stimulus et d'un recours aux schèmes perceptifs et culturels courants sans souci de mises en rapport ni recherche poussée de structuration. La seule élaboration notée (VII) relève d'une dénivellation avec recours à un mode de structuration primitif qui est en fait une fausse secondarisation due à une pression fantasmatique. De la même manière, les quelques percepts isolés —Dd — qui pourraient faire croire à une exploration minutieuse aboutissent à des projections liées au retour du refoulé.

Le langage est réduit aux descriptions et aux désignations comme si l'utilisation de repères spatiaux tenait lieu d'enrichissement. La détermination des réponses ne se fait que par l'aspect formel et il est utile de noter ici que celui-ci peut très véhiculer des préoccupations et une problématique. Dans ce protocole, le formel est plus parlant que les expressions traditionnellement considérées comme « affectives ». Cette prévalence des facteurs formels n'est pas objet de vérification et les associations ne sont guère choisies en fonction de leur adéquation.

De même, il n'y a pas de souci d'expression des besoins et la problématique repérée paraît déjà bien maîtrisée par le refoulement. La préoccupation dominante semble concerner la sexualité avec de nombreux thèmes phalliques apparaissant sous une forme très symbolisée et l'expression plus directe d'un fantasme de maternité (VII). Il semblerait que ce soit la manifestation d'un désir mal accepté et refoulé. Par ailleurs, il n'y a aucune altération des images parentales qui, si elles ne sont pas abordées directement, suscitent à travers le test des associations conformes à leur rôle.

Le peu d'investissement intellectuel et le peu de vraie liberté d'expression, une propension au refoulement et une certaine avidité de fond évoquent un mode d'adaptation hystéroïde.

PROTOCOLE DE RORSCHACH D'ANNE-MARIE D., 8,11 ans (1963)

	Cotations			
I				
– Ici deux lions et ici c'est la porte d'un.. palais (Dd méd. sup « mains » et « bosses »)	Dd	F–	Arch.	
– Quant au reste, une tête d'animal espèce de loup	Ǥ	F+	Ad	
– Ça deux oreilles (D saillies lat)	D	F–	Ad/Hd	
– Quant à ça, une dent à l'envers (Dd méd. inf.)	Dd	F–	Hd	
II				
– Deux oiseaux (D rouge sup.)	D	F+	A	
– Une tête de lézard (D méd.)	D	F–	Ad	
– Tout le reste, oui un volcan	D	CF	Nat	
– Là on dirait une fusée (Dbl)	Dbl	F+	Obj	
III				
– Deux petits noirs qui sont en train je ne sais pas...	G	K	H	Ban
– Un papillon	D	F+	A	Ban
– Ici et là un lac et un affluent qui s'en va	D	F±	Nat	
IV				
– Deux oreilles de chien qui pendent oreilles de chiens qui ne sont pas contents (D lat inf)	D	F–	Ad	
– Une tête genre d'hippopotame (D méd. inf)	D	F+	Ad	
– Ici deux pieds, ici tout ça c'est le corps – ? – *pas entier ce qui va à la tête – ? – d'un homme*	(D) G → Do	F+	Hd	
V				
– Un canard sauvage, il est en train de voler	G	kan	A	Ban
VI				
– Jusque-là, c'est une colombe (D sup)	D	F+	A	
– Ici c'est des pieds écartés (Dd in D méd)	Dd	F+	Hd	
– Jusqu'ici on dirait un pull-over à l'envers, – ? – *coupé, mité*	D	F+	Obj	
– Ici c'est un pull-over jacquard avec un gros col qui monte	D	F–	Obj.	
VII				
– Un nid de fourmis quand ils transportent les œufs (*c'est dans le livre de sciences, ils partent d'ici et vont vers là* (troisième tiers)	DG	F–	Sc/A	
VIII				
– On dirait tout ça, les côtes qui sont là	D	F+	At	
– < Des animaux, je ne sais plus quoi	D	F+	A	Ban
– Là un épi de blé (Dd méd in D or.)	Dd	CF+	Pl	
– Là deux mains (Dd gris) je ne vois pas du tout	Dd	F+	Hd	
IX				
– Un chien à l'envers (D rose : tête, pattes, corps)	D	F–	A	
– V Deux yeux... je ne vois pas du tout	Ddbl	F–	Hd	

	Cotations			
X				
– Ici on dirait une tête de petit lapin	D	F+	Ad	Ban
– Là deux araignées	D	F+	A	Ban
– Un thermomètre (Dd méd. in D gris sup)	Dd	F+	Obj	
– Deux crabes (D gr. sup)	D	F+	A	Ban
– Des os (D bl méd.)	D	F±	At	
– Deux hippocampes (D vert)	D	F+	A	
– Un cerf (D gris lat.)	D	F+	A	
– Pour mettre des oreilles (D méd. « cerises »)	D	F+	Pl	
– Là deux prairies (D vert sup)	D	C	Nat	
– Deux lacs (D j. lat.)	D	F±	Nat	
– Un lac	D	F±	Nat	
– Deux lions (D j. méd.)	D	F+	A	

CHOIX + : X et VII
CHOIX – : I « quand on s'y attend pas ça fait peur. »
IV

PSYCHOGRAMME RÉSUMÉ

R : 37	G % : 14	F % : 86	F % élargi : 92
	D % : 65	F+ % : 63	F+ % élargi : 65
	Dd % : 16	A % : 46	
T. App. : G D Dd Dbl	Dbl % : 5	H % : 16	
T.R.I. : 1 K/3,5 Σ C	Z : 17,5	Ban : 7	
F.C. : 1/0			
R.C. % : 46			

Edwige L., 9 ans

Amenée en consultation pour aggravation de réactions caractérielles face à sa mère. Elle vit avec celle-ci et son ami, ne voit que rarement son père depuis le divorce malgré un attachement certain à celui-ci.

L'enfant se montre expansive, désireuse de plaire et de montrer, ce qui aboutit à une participation assez fournie, touffue comme une conversation avec force exclamations et minauderies. Il y a une assez grande variété dans les modes d'approche, irrégulièrement distribués, et le niveau de structuration des perceptions globales peut être élevé (I et III), les élaborations étant dues à des mises en scène comme il peut aussi être de niveau presque syncrétique (VI et VIII). Cette oscillation répercute l'influence des préoccupations fantasmatiques qui ne dégradent pas le contrôle formel global. Le large éventail des déterminants montre une souplesse de modes de résonance et d'expression dont le caractère ludique alterne avec un engagement plus profond et parfois défensif.

En fait, son côté ludique, qui prend parfois des allures de théâtralisme, masque une anxiété relative à la proximité de la symbolique sexuelle donnée d'emblée à I et reprise plus en nuances dans les autres planches avec utilisation de procédés de défense très sthéniques. L'abord des planches couleur ferait suspecter un autre niveau de problématique avec une sensibilité au rejet qui pourrait renvoyer à une possibilité de vécu plus dépressif, à un sentiment de manque et de carence relationnelle. Les images parentales sont de ce fait abordées à deux niveaux, bien reconnues et sexuées dans la première partie du test avec une accentuation particulière (I, IV, VI) de la crainte de l'image virile, alors que les réactions de la deuxième partie paraissent dues à l'existence d'images plus prégénitales dont elle n'est pas très dégagée malgré l'accession à un niveau de représentation plus évolué.

Dans sa relation à l'autre elle oscille entre les positions de ludisme infantile et de séduction où elle se rassure narcissiquement.

Ce qui prédomine dans son mode d'adaptation actuel, c'est l'aspect hystéroïde, celui-ci masquant une demande d'acceptation et de sécurisation authentique.

PROTOCOLE DE RORSCHACH D'EDWIGE L., 9 ans (1973)

	Cotations			
I				
– A une abeille	G	F+	A	
– Ou alors à deux dames qui s'envolent puis y a deux dames et y a deux hommes plus grands que les deux dames qui les prennent par la main pour les amener (D lat : hommes ; moitié du D méd. : une femme)	G	K	H/Sc	
II				
– Un papillon avec les ailes comme ça (sauf D rouge sup.)	D	F–	A	
– Quand il y a une carte marquée la France, c'est un peu tordu, ça me fait penser comme ça, sauf le rouge il compte pas, le blanc non plus	D	F–	Géo	
– Puis ça, une fusée ça (Dbl) puis le reste c'est le ciel, c'est tout (Rouge sup ? – *Oui le feu quand il démarre* (D CFkob) (Refuse la banalité même si on la lui montre mais voit une « tête de chien » dans Dd rouge in D noir)	Dbl	F+	Obj	
III				
– Deux hommes, deux hommes qui sont comme ça	G	K	H	Ban
– Ou alors deux petits chiens, ça me fait penser (mime ++) qui s'amusent,	G	kan	A/Sc	

		Cotations		
– là une pierre (D noir) là aussi ; là c'est l'eau (Dbl) un petit trou ou un puits profond ils retirent les pierres qui z'étaient	Dd/bl	F±	Fgt	
– Ça un loup (D r lat)	D	F–	A	
– Là une tête de cheval (Dd inf in D r. lat)	Dd	F+	Ad	
– Puis là un ruban, d'abord c'en est un (D r. méd)	D	F+	Obj	Ban
IV				
Alors là... chais pas du tout... ça que ça peut être...		Choc		
– Un ensemble, les plis du pantalon les pieds et le reste c'est l'ensem'...	G Do	F+ F+	Obj Hd	
– Un manteau de fourrure (*toute la fourrure là, touche la planche* + +) – Géant ? – *je vois tout le reste mais pas la tête, oui mais pas la tête*	G	FE	Obj	
V				
– Une abeille, non un papillon je veux dire, c'est tout, un papillon je me suis trompée	G	F+	A	Ban
VI				
– V Ah oui une plume, des plumes en bas et des plumes en haut... ça fait une plume comme ça... (*tout ça c'est la plume, ça le bâton* (Dd ligne méd.)	DG	F–	Obj	
VII				
Oh, puis là... y a rien,				
– deux femmes c'est tout (Refuse à l'enquête)	G	K	H	
– Ou un petit chien qui joue là avec quelque chose (D méd + D sup)	D	kan	A	
– Là un papillon... (D inf.) où alors	D	F+	A	
– un pap...				
– Puis des nuages (D inf) (*parce que c'est gris et puis ça a la forme*)	D	C'F	Nat	
VIII				
– < Alors là, ça me fait penser, penser à une bête qui marche	D	kan	A	Ban
– sur des pierres, oui, ça se voit, sur des pierres, sur de la glace... chais pas comment ça s'appelle... (E.L. *Un ours... de la glace où qu'on glisse parce qu'il y a des morceaux cassés, alors c'est fragile, alors on dit de la glace* (D bleu). « Autre chose ? » *Un papillon* (Dr. or))	D	CF±	Nat	
IX				
/pousse un cri/				
– Un fantôme, ah, un fantôme là en bas (D rose) c'est vrai hein	D	F–	(H)	
– Là un masque de quelque chose (Ddbl) avec les yeux. Un masque de fantôme (*grand masque c'est à travers de la fumée vert*)	Ddbl	F+ → C → Clob	Masque	

X					
			Cotations		
– Alors là, hein... une araignée là	D	F+	A	Ban
– Ça à une fleur (D j. et D br.)	D	FC	pl	
– V Puis ça à deux bêtes... un crabe un peu (D gris sup) puis c'est tout (– « D vert méd. ? /elle devient opposante/ *une bourse, là, une bourse pour l'argent* [D F+ Obj.])	D	F+	A	Ban

CHOIX + : VII, IX et X « belles couleurs et jolis dessins »
CHOIX – : « Tout ça là » (toutes les noires) I, VI et IV « pas belles, c'est pas beau » (prend l'air très dégoûté)
PEUR : IX, VIII, I « ça hein », IV « puis c'est tout »
MAMAN : « Non »
PAPA : « Non, non, oh non. »

PSYCHOGRAMME RÉSUMÉ

R : 27	G % : 33	F % : 67	F % élargi : 93
	D % : 48	F + % : 68	F+% élargi : 78
	Dd % : 4	A % : 40	
T. App : G, D, Dd, Dbl, Do	Dbl % : 11	H % : 20	
	Do % : 4		
T.R.I. : 3 K/2,5 Σ C			
F.C. : 3 k/0,5 Σ E	Z : 31	Ban : 6	
R.C. % : 27			

Éric R., 9,6 ans

Vu en consultation privée pour apparition de tics.

L'enfant, très intelligent, fait preuve d'efforts considérables pour répondre à la situation qui par moments lui paraît difficile à aborder. La productivité très irrégulière et diminuant en fin de test, comme les temps de mise en train, témoignent de réactions de malaise qui sont reprises en main d'une façon tâtonnante, mais réussie. Le type de verbalisation va dans le sens d'un souci de se tenir au niveau de l'objectivité, bien souvent nuancée d'un apport personnel.

Le maniement du stimulus est très diversifié, la répartition des modes perceptifs est irrégulière et semble assez fonction des besoins de mise en place des défenses telles l'accumulation de découpages parcellaires à I, l'absence de G à III, la répartition des G et l'élaboration en G de IX. Tout cela, ainsi que l'augmentation des temps de latence, indique une résonance importante au matériel qu'il retranscrit à travers des procédés divers montrant la souplesse dans l'utilisation des moyens. C'est par le biais des formes qu'il aborde le stimulus tout en tenant compte des caractéristiques sensorielles et en neutralisant quelque peu l'animation kinesthésique. L'effort d'adéquation est présent, outrancier par moment (I), plus relâché sur le mode enfantin courant à d'autres. Les contenus sont assez variés, comportant quelques éléments plus subjectifs (ombre, trou, martiens) qui reflètent la participation de l'imaginaire.

L'aisance et la souplesse constatées ne masquent pas la tension et le caractère laborieux des efforts de mise en place d'une stratégie défensive – essentiellement restriction perceptive, évitement, dénégation de l'angoisse, mise à distance et isolation de l'affect (IV, VII, IX et choix).

Ce qu'il tente de maîtriser est une problématique concernant l'agressivité dirigée contre lui et vécue sur un mode phobique, les réactions aux planches II et III exprimant le plus ouvertement ses craintes phobiques même si elles existent a minima par ailleurs.

C'est l'image féminine qui semble susciter le plus d'angoisse aux planches I et VII où les stratégies défensives sont opposées. L'abord direct de l'image paternelle est évitée mais les réponses aux planches IV et IV paraissent la neutraliser d'une manière excessive. Éric semble se maintenir dans une attitude passive où il ne se permet pas l'expression de l'agressivité qu'il ne combat que par le biais d'un investissement intellectuel.

Ce protocole est caractéristique d'un compromis réussi chez une personnalité à traits phobo-obsessionnels, compromis entre expressions et défenses soit investissement et inhibition.

PROTOCOLE DE RORSCHACH D'ÉRIC P., 9,6 ans (1967)

	Cotations		
I			
– V Λ Deux mains V Λ V Λ Deux yeux	Do	F+	Hd
– Des ailes, pattes	Do	F+	Ad
– Deux pieds qui sont serrés, ça a	Do	F+	Hd
– la forme d'une jupe, un peu – ? – *S'il y avait pas ça, ça pourrait être comme une personne*	D	F+	Obj.
– Ces deux trucs ça ressemble un peu à une tête de chien (D lat.)	D	F+	Ad
– < Ces deux trucs à une montagne, quand on regarde comme ça tout en haut.	Dd	F±	Nat
– Quand c'est comme ça ça fait comme une ombre qu'on voit, ombres chinoises	G	C'	Ombres
II			
/Nombreux retournements/		Choc	
– Un peu la forme d'une chauve-souris	G	F–	A

			Cotations	
– qui tombe dans le trou *(Les rebords du trou sont les trucs rouges)*	Dbl	kan	Fgt	
– Ça je ne sais pas (D r. inf.) escargots, petits trucs ; moins difficile que l'autre	D	F–	Ad	
III				
– V Λ V Ça, ça peut être un papillon (D r. méd.)	D	F+	A	Ban
– Le noir a un peu la forme d'un crapaud (D n. inf. méd.)	D	F–	A	
– Et ça, du sang qui coule, tombe sur quelque chose, forme une espèce de nappe	D	CF → kob	Sg	
– (retournement suggéré) Λ... le noir là... ça fait une autruche avec	D	F+	A	
– les pattes... Ça ressemble aussi à un papillon, je ne sais pas	D	F–	A	
IV				
– Tout, peut-être la peau d'un animal séché accroché à une urne, puis là c'est la queue	G	F+	A	Ban
– V De l'autre côté, ça a l'air d'un oiseau avec les pattes repliées de l'autre côté	G	F–	A	
V				
– V Λ V Ça a l'air d'un papillon qui vole Λ et ça aussi, des deux côtés ça a l'air d'un papillon	G	kan	A	Ban
VI				
V Λ V /Cligne des yeux/		Eq. Choc		
– Ça peut faire une étoile	D	F–	Symb	
– Λ De l'autre côté une peau accrochée	G	F+	A	Ban
VII				
– De ce côté (V) ça a l'air un peu de deux petites filles qui dansent et qui se cognent la tête De l'autre côté je vois pas	G	K	H	
VIII				
– V Alors là ! Ça on dirait deux animaux qui marchent sur quelque chose	D	kan	A	Ban
– Ça un papillon (D r. or.) ça peut représenter deux ailes de derrière et deux ailes de devant	D	FC	A	
– Λ Ah, les deux réunis (D bl. et gr.) une montagne qui est en pente et continue	D	F±	Nat	
IX	Equiv. Choc			
– V Λ V Peut faire une espèce d'homme avec deux grandes oreilles, bras (D vert) les jambes (D or.) – ? – *un martien avec de grandes oreilles oui assez, deux bras, corps et jambes*	G	F+	(H)	

			Cotations	
X				
– Tout partout comme des taches Ça serait comme un gribouillage	(D)G	CF	Fgt	
– Ça, ça fait une tête de renard, museau allongé et deux yeux là (D gr. méd.) *– ? – non, je ne sais pas une peau de renard (montre Dd « pointe » jaune) le bout de la queue.* *– ? – je ne vois pas*	D	F–	Ad	

CHOIX + : VI et III « parce que ça a une forme plus distinguée plus parfaite ; les autres c'est pas parfait »
CHOIX - : VII « Ça ferait faire des cauchemars dans ce sens Λ et ça aussi » : IX
I « On dirait lève les bras en l'air pour menacer quelqu'un »
PEUR : IX « Quand ils voient ça, ma sœur a déjà eu peur d'un martien avec un gros nez »

PSYCHOGRAMME RÉSUMÉ

R : 27	G % : 33	F % : 70	F % élargi : 89
	D % : 48	F+ % : 58	F+ % élargi : 63
	Dd % : 4	A % : 56	
T.App. G D Dd Dbl Do	Dbl % : 4	H % : 15	
T.R.I. : 1 K/4 Σ C	Do % : 10		
F.C. : 3 k/0	Z : 27	Ban : 5	
R.C. % : 22			

Joël H., 10 ans

Hospitalisé pour crises d'angoisse.

La mainmise sur le matériel est directe et très active ce qui est confirmé par les contenus, mais cette attitude sthénique disparaît brusquement à partir de VII pour faire place à une approche de la couleur plus hésitante et perplexe. Le protocole est comme scindé en deux, avec disparition des perceptions globales, des mises en rapport élaborées et perte de l'acuité du jugement. La verbalisation s'appauvrit également, elle redevient imagée à l'étape du choix. La gamme des modes d'expression utilisée montre à quel point il « vit » la situation et ne peut se satisfaire d'une approche descriptive formelle : l'animation qui peut paraître perturbatrice ne dégrade pas l'attention portée à la réalité objective. Le vécu pulsionnel déjà donné dans les images explosives d'objet est confirmé par sa manière de réagir aux couleurs.

L'ensemble des contenus appartient à un registre très anal. Ce pôle pulsionnel anal se retrouve aussi dans les mises en relation des personnages et des animaux basées sur l'agression et la rivalité. Il est aussi développé à travers les nombreuses explosions (IV, VI, IX).

Toutefois, les commentaires aux choix, l'hésitation marquée dans certaines mises en train, la fréquence des rotations et surtout le changement de facture en cours de test sont autant d'indices d'une assez forte angoisse liée sans doute à la culpabilité devant cette expression par trop violente.

Les images parentales sont très bien campées, l'image maternelle représentée comme maternante et sécurisante, alors que l'image paternelle est désignée comme dangereuse et objet de rivalité. La représentation de soi très affirmée est peut-être une surcompensation, quoique les élements positifs d'une maturation du Moi existent. Joël ne parvient pourtant pas encore à canaliser les forces pulsionnelles pour les investir de manière plus créatrice.

La présence de l'angoisse et les signes de culpabilité infirment un rattachement à une facture purement caractérielle, mais ne permettent pas un pronostic d'évolution précis en l'absence d'autres éléments.

PROTOCOLE DE RORSCHACH DE JOËL H., 10 ans (1970)

		Cotations		
I				
– On dirait que c'est deux hommes qui emportent... qui tiennent un homme non pas un homme... C'est difficile (touche le centre) On voit les mains et les pieds V... Λ V...	G	K	H	
II				
– C'est deux oiseaux, deux canards qui se battent V Λ Oui /met la main sur son cœur/ ils ont des choses à la main... On voit aussi les pieds, leur tête, leur bec,	G	kan-	A	
– je vois qu'il y a du sang	D	C	Sg	
III				
– C'est deux hommes qui se chauffent /mime/	G	K	H	**Ban**
– V Λ C'est un papillon, ça	D	F+	A	**Ban**
C'est deux indigènes je crois que c'est, je me suis trompé, ils lavent leur linge, il y a de l'eau ils portent leurs enfants aussi peut-être (touche le Dd « poitrine »)				
IV				
(Nombreux retournements)				
– V C'est un château-fort qui s'éclate parce qu'on voit que ça s'écroule, on voit le donjon,	(D)G	kob	Arch	

		Cotations		
– il y a de l'eau Λ Je comprends pas, je trouve une chose ici, V, et une chose ici – Λ	D	E	Élém.	
– C'est deux oiseaux, deux pingouins peut-être qui sont dans la mer	D	F+	A	
V				
– C'est un papillon, on voit ses ailes	G	F+	A	Ban
– V Non excusez-moi, c'est un oiseau, on voit ses pattes, ses ailes, peut-être que c'est une chauve-souris, ça a des oreilles ?... (« Oui »). Alors c'est une chauve-souris à cause des oreilles.	G	F+	A	
VI				
– C'est une fusée qui part, qui s'élance,	D	kob	Obj.	
– on voit la fumée V Λ C'est tout /garde la planche/	D	C'F	Élém.	
– > Ou c'est une bombe au-dessus de l'eau qui va toucher le bateau (torpille)	(D)G	kob	Obj.	
VII				
Λ V Λ V > Λ V /fait une moue de perplexité/		Equiv. choc		
– C'est deux chiens ça, c'est leurs oreilles, une patte, ils se regardent. Un s'en va par là et l'autre par là c'est la droite ? c'est la gauche ?	D	kan	A	
VIII				
Λ V Λ V Λ > Λ – C'est deux singes qui montent sur un sapin /Secoue la tête en signe de dénégation/ V C'est tout	D	kan-	A	Ban
IX				
(Nombreux retournements)				
– Peut-être que c'est un feu d'artifice parce qu'il y a toutes les couleurs, du rose, du vert, du orange. C'est tout –	G	C → kob	Expl.	
X				
(Perplexité et retournements)		→ Refus		
– « Couleurs ? » – *bleu... foncé, vert, jaune, du gris, oran- etc.*				
– (encouragements) *peut-être des singes à cause de leurs queues* (bleu) *on voit leurs yeux, leurs pieds ou pattes*	D	F-	A	

CHOIX + : VI « parce que j'aime les fusées parce qu'on fait de la sience sur ça »
V « j'aime les animaux, surtout les oiseaux »

CHOIX - : I « parce que ce sont des bandits, ils emmènent un homme ou deux hommes, parce qu'il y a deux têtes »
VIII « j'aime pas les singes, ils peuvent se moquer de nous, ils font des gestes, ils font des grimaces, ils ont le derrière rouge, il y en avait un qui avait un miroir il cherchait l'autre singe derrière ».

MAMAN : III « ils lavent leur linge et ils portent leurs enfants »

PAPA : I « Parce que ce sont des hommes »

PEUR : V Les chauve-souris mangent des bêtes comme les hiboux, des petites bêtes. — ? — *C'est les oiseaux qui me font peur, les aigles peuvent nous emporter, à Tunis j'ai vu une chouette qui avait mangé le cerveau d'un petit garçon* — Vu ? — *Une dame me l'a raconté : on dormait dans le couloir tant il faisait chaud, la chouette lui a mangé le cerveau par le nez* — « âge ? » *5 mois* — « Quand ? — *« L'année dernière, j'avais neuf ans »*

PSYCHOGRAMME RÉSUMÉ

R : 17	G % : 47	F % : 29	F % élargi : 76
	D % : 53	F+ % : (80)	F+ % élargi : 77
T. Appr. G D		A % : 47	
T.R.I. : 2 K/4 Σ C		H % : 12	
F.C. : 6 k/1,5 Σ E	Z : 30	Ban : 3	
R.C. % : 18			

Jacques B., 10 ans

Enfant unique de parents très occupés par leur vie professionnelle. Jacques saisit dans ce test l'occasion d'exprimer une richesse de vécu et de résonance émotionnelle, ceci avec réflexion et sérieux qui évoquent une trop grande lucidité. La verbalisation est en même temps facile et décantée comme pour préciser les nuances de la réactivité. Celle-ci est centrée sur des élaborations inscrites dans les globalisations, toutes de bonne qualité et d'une remarquable authenticité, suscitée par un besoin de mise en relation. Ce besoin nuit peut-être à une attention plus ouverte et active au monde extérieur objectif — manque de D — mais n'exclut pas pour autant l'acceptation de positions socialisées. C'est le monde intérieur qui prime chez lui et toute sensibilité au monde extérieur est immédiatement intégrée en fonction du retentissement déclenché. Le jugement reste adéquat (F+% élargi) malgré la personnalisation des percepts dont les contenus référentiels sont essentiellement humains et animaux.

La problématique dominante est œdipienne chaude dans l'expression de la rivalité ou de la compétition avec une image paternelle et dans l'émergence d'une angoisse de castration, soit exprimée directement (II) dans les thèmes de « sang », soit déplacée sur des thèmes marquant une sensibilité à la dégradation (corps un peu déchiré, habit un peu déchiré...,). La relation avec l'image maternelle n'est pas abordée directement mais paraît plus sécurisante (VII et X).

Il est remarquable dans ce protocole de constater que la pression fantasmatique qui pousse à la projection s'imprime sur le matériel en passant par les voies de la pensée secondaire ce qui aboutit à une hyper-articulation qui est le reflet de la tension intérieure. Cette richesse et l'acuité du conflit intériorisé peuvent limiter les possibilités d'adaptation à l'environnement.

PROTOCOLE DE RORSCHACH DE JACQUES B., 10 ans (1963)

	Cotations			
I				
– Ça y est, on dirait deux hommes autour d'un stock de quelque chose et qui sont en train de faire le tour en courant. Je vois rien d'autre	G	K	H/Sc	
II				
– < V Je suis embêté..., on dirait plutôt deux personnes avec du sang	G	KC	Sc/H	
– qui coule et qu'ils ont l'air de vouloir se tuer	D	CF	Sg	
III				
– Là, mmm, ce sont des acrobates, non plutôt des personnes, il y a eu une explosion, leurs habits sont déchirés,	G	KC	H/Sc	Ban
– il y a un peu de sang de tous les côtés.	D	C	Sg	
IV				
– < Λ Ça y est, on dirait un ogre qui est en train de se précipiter, qui court vers l'opposé parce que les pouces étaient de ce côté-là	G	KClob	(H)	
V				
– C'est un papillon qui commence à s'envoler, ayant des antennes trop grosses, autrement, normal.	G	kan	A	Ban
– Si, il a l'air d'avoir des endroits avec plus de poils, le corps un peu abîmé.	G	FE	A	
VI				
– Ça a l'air d'être un animal, animal tué qu'on a pris pour faire un tapis un grand chat on dirait – ? – *il a les moustaches d'un chat*	G	FE	Obj.	Ban
VII				
– Ce sont deux lapins, deux lapins sur des rochers qui se regardent en levant les pattes	G	kan	A	
VIII				
/Retournements/ Qu'est-ce que ça peut bien être ?		Équiv. de Choc		
– Deux chats siamois, deux chats au moins en train de marcher sur la roche ils regardent vers le bas ils se regardent,	D	kan	A	Ban
– les roches ont de drôles de couleurs (D bleu) j'ai jamais vu.	G	ȻF	Nat.	

		Cotations			
IX					
< V Λ J'ai trouvé mais je suis pas sûr		Équiv. de Choc			
– On dirait un homme surveillé par un animal quelconque	G	K+	H/Sc		
(D rose) l'homme est en train de se baisser (D vert)					
– En train de prendre de l'herbe des fleurs	D	CF	Pl		
X					
Qu'est-ce que c'est que ça < V Λ V		Équiv. de Choc			
– On dirait un fond sous-marin,	G	CF	Pays.		
– genre de crevettes en gris	D	F+	A		
– en bleu des crabes	D	F+	A	Ban	
– les petits crocodiles (D vert)	D	F-	A		
les animaux ont l'air de se trouver dans la mer ?					

CHOIX + : VIII « les couleurs ressortent, belles »
X « fond sous-marins, aime la mer »
CHOIX – : IV « peut pas préciser, vagues, plein de choses, fait peur »
I idem

PSYCHOGRAMME RÉSUMÉ

R : 18	G % : 56	F % : 17	F % élargi : 72
		F+ % : 66	F+ % élargi : 92
T. App. G D	D % : 44	A % : 40	
T.R.I. : 5 K/6,5 Σ C		H % : 25	
F.C. : 3 k/1 Σ E		Ban : 5	
R.C. % : 50	Z : 34		

3. Les « névrotiques » de 8 à 11 ans :

a) LA SYNTHÈSE DU GROUPE

Une réflexion synthétique sur les cas présentés ici et ceux du dossier entier rend évident un plus grand choix des modes d'organisation obsessionnelle et phobo-obsessionnelle que du mode hystérique. Il est néanmoins vrai que les deux polarités sont manifestées ici d'une façon plus nette, plus saillante que dans le groupe correspondant des « traits névrotiques » et dans celui des « névrotiques » plus jeunes, du fait d'une organisagion défensive plus structurée, plus constante.

La réactivité déjà différencie les deux types d'organisation : dans notre échantillon, celle qui est élevée et fournie est le propre d'enfants à structuration obsessionnelle ou phobo-obsessionnelle. Cela n'exclut pas que ceux-ci puissent donner des protocoles restrictifs. Une productivité très réduite avec de fortes tendances au refus se trouve être le lot d'enfants du registre hystérique ou de ceux à organisation plus complexe.

Dans le cas de grande productivité, il faut noter une sorte de besoin de produire qui s'exprime parfois par un égrenage brut de substantifs et d'autres fois par une recherche plus tâtonnante et plus circonspecte ou encore par une mise en rapport d'images un peu excessive. La démarche perceptive est dictée plus souvent par une analyse dislocation du stimulus, que par une saisie globale. Elle est en outre poussée très loin dans la sélection de localisations infimes ou dans l'attention dirigée vers les lacunes à intégrer ou la limitation à des percepts parcellaires dégagés comme tels alors qu'ils font habituellement partie d'engrammes plus larges. Les globalisations ont rarement un niveau élevé d'articulation, mais il n'y a pas de structuration prélogique ou syncrétique. Le découpage finement analytique qui paraît investi ne donne lieu qu'à une adéquation médiocre, alors que c'est bien le facteur formel qui prime dans l'expression de l'imaginaire : cette médiocrité du contrôle peut s'expliquer par le trop grand besoin de se rassurer sur les capacités de maîtrise de la réalité objective et par la tension défensive. Les caractéristiques formelles qui mènent l'interprétation sont souvent très chargées de signification, celle-ci n'étant probablement pas assez assumée pour être exprimée directement. C'est en effet dans ce groupe que l'on trouve le plus souvent ce que l'on appelle les « formes à valeur dynamique » dont les contenus sont agressifs, explosifs. On note l'apparition assez constante d'objets fabriqués, ainsi que la présence de références anatomiques qui sont davantage indices de préoccupations corporelles qu'intellectualisations. Il faut aussi souligner l'importance des engrammes banals.

Les contenus indiquent déjà le type de problématique, à savoir le maniement de l'agressivité. Nous l'avions d'ailleurs rencontré auparavant chez les caractériels, à la différence qu'ici elle est rarement donnée à chaud, plutôt cadrée par les procédés défensifs qu'il s'agisse de pulsions sadiques anales ou orales fortes, ou de craintes phobiques pouvant aller jusqu'à l'angoisse de mort. Dans ce groupe, l'utilisation de mécanismes d'isolation prime avec expression apparemment neutre des préoccupations dans des réponses qui ont une facture de « résidus », sans importance, mais qui sont en fait un compromis entre le besoin d'extériorisation des pulsions et la défense (comme, par exemple, les réponses « yeux », « lance-pierres », « flèches », etc.) On peut observer aussi des déplacements, des évitements à portée plus phobique qu'obsessionnelle. La mise à distance par intellectualisation se rencontre déjà, alors qu'il ne semble pas y avoir de recours à la formation réactionnelle.

L'angoisse transparaît à travers la mise en place du système défensif, et plus directement à travers les références de type phobique ou le refuge dans des positions régressives qui permettent de ne pas aborder la problématique agressive.

Les images parentales sont peu représentées, mal dégagées, même si on les recherche dans le bestiaire et le symbolisme des planches. Lorsque les représentations humaines sont campées, elles n'ont pas de caractéristiques qui permettraient de différencier les images parentales : elles sont tantôt asexuées « personnes », tantôt dévitalisées « pantins » ou mythiques. Toutefois, dans certains cas, on peut, par recoupements, mettre en évidence la persistance de l'emprise des images prégénitales et de l'ambivalence qu'elles suscitent.

Tout concourt (R, présence de H, mentalisation) à montrer que l'effort d'adaptation est très actif, reflet d'une grande prégnance de l'image de Soi et de sa sthénie à travers ce besoin de mainmise sur l'environnement et de canalisation des affects. L'aspect de mentalisation de tout ce qui relève de la dynamique affective est notable et rejoint la priorité donnée aux stratégies défensives.

Le peu de productivité et la tendance au refus du second groupe constituent un élément important de la réactivité, d'autant plus que, à l'inverse de ce qui se passe dans les cas d'inhibition ou de malaise passagers ou encore dans les cas d'insuffisance de l'équipement mental, l'insistance ou l'encouragement de l'examinateur ne modifient guère ce tableau. La tendance à restreindre la participation n'a pas toujours pour corollaire la restriction perceptive à moins que celle-ci ne favorise l'expression d'éléments interprétatifs. Elle va de pair avec une attitude où le recours à la facilité dans des saisies globales à contenus courants exclut l'exploration plus poussée et la personnalisation des images. L'élément formel domine et permet le refoulement chez les hystériques, mais il n'a pas toujours la rigueur voulue, surtout dans les protocoles de facture complexe avec des éléments phobiques interprétatifs et immatures. Le maniement des réactions couleur est peu explicite si ce n'est une certaine fréquence d'utilisation des couleurs achromatiques par les personnalités phobiques. Absence de mentalisation et attitude de retrait dans le socialisé caractérisent ce groupe dont la composition est d'ailleurs un peu hétérogène.

La problématique de ce second groupe varie en fonction de la complexité des cas. Il peut s'agir de conflit œdipien franc, mais mal assumé, comme chez l'hystérique ou d'une problématique prégénitale qui implique fixation ou régression, persistance d'un univers dangereux, et essai de structuration d'une image corporelle définie. Le point commun entre ces structures si diverses reste le désir de contrôler le fantasmatique, de ne pas se laisser envahir par l'univers pulsionnel, et le recours inégal à des positions défensives plus ou moins élaborées qui utilisent essentiellement les mécanismes du refoulement, de l'évitement et de la socialisation. Sauf dans des cas d'hystérie ou de phobie nettement caractérisées, la grande majorité du groupe est constituée d'enfants à personnalité fragile et à défenses inconsistantes dont beaucoup cherchent à élaborer une personnalité conformiste, un Faux Soi, malgré un conflit de registre souvent prégénital qui reste très chaud.

Les deux polarités névrotiques se rejoignent dans la rigidité qui signe un appauvrissement et une perte importante d'énergie et qui limite de façon notable les forces du Moi qui pourraient servir à des fins de réalisation. Le premier groupe utilise surtout l'isolation et l'intellectualisation alors que le second groupe a recours au refoulement et à la répression.

ß) LES EXEMPLES

Jean-Marie M, 10 ans

Enfant hospitalisé pour divers symptômes et préoccupations de type phobique et présentant un retard scolaire. Le maniement du test est d'abord assez prudent, voire descriptif pour devenir surtout après la planche VII très nettement ludique et enfin très chargé fantasmatiquement. Les substantifs simples cèdent la place aux phrases complètes qui mettent en scène des animaux humanisés. Jean-Marie réagit trop fréquemment à toutes les situations présentées par une saisie globale, qui est objet de combinaisons plus ou moins poussées. Il y intègre les détails blancs, comme s'il était fasciné par leur présence et il utilise un monde ludique pour les animer. Tout aussi bien contrôlé, le mode analytique participe à cette animation un peu immature. Le monde imaginaire est présenté surtout par le biais des images animales très humanisées et des réactions sensorielles à vécu aussi bien pulsionnel que régressif. L'adéquation objective ne semble pas constituer un but dont il puisse se satisfaire mais il y a contrôle spontané de la qualité des images tant qu'elles sont vécues ou personnalisées (cf F +% élargi) ou qu'elles font partie du monde ambiant.

Les deux types de défenses observées dans le protocole qui sont, d'une part les mécanismes d'isolation de l'affect et de minimisation, et d'autre part la fabulation utilisée à des fins régressives, participent à un assez grand camouflage de la problématique et à un maintien remarquable de l'angoisse (surtout si l'on tient compte de la clinique). On relève cependant des éléments qui trahissent l'importance des pulsions agressives. Celles-ci peuvent soit être inquiétantes et se retourner contre lui (grottes, masque, volcan) soit être exprimées avec une certaine jouissance, X où il est successivement l'agresseur et l'agressé.

De la même manière il évite la projection de l'univers fantasmatique, il évite la représentation directe des images parentales, même s'il réagit d'une façon normale à la symbolique des planches. Toutefois, le thème très marqué de la planche IX suggère des préoccupations de scène primitive qui se retrouvent peut-être à X.

A travers les aspects de lui-même que Jean-Marie projette dans le protocole, l'image de soi existe même si une partie de ses désirs n'est pas assumée.

Actuellement, il existe un pôle immature qu'il ne paraît pas chercher à dépasser et qui semble un refuge pour éviter d'aborder un conflit du registre obsessionnel.

PROTOCOLE DE RORSCHACH DE JEAN-MARIE M., 10 ans

		Cotations		
I				
– Un chat, tête, oreilles, yeux	G/bl	F-	Ad	
– Une grotte, des creux	G/bl	F±	Nat	
– Un masque (Dbl : les yeux)	G/bl	F+	Masque	
II				
(Latence +)		Équiv. choc		
– Ça ressemble un petit peu au volcan avec la lave, le feu au fond	G/bl	CF	Nat	
– Ça ressemble un peu aux poumons	D	FC	At	
III				
– Ça ressemble à deux messieurs qui tirent une chaise	G	K	H	Ban
– puis à côté un papillon	D	F+	A	Ban
– Ça ressemble à une souris (D r. lat.)	D	F–	A	
IV				
– Ça ressemble à une peau d'ours avec la tête d'ours y a ses griffes, ses pattes	G	F+	A/Ad	
V				
– Une chauve-souris qu'a des pattes puis des ailes, sa tête, son corps	G	F+	A	Ban
– Un lapin qui tient un loup comme dans les contes	(D)G	kan-	A/Sc	
VI				
– Une peau de phoque avec ses moustaches, son corps aussi, sa tête, ses bras, sa peau	G	F+	A	Ban
– Un oiseau qui s'envole avec des ailes	D	kan	A	
– Puis des nuages	D	F±	Nat	
VII				
– C'est deux lapins qu'il y a dans un conte de fée qui se regardent et qui dansent et qui se ressemblent un peu. Ils se regardent tous les deux. Ils ont des oreilles longues, nez, deux bras.	G	kan	A/Sc	

VIII

– Ça ressemble à deux furets qui grimpent sur un arbre plein de feuilles. Ils grimpent et ils se regardent, ils montent, ils montent, puis ils arrivent à la fin de l'arbre.	G	kan	A/Sc	Ban
– Sur l'arbre il y a des feuilles et ils sautent et ils recommencent et après ils tombent et ils courent pour revenir à leur terrier.	D	FC	Pl	

IX

– Une grotte qui est très profonde. Dans cette grotte il y a de l'eau et même il y a des cailloux. Des cailloux de la grotte qui s'en vont à une autre grotte. Dans cette grotte beaucoup d'eau et puis le sol est mouillé.	G/bl	EF	Nat	

X

– Deux souris qui veulent attraper un crabe	D	kan	A	Ban
– Une tête de monsieur	D/Dbl	F+	Hd	
– Alors les souris se sauvent et ne pensent plus au crabe, le crabe va dans l'eau et y reste. Les souris cherchent partout. Alors, le crabe sort de l'eau, les souris le guettent, sautent sur le crabe.	D	kan	A/Sc.	

Choix + : I, III, V, VI, VIII, X.
CHOIX - : VI, II, IV, VII, IX.

PSYCHOGRAMME RÉSUMÉ

R : 21	G % : 57	F % : 48	F % élargi : 96
	D % : 43	F+ % : 70	F + % élargi : 74
	Dbl intégrés	A % : 57	
T. App. : G D (Dbl)		H % : 10	
T.R.I. : 1 K/2 Σ C	Z : 34	Ban : 7	
F.C. : 6 k/1 Σ E			
R.C. % : 29			

Patrick K., 10 ans

Ce garçon est hospitalisé une seconde fois pour refus scolaire et troubles divers marqués. Son attitude appliquée et calme favorise l'adaptation aux tests où son efficience est supérieure à la moyenne. Face au Rorschach, il adopte très rapidement une démarche d'exploration minutieuse et parcellaire qui n'aboutit qu'à un émiettement, à une dispersion du stimulus en des détails minuscules et inhabituels. Cette approche est très constante : Patrick ne peut pas s'en départir malgré toutes les sollicitations directes et sa propre attitude de recherche. La mobilisation de l'énergie d'exploration est très peu opérante malgré la limitation perceptive et l'utilisation exclusive des facteurs formels. Les contenus sont aussi limités que les modes d'approche et ne se composent que de parties animales ou humaines toujours les mêmes, en l'occurence des « têtes ». Ils se personnalisent dans la mesure où ils appartiennent parfois à un monde préhistorique ou irréel « monstres », « fantômes », « vampires ». Absorbé par cette démarche répétitive Patrick perd son aptitude à réagir aux sollicitations courantes et ne perçoit que trois réponses banales.

La stérilité de son approche provient de sa lutte vigoureuse contre des besoins intenses de projection d'un univers pulsionnel dangereux sadique. Celui-ci ne peut-être accepté pour son propre compte et s'infiltre dans le matériel grâce à des mécanismes d'isolation, de déplacement et de distanciation qui ne sont pas opérants. Les mêmes éléments se retrouvent en effet d'une planche à l'autre sans élaboration ni dégagement.

Il existe une obnubilation telle que rien d'autre ne peut apparaître, aucune ébauche constructive de représentation parentale ne peut être trouvée. Le recours massif, répétitif, aux défenses du registre obsessionnel ne laisse la place à aucun autre investissement : toute l'énergie est investie dans la lutte et le conflit.

PROTOCOLE DE RORSCHACH DE PATRICK K., 10 ans (1970)

	Cotations			
I				
– < > Λ Une chauve-souris, ses pattes et genres d'ailes	G	F+	A	Ban
– On dirait deux têtes de chien	D	F+	Ad	
– V On dirait une tête d'homme là (Ddd sous saillie lat.) Λ V	Ddd	F–	Hd	
– Un arbre /Cherche systématiquement/	Dd	F+	Pl	
II				
– < On dirait un papillon V	G	F–	A	
– Λ Là on dirait une tête avec des yeux et une barbe – ? – *d'un monstre* (D méd.)	D	F–	(Hd)	
– Là encore une tête de chien avec une casquette (Dd bordure lat. inf.)	Dd	F+	Ad	
– V On dirait une tête de grenouille (Dd bord.) Et les taches rouges... à... rien... V Λ V Là ça	Dd	F–	Ad	
– fait encore un monstre (D r. inf.) – ? – *l'homme préhistorique. Ils vendent des petits carnets pour les sciences avec toutes sortes d'animaux.*	D	F–	(H)	

	Cotations			
— ∧ Ça ressemble aussi à un avion, mais un drôle d'avion... ils sont pas comme ça /range soigneusement les planches/	Dbl	F+	Obj Critique	

III

— A une mouche qui est coupée — ? — *les deux pattes la moitié du corps et les deux yeux*	D	F–	Ad	
— Là on dirait un papillon	D	F+	A	
— On dirait une tête de crocodile	Ddd	F–	Ad	Ban
— On dirait une tête de monstre — ? — *j'en ai vu sur une image, avec des cornes*	Ddd	F–	(Hd)	
— < Un hippocampe aussi, mais la queue là ça va pas (D r lat.)	D	F+	A	
— > On dirait une main	Dd	F+	Hd	
— Une tête qui est drôle *(amusante !)*	Do	F+	Hd	
— Une bête affreuse	Dd	F–	A	

IV

— > On dirait le cou d'un dinosaure (D lat. sup.)	D	F–	Sci.	
— Une tête — ? — *d'homme*	Dd	F+	Hd	
— G ? : ...*je vois pas...* — « Est-ce qu'elle ressemble à la première ? » : *Pas tellement, les ailes, un peu*				
— Une tête de chien (D inf. ext.)	D	F+	Ad	
— Là une autre tête (Dd in D inf. ext.) de femme	Ddd	F–	Hd	

V

— Là un papillon... tout ça	G	F+	A	Ban
— On dirait une patte de lion	D	F+	Ad	
— Ici on dirait un dinosaure qui souffle (D lat.)	D	F–	Ad	
— /Retournements/ V Un genre de bête ici	Dd	F–	Ad	

VI

(Latence ++)		Choc		
— Tête d'un chien, genre saint-bernard (Dd bord. in D lat. « Cotentin »)	Ddd	F+	Ad	

VII

— On dirait une drôle de bête... je sais pas comment elle s'appelle, ça fait une tête	D	F–	Ad	
— Là, on dirait une tête de grenouille (Dd bord. in D premier tiers) ... je sais pas	Dd	F–	Ad	
— Un dinosaure (Dd in premier tiers)	Dd	F–	Sc	
— Deux bosses d'un chameau (Dd in premier tiers)	Dd	F+	Ad	

VIII

— < Encore un genre de bête préhistorique	D	F+	A	Ban
— Une main (Dd gris lat.)	Dd	F+	Hd	
— Un fantôme — ? — *Ça ressemble, on dirait un drap J'ai pas peur des fantômes, mais des vampires — ? — C'est parce que... films de vampires... Éric... avec d'autres copains... Mais j'aime pas entendre des vampires* (E.L. : « Qu'est-ce qui est changé par rapport aux autres planches ? » : *Parce que là ça fait plus monstre ; c'est pas une bête de maintenant.* — « Et les autres planches ? » — *Y a plus de têtes.*)	D	F+	(A/H)	

		Cotations	
IX			
– Une main avec un long doigt (Dd in D vert)	Dd	F–	Hd
– On dirait un squelette, mais ça ressemble pas, une partie	D	F–	At
– On dirait une botte (Dd in D or. sup)	Dd	F+	Obj
– On dirait une tête de caïman en la regardant de près	D	F+	Ad
– Je vois pas là... Ah si... une tête avec un bonnet (Do in D or.) mais je crois pas...	Do	F+	Hd
– Une tête d'éléphanteau, ici (Dd ext. in D or)	Dd	F+	Ad
X			
– V Pas tout à fait... un hippocampe (D vert méd.)	D	F+	A
– Un crabe là (D gr. lat) mais pas tout à fait pareil	D	F+	A
– Une moule, non, une coque (Dd int. in D jaune méd.)	Dd	F–	A
– Il y a des points au milieu. Ça fait une tête. Je vois pas là.	Ddd	F–	Hd

CHOIX + : VIII et IX « Ça ressemble à des genres de bêtes »
CHOIX - : IV et VI « Ça ressemble à presque rien. :

PSYCHOGRAMME RÉSUMÉ

R : 44	G % : 7	F % : 100	F % élargi : 100
	D % : 39	F+ % : 54	F+ % élargi : 80
T. App. G D Dd Dbl Do	Dd % : 48	A % : 59	
T.R.I. : 0/0	Dbl % : 2	H % : 27	
F.C. : 0/0	Do % : 5		
R.C. % : 30	Z : 6,5	Ban : 3	

Jean-Marc P., 10,8 ans

Suivi en psychothérapie et en rééducation psychomotrice depuis deux ans Jean-Marc est vu en consultation privée pour échecs de scolarisation et manifestations de peurs et de cauchemars ce qui pose la question d'une évolution grave.

L'abord du matériel est marqué chez Jean-Marc par une recherche d'assimilation de ce qui est perçu à ce qui le préoccupe, recherche qui part d'un essai de reconnaissance qui ne paraît pas le rassurer véritablement. La verbalisation fait état du retentissement qui entraîne confusion et répétition sans arriver à décanter l'image. Cette recherche aboutit à une productivité assez élevée, centrée sur l'analyse, qui représente une soumission au stimulus ou une reprise persévératrice des percepts. Le contrôle mental est peu opérant et parfois tout à fait battu en brèche par la confusion introduite par le désir d'assimilation. La juxtaposition de certaines associations imagées paraît être l'effet d'une émergence du processus primaire, comme si la sélection par le jugement s'avérait impossible. Ce sont les caractéristiques formelles qui fondent les images avec une participation certaine d'actions humaines. Les contenus référentiels sont souvent doubles, appartenant à deux domaines ou deux règnes différents comme s'il était difficile à Jean-Marc de dégager une représentation qui rendît compte du retentissement provoqué par le stimulus.

La problématique concerne l'angoisse de mort, de vieillissement, de dégradation dans une tonalité dépressive. Elle est sous-tendue par des forces de destruction qui apparaissent surtout dans des thèmes oraux et dans la fascination suscitée par le rouge à II avec une tentative de mise à distance pour éviter l'émergence d'un fantasme d'agression.

L'ensemble de la thématique renvoie à un niveau de fantaisie prégénitale qu'il ne faut pas confondre avec des thèmes d'agression du registre œdipien qui se réfèrent quant à eux à l'angoisse de castration phallique.

La représentation symbolique des images parentales en témoigne avec la prévalence apparente d'une image paternelle archaïque qui ne semble pas très différenciée d'une image maternelle prégénitale. Superficiellement, il existe une représentation de soi socialisée avec rémission de la souffrance (III et X) et des moments plus fréquents d'envahissement du Moi par les forces conflictuelles du registre de la névrose obsessionnelle grave.

PROTOCOLE DE RORSCHACH DE JEAN-MARC P., 10,8 ans (1971)

	Cotations		
I			
/Retournements/			
– C'est des insectes, je crois... – ? – *les ailes*	G	F–	A
– Si c'est pas un insecte... Une chouette ? Ses ailes et ses deux pattes (R. Add. : « des plumes » (Ddd))	G	F+	A
II			
– V Un homme avec les deux pieds là (D r. sup.) – ? – *le noir : son manteau, le rouge sa tête* – « Quel genre d'homme ? » *« Astérix »* – « Son casque » – ? : *« Oui pareil »*	G	F–	H(H)
– /Retournements/ Un chien à longs poils qui se cache (D r. sup.)	D	F–	A
– /Retournements/ Un museau de chien (D r. inf.)	D	F–	Ad
– Ces deux-là museau d'un rhinocéros ces deux-là (D r. - sup.)	DdD	F–	Ad

	Cotations			
III				
– On dirait deux hommes avec un papillon – ? – *rouge.*	G	K	H	Ban
– Ils tirent une table je crois que c'est pour voir qui a le plus de force >	D	FC	A	Ban
– < une sorte de trompette (D r. lat)	D	F+	Obj	
IV				
/Retournements/				
– C'est une sorte de papier noir qui se déchire	G	C'F	Fgt	
– Au milieu comme une bête, a des queues presque partout – ? – *une limace* « As-tu peur des bêtes ? » *« Non au Zoo oui, des autruches et des singes »*	D	F±	A	
V				
V Λ Je crois que c'est une sorte...				
– Un papillon avec les ailes et ses deux pattes en arrière (Tendance Clob perçue à l'enquête)	G	F+ →Clob	A	Ban
VI				
– Une peau d'ours, – ? – *les pattes là. J'en ai vu à Megève*	G	F+	A	Ban
– Un bâton qui est là avec de la moustache	D	F–	Obj/Hd	
– S'il y avait de la moustache ce seraient des os, on a collé la moustache à côté	Dd	F–	At	
VII				
– C'est des dents quand elles montent – ? – *tout ça, il y en a six en quittant, que ça se quittait pas, c'est lié* /L'examinateur propose « mâchoires » Immédiatement accepté/	(D)G	F-	At/Hd	
– Je crois que ça fait un animal, la tête d'un chien, avec son dos	D	F+	Ad	
– Je crois que c'est deux éléphants (D deuxième tiers)	D	F+	Ad	
VIII				
– Ça me fait penser à une panthère	D	F+	A	Ban
– V La forme d'un bateau (D gr. sup.)	D	F+	Obj.	
– Ça, ça a la forme de l'arrière d'un squelette	DblD	F–	At	
– Ça, (D rose or.) on dirait comme une bête avec ses mains ici de côté et sa tête *(C'est pas important pas une bête un ogre, une personne pour son déjeuner)*	D	KClob	(A)	
IX				
– < Ça je crois des vieux éléphants qui vont pour un rassemblement (D rose) *(par leur grosseur et leur forme)*	D	kan	A	
– Deux vieux rhinocéros *(ils ont une vieille tête)* (D vert)	D	F+	A	
– C'est un jeune singe (D rose et bl.) on voit ses joues et son menton (Ddbl sup. méd.), c'est comme la forme d'un squelette	D/bl	F–	A/At	

		Cotations		
X				
/Retournements/				
– C'est la forme de deux crabes	D	F+	A	Ban
– Deux lapins (D vert sup.)	D	F–	A	
– Un arbre (D gr. lat.) des branches là	D	FC	Pl	
– Et les nuages qui passent (D roux)	D	FE	Nat	
– Un lac, entouré de jaune, le soleil brille	DD/bl	CF	Nat	
– Deux hommes qui se passent quelque chose (D bl. méd.)	D	K	H	
– Quelque chose comme un insecte qui va aller chercher le pot (D vert clair in D vert méd.)	D	F–	A	
– Là c'est deux hommes (D rose) qui sont assis sur leur siège qui regardent le cinéma – ? – *de dos* (cinéma : D méd. dit « cerises »)	D	K–	H/Sc	

CHOIX + : X et VIII
CHOIX - : II « parce que... trop rouge, mélangé à du noir » – Fait peur ? : *Oui*
V « On croirait qu'il a la tête d'un homme et des pattes. »

PSYCHOGRAMME RÉSUMÉ

R : 33	G % : 24	F % : 70	F % élargi : 94
	D % : 73	F+ % : 50	F+ % élargi : 50
T. App. G D (Dbl) Dd	Dd % : 3	A % : 61	
T.R.I. : 4 K/3,5 Σ C		H % : 18	
F.C. : 1 k/0,5 Σ E	Z : 45,5	Ban : 6	
R.C. % : 45			

Didier F., 11,4 ans

Hospitalisé pour troubles somatiques, Didier a un contact très étroit avec sa mère qui le prend pour confident de ses problèmes sexuels avec le père.

La réactivité est difficile à déclencher, réduite, pauvre quantitativement et qualitativement, elle comporte un refus franc et des essais de refus. Les images données le sont sur le mode global sans aucun essai de struturation ni d'articulation : elles répondent d'une manière stéréotypée à deux types de sollicitations, à savoir la reconnaissance d'une image socialement acceptée et la recherche d'un repérage de structuration du schéma corporel à un niveau très primaire. L'attitude est spontanée et naïve, à aucun moment, elle ne devient critique et le défaut de jugement, dans cette situation précise, pose le problème de l'intégration mentale. Les contenus soit anatomiques soit d'animaux, ne peuvent être formels. Les délimiter lui pose un problème certain et il subsiste, même après insistance, un flou dans les représentations.

Il semble que l'on soit en présence d'un blocage particulièrement massif de la fantasmatisation et de l'idéationnel ce qui ne permet pas l'expression du vécu par une autre voie que celle du corps. Certains des termes employés font suspecter une ébauche de projection d'un univers primitif dangereux (monstres, fauves et remarques à l'épreuve du choix) que Didier ne parvient à livrer qu'en fin d'enquête par le biais d'un fantasme de destruction archaïque.

Pour lui il y a accès, non pas à une identification mais à une recherche maladroite de l'image de soi à travers certains repères corporels. On peut se demander si la pauvreté idéationnelle, l'incapacité à symboliser tiennent ici à une non maturation ou à un refoulement massif (déni de l'angoisse à IV et refus à VI). On serait tenté de penser qu'il s'agit bien d'une personnalité avec des composantes hystériques mais qui serait bien plus proche d'une structure psychosomatique que d'une organisation névrotique.

PROTOCOLE DE RORSCHACH DE DIDIER F., 11,4 ans (1974)

	Cotations			
I				
– Une chauve-souris V Je sais rien d'autre	G	F+	A	Ban
– Un scarabée sur la terre	(D)G	F±	A/nat	
(La chauve-souris : tout sauf le corps, faudrait qu'il soit moins gros ; elle a des ailes. Le scarabée, ça (montre D méd.) *le reste c'est la terre* - « Peur ? » — *Non, comme s'il marchait sur la terre)*				
II				
– Un papillon V Λ — ? —	G	F–	A	
— *Non je sais pas*				
(E.L. : *Peut-être des fourmis, là les pointes, des têtes de fourmis*)				
III				
– Une tête de fourmi (Dd →D noir méd. inf.)	D	F–	Ad	
– On dirait ce qu'il y a dans notre corps *(les côtes ou les reins, là du sang)*	D	F–	At	
(E.L. D noir : *La fourmi qui lève ses pattes* — E sur la banalité — *Si peut-être là, assis, ils ont peut-être un grand nez et l'air un peu de pigeons.* — « Des hommes ou des femmes ? » — *Des hommes*)				
IV				
– Ça c'est les reins, (D méd.) puis ça c'est ce qu'on a derrière, le dos, la colonne vertébrale, sur les côtés des os et de la chair (D gr. méd.)	D	F– Rep. Position	At	
(E.L. Quelque chose d'autre ? : *Un monstre, ça il est grand, grands pieds, petits bras* — « Peur ? » — *Non pas tellement, ça me fait peur*)				

		Cotations		
V				
– Ça maintenant une chauve-souris ou un papillon	G	F+	A	Ban
VI				
Λ V Λ Je vois pas du tout qu'est-ce que ça représente (E.L. sur la banalité : *Oui, la peau et la tête, là*)		Refus		
VII				
V Λ Non, je sais pas		→ Refus		
– Une grenouille comme ça, ça ressemble un peu	G	F–	A	
VIII				
– Ça les reins, puis, derrière, les côtes, ça doit être les poumons à côté. *(Oui vraiment ça ressemble, en couleurs)* (E.L. : *Oui, comme ça on dirait un chat peut-être*)	G	CF Rép. position	At	
IX				
Je sais ce que c'est, mais je ne sais pas le nom		→ Refus		
– Le haut, c'est les côtes, puis là, la finition PSV des reins, ça c'est ça, puis c'est ça, le squelette oui, à peu près...	G	F– Rép. position	At	
X				
– C'est ce qu'on a dans... c'est le corps humain PSV	G	F–	At	
– On dirait des araignées ; ça rose, je sais plus («Corps ? » – *Le vert, gris, bassin et les jambes là* (D vert inf.)	D	F+	A	Ban

---

CHOIX + : VIII « Il a de la couleur, ça représente un peu plus quelque chose de ce qu'on a dans notre corps »
V « Elle est bien dessinée et ça ressemble bien à une chauve-souris »
CHOIX – : VII « Je comprends pas tellement, trop blanc, y a des trous là (Dbl) pas tellement une grenouille, mais quand même la forme »
IV « On croirait que c'est un monstre »
PEUR : III « Si on la met par photo cela ferait comme une araignée qui vient de tuer un autre animal »

PSYCHOGRAMME RÉSUMÉ

R : 12	G % : 67	F % : 92	F % élargi : 92
Refus : 1	D % : 33	F+ % : 31	F+ % élargi : 31
		A % : 50	
T. Appr. G D		At % : 50	
T.R.I. : 0/1 Σ C	Z : 24	H % : 0	
F.C. : 0/0		Ban : 3	
R.C. % : 33			

Claudine J., 11,6 ans

L'enfant est mise en observation pour vomissements polydipsie, plaintes somatiques diverses et troubles du comportement associés. En deux ans, c'est la septième hospitalisation de cette enfant unique de parents peu épanouis et peu matures.

Le comportement de l'enfant est très différent suivant qu'il s'agit d'expressions verbales ou non face aux tests. Vive et coopérante dans les manipulations concrètes, elle devient inhibée et réticente devant un matériel verbal et explicite son refus par la crainte qu'on lui fasse dire « des choses qu'elle ne veut pas dire ». L'adaptation à la situation du Rorschach est restrictive avec refus et blocage devant les questions de l'enquête et du choix : il se peut que l'attitude de refus soit plus délibérée qu'il ne le paraît. Les modes perceptifs sont utilisés sans élaboration, conformément à une vision des choses sans vigueur avec cependant des indices d'inhibition de la perception qui explicitent le mécanisme de refoulement et le thème refoulé (II et IX)

De toute évidence le refoulement sert ici à masquer les préoccupations sexuelles qui transparaissent dans le retour du refoulé à II et IX, dans les refus de IV et VII et dans les réponses vagues, typiques de ce type de défenses à VI. Les représentations des images parentales et d'elle-même sont parfaitement évitées.

Actuellement l'adaptation s'effectue par la mise en place d'une organisation névrotique hystérique qui appauvrit et réduit l'investissement intellectuel et qui paraît déjà proche de la configuration de l'hystérie de conversion chez l'adulte.

PROTOCOLE DE RORSCHACH DE CLAUDINE J., 11,6 ans (1972)

	Cotations			
I				
– Un papillon... qui vole	G	kan	A	Ban
– V Une feuille	G	F±	Pl	
– Λ Une tête d'animaux (Dd lat. sup.)	Dd	F–	Ad	
II				
/Retournements/		Équiv. Choc		
– Une tête de serpent (D gris méd.) C'est tout !	D	F+	Ad	
III				
– C'est des personnes qui tirent quelque chose	G	K	H	Ban
– Ça ressemble à un papillon V Λ V	D	F+	A	Ban

	Cotations			
IV				
/Silence/	Refus			
V				
– Un papillon /Retournements/	G	F+	A	Ban
– Une tête de crocodile, c'est tout	D	F+	Ad	
VI				
– Une feuille	D	F±	Pl	
VII				
/Rend la planche à 1'27/	Refus			
VIII				
– > A des cochons, des petits cochons	D	F+	A	Ban
– V Un peu la carte de France, une carte (D r. or.)	D	F+	Géo	
IX				
/Retournements/	Équiv. Choc			
– Un peu des cornes ici (Do in D or.)	Do	F+	Ad	
X				
– Un peu à des étoiles de mer	D	F+	A	
– Un peu à des écrevisses (D gr. sup.)	D	F–	A	
– V Chevaux de mer (D vert)	D	F+	A	

/Refuse de continuer, refuse l'enquête et le choix/

PSYCHOGRAMME RÉSUMÉ

R : 15	G % : 27	F % : 87	F % élargi : 100
Refus : 2	D % : 60	F+ % : 77	F+ % élargi : 80
	Dd % : 6	A % : 73	
T. Appr. G D Dd Do	Do % : 6	H % : 6	
T.R.I. : 1 K/0			
F.C. : 1 k/0	Z : 7	Ban : 5	
R.C. % : 40			

4 Les cas de déviance majeure

Les « déficitaires » de 7 à 11 ans

α) LA SYNTHÈSE DU GROUPE

Les protocoles groupés dans ce chapitre ont été choisis dans une population complexe de cas présentant des troubles associés à la déficience mentale, qui en était cependant l'aspect majeur. De ce fait, toutes les productions auront peu de traits communs et il serait du reste aberrant d'imaginer un protocole type de déficient qui engloberait tous les indices d'un fonctionnement dit « déficitaire ». Ici, chacun aura sa facture et sa dimension personnelles tout en faisant partie du groupe au moins par l'insuffisance du mode d'appréhension perceptivo-cognitive et le caractère limité du jugement, ou encore par l'un des aspects qui seront développés.

La participation, immédiate et directe, est très subordonnée à des influences fortuites, aux expériences récentes, cela explique aussi bien le passage aisé du constat à la fabulation ou aux références à la vie quotidienne, que la persévération d'un thème ou d'une conduite déterminés. On obtient aussi fréquemment des dénominations, sorte de reconnaissances sans appel, que des descriptions d'images intégrées dans un récit primesautier et puéril ; tel cet enfant de 10 ans qui dit à III « Ca donne des pies parce que c'est tout noir sur le corps, c'est un petit qui est mort, c'est de la nourriture que le papa ou la maman ont apportée. Ils sont allés où les poules mangent avec un petit sac en plastique ». Le langage est souvent rudimentaire, mais il est correct, sans élaboration, mais aussi sans confusion des genres, ni des temps verbaux. Il faut noter chez certains la prépondérance donnée à la coloration émotionnelle subjective, souvent au détriment d'une exploration plus active du matériel.

La productivité en nombre de réponses et en commentaires qualitatifs est généralement importante à moins qu'il n'y ait blocage dû à la perte de la spontanéité par conditionnement socialisant.

Les modes d'activité perceptive sont ici très particuliers : de *pars pro toto* ou de généralisation à partir d'une donnée isolée (conduite syncrétique) qui relèvent d'un mode de pensée prélogique dont font aussi partie l'animisme et l'anthropomorphisme bien souvent rencontrés. Les rares réponses globales d'un niveau plus élaboré résultent de la pression des préoccupations personnelles comme à I, III et VII de Pascal ou l'agressivité pousse à la mise en relation. Si ces exemples précis correspondent ici à une adéquation formelle suffisante, il faut bien insister sur le fait que la confrontation avec la réalité objective est très précaire, le jugement critique, inexistant aussi bien au niveau des réponses globales non différenciées qu'au niveau des découpes plus prégnantes. Les associations sont déterminées, plus souvent qu'on ne le penserait *a priori*, par une projection personnelle sous forme de représentations humaines ou animales comme s'ils exprimaient par là le besoin de tout ramener à soi et à leurs expériences dans une démarche égocentrique prélogique, à moins que la kinesthésie ne réponde à un besoin d'affirmation de soi et de surcompensation. L'élément sensoriel couleur tient un rôle dont l'importance n'est pas toujours cotable : à part les dénominations des couleurs, son impact se limite à une excitation émotionnelle rapportée ou non à un incident précis ou encore suscite des associations, images ou souvenirs, sortes de flash, déclenchées par le stimulus, par exemple à IX « Une dame dans sa robe de mariage, le mari lui passe l'anneau » — « Qu'est-ce qui te fait dire ça ? » « Parce que c'est blanc. » Dans les tests de deux enfants ayant subi récemment des traumatismes crâniens, la couleur rouge semble avoir réactivé des traces mnésiques avec références au sang et à la mort.

Les contenus référentiels sont facilement centrés sur la représentation humaine ou animale anthropomorphe, ce qui semble lié à la recherche d'une image de soi rassurante, voire même valorisante, dans un but de surcompensation.

S'il n'est pas rare de trouver des blocages tenaces de l'expression personnelle, il est plus fréquent encore d'observer un besoin d'expression assez intense et un retentissement fantasmatique qui sont d'autant plus évidents si l'on cherche à dépasser le handicap de la limitation des formulations et de la puérilité des images.

La thématique alors décryptée recouvre un éventail large de niveaux d'évolution libidinale qui, cependant, dans le contexte qui nous préoccupe d'enfants de moins de douze ans, n'atteint jamais la résolution du conflit œdipien. Cela ne signifie pas, toutefois, que les préoccupations œdipiennes ne sont pas abordées, mais elles ne le sont qu'avec naïveté dans des images d'Épinal, sans grande symbolisation ni modulation. Les réactions phobiques sont fréquentes, liées parfois aux sentiments d'insécurité, d'impuissance et de moindre valeur face à l'environnement. De la même manière, le corps est ressenti comme vulnérable, diminué, malade, voire même atteint dans son intégrité, dans les protocoles les plus perturbés. L'expression symbolique des forces pulsionnelles assez primitives, peu variées, est néanmoins possible. L'angoisse est de manifestation très directe se référant à des images prégénitales, image maternelle destructrice ou trop puissante et, dans les cas extrêmes, à des préoccupations sur l'identité avec angoisse de morcellement.

Des protocoles de déficients que nous avons analysés, tout au moins ceux des plus complexes, il se dégage deux positions qui, pour être privilégiées, n'en excluent pas d'autres, à savoir le recours à la régression avec recherche d'un objet maternel prégénital sécurisant dans des thèmes de naissance, de réparation de l'objet, de retour au sein maternel, et l'appropriation de la puissance, que celle-ci soit magique ou le fruit d'une hypersocialisation.

Si les images parentales sont bien souvent évoquées, elles ne sont pas différenciées pour autant. Leur présence est surtout l'indice de la grande dépendance des enfants sauf dans les cas des déficiences consécutives à un traumatisme.

Considérée comme pauvre et peu révélatrice, l'expression projective des enfants à organisations « déficitaires » a toujours été assez peu étudiée alors que notre expérience nous montre qu'au-delà de l'aspect « insuffisant » de l'équipement, il existe des personnalités aux besoins et aux préoccupations très variés. Besoins, préoccupations d'une part et mécanismes mentaux d'autre part, s'insèrent dans des modes d'adaptation dont les pôles les plus fréquents sont la puérilité hystéroïde avec survalorisation de soi, la compensation magique et la soumission passive dépressive au statut de handicapé.

ß) LES EXEMPLES

Guy D., 7 ans (niveau mental, 4,6 ans au T.M.)

Enfant hospitalisé pour troubles du comportement dans le milieu familial. Né d'une mère célibataire de 14 ans, mal accepté par le mari de celle-ci, Guy se présente comme un enfant dont le développement est globalement déficitaire, très dépendant de l'adulte avec des craintes de rejet évidentes.

Le test est pour lui l'occasion de nouer une relation privilégiée. Il entre d'emblée dans le jeu, donne des descriptions, mais surtout des « images racontées» à partir de la situation vécue. Celles-ci sont autant de visions syncrétiques, cadrées soit par les G, soit dans les D qui relèvent d'un mode de pensée prélogique et proviennent de l'intensité du besoin et du désir déclenchés par une sorte de *Gestalt* très grossière. Les mises en rapport dues à la fabulation ont un caractère animiste essentiel et ne permettent en aucune façon le contrôle de la réalité objective. La grande productivité répond à ce besoin d'expression qui se manifeste en réponses formelles primaires, en scènes humaines et animales et surtout en réactions à la couleur correspondant plus à une excitation qu'à une interprétation : toutes ces données paraissent, à première vue, un jeu gratuit alors qu'en fait elles traduisent une thématique très personnelle.

Cette thématique se réduit à deux notions de dedans/dehors et de contenant/contenu. Les contenants sont des lieux qui participent à la vie quotidienne des êtres humains (maison, église, terre, fusée, train, bateau, hôpital), les contenus sont, dans les limites du réalisme enfantin, en accord avec le contenant.

C'est là qu'apparaissent bien souvent êtres humains, animaux et objets animés. La problématique renvoie à une expression très forte de l'image maternelle archaïque avec à la fois quête affective et angoisse de rejet (VII). Tous les efforts tendent à la recherche d'un milieu sécurisant protecteur, quasi utérin.

Il est remarquable de voir comment cet enfant, avec son équipement mental très déficitaire, a pu exprimer, transposer son sentiment de carence et son besoin de régresser. On peut faire l'hypothèse, compte tenu de la fixation libidinale, d'une structuration psychotique dont la défense majeure serait la débilisation.

PROTOCOLE DE RORSCHACH DE GUY D., 7,3 ans (1971)

		Cotations	
I			
– Un château avec les fenêtres	Gbl	F–	Arch
– Et le monsieur ici, il y en a deux – ? – on voit un doigt (D sup. « mains »), les messieurs dedans, cachés.	DG	F–	H
– Tiens les petits oiseaux, ça vole /fait le geste/ (Dd ext. très petit, informe)	Dd	kan-	A
II			
– Qu'est-ce que c'est ça ? Il y a du rouge là et là	D	C	NC
– Là c'est une maison, une église (montre D med. sup.)	D	F+	Arch
– La maison (D noir et Dbl)	D/bl	F–	Arch
– Des canards (D. r. sup.) ils vont dans l'eau comme ça, coin, coin, coin (D noir et Dbl)	D	kan	A/Sc
– Et les petits oiseaux ils s'envolent du bois – ? – *Un canard* (D à droite *un oiseau* (D à gauche)	(D)G	kan	A/Sc

		Cotations		
III				
– Encore du rouge ;	D	C	NC	
– V un pont (D et Dbl)	D/bl	F+	Arch	
– *La voiture va passer* (D. r. méd.) *regarde la rue !* (Dbl)				
– Λ Là c'est de l'eau (Dbl ext. et int.) un bateau (Dr. méd.)	D	kob	Sc	
– Ça c'est les poissons de la mer Rouge /chante/ (E.L. : voit les hommes et veut « recoller les jambes »)	G/bl	F–	Sc A	
IV				
– Un sapin de Noël, le Père Noël,	G	F+	Pl	
– plein de cadeaux,	G	F–	Obj	
je m'en vais à la maison		Réf. pers.		
– La lumière (Dbl lat. inf.)	Dbl	C'	Élém.	
les grandes oreilles du sapin (D lat.)		Rem. d'animisme		
– Un château (D méd.)	D	F+	Arch	
– De la fumée (D lat. inf.) il y a du feu ici	D	C'	Élém.	
V				
– Un petit oiseau	G	F+	A	Ban
– V Un « crain » – ? – *les wagons*	G	F–	Obj.	
– Et là c'est la fumée (D inf.), la loco – ? – *là* (en fait mêlée aux wagons)	D	C'	Élém.	
VI				
– V Λ Une fusée (D méd.) comme les cosmonautes – ? – *les monsieurs sont dedans* (D lat.)	D	F+	Obj.	
– – ? – *Là c'est pour sortir la fumée* (explications confuses sur pousser, sortir, monter)	D	C'F	Élém.	
– V La terre c'est collé. Les monsieurs montent dedans et sortent dehors.	(D)G	kob → K	ScH	
VII				
– L'hôpital – ? – *parce qu'ils sont malades*,	G	F–	ScH	
– un monsieur et une dame, un de chaque côté (premier et deuxième tiers)	D	K	H	
		Association de position		
– La radio, le médecin, il arrive et il fait une piqûre ça va saigner	D	K–	Sc	
– La porte (Dbl) pour les piqûres, la fenêtre (premier tiers)	Dbl	F–	Obj.	
VIII				
– Une fille, un garçon (D lat.) la maman (D gr.) le papa (D bl.) le bébé (D or.) (Rép. position)	D	F–	H	
– Ils vont aller se promener	(D)G	K–	HSc	
– Un gâteau au citron	D	C–	Alim.	
– Les poissons de la mer Rouge PSV	D	FC–	A	
IX				
– Une église – ? – *avec le Seigneur* – ? – (met ses mains en creux et dit : *« Ça fait du bruit, du boucan »*)	G	F–	Arch	
– Un gâteau rouge, il est gris (montre le vert bien qu'il sache les couleurs)	D	F¢	Alim.	

					Cotations
X					
– Un bâteau (D gr. rose et Dbl)		D/Dbl	F-	Obj.
– à l'intérieur des messieurs tout bleus (D bl. méd.)		D	F₵	H
– L'église (D gris sup.)		D	F–	Arch.
– Des poissons de la mer Rouge	PSV	D	F₵	A

CHOIX + : X

PSYCHOGRAMME RÉSUMÉ

R : 37	G % : 30	F % : 49	F % élargi : 78
	D % : 62	F+ % : 33	F+ % élargi : 29
T. App. : G D Dbl Dd	(dont 14 % Dbl intégrés)	A % : 14	
		H % : 19	
T.R.I. : 3 K/12 Σ C	Dbl % : 5		
F.C. : 5 k/0	Dd % : 3		
R.C. % : 27	Z : 43	Ban : 1	

Alfonso A., 8,6 ans

Garçon hospitalisé, dont le comportement est celui d'un jeune enfant : il passe des pleurs aux expressions de plaisir avec force exclamations et mimiques exubérantes qui montrent le caractère réaliste de ses réactions. Les réponses sont autant de constats, de reconnaissances, ponctuées de réactions émotionnelles spontanées qui indiquent le plaisir ou le déplaisir et qui sont centrées sur des thèmes persévératifs dont la répétition semble avoir fonction de réassurance. On conçoit qu'il s'agisse d'impressions globales ou de découpes larges dont le niveau de structuration est très insuffisant, parfois confabulé, mais jamais plus gravement pathologique. Aucune critique n'intervient, mais il y a un essai de justifier ses perceptions en prenant des repères corporels par le biais d'éléments formels. Les rares animations sont transmises par le geste, la mimique, plus que par des représentations verbalisées.

Malgré l'impossibilité d'élaboration et d'expression, on sent, à travers les gestes, les adjectifs utilisés et les remarques, l'écho émotionnel déclenché par la situation (IV « grand ») qui signe une participation plus importante que ce qu'Alfonso peut verbaliser. On est frappé, à travers les projections, par la recherche d'une image de soi valorisante et entière, représentée ici par « l'ange », nécessaire pour conserver son identité, d'où son malaise devant le caractère dispersé et morcelé de la planche X.

L'adaptation paraît ici très déficitaire et se fait sur le mode univoque du recours à un monde mythique prestigieux qui lui permet de s'affirmer et de se sécuriser.

PROTOCOLE DE RORSCHACH D'ALFONSO A., 8,6 ans (1971)

(Travail très précipité ; au début pleure, ne veut pas le faire, puis manifeste du plaisir.)

		Cotations			
I					
– V Un arbre		G	F–	Pl	
– Λ Un ange		G	F+	(H)	
II					
– V Un a... un a... un petit ange (D. r. sup. : pieds, D. r. inf. : ailes ; centre : le petit ange)	PSV	G/bl	F–	(H)	
III					
– Oh... (admiratif) Un pingouin		D	F–	A	
– Un ange tout petit (D r. méd.)	PSV	D	F–	(H)	
– Une poule (D r. lat.)		D	F–	A	
– V Un petit ange (D r. lat.)	PSV	D	F–	(H)	
IV					
– Oh ! Un ange très grand, très grand /étend les bras/ la tête, les ailes /montre sur la planche/	PSV	G	K+	(H)	
V					
– Un ange	PSV	G	F+	(H)	
– Un papillon		G	F+	A	Ban
VI					
– Un petit ange (D sup.)	PSV	D	F+	(H)	
– Le reste, un papillon (mimique du vol)		D	kan	A	
– Ça (montre sa tête ; les ailes (D lat.)) Ça /montre sur lui le bas du ventre/ Il ouvre la bouche (Dd ext. sup.)		DG	F– confabulation	A	
VII					
– V Des pattes... de bête		G	F–	Ad	
– Une araignée (– ? – *grosse*... /En a déjà vu une petite : A peur des grandes/) Un petit ange (ne retrouve plus)		G	FClob	A	
– Un papillon (D inf.)		D	F+	A	

		Cotations			
VIII					
Oh ! c'est beau /embrasse la planche/		Rem. subjective			
– C'est un papillon, petit, petit *(Le corps* (D méd.) *les ailes* (D rose lat.) *la tête, ouvre sa bouche grande)* – ? – *Un petit ange* (ne retrouve pas)	DG	F–	A		
IX					
– C'est bien, c'est le ciel	D	C	Nat.		
– Les ailes, c'est bien ? (D vert)	D	F–	Ad		
– V Un papillon (D vert et D méd.)	D	F+	A		
X					
/Rit/ C'est mal... (montre D bleu et D vert méd. en faisant la grimace) Ici ça devrait être attaché		Rem. morcellement			
– Les ailes (D rose)	D	F–	Ad		
– Les pieds	D	F–	Hd		
– Ça c'est une araignée /signes d'anxiété/	D	F+	A		Ban

PSYCHOGRAMME RÉSUMÉ

R : 23	G % : 48	F % : 83	F % élargi : 96
T. App. G D	D % : 57	F+ % : 37	F+ % élargi : 34
T.R.I. : 1 K/2,5 Σ C		A % : 57	
F.C. : 0/0		H % : 4	
R.C. % : 33		(H) % : 35	
	Z : 15,5	Ban : 2	

Pascal M., 9,6 ans

Hospitalisé pour suites de traumatisme crânien grave ayant nécessité une intervention au niveau du cortex, l'enfant est très absorbé par la tâche. Il fait beaucoup d'efforts, conserve un rythme lent dans une verbalisation élaborée et précise, avec une conscience évidente de parler d'un objet extérieur à lui.

L'approche perceptive semble se faire en deux temps : l'interprétation donnée spontanément est ensuite objet de description et de justification dans un effort systématisé et lent d'exploration active qui peut amener à une certaine fabulation restant proche du percept donné. La mise en rapport et l'articulation des différentes localisations paraît constituer un mode de fonctionnement qui tient aussi bien du besoin de tout relier que de l'intention projective. C'est bien ce besoin de projection qui guide la réactivité à travers les réponses kinesthésiques de tous registres et qui colore même les réactions au stimulus couleur (« sang », « éclair », « mer ») qui, en fait, ne sont pas seulement des constats physiologiques comme on pourrait s'y attendre. Les engrammes purement formels, en nombre suffisant, paraissent très mal contrôlés du fait peut-être de la difficulté de repérage perceptif qui est accrue par la fatigue qui s'installe vite et que Pascal essaye de combattre.

La problématique donnée transparaît clairement : elle relève du conflit œdipien sur un mode nettement phallique avec expression de l'agressivité et de la rivalité qui en découlent. L'angoisse de castration est explicite mais très bien dépassée (II). Dans ce contexte, c'est l'image paternelle qui prédomine (IV) mais elle est évitée quand elle est trop puissante sans que les mécanismes réussissent à libérer Pascal totalement de l'angoisse (voir les commentaires sur les choix). L'image maternelle est présente. L'image de soi est bien campée, très sthénique, avec beaucoup d'éléments de dépassement, des mutilations ou des insuffisances.

Compte tenu de l'âge, le conflit œdipien exprimé ici est peut-être un peu chaud, mais on peut supposer, comme il arrive fréquemment, qu'il a été réactivé par le traumatisme récent. Quelles que soient les difficultés de Pascal à soutenir l'attention et la proximité du vécu de la « catastrophe », qui semble livré directement à la planche IX, la lutte pour une réorganisation est efficace d'autant plus que le besoin de compensation est intense.

PROTOCOLE DE RORSCHACH DE PASCAL M., 9,6 ans (1971)

		Cotations			
	I				
15"	– Là on dirait un bonhomme et puis là un autre bonhomme de l'autre côté ;	D	F+	H	
	ça je vois pas ce que c'est.	G	K	H	
	– – ? – *...Ça me fait penser que c'est des bonhommes qui courent... – ? – vers une banque si c'est des bandits ou vers des bâteaux si c'est des capitaines*		Fabulation sur question		
	– *ou alors ils ont peut-être capturé une dame – « Qu'est-ce qui te fait dire ça ? – il manque la tête, elle n'a pas de tête –* 4'	G	K	H/Sc	
	II				
5"	– Le truc là (montre du doigt D r. sup et inf.) ça me fait penser à du sang ou alors ça peut être	D	C	Sg	
	– Deux yeux, un nez, une bouche et le menton, là l'oreille... là, les pieds	D	F–	Hd	
	– Ou alors, ça peut être deux animaux qui dansent... C'est tout ce que je vois 2'20"	D	kan	A	Ban

		Cotations			
	III				
38"	– Ça ressemble aussi à deux bonhommes qui veulent attraper un os (D. r. méd.) pour le donner à un chien.	G	K	H	Ban
	– Ça peut être des bandits parce que ça peut être le pistolet (montre le Dd « poitrine ») et un autre bout de pistolet (id. de l'autre côté) C'est tout ce que je vois 3'20" (D lat. rouge ? – *On dirait que c'est un petit animal le rouge, ou du sang.*) (E.L. pour D méd. rouge : accepte le papillon : « *Y a deux antennes*)	Dd	F–	Obj	
	IV				
15"	– Ça ça ressemble à un lapin et pis qui met les deux pattes de derrière en l'air *(tiens là un œil et là un œil et pis là une moustache et là, une moustache)* – 2'	G	kan– Remarques Dd	A	
	V				
–6"	– Ça ça ressemble à une mouche. Ça c'est les deux ailes et ça c'est les deux antennes... Ça c'est la bouche (– « Tu peux retourner » – *C'est pas la peine*) 2' (R. Add. : ou alors ça peut être une anguille qui sort de l'eau. Ça peut être un papillon.)	G	F– → C'	A	
	VI				
22"	– Le bâton, ça peut être un serpent qui sort de l'eau /signes de lassitude, n'est plus très motivé/	(D)G	F–	A	
	– « G ? » – ou alors ça peut être un bonhomme, le tout, un bonhomme gros, ça les deux pattes, les deux bras, la tête pis des moustaches, les deux yeux – 3' 10"	G	F–	H/Ad	
	VII				
35"	– Ça peut-être deux petites filles qui se disputent... Ça c'est leur natte, ça c'est les bras... Ça les deux yeux, les deux bouches, ça le cou. C'est tout ce que je vois. *(Elles font comme ça pour mettre une claque* (geste) *elles sont debout, elles se bagarrent peut-être sur un rocher)* 3' 10"	G	K	H	
	VIII				
28"	– Ça, ça peut-être une guêpe (D gr.)	D	F–	A	
	– et pis deux animaux qui attrapent la guêpe, pis elle est en train de piquer quelqu'un – 50"	DD	kan	A	Ban
	– Ça, ça peut être des rochers (D r. or.)	D	F±	Nat	
	– Ça deux œils (Dd/bl sous D rose inf.), pis une bouche, une bouche – C'est tout ce que je vois 4' 20"	Ddbl	F–	Hd	

		Cotations			
	IX				
10"	– Le tout ça peut être un orage qui se déclenche. Ça les nuages (D rose) l'eau (D méd.), ou alors ça peut être un éclair *(L'eau commence à tomber)*	G	kobC	Nat	Orig
	– Et là on dirait 2 bonhommes (D or.) Une tête là pis une tête là, là un œil et là un autre œil, là le menton et là le menton, là une oreille et là une oreille. Je vois plus rien. (R. Add. : V Une tête, deux yeux, le nez, il est un peu grand et la bouche (Dbl)) 2' 30"	D	F+	H/Hd	
	X				
5"	– Là ça peut être un moustique (D gris)	D	F →CF	A	
	– Ou alors ça peut être sous la mer, les poissons, un autre poisson pris par une pieuvre, une petite pieuvre et une grosse pieuvre (Dbl.)	D	F + →kan	A	Ban
	– Ça un rocher, un autre rocher, pis là aussi une pieuvre. C'est tout ce que je vois (R. Add. : Ou alors deux animaux qui enlèvent une barre (D rose et gris) Ça peut être des chevals de mer.) 3' 10"	D	F±	Fgt	

CHOIX + : IX « Elle a de jolies couleurs, la VIII et la X aussi »
CHOIX - : VII « Je trouve que c'est trop facile à la détailler »;
V « Celle-là parce qu'elle est pas grande comme celle-là » : IV — ? — *un peu peur. Un lapin qui fait l'acrobate.*

PSYCHOGRAMME RÉSUMÉ

R : 22	G % : 41	F % : 59	F % élargi : 91
	D % : 50	F+ % : 31	F+ % élargi : 50
T. App. G D Dd	Dd (Ddbl) % : 9	A % : 36	
T.R.I. : 4 K/2,5 Σ C	Z : 38	H % : 41	
F.C. : 4 k/0		Ban : 4	
R.C. % : 41			

Brigitte P., 11,4 ans

Enfant adoptée à l'âge de 18 mois par un couple de bon niveau culturel. Présentée pour insuffisance d'efficience scolaire, elle prend une attitude docile dépendante, très socialisée et sur le plan de l'expression verbale, parfois un peu affectée. Dans cette attitude s'inscrivent les descriptions, les repérages spatiaux et numériques et les contenus anatomiques répétitifs qui représentent des placages masquant la pauvreté d'imagination. Certaines des réponses sont comme des reconnaissances directes et réalistes sans recul ni critique de ce qui a été donné antérieurement, d'autres sont plus descriptives. Les modes perceptifs se répartissent comme chez l'adulte, mais comportent des juxtapositions très confuses d'actions et d'images, dues à l'animisme et à une pensée très primaire. Le défaut de jugement est notoire, accentué par le désir de paraître et s'inscrit dans l'inadéquation de la description des données objectives, voire même leur caractère aberrant (F+ % = 15, F+ % élargi = 35) tant qu'il s'agit d'engrammes purement formels. Une participation plus active dans les kinesthésies animales améliore un peu le contrôle mental. L'éventail des contenus est réduit, il se limite à un bestiaire d'animaux domestiques et à des réponses anatomiques à signification pseudo-intellectuelle. Le peu de jugement dont Brigitte dispose — QI G : 72 — est «bloqué» par le désir de prestance.

Rien dans le protocole ne se situe au niveau d'une implication en profondeur. Les diverses données paraissent n'avoir guère d'importance en soi et ne font que communiquer un besoin certain de se faire accepter, aimer et reconnaître. L'impression d'inauthenticité qui se dégage du protocole naît de ce désir de paraître et du besoin de prestance. Les images parentales sont reconnues superficiellement, mais on ne perçoit pas ce qu'elles évoquent, pas plus que l'on ne note de symbolisation de l'identification féminine. On pourrait supposer que le statut d'homme puissant et intelligent est ce qui est désiré (I, IV et VI).

L'adaptation se fait par élaboration d'un faux-Soi social qui a fonction de surcompensation.

PROTOCOLE DE RORSCHACH DE BRIGITTE P., 11,4 ans

	Cotations			
I				
Qu'est-ce qu'il faut que je dise ?				
— C'est des bonômes qui se donnent la main — ? — *pour aller se promener, l'autre veut aller de droite à gauche, l'autre de droite à gauche. Ils se regardent d'un air bizarre — ? — ils s'aiment beaucoup et sont colorés en noir.*	G	KC'	H	
— — « autre chose ? » — *Une araignée*	DG	F—	A	
II				
— Ça c'est des cochons (D noir) oui, il y en a deux	D	kan	A/Hd	Ban
— ils se donnent la main, voudraient courir de droite à gauche, mais ils ne peuvent pas, avec leurs mains ils ont fait un rond blanc, il y a quatre taches rouges et ils sont peints en noir (E.L. Comment sont les taches rouges ? « Que c'est des pouces ça »)	D	CF	A	

Cotations

III

– Qu'est... ça c'est des singes...	G	kan	A	
– C'est bien, il y a deux taches rouges au milieu qui sont... – ? – *l'estomac* – ? – *parce que c'est rouge.* Oui. – ? – *Là y a encore des taches*	D	CF	At	
– rouges ce sont des os (E.L. sur G. ? : *Ils se regardent, c'est tout, les singes.*)	D	F–	At	

IV

– Ça c'est un éléphant, on voit ses pattes en bas, situées en bas du corps de l'éléphant, entre ses pattes nous voyons l'estomac et nous voyons deux trompes, non deux oreilles à trous ronds /prend un ton profond/ c'est un animal gracieux.	G	F-	A	

V

– On dirait que c'est un lapin, son corps, recouvert de fourrure, fourrure marron, il a quatre pattes, deux oreilles, une tête et deux pieds, cet animal mange des carottes	G	FE	A	
– – ? – *il court parce qu'il a écarté ses jambes*	G	kan	A	

VI

– C'est peut-être un bonhomme, là assis, la tête, les moustaches, son estomac, son thorax, sa figure. Sa patte, je vois – « à qui ? » : *au monsieur* – (R. Add. : patte de chat, ses moustaches.)	G	K–	H/Ad	

VII

– Là je sais pas ce que c'est... On dirait que c'est un chien, sa patte, son corps, deux chiens, ils portent une queue, deux pattes, un œil, ils font la galipette	D	kan	A	
– L'estomac d'un chien là (« D'un chien ? » – *Oui, vraiment*)	D	F–	At/An	

VIII

– Ça c'est un estomac ça, ça, ça (montre les D gr., bl. r. or.)	D	F–	At.	
– Et je vois deux tigres, le premier tigre a quatre pattes, une queue, il regarde l'estomac, c'est tout. « C'est joli » – ? – *la partie inférieure est de deux couleurs brillantes* –	D	F+	A	Ban

IX

– Un estomac, là, là, là (D vert, D or, D rose) Y a le tuyau, deux tubes digestifs, nos aliments je vois trois estomacs, c'est de trois animaux le chien, l'éléphant.	D	F– → contamination	At	

X

– Tube digestif	D	F–	At	
– Je vois un crabe, deux crabes bleus, l'estomac	D	F+	A/At	Ban
– Deux escargots, un, deux, ça (D jaune)	D	F–	A	

		Cotations	
– Une libellule (D gr. lat.) je vois un autre crabe. Je vois deux libellules	D	F–	A
– je vois l'estomac (D vert méd.) et les deux machines orange, ce sont la bouche d'une personne, la bouche, la	D	F–	At
langue, deux bouches.	D	F–	Hd

CHOIX + : « je préfère II, celles-là IV et III » ;
VIII : « à peu près potable »
CHOIX - : X, IX, VII

PSYCHOGRAMME RÉSUMÉ

R : 22	G % : 32	F % : 59	F % élargi : 95
	D % : 68	F+ % : 15	F+ % élargi : 35
T. App. G D		A % : 55	
T.R.I. : 2 K/2 Σ C		H % : 14	
F.C. : 4 k/0,5 Σ E			
R.C. % : 41			
	Z : 15,5	Ban : 3	

A. Les moins de 8 ans

1. Les «pré-psychotiques» de 6 à 8 ans

α) LA SYNTHÈSE DU GROUPE

La participation, dans ce groupe, est très caractéristique, car elle se mesure, non pas tellement par le nombre d'engrammes perçus qui est souvent moyen, mais par une vivacité et une résonance immédiate dans les mises en scène, les associations fabulées, le tout montrant à quel point le besoin d'expression prime et se libère à la moindre stimulation.

L'aisance associative réduit l'exploration perceptive factuelle, d'où la surcharge en réponses globales très peu adéquates, de niveau syncrétique et souvent à structuration déviante, et le peu de recours à des démarches plus circonscrites. L'expression formelle n'est plus du tout dominante, c'est l'animation qui prend le dessus sous forme de kinesthésies animales anthropomorphes, de kinesthésies humaines ; et la sensibilité à la couleur à valeur perceptive ou à vécu pulsionnel. Le contrôle de la réalité objective est très insuffisant et ne s'améliore que si l'on tient compte de la qualité des percepts animés.

L'activité animale forme la trame des associations à un degré tel que l'on peut parler d'une limitation des centres d'intérêt, légèrement contrebalancée dans certains cas par une centration sur la représentation humaine avec apparition de réponses où les règnes animal et humain sont mal différenciés.

L'investissement des facteurs dits intellectuels est ici minimal.

La problématique est dominée par la projection intense de la vie pulsionnelle, ce qui transparaît dans une fantasmatique sadique orale et anale suffisamment envahissante pour entraîner parfois la crainte de la destruction. Il apparaît chez certains une référence à une scène primitive très angoissante. Dans cet univers pulsionnel, chaotique, se dégagent, de temps en temps, des thèmes nettement abandonniques ou de demande régressive. A travers ces données, ce qui transparaît le plus, c'est la relation duelle avec l'image maternelle prégénitale, tantôt représentée très clairement, comme toute-puissante, dangereuse, phallique, tantôt apparemment absente, mais néanmoins sous-jacente aux productions fantasmatiques. Elle est directement liée au thème de castration primaire que l'on peut repérer. Quand elle apparaît, l'image paternelle peut être différenciée de l'image maternelle, mais ceci reste peu fréquent, sauf peut-être à un niveau plus socialisé, donc déjà plus dégagé des fantasmes sous-jacents.

Quant aux images de soi, elles font l'objet d'une recherche semblable à celle des enfants immatures avec projection dans le monde végétal ou ébauche de mise en rapport spatial. Les défenses hypomanes, voire mégalomanes, poussent à la représentation d'images de soi plus franches s'appuyant sur le recours à la toute-puissance. Au niveau du comportement, cette démarche s'inscrit dans une attitude sthénique, provocatrice, à la limite caractéropathique. Il s'agit peut-être là d'un essai de se dégager de l'indifférenciation agresseur-agressé qui règne souvent sur la problématique, donc de l'ébauche d'une tentative d'identification à l'agresseur.

Ce qui paraît différencier ce groupe de celui des psychotiques, c'est l'utilisation massive de la fabulation, d'un registre radicalement autre que le fantasme cru et proche de l'imaginaire du jeune enfant. Elle permet d'éviter l'angoisse massive, grâce à sa tonalité ludique, tout en laissant apparaître une chaleur et une intensité de projection qui ne se trouvent plus chez les psychotiques.

Le mode de fonctionnement prépsychotique, même s'il suppose des fantasmes de même niveau archaïque que ceux des psychotiques, reste original par sa capacité de retour à la réalité, par une crudité moindre des fantasmes et par l'exploitation de la défense par la fabulation.

La capacité de restauration est bien plus rapide et plus fréquente que chez les psychotiques, comme s'il y avait un va-et-vient entre un univers pulsionnel archaïque et à un monde plus cadré, plus socialisé, où la persistance d'un mode de pensée animiste permet un dégagement réel même s'il s'effectue sur un mode régressif.

ß) LES EXEMPLES

Éric D., 6,6 ans

Enfant suivi depuis un certain temps, hospitalisé pour aggravation du comportement agressif en milieu familial et scolaire. D'un contact très ludique et séducteur, il se comporte au Rorschach comme devant un objet à reconnaître, voire à recomposer, sans aucune prise de distance, ni critique, ni mise en doute de la réalité de ce qui est présenté. Le tout est donné dans un langage très lapidaire qui s'étoffe un peu dans les justifications projectives.

L'expression n'est pas bloquée si on se réfère à la productivité globale, mais réduite à la répétition d'un seul contenu en des globalisations très immatures, de type syncrétique, qui sont détaillées de façon erronée, jamais correctement recomposées. Le découpage n'est qu'ébauché et uniquement lorsque le stimulus le sollicite. La pauvreté idéationnelle est extrême ; le contenu adaptatif, correct en un premier temps, est utilisé comme image de référence à laquelle Éric raccroche des éléments partiels appartenant au corps.

La problématique sous-jacente pourrait renvoyer à des éléments phobiques archaïques — dents, yeux — qui ne sont ni bien explicités ni bien intégrés, et de manière peu claire à la projection d'une angoisse de persécution attribuée à des images humaines qui le déposséderaient « d'objets importants ».

Il va de soi que les images parentales ne sont pas représentées directement, mais présentes dans une symbolisation archaïque. La problématique est par trop prégénitale et concerne trop la dévoration, la destruction et la confusion agresseur-agressé pour permettre leur différenciation. C'est la référence à une imago maternelle prégénitale qui oriente le mode de relation.

Malgré l'aisance que procure le refuge dans un appauvrissement et la débilisation apparente, on perçoit une angoisse mal différenciée et une thématique qui infirment une conclusion qui irait dans le sens d'un déficit. Celui-ci n'est que le camouflage d'une structuration du type prépsychotique.

PROTOCOLE DE RORSCHACH D'ÉRIC D., 6,6 ans (1972)

	Cotations			
I				
– Un papillon (– ? – *je sais pas, des ailes* – ? – *pour voler, papillon, oiseau, pigeon*)	G	F+	A	Ban
– V Ça fait comme les avions, les avions, les avions ça vole aussi – ? – *il vole pas.*	G	F+	Obj. kob niée	
II				
– V∧, Un papillon ça	G	F–	A	
– Ça fait un autre papillon Y a ça (montre Dd r. inf. « antennes »)	(D) G	F–	A	
– Ça fait une vache, les cornes, là – ? – *le taureau* (D r. sup.) < je sais plus	D	F–	Ad	
III				
– Une fourmi, les yeux, (D inf. méd.) les dents (Dd gris clair) les pieds (D lat) (il intègre en G sans pouvoir préciser la fonction des autres parties)	DG	F–	A	
– V Là ça fait un papillon, les ailes (D gr.) et les grands yeux (D méd.) (E.L. D r. méd ? – *Peut-être la bouche.* – D r. lat ? – *les pieds* – « D'un homme ? » – *Non.*)	DG	F–	A	
IV				
– Un lapin	G	F–	A	
– V Un papillon, c'est tout	G	F+	A	
V				
– Un papillon, les queues (D inf.) et la tête (D sup.) et les ailes, c'est tout.	G	F+	A	Ban
VI				
Je sais pas.		→ Refus		
– V Un chat, ils ont enlevé la peau, les pieds et la queue et les yeux et la bouche – qui ? – *des messieurs, à la chasse* (D gr. clair méd. : Tête, pieds et yeux)	G	F+	A	
VII				
– Un papillon, des pieds (D deuxième tiers) PSV la queue (D premier tiers) ils ont enlevé les ailes – « Pourquoi » ? – : *Parce qu'il vole plus* – ? – *je sais pas.*	G	F–	A	
VIII				
– Un papillon, je vois les ailes PSV	G	F–	A	
– Un poisson (Tête : D inf., queue : D sup.) (*Une bête et une là, il manque les oreilles, ils ont coupé les messieurs* – « Les couleurs » ? – /les nomme/ – « ? » – *des crayons de toutes les couleurs et même des voitures et des motos aussi* – « Tu aimes les motos » ? – *Oh oui j'aime bien*)	G	F+	A	

		Cotations			
IX					
– Un papillon (D rose : les yeux ; D vert les ailes ; D or. : les queues) – ? – *non ça n'a pas plusieurs queues*	PSV	G	F–	A	
– Comme des roues de voitures (D rose) Je sais pas.		D	F–	Obj.	
X					
– Un papillon	PSV	G	F–	A	
– Non c'est une araignée avec les pattes		D	F+	A	Ban
– Ça c'est encore les pattes (Dd marron) et les pattes (D vert) ça, c'est la queue (D gris), ça c'est la tête (D vert inf.) et ça les yeux (D orange)		DdD	F–	Ad	
– Y a du vert, encore du vert, du gris, jaune, rose.		D	C	NC	

CHOIX + : V et I : « elles sont belles », « J'aime VIII, IX, X »
CHOIX – : VII et III « c'est pas beau ». « J'aime pas les autres »
PEUR : « Le chat " VI " j'aime pas les chats »
MAMAN : I « c'est comme ça les mamans »
PAPA : V « C'est le chat qui mange le papillon ».

PSYCHOGRAMME RÉSUMÉ

R : 20	G % : 75 D % : 25	F % : 95 F+ % : 37 A % : 85 H % : 0	F % élargi : 95 F+ % élargi : 37
T. App. G D T.R.I. : OK/O Σ C F.C. : Ok/O Σ E R.C. % : 40	Z : 36,5	Ban : 3	

Omar R., 6,6 ans

Enfant hospitalisé en milieu spécialisé, d'un contact très facile et d'une participation très vivante. La grande productivité correspond à un foisonnement imaginatif et à un besoin d'expression qui s'est amorcé au début du test et qui se maintint uniformément jusqu'à la fin. Le langage est élaboré et riche.

L'approche perceptive est déjà très diversifiée : tous les modes d'appréhension sont représentés, leur utilisation est souple mais non désordonnée. Le niveau de structuration est très élevé pour cet âge, mais la maîtrise formelle est inégale, moins réussie pour les grands détails que pour les globalisations dues à des mises en scène humaines ou animales. Il survient sur ce fond de bon niveau une dégradation brusque (VII), « craquée », causée par l'émergence de la pensée primaire et liée à la projection fantasmatique. L'expression kinesthésique domine et ce pôle particulièrement projectif contient aussi bien des images humaines qu'animales et des images d'objets ; la sensibilité à la couleur est assez nuancée et intégrée, alors que la référence aux contenus habituels est un peu réduite.

La problématique transparaît d'autant mieux que la fabulation permet d'exprimer le fantasme sur un mode apparemment ludique tout en exerçant un rôle défensif par la distance que ce ludisme favorise. Les thèmes dominants sont l'angoisse de castration et l'angoisse de pénétration associées à des éléments de type sadique anal. Malgré la présence d'images de type phallique, proches d'une problématique œdipienne, certaines réponses de type « craqué », qui désorganisent le fonctionnement perceptivo-cognitif, évoquent un conflit de niveau plus archaïque. La thématique de castration qui se présente comme secondaire pourrait bien masquer une angoisse de castration de type primaire (cf. charge fantasmatique de VII, en rapport avec les autres modes d'expression de cette même préoccupation).

Les images parentales sont nettement campées et même situées en groupe familial, mais l'image virile est souvent représentée dans une position passive, dévalorisante, un peu persécutée par le sort. O. semble s'identifier à cette image malgré le fort dynamisme exprimé.

Étant donné la richesse, la structuration et la formulation des projections, le maniement de la situation de test laisse croire à une imagination primesautière créative alors qu'une analyse attentive rend sensible l'intensité du conflit et de la lutte. La charge pulsionnelle est maîtrisée dans des élaborations secondaires du fantasme, mais il n'est pas exclu que, dans l'avenir, il y ait un débordement dans le sens délirant, bien que cette aisance d'expression, ce recours à la fabulation le maintiennent dans un cadre qui est proche de celui des pré-psychotiques.

PROTOCOLE DE RORSCHACH DE OMAR R., 6,6 ans (1970)

	Cotations		
I			
– V Λ Ça fait penser à des poules qui dansent – ? – *deux poules – ? – parce que j'aime bien danser*	(D)G	kan-	A
– V Une grenouille (D méd.) – ? – *parce qu'on voit ses pattes, sa bouche, et ses pieds*	D	F-	A
– Des mains qu'est comme ça (D sup) /fait le geste/	Do	F+	Hd
– Λ Une famille, le papa, le petit (D méd.) et la maman (E.L. « Un papillon ? » – *Non*)	G	K	H/Sc

		Cotations		
II				
— Des messieurs qui ont perdu leur chapeau — ? — *on voit leurs mains et leurs pieds* — « Tête ? » : *coupée* — « Chapeau » ? — *emporté par le vent*	G	K	H	
— Des chapeaux rouges (D r. sup?)	D	FC	Obj	
— — ? — *Ils sont tombés la patte dans une tache rouge* (D r. inf.)	D	CF	Fgt	
— V Un lapin, ses oreilles et ses poils (Dd in rouge inf.)	Dd	F—	Ad	
III				
— Ça ça ressemble à des chiens et il y en a un qui a perdu ses lunettes — ? — *parce qu'il ramasse un kilo* - ? — *de pommes de terre*	G	kan	A	
— — ? — *parce que ça ressemble à des lunettes* (D rouge méd.)	D	F+	Obj	
— Je vois aussi des dames — ? — *parce qu'on voit leur poitrine*	G	K	H	Ban
— V Ça me fait penser à des pattes d'autruche (D r. sup.) — ? — *parce que c'est grand* — ? — /explique difficilement pourquoi	D	F—	Ad	
— Ça ressemble, des mains qu'est comme ça /geste/ (Dd clair in D noir)	Dd	Kp+	Hd	
IV				
— Ça ressemble à des jambes (localise difficilement)	Do	F+	Hd	
— Ça ça ressemble à un tabouret (D méd.)	D	F+	Obj	
— Puis ça des ailes (D lat.)	D	F—	Ad	
— V Un monsieur qu'a, qui dégringole les pieds en l'air et le corps en bas	G	K	H	
— Ça, ça pourrait être un autre monsieur qui tombe de l'autre côté (D méd.) — ? — *ils plongent*	D	K— fabulation	H	
V				
— Ça ça ressemble à un papillon qui a des pinces sur ses ailes et puis il pince les gars	G	kan	A	Ban
— V Ça ça ressemble à des jambes — ? — *de clown* (Dd de chaque côté de la médiane)	Dd	F+	Hd	
— On peut dire qu'au corps on voit des pinces. Là c'est ses jambes qu'est en l'air et ses bras en bas — ? — *il avait ses jambes comme ça* /fait le geste : écartées/ *et les a remis en l'air*	G	K— fabulation	H/A	
VI				
— (Latence +++) V Ça ressemble à une guitare	G	F+	Obj	
— Puis un soleil qu'est caché — ? — *on voit un peu comme des branches* — ? — *il voit les nuages qui sont gris alors il se cache* — ? — *il y a mauvais temps* (in D sup)	D Dd	kob animisme	Nat	
— /Après suggestion pour Λ/ : Ça ressemble à des jambes, des bras et des cornes (la moitié du D inf.) — ? — *des jambes de pèpère* — ? — *des pèpères c'est gros*	D	F-	Hd	

		Cotations		
VII				
– Ça ressemble à un crabe – ? – *là c'est où ce qui voit* (troisième tiers) là il y a les pinces (deuxième et premier tiers) V Là maintenant, ça ressemble à des jambes là (deux premiers tiers)	G	F–	A	
– et là c'est le cœur (troisième tiers) – ? – *d'un monsieur qui danse*	D	F– position	At	
– – ? – *on dirait qu'il gigote*	G	K–	Hd	
– Là on dirait une limace qui monte sur son ventre – ? – *il ne voit rien du tout et le sent pas. Après la limace va monter plus haut et va la foutre par terre.*	DD	kan-	A/Sc	
VIII				
– V < Ça ressemble à un arc – ? – *ici la flèche* (D gr. vert) *et là où qu'on tire*	G	F+	Obj	
– V Là ça ressemble à un bout de sapin – ? – *parce que les sapins c'est pointu et ça descend – ? – non parce qu'ils ont mélangé vert et gris. Là on voit des branches qui vont bientôt dégringoler.*	D	FC	Pl	
– Là, Ça ressemble à un papillon plein de couleurs (D rose-or.) – ? – *parce qu'ils ont des ailes*	D	CF	A	
– Là, ça ressemble à des rats	D	F+	A	Ban
IX				
– ∧∨∧ Ça ressemble à un petit sapin qui monte. Là il y a la caisse (D rose) et là les branches (D vert et or) – ? – *Il y a des sapins qui sont pas tous les jours comme ça – ? – c'est vert et on peut dire que la caisse est rose et là ils ont mis du coton et passé de la peinture dessus* (D or.)	G	FC	pl	
X				
– Là des soleils. Ça ressemble (D bleu)	D	F–	Nat	
– Là ça ressemble à des jambes (D rose)	D	F–	Hd	
– Et là, le corps en bois (D gris). C'est un faux bonhomme, ils l'ont construit – ? – *pour jouer avec. Ils lui ont fait des jambes écartées.*	D	F–	Obj.	
– Là il y a des oiseaux qui volent (D or.)	D	kan	A	
– Là il y a des tenailles qui pincent	D	kob	obj.	
– Là ça ressemble à une bête... qui court avec sa tête et ses jambes	D	kan	A	
– V Là un tronc et là des branches (gris et rose).	D	F–	pl	

CHOIX + : V « parce que c'est bien fait »
CHOIX – : VIII (puis le rectifie en choix positif : « parce qu'elle a de jolies couleurs »)
X « Ça ressemble à des bêtes qui sont pas comme les autres » – un peu méchantes ? : « Oui ».
(Le choix a été fait difficilement)
PEUR : « Rien » puis montre la planche IV
MAMAN et PAPA : I

PSYCHOGRAMME RÉSUMÉ

R : 40	G % : 33	F % : 50	F % élargi : 95
	D % : 53	F+ % : 45	F+ % élargi : 57
	Dd % : 10	A % : 30	
T. App. G D Dd Do	Do % : 5	H % : 33	
T.R.I. : 6k/3'5 Σ C			
F.C. 9k/0 Σ E	Z : 62,5	Ban : 3	
R.C. % : 30			

Yasmina B., 7,5 ans

Hospitalisée dans un service spécialisé pour troubles aigus du comportement, l'enfant réagit face aux tests d'une manière marquée par une angoisse extrême et une excitation qui la pousse à des prises de position immédiates et sans recul. Le débit est très rapide, les substantifs dominent et les phrases ne sont introduites que lors des fabulations.

La mainmise perceptive est aussi bien globale qu'analytique dans des proportions adultes, mais certaines des réactions globales sont dictées plus par la pression brutale du pulsionnel que par la structure du stimulus et elles aboutissent ainsi à des combinaisons proches de la contamination (I et IX). Les seules élaborations sont celles très nettement liées à un écho pulsionnel brut (I, II, III, VIII). L'expression se fait tant par les formes que par leur dynamisation ou par les couleurs et elle concerne souvent les éléments, la nature, en plus des contenus habituels.

La thématique dominante renvoie à une angoisse profonde dérivée de la persistance d'un monde pulsionnel archaïque très destructeur avec projection de forces agressives sur le monde. Les images parentales ne sont pas clairement différenciées, encore que l'image féminine, plus nette, paraisse en danger et que la symbolisation de l'image virile participe plus nettement au caractère menaçant du monde ambiant en raison de l'évitement (IV, VI) de l'émergence du fantasme de destruction (IX).

Il lui est difficile d'élaborer une image de soi stable à cause de l'indifférenciation probable entre les positions d'agresseur et d'agressé et son balancement constant entre les deux.

Si certaines données du test peuvent évoquer une polarité caractérielle, celle-ci est largement dominée par des processus de dégradation par envahissement fantasmatique. Tout cela évoque une personnalité de type prépsychotique qui se défend par des conduites hypomanes. Les éléments adaptatifs notés confirment cette option.

PROTOCOLE DE RORSCHACH DE YASMINA B., 7,5 ans (1970)

	Cotations			
I				
Qu'est-ce que c'est, je vois rien du tout		→ Refus		
– – ? – *A des oiseaux, qui ont mis une jupe et des jambes, c'est tout.*	(D)G	kan-	A/Sc	
II				
– Là c'est deux ours	DD	K	A	Ban
– qui tiennent deux feux	D	CF	Élém.	
III				
– Des hommes, ils ramassent quelque chose, on voit qu'une jambe et qu'un bras,	G	K	H	Ban
– je vois du sang	D	C	Sg	
IV				
C'est tout des crabouillages, je sais pas				
– Une statue	G	F±	Art/Obj.	
– un oiseau	G	F+	A	
V				
– Une chauve-souris	G	F+	A	Ban
– Il y en a deux	D	F–	A	
VI				
– Là c'est une guêpe	D	F–	A	
– Et y a un crabe	Dd	F–	A	
VII				
– Ça c'est des nuages	D	F±	Nat	
– C'est tout, un avion qui passe	D	kob	Obj.	
VIII				
– Là c'est du feu	G	C	Élém.	
– Y a un lion, un lion, deux lions, ils marchent dans le feu.	DD	kan	A/Sc	Ban
– Il y a une méchante bête ils marchent dessus.	D	F–	A	
IX				
– Là y a des branches,	D	F–	pl	
– la méchante bête elle est morte, les deux elles sont mortes et les gens ils sont morts aussi	G	CF	A/H/Sc.	
X				
La dernière elle est scalpée				
– deux grenouilles	D	F–	A	
– un poisson	D	F–	A	
– des piquants	D	F–	Ad	

			Cotations
– le soleil (D jaune)	D	CF	Nat
– Un crabe (D gris lat)	D	F+	A
– du feu	D	C	Élém.
– Le rose, du feu	D	C	Élém.
– le soleil	D	CF	Nat
– une petit dame qui court du feu, du feu, un piquant, du feu	D	KC	H/Sc/Élém.

CHOIX + : aucune
CHOIX – : aucune
PEUR : X
PAPA : IX
MAMAN : X

PSYCHOGRAMME RÉSUMÉ

R : 27	G % : 26	F % : 48	F % élargi : 70
	D % : 70	F+ % : 31	F+ % élargi : 47
	Dd % : 4	A % : 48	
T. App. : G D Dd		H % : 11	
T.R.I. : 3 K/10 Σ C		Ban : 4	
F.C. : 3 k/0 Σ E	Z : 19		
R.C. % : 52			

André M., 7,7 ans

Mis en observation dans un service spécialisé, l'enfant manifeste une vivacité de participation exagérée, au début surtout, qui est peut-être plus superficielle qu'il ne le paraît. En fait, sa productivité est très limitée. Il la gonfle par des attitudes de provocation dans les commentaires et quelques fabulations peu appropriées sur le mode hypomane. Il n'y a aucune distance par rapport aux planches et André paraît convaincu de la réalité des images, alors qu'à certains moments il semble participer à une tâche à accomplir et à contrôler, faible reflet de procédés défensifs passant par le comportement.

L'appréhension des situations est globale et immédiate, mais elle relève pour moitié d'un mécanisme prélogique, particulièrement aberrant, à thématique primaire accusée par l'excitation. Cette thématique est manifestée très directement par des engrammes kinesthésiques humains où l'action prime sur la forme.

L'enfant semble vivre dans un monde pulsionnel très proche avec des fantasmes de destruction et surtout de dévoration. Il fait directement référence, d'une manière crue, aux pulsions sadiques orales ou anales, cette fixation n'apparaissant parfois que sous une forme scatologique faisant suite à des thèmes humains particulièrement destructeurs (III, VI, IX).

S'il fait référence directement à l'image maternelle, celle-ci est abordée avec beaucoup d'ambivalence (III, IV) et paraît en fait dangereuse et prégénitale. C'est par le biais des attitudes sthéniques de provocation, qui sont une forme de maîtrise sadique de l'autre, qu'il s'affirme.

L'ensemble de la production paraît être du registre prépsychotique avec force tendances hypomanes, au point que l'on peut se poser la question d'une évolution vers un fonctionnement maniaque franc.

PROTOCOLE DE RORSCHACH D'ANDRÉ M., 7,7 ans (1972)

/Se précipite sur les planches, les arrache presque des mains de l'examinateur/

	Cotations			
I				
/Regarde l'envers/				
– Un oiseau, ça y est, c'est fait	G	F+	A	Ban
/veut jouer avec le chronomètre, refuse l'enquête : « Si c'est pour recommencer, non ! »/				
II				
– Un oiseau qui est mort,	G	FClob	A/Symb	
– qui a du rouge et du noir	G	CF	Symb	
III				
– Il a, y a deux petits crabes, un crabe (D méd.)	D	F–	A	
– non, deux mamans, un crabe qui veut passer et les deux mamans qui l'attrapent, après il met...	G	K	H	Ban
(– ? – *Y fait caca* (montre D méd.)				
IV				
– C'est quelqu'un qui dort et il vole	G	K	(H)Sc	
Même il a été voir sa maman				
(Un fantôme)				
V				
– Alors c'est un oiseau qui vole et il va attraper des souris	G	kan	A	Ban
/Compte les planches, compte sur ses doigts/				
(c'est rien)				
VI				
Alors là, il a /regarde ce qu'écrit l'examinateur/				
Qu'est-ce que t'écris ?				
– Il a été attaché, voilà. Ça en fait six ! /recompte les planches/	DG	K–	(H)	
(Un fantôme qui pète)				

VII

Là y fait caca /remet la planche, la reprend/ y fait caca et même quand il a fait caca il va manger.	D	K–	H/Sc	

VIII

Là y a ces lions, pi là ils arrachent la peau de quelqu'un pi après ils la mangent *(Un lion qu'a mangé un monsieur)* – « C ? » – L'aurait vu en noir)	DD	kan	A	Ban

IX

/Après tu me donnes un gâteau/				
V Là un fantôme. Il est de quelle couleur, il est rose, vert, vert qu'est invisible pi après du rose et du orange. Ça y est (*Y fait caca, non y fait pipi,* [montre la ligne méd.])	G	CF–	(H)	

X

Ça c'est plein de bêtes qui mangent quelqu'un, qui mangent des bonhommes.	G	kan	H/Sc	
C'est toutes les couleurs qui mangent les bonhommes (D bl. méd.) même un âne tout ça qui mangent les chameaux (D vert) Voilà, ça y est –	G	CF	Sc/A	

/Range les planches très soigneusement, rien ne dépasse : « Faut pas démolir »/

CHOIX + : IX « Celle-là que je fais tomber, parce qu'il y a plein de bêtes, non c'est celle-là (X) parce qu'il y a plein de bêtes. »

CHOIX – : II « parce qu'elle est vilaine, parce qu'il fait pipi. Elle est vilaine, elle a fait pipi et caca dans sa culotte » – Qui ? – « Il a fait pipi et caca dans sa culotte, c'est vilain » – ? – « C'est un garçon. »

PSYCHOGRAMME RÉSUMÉ

R : 13	G % : 77	F % : 15	F % élargi : 46
	D % : 23	F+ % : –	F+ % élargi : 50
		A % : 46	
T. App. G D		H % : 46	
T.R.I. : 4K/3 Σ C			
F.C. : 3k/0 Σ E		Ban : 4	
R.C. % : 31	Z : 21		

Aline L., 7,10 ans

L'enfant est examinée en vue d'une prise en charge étant donné son fonctionnement un peu déficitaire (Q.I. 74), ses troubles du comportement et le caractère carencé du milieu.

La réactivité est immédiate et spontanément fabulée sans possibilité de retour à la réalité, même sur demande. Dans ces conditions, le mode global s'impose avec des repères descriptifs servant le mode *pars pro toto*. La plupart du temps, la fluidité des images produit un télescopage entraînant parfois des combinaisons contaminées (I). Aline projette sa propre image dans les réponses, anime et fabule par le biais de contenus animaux anthropomorphes sur un mode qui dépasse de beaucoup le simple infantilisme ou le retard de développement.

Le bestiaire, généralement très menaçant, prête à la projection de pulsions sadiques plus souvent orales qu'anales avec, parallèlement, la présence d'animaux plus neutres qui sont dépeints dans des situations très régressives (IV, V). Tout cela renvoie à un mode de relation très perturbé avec l'image maternelle archaïque (I, VII) non différenciée de l'image paternelle. Elle semble se situer dans une relation duelle dangereuse où les essais d'identification à l'agresseur échouent très vite et la laissent dans une position démunie et passive.

La situation semble lui permettre une expression libératrice de thèmes et de l'angoisse qu'elle ne pourrait ni expliciter ni prendre à son compte dans d'autres circonstances. Le registre hypomane joue ici son rôle d'évitement de l'angoisse ou de substitut aux réactions ouvertement anxieuses. L'ensemble, avec le caractère primitif des données perceptives et verbales, le recours à un mode particulier de fabulation, s'inscrit dans un mode de fonctionnement prépsychotique.

PROTOCOLE DE RORSCHACH D'ALINE L., 7,10 ans (1970)

		Cotations		
I				
– Je peux toucher ? Un renard, il va manger les petits chiens – ? – *dans les prés*	DG	F–	A	
– La maman de renard, le renard court après elle et pis le renard il mange la maman de papa. Son queue, ses oreilles, son patte, son corps et pis son ventre	G	kan	A/Sc	
		Contamination		
II				
– Un papillon qui vole, je vois son bouche, son corps et puis son aile, son tout petit corps (Dbl) petite tête (D r. sup.) et puis je repose.	G/bl	kan-	A	
III				
– Une petite fille, un garçon, son tête, son nez, son pied, ses cheveux *(Ce sont pas les deux mêmes)*	G	K	H	Ban
– Un papillon – « pourquoi ? » – *parce qu'il va rattraper.*	D	F+	A	Ban

IV				
— Je sais pas... Un papillon, peut-être	G	F–	A	
— Y a plein de... ah non. Ah ! une tortue qui marche, elle mange une salade je vois son queue, son patte, son tête (D sup) son corps.	G	kan-	A	
— V Une queue (D inf.)	D	F–	Ad	
V				
— Un papillon encore, il s'envole, et puis va dormir dans sa niche et puis va manger dans sa niche va se coucher, et puis c'est tout	G	kan	A	Ban
VI				
— Oh... « Une » moustique qui pique les petites filles et puis y pleure parce que le moustique l'a piqué. Toujours va dire à maman. Son patte, son nez, son queue, sa figure, son corps.	G	Choc kan-	A	
VII				
— Ça c'est l'araignée, pique pas. C'est l'araignée mortelle. Son corps (Dbl) ses pattes.	G/Dbl	F-Clob	A	
VIII				
— C'est le loup...	D	kan	A	Ban
— Oh c'est quoi ça qui donne la main Et puis le loup y va marcher et puis y va manger la patte	Dd	kp	Hd	
IX				
— Une vache; c'est la foire, elle court après moi, puis j'ai eu peur. Donne des coups de sabot. Après y court, saute la barrière /impossible de la ramener à la réalité de la planche. Toujours n'importe quoi pour les localisations/.	G	kan-	A	
X				
— Un papillon. Il marche — ? — *son patte, son patte, une queue*	D	F–	A	
— — ? — *C'est l'araignée qui marche* — « où est l'araignée ? » — (très flou comme localisation pour araignée et papillon).	D	kan-	A	

PSYCHOGRAMME RÉSUMÉ

R : 16	G % : 63	F % : 31	F % élargi : 100
T. Appr. G D Dd	D % : 31	F+ % : 0	F+ % élargi : 31
T.R.I. : 1 K/0 Σ C	Dd % : 6	A % : 88	
F.C. : 9 k/0 Σ E		H % : 6	
R.C. % : 31			
	Z : 24,5	Ban : 4	

2. Les « psychotiques » de 6 à 8 ans

α) LA SYNTHÈSE DU GROUPE

Le mode de fonctionnement psychotique se prête mal à une description toute « ronde » du fait de la variété des organisations de base sur lesquelles s'est greffée l'existence psychotique, tels les cas d'Isabelle à équipement très déficitaire ou de Stanislas à surinvestissement intellectuel. Ce qui paraît commun à tous, c'est le caractère massif, non modulé de la projection qui rappelle la notion de fonctionnement en tout ou rien quel que soit le thème manifeste, par exemple l'intégrité corporelle ou la crainte d'influence, ou le vécu persécutif, ou l'angoisse de morcellement. Une autre caractéristique toujours présente est la difficulté à intégrer la réalité dans une optique d'objectivité, à ne pouvoir l'utiliser qu'à des fins de projection.

La participation est importante, souvent rapide et désordonnée par besoin d'expression plus que par besoin de se faire accepter. L'expression verbale peut être très diverse et aller du langage fruste, jeux de mots, néologismes, à une verbalisation très élaborée, riche et choisie.

La saisie perceptive est encore très globale et, même lorsqu'elle est plus limitative, elle n'est que trop souvent confuse, d'un niveau de structuration prélogique et non pas simplement insuffisant. La présence de nombreux éléments lacunaires relève non pas d'une démarche perceptive, mais de l'utilisation d'un manque, d'un vide, réponse à l'écho fantasmatique déclenché. Le repérage des images se fait par les formes très souvent et immédiatement dynamisées, mais la perte du sens de la réalité objective est patente. Elle dégrade l'acuité perceptive : et la projection déforme le jugement : cela devient d'autant plus évident quand l'on pose des questions ; celles-ci qui ne permettent jamais un retour critique, mais bien plutôt qui renforcent l'inadéquation des représentations humaines dynamisées ou non, entières ou non. Ces dernières semblent avoir une importance privilégiée, qu'elles soient agies ou agissantes. Les kinesthésies animales campées en scènes sont souvent l'objet de la projection des fantasmes. Le pôle couleur est très peu exploité et quand il l'est, il exprime un vécu pulsionnel cru ou régressif. Rares sont les cas où il existe une certaine variété de contenus et la réactivité est le plus souvent centrée sur un type de contenus humain, animal ou végétal, ou encore appartenant à deux règnes à la fois. Le recours aux images socialisées est globalement possible, mais rarement présent. L'investissement des capacités intellectuelles est un terme vide de sens, à moins qu'il ne soit dominant, comme dans le registre paranoïaque.

Avant que d'étudier de plus près l'activité fantasmatique de ces enfants, il semble très important d'insister sur le fait qu'il est faux de faire coïncider le terme de psychose avec l'expression foisonnante de fantasmes de niveau archaïque libérés sans retenue à la moindre sollicitation. Il faut, en effet, admettre qu'au Rorschach on peut percevoir la force et le caractère primaire de cette activité essentiellement à travers la désorganisation perceptive, la dégradation du jugement et l'échec du cadrage perceptivo-cognitif. C'est ainsi que certains protocoles, très peu fournis en expressions manifestes du fantasme mais étonnamment désorganisés et illogiques, peuvent témoigner d'une expérience psychotique tout autant que d'autres protocoles qui abondent en manifestations spectaculaires de la problématique. Dans ces cas, ce sont des « craqués » ou dénivellations brusques du fonctionnement perceptivo-cognitif qui signent l'aliénation.

Chez les jeunes enfants et lorsque le niveau de verbalisation le permet, l'imaginaire est intensément projeté sur le matériel et la problématique se dégage nettement à un moment ou à un autre, éclairant alors l'ensemble des productions. Il s'agit toujours de l'incapacité à être entier. Celle-ci peut s'exprimer par la crainte de l'annihilation étant donné la forme et la toute-puissance des pulsions sadiques orales et anales. Elle peut transparaître à travers une thématique de morcellement des objets ou du corps, des préoccupations au sujet de l'intégrité corporelle et la lutte pour la restauration, la recomposition de l'unité. Parfois, c'est l'absence de permanence de l'objet qui rend compte de la non-accession à l'être : dans le Rorschach, cela se traduit par la fluidité du percept qui se transforme au gré des associations, n'est pas retrouvé ou paraît appartenir à plusieurs règnes. Cette crainte d'annihilation se retrouve sous une forme plus élaborée par projection de la toute-puissance dans les psychoses paranoïaques. Le monde y est chargé d'intentions, persécuteur, ou bien, à l'inverse et grâce à un mécanisme d'identification à l'agresseur, la mégalomanie prime, accompagnée ou non de fantasmes sadiques.

Il va de soi que les images parentales ne sont absolument pas différenciées malgré le nombre élevé de représentations humaines, humaines irréelles ou humaines-animales. Même au niveau symbolique, il n'y a pas de réaction spécifique aux planches habituellement associées aux représentations féminine ou masculine. En effet, on retrouve des symboles de mère archaïque aussi bien aux planches à symbolique phallique qu'ailleurs. Ici la relation duelle est privilégiée, et elle peut être si étroite que la confusion agresseur-agressé est totale.

Dans les protocoles où l'hypertrophie du Moi domine, il faut se garder de la considérer comme une identification réussie.

Le mode de fonctionnement que nous venons de décrire, essentiellement marqué par l'infiltration de la pensée primaire, a sans nul doute pour tous un caractère de gravité. Dans l'esprit du clinicien cependant, toute notion d'irrécupérabilité ou de chronicité doit être exclue. Il doit savoir que le Rorschach favorise l'expression de la destruction et la régression, et il peut donc se faire qu'il joue le rôle d'un révélateur sensible, mettant en lumière et accusant une dimension qui, dans d'autres contextes, se trouve camouflée et placée à un deuxième plan. On ne peut préjuger des difficultés d'évolution ou d'adaptation sans tenir compte de l'équipement intellectuel et culturel de l'enfant, et surtout de la fonction restauratrice ou pathogène de l'environnement immédiat. On doit aussi tenir compte de l'évolution des conceptions médico-sociales en cette matière. Actuellement il est reconnu qu'un mode de fonctionnement psychotique existe en dehors des hôpitaux psychiatriques, ce qui conduit à une dédramatisation du diagnostic même de psychose.

ß) LES EXEMPLES

Romain B., 6 ans

Hospitalisé après maints placements nourriciers, pour une agressivité verbale et de comportement qui se manifeste quel que soit l'environnement, l'enfant est très vigilant, anxieux, parfois négativiste, mais plus souvent dépendant.

La participation, intense, aboutit à une grande productivité donnée dans un langage assez élaboré pour son âge. Il y projette immédiatement et avec conviction une interprétation non discutée, que les questions ou interventions de l'examinateur ne font que renforcer. La fabulation ici sert l'expression ou le développement des fantasmes sans pour autant permettre un dégagement défensif ni une lutte contre l'angoisse.

La saisie perceptive, d'emblée infiltrée d'éléments interprétatifs, ne constitue pas une démarche exploratrice, mais sert de point de départ aux combinaisons qui dépassent les délimitations strictes des découpages courants (DdD, DDd, DdG). La nécessité de coter introduit en fait une démarche logique qui n'est sûrement pas celle de l'enfant ; celui-ci fonctionne souvent par télescopage et confabulations contaminées et les découpes plus isolées ne sont pas mieux maîtrisées. Le pôle kinesthésique et projectif mène l'interprétation avec une participation formelle appréciable quantitativement (F % 63, F % élargi 91) mais dont la qualité objective (F + % 48, F + % élargi 37) est très médiocre et diminuée encore dans les associations kinesthésiques. Les contenus référentiels, suffisamment variés pour cet âge, se regroupent autour de thèmes privilégiés.

Ceux-ci traduisent un vécu persécutif intense avec des fantasmes de mort et de dévoration qui impliquent un risque permanent d'annihilation par le monde extérieur. L'univers pulsionnel destructeur est massivement projeté sur le moindre détail de l'environnement, ce qui explique l'hypervigilance de l'enfant ; tout est chargé de signification en raison des mécanismes interprétatifs.

L'image paternelle, à travers les choix, est liée par l'enfant à l'image la plus perturbatrice, ce qui n'implique guère une différenciation réussie des images parentales. Celles-ci sont, en réalité, indifférenciées. Le symbolisme utilisé : « maison », « château », ne permet pas de choisir entre la polarité restauratrice de l'image maternelle et la polarité archaïque dangereuse. L'expression de la représentation de soi est très confuse, difficile à délimiter dans l'ensemble des éléments interprétatifs et délirants.

L'adaptation à l'épreuve se fait par le besoin d'expression, et même si le fonctionnement au registre primaire paraît prépondérant il faut rester sensible au maniement de la symbolisation qu'a permis l'équipement mental de l'enfant face à ce type de stimulus. On peut ajouter que dans les autres tests projectifs le registre délirant est plus accusé et la mobilisation des ressources n'est plus facilitée par le matériel.

PROTOCOLE DE RORSCHACH DE ROMAIN B., 6 ans (1972)

	Cotations			
I				
– La peinture	G	C'	Fgt	
– Le château... les voleurs montent là (Dd méd.)	Dd	kp-	H	
– ils vont se battre, ils se planquent là (D lat.). Ils montent comme ça (montre le bord de la tache) – ? – *parce qu'ils sont pas copains*	DdG	K-	H/Sc	
– – ? – *Un papillon*	G	F+	A	Ban
II				
– Un château-fort et les voleurs en rose, les voilà – ? – *C'est des papa, des chasseurs, ils vont tuer les oiseaux les manger*	D	K–	H/Sc	
– Ça ressemble à une fusée ça	Dbl	F+ → kob	Obj	
– De la peinture et ça de l'eau (D noir)	D	C	Fgt	
– Un avion, (Dbl) de la fumée	Dbl	F+ → C'	Obj	
III				
– Ça c'est un château.	D	F-	Arch	
– On voit les pigeons avec leurs grosses pattes	D	F+	A	
– Là on dirait un petit papillon – ? – *de toutes les couleurs*	D	FC	A	Ban
– – ? – *Des bandits, non des guignols* – ? – *ils sont en train de prendre le petit papillon, ils sont copains.*	G	K	H/Sc	Ban
IV				
– C'est un petit château-fort en peinture (D sup. et C')	G	FC'	Arch	
– Une bête et deux canards (D lat.)	D	F+	A	
– Ils se sont cachés parce qu'il y a une	D	F±	A	
grosse bête ici (D méd.), on dirait que c'est... on appelle...	D	kan	A/Sc	

V

– Alors ça, c'est les deux loups, puis là c'est leurs bouches (D ext.) ils ont leurs queues là (D méd. inf.)	DG	F–	A	
– Et puis encore un escalier (D lat.) et une petite maison, la tour Eiffel, un petit garçon.	(D)G	F–	H/Sc	
VI				
– Ça c'est un... un comment, un loup, on dirait, un oiseau avec, comme on fait,	DG	F-Clob	A	
– le chat avec la bouche a attrapé le petit oiseau et a tué.	D	kan-	A	
– Ça c'est la maison (D inf.)	D	F–	Arch	
VII				
– Alors ça... on dirait des petits moutons (D sup.)	D	F–	A	
– Puis là un papillon on dirait, ça les ailes courbes (– Dbl ? – : *leurs poils*)	D	F+	A	
VIII				
– Ah c'est joli comme, on dirait une maison (D rose or.)	D	F–	Arch	
– Des ciseaux	Dd	F+	Obj	
– Papillon (D bleu)	D	F+	A	
– Des bêtes, tigres, lions.	D	F+	A	Ban
IX				
– Ça c'est joli, on dirait que c'est des petits moutons (D rose)	D	F–	A	
– La patte du loup qui les a tués, on dirait que c'est le loup (D vert)	DdD	kan-	A	
– Une araignée là et là (D or. sup.)	D/Dd	F–	A	
X				
– Une petite araignée	D	F+	A	Ban
– Ça c'est un, un crocodile (D vert méd.)	D	F–	A	
– Le petit crocodile est là (D méd.) il a attrapé des canards (D vert)	D	kan-	A	
– On dirait les ailes des dindes... araignées	D	F–	Ad	
Des dents on dirait (D jaune)	D	F–	Hd/At	

CHOIX + : III, X, IX, VIII, VII
CHOIX – : I, IV
MAMAN : III «parce que c'est ses bottes»
PAPA : VI

PSYCHOGRAMME RÉSUMÉ

R : 35	G % : 23	F % : 63	F % élargi : 91
	D % : 69	F+ % : 48	F+ % élargi : 37
	Dd % : 6	A % : 57	
T. App. G D Dd Dbl	Dbl % : 2	H % : 17	
T.R.I. : 3 K/4 Σ C	(dont de nombreux	Ban : 5	
F.C. : 5 k/0 Σ E	facteurs doubles)		
R.C. % : 34			
	Z : 27		

Isabelle C., 6,7 ans

L'enfant hospitalisée pour prise en charge et placement est d'un comportement globalement déficitaire. Elle réagit très directement au Rorschach par des constats et reconnaissances directes dans un langage fruste et pauvre. L'attitude n'a rien du ludisme puéril ni de l'adaptation docile souvent observée chez les déficitaires mais elle est empreinte de réticence, d'essais de diversion et d'opposition agressive.

Dans ce contexte, la productivité est restreinte, mais désordonnée et très chargée. Elle passe par des réponses exclusivement globales comme jetées là, sans le moindre souci d'adaptation, mettant en jeu une activité animale stéréotypée et des réactions brutes à la couleur.

La fabulation n'est qu'apparente, elle ne fait que poursuivre l'expression non modulée du fantasme de mutilation-annihilation. Les thèmes très crus, des plus aberrants, renvoient à une inorganisation pulsionnelle archaïque.

Les représentations humaines sont dès lors impossibles. Aucune ébauche de différenciation n'est visible et la seule attitude qui puisse éviter le raptus anxieux destructurant est l'opposition violente et massive, telle qu'elle se manifeste en fin de test.

Quel que soit le déficit intellectuel, le mode de fonctionnement est nettement plus psychotique que déficitaire.

PROTOCOLE DE RORSCHACH D'ISABELLE C., 6,7 ans (1972)

		Cotations		
I				
— Une souris, son œil (Dbl sup.) sa bouche (Dd sup. méd.) ses petites mains (D sup.) Ça (Dd inf.) sa queue. (— Fait quelque chose ? : ...) /L'enfant veut dessiner et fuit la situation/	G	F—	A	

			Cotations	
II				
– Une souris (D noir méd.) qui attrape ses mains	PSV	G	F–	A
– là y a plein de sang (D r. inf.) là ses ailes (D noir) et là son corps blanc		D	C	Sg
– Elle mange de la terre, non elle mange de la salade, tout le monde en mange de la salade		G	kan-	A
III				
– Elle est cassée, c'est un brûlé (pointe le D « jambes ») elle est là et elle est morte elle est arrachée par un couteau, on l'a coupé, on l'a coupé, on dirait des petits « samieaux », non, c'est des « samieaux », là, ils vont leur manger (C'est pas des « samieaux » c'est une souris ; ça c'est des serpents [D r. lat.]) /Diversion sur le chronomètre, réclame un jeu/		G	kan-	A/Sc
IV				
– Rit, demande comment s'appelle le palais, suce son pouce « t'en as un palais toi, montre montre-le ! »			Digression Réf. pers.	
– Au fond c'est la gorge avec une boule, tout le monde a une boule. On a une langue, tout le monde a une langue.		G	F–	At
– C'est une souris en « crain » de sauter – ? – *elle fait peur.*	PSV	G	kan-	A
V				
– C'est une souris qui saute, ses pieds, ses pattes, là c'est ses ailes (D lat.) On va changer d'image ! /refuse de continuer/	PSV	G	kan	A

Reprise du protocole cinq jours plus tard

VI				
– Ça c'est une souris qui saute et c'est des moustaches /pose la planche sur le mur/ – Autre chose ? : ... –	PSV	G	kan-	A
VII				
– Une souris cassée, là /jette la planche/ – « Comment ça ? » : *avec le feu là* – /jette la planche à nouveau/	PSV	G	F–	A/Obj
VIII				
Pas belle (la jette) j'aime pas celle-là Qu'est-ce que c'est pas beau !			Refus	
IX				
– C'est du feu là /jette la planche avec violence/		G	C	Feu
X				
– Du feu aussi là /jette la planche/		G	C	Feu

CHOIX + : IX

PSYCHOGRAMME RÉSUMÉ

R : 12	G % : 92	F % : 33	F % élargi : 75
Refus : 1	D % : 8	F+ % : 0	F+ % élargi : 11
T. App. G D			
T.R.I. : 0/4,5 Σ C			
F.C. : 5k/0 Σ E	Ban : 0	Z : 10,5	
R.C. % : 17			

Vincent G., 7,3 ans

Vu en privé pour des problèmes d'adaptation scolaire, l'enfant se montre fort excité. Il se précipite sur les planches, explicite ses réactions d'une manière touffue, fort imagée, non sans possibilité de retour à l'objectif. L'expression verbale est parfois élaborée, mais il y a également des jeux de mots.

La productivité assez fournie passe autant par des découpes limitées que par des appréciations globales. Celles-ci sont très mal structurées, voire contaminées (IV) et la dégradation semble due à la projection de représentations humaines. Les découpes plus isolées sont mieux cadrées et traitées avec plus de rigueur. Les réponses sont déterminées par les éléments de dynamisation appliquée à tous les domaines possibles et montrent à quel point l'enfant animise le monde ambiant. La présence des personnages, actifs ou passifs, prévaut sur les contenus animaux avec une participation importante du monde de la nature.

On ne peut nier l'intensité de la pression fantasmatique, mais on doit remarquer que l'envahissement n'est pas permanent et que, par instant, l'excitation et les jeux de mots, en tant que procédés défensifs, permettent une certaine mise à distance. Les préoccupations ne sont données clairement que dans la projection d'images humaines objets de persécution, ou par certaines activités animales du même registre de signification (V, VI). Ce sentiment de persécution, perceptible tout au long du test, s'exprime ouvertement à la dernière planche où il est accompagné d'une angoisse de mort et d'annihilation qui pourrait bien avoir été provoquée par le caractère de dispersion, de morcellement de la planche. Il s'agit bien, à travers le protocole, de l'impossibilité de restaurer une image de soi morcelée et persécutée.

PREMIER PROTOCOLE DE RORSCHACH DE VINCENT G., 7,3 ans (1963)

	Cotations			
I				
– V Un peu une tête... ça a l'air d'une tête	G	F–	Hd	
– Non, un monsieur avec des espèces de bras, trous, des trous de ventre un peu, les bras, en bas avec les pieds.	G/bl	K–	H	
– – ? – *Un monsieur de conte* Λ *oh oui, sa poitrine, ah oui, monsieur fier* – ? – *un peu si on le voyait en vrai on rirait de lui on ne sait pas très bien.*	G	ClobF	(H)	
II				
– Le soleil qui se lève derrière les nuages	D	CF	Nat.	
– Non, un garçon derrière le noir, sa tête (Dd in D r. inf.) ses cheveux tout dressés, ses chaussettes toutes déchirées – ? – *il a peur. Ah bonjour mon petit garçon.*	D/Dbl/-Dd	K–	H	
III				
– V Oh des messieurs, s'en vont... de chaque côté, avec des bras	D	K	H	
– Λ De l'autre côté ça fait des chiens	D	F+	A	
– Des petits oiseaux qui descendent (D r. lat.) Je sais pas ce que c'est (D r. méd.)	D	kan	A	
– Os au milieu	D	F±	At	
– Portes en Amérique	D	F–	Arch.	
IV				
– Ça... a l'air de représenter des éléphants avec de larges oreilles, des pattes V je ne sais pas ce que...	DG	F–	Ad	
– Un monsieur à l'envers, en Amérique, parce qu'il a été piqué par cette bête (D « tête de vache »)	DG	F–	H/Sc.	
V				
– Ah /très excité/ V un papillon, un « pipillon »	G	F+	A	Ban
– V Λ Non ses ailes, plutôt un lapin, emporté par l'oiseau	(D)G	kan	A/Sc	
– et en même temps un avion avec ses roues	G	F+	Obj	
VI				
– Ça, ça doit représenter une bête qui attrape un papillon qui l'a dans la gueule le papillon essaye de s'en aller	(D)G	kan	A/Sc.	
– Sans ça, c'est... un monsieur, tête, bras, gros boutons (– ? – *je sais pas trop, comme nous*)	G	K–	H	
VII				
– Ah c'est une montagne, un creux qui tombe, de l'eau qui descend, dégouline, ravin quand il pleut	Dbl/Dd/D	kob	Nat	

		Cotations		
VIII				
– Hum, ah un cerf-volant ou sans ça	D	F+	Obj.	
– une bête qui serait sur la montagne	D	F+	A	Ban
– Ah non plutôt son ombre sur l'eau des deux côtés, la même bête	D	EF	Fgt	
IX				
– V Un jet d'eau qui monte, qui éclabousse c'est un volcan	D	kob	Nat	
X				
La dixième qu'est-ce qu'elle peut bien représenter ? Vous savez ?				
– Des pieds d'hommes coupés en deux (D gr. sup.) collés avec derrière un tuyau qui monte	D	F–	Hd	
– des bêtes qui lui sautent dessus, moustiques, rats,	DG	kan	Sc.	
– homme mort dans une cave, dans un tombeau plein de rats	D	F–	H	
(Des gens que je connais, ça me fait pleurer quelque fois j'oublie, pour oncle Alain j'ai pleuré)		Réf. personnelle		

CHOIX + : III, II, VIII, IX
CHOIX – : X, VI

PSYCHOGRAMME RÉSUMÉ

R : 25	G % : 44 D % : 56 Nombreuses (inclusions)	F % : 48 F+ % : 46 A % : 56 H % : 36	F % élargi : 88 F+ % élargi : 45
T. App. G D T.R.I. : 4K/1 Σ C F.C. 6k/1 Σ E R.C. % : 28	Z : 37,5	Ban : 2	

Vincent G., 8,2 ans

Un an après, le protocole fait état de réalisations positives dans la mainmise sur l'univers fantasmatique qui avait été tellement prégnant. Cette maîtrise s'effectue par le biais d'une secondarisation active, visible dans le niveau de structuration des réponses globales et dans le meilleur contrôle formel des réponses kinesthésiques. La participation reste intense, mais l'activité créatrice est plus ordonnée et plus vigilante. Les images, elles-mêmes, tout en étant très dynamisées, sont bien plus décantées, plus dépouillées et mieux cadrées par le percept.

Les images humaines qui étaient quasi morcelées au premier test sont maintenant complètes : le monde extérieur reste persécuteur, mais à minima, comme sans intentionnalité (II, IV), par hasard. La relation de destruction devient une relation de rivalité, de compétition, socialement admise mais comportant encore la notion de danger. Celui-ci est mieux explicité lorsqu'il s'agit d'images animales. Les commentaires sur la planche X indiquent la nécessité de mettre en œuvre des mécanismes défensifs forts pour empêcher l'émergence d'une fantasmatique assez morbide.

Il s'agit là d'un dégagement certain qui permet à V une plus grande cohésion de l'image de soi et l'abord de la relation à un « autre » qui fait fonction d'image parentale et pourrait bien représenter un thérapeute qu'il voit depuis un an.

DEUXIÈME PROTOCOLE DE RORSCHACH DE VINCENT G., 8,2 ans (1964)

			Cotations		
I					
– C'est la forme de quoi ? moi je dirai une espèce de papillon		G	F+	A	Ban
– V Un monsieur avec ses bras, ses jambes, porté par deux autres messieurs		G	K	H	
II					
– Ah, je l'avais vu, voilà je sais, deux messieurs qui se donnent la main, lèvent le pied, je vois ça, ils tiennent		G	K	H	
– une torche sans faire attention, ils se sont brûlés un peu		D	CF	Élém.	
III					
– Ça, c'est facile oh, deux messieurs qui tiennent tous les deux un crabe, non une ficelle sans faire attention,		G	K	H	Ban
– il y a une torche derrière eux,		D	FC	Élém.	
– ça fait couleur du feu, il y en a un entre les deux *(Ils tiennent une ficelle, il essaie que celui-là ait toute la corde et celui-là l'a lâchée, on dirait plutôt deux crabes)*		D	CF	Élém.	
IV					
– Un très gros monsieur, pattes, jambes, sa tête, il bute dans un arbre piquant, comment ça s'appelle, un cactus.		G	K	H	
V					
Ça : numéro 5 ! On dirait...					
– à un petit papillon, à un vrai papillon		G	F+	A	Ban
– Deux messieurs qui se butent dedans	PSV	DD	K	H	
			→ contamination		

	Cotations			
VI				
– Ah, je sais un ours... ours qui a attrapé un petit oiseau et l'oiseau essaye de s'enfuir de la gueule de l'ours	DG	kan-	A	
VII				
– Ah, je sais, l'entrée de la grotte, une grotte	DblG	F±	Nat.	
– ou les débris d'une étoile filante	G	F±	Nat./Fgt.	
VIII				
– C'est deux chats, je sais, qui essaient de monter, qui font la course pour le premier qui sera arrivé en haut du rocher	D	kan	A	Ban
IX				
– V Oh ! une source (D méd.) qui descend de la montagne	D	→ Kob F+	Nat.	
– Ou un volcan qui crache le feu et la fumée, qui crache	D	kobCF	Élém.	
X				
– Dans la mer... Il y a là deux crabes qui essaient de rattraper, de poursuivre deux tout petits crabes (Dbl. et gris)	D	kan	A/Sc	Ban
– Et puis on voit... deux plongeurs (D gr. lat.) qui sont en train d'aller visiter une grotte mystérieuse, sans le vouloir, ils se rencontreront dans la même grotte /frappe un bibelot dans le cendrier/.	D	K	H/Sc	

CHOIX + : V « pas VI, trop méchant ! », VII « joli on aime bien visiter une grotte »
CHOIX – : VI, X « parce que deux méchants veulent ; j'ai pas peur des animaux, sauf des rats et des souris, j'ai peur des volcans ».

Patrick C., 8 ans

Fils d'une mère célibataire très déséquilibrée, l'enfant est hospitalisé pour troubles graves du comportement qui ont motivé son renvoi scolaire. Il réagit à la situation avec une certaine réticence à valeur défensive, voulant constamment réduire sa participation et ses associations comme si le matériel était trop provocateur. Il semble chercher à fuir et, spontanément, répond d'une façon lapidaire (sauf à III) par des désignations ; encouragé, il parvient à des verbalisations plus complètes qui tendent à la recomposition d'images unitaires.

Il est difficile de juger de l'approche perceptive elle-même, les localisations sont en effet quasi impossibles à retrouver, les repères étant trop mobiles ou confus. Il s'ensuit un mode d'appréhension des plus anarchiques qui juxtapose des mécanismes de confabulation à des délimitations inhabituelles de la figure et du fond. Le recours à l'objectivité n'est que partiellement possible, il ne paraît cependant pas entièrement désinvesti, mais il est rendu caduc par la thématique. P. aborde la réalité aussi bien par les formes, leur dynamisation et la caractéristique couleur, utilisant des contenus humains ou anatomiques et de nature plus facilement que des contenus animaux. La prégnance des représentations humaines s'explique par les préoccupations angoissantes au niveau du corps dont il cherche à dépasser l'effet désorganisateur pour réaliser l'unité. Cette désorganisation prend racine dans une centration sur un thème — estomac, ventre — qui, à la planche VI, s'élabore dans un fantasme de grossesse très inquiétant, associé à un fantasme de dévoration. P. vise pourtant à retrouver une intégrité à laquelle il parvient d'une façon assez surprenante (II, III). La désorganisation est liée à la prédominance d'une image maternelle archaïque phallique, non dénommée comme telle, mais très sûrement projetée dans le fantasme donné à la planche VI.

Malgré ses efforts, il semble actuellement incapable de se dégager de cette relation duelle aliénante.

PROTOCOLE DE RORSCHACH DE PATRICK C., 8 ans (1971)

		Cotations		
I				
— C'est un masque /veut rendre la planche/ il y en a deux, deux masques, la ficelle du masque, les ailes	G	F+	Masque	
— — autre chose ? — *un estomac et le trou de l'estomac, des trous* (D méd. et Dd gris in D noir)	Dd Dd/bl	F— F±	At Fgt	
— V — ? — *Un corps... ici il doit y avoir la tête* (Ddbl inf.) *et c'est un estomac...*	Dd/bl	F—	At	
— C'est des messieurs *(la tête devrait être là* (Dbl))	Dd/bl	F—	Hd	
II				
— Là un estomac, c'est pareil PSV	Dbl	F—	At	
— V C'est un soleil	D	CF	Nat.	
— C'est un monsieur, il y a les yeux, le nez, la bouche (D r. sup.) c'est tout (tête, cou, corps : D noir + Dbl), son estomac	D	F—	Hd	
— deux messieurs avec un trou, il devrait y avoir un trait, ah j'ai compris, il y a leur cou	G/bl	F—	Hd	
— pis ils se donnent la main	G	K	H	
III				
— V Λ Des messieurs en train de faire de la boxe /rend la planche/	G	K	H	Ban
— V — ? — *Un estomac; le corps* (montre les parties du corps sur la planche) les taches rouges, un os (Dr méd.) PSV (E.L. *Ah comme ça, il se met... deux messieurs*) /lève les bras/	Dd	F—	At/H	

		Cotations		
IV				
— Les poitrines — ? — *du corps* (ne retrouve plus) *c'est ça, ici, il y a les pieds, le ventre, les yeux; c'est un tigre* PSV	DG	F–	A	
V Un soleil (regarde ailleurs, ne retrouve pas)				
— Un lion	G	F–	A	
(Ne peut plus localiser ses réponses. /Le contrôle est meilleur à l'enquête/ (*ici ce doit être une fusée* (D méd.)))				
V				
— Un papillon /rend la planche/ — ? — *ses cornes, les ailes, tout ça.*	G	F+	A	Ban
VI				
— V Le ventre — ? — ici, là /montre sur lui/ Λ le PSV ventre d'une vipère, hein V > c'est une abeille (ne retrouve plus). La vipère elle est grosse — ? — *elle pique beaucoup de garçons, elle les mord, elle les mange des fois*	G	F–	At/A	
— *? — parce qu'elle a mangé quelqu'un* — « Peur » ? — *Oui hé !*		Contamination		
VII				
— V Un éléphant /rend la planche/ — ? — *la bouche de l'éléphant, puis un lion.* Y en a plus !	D	F+	A	
— Une piqûre.	D	F–	Obj.	
VIII				
/Rotations complètes très rapides/				
— Une fusée, elle monte (D gris) /rend la planche/	D	kob	Obj.	
— « le reste ? » — *le ciel, puis c'est un lion, il y en a deux ils veulent monter avec la fusée.*	D	kan	A/Sc	Ban
IX				
— V C'est le ciel, les nuages, il y a du bleu, de toutes les couleurs > un escargot non, il n'y en a pas là	G	C	Nat.	
X				
— > Λ Un bout de bois (Dd méd. in D gris sup.)	Dd	F+	Obj.	
— Le ciel, les nuages	G	C	Nat.	
— Une fusée (D méd. in D vert inf.)	D	kob	Obj.	
— Un monsieur (Dd in D gr. sup.)	Dd	F–	H	
— La lune, c'est le jaune, et les nuages (D bl. et roses)	D	C	Nat.	

CHOIX + : IX, VIII, II
CHOIX – : VI, VII, IV, « noir pas joli »
MAMAN : IX

PSYCHOGRAMME RÉSUMÉ

R : 26	G % : 38 D % : 31 Dd % : 15	F % : 68 F+ % : 27 A % : 19	F % élargi : 85 F+ % élargi : 43
T. App. G D Dd Dbl T.R.I. : 2 K/5,5 Σ C F.C. : 3 k/0 Σ E R.C. : 31	Dbl/Ddbl % : 15 Nombreuses intégrations	H % : 23 Anat. % : 19 Ban : 3	
	Z : 18		

Stanislas W., 7,6 ans

Amené en consultation pour agressivité généralisée et jalousie, S. se présente comme un enfant « froid » gardant une attitude de supériorité et d'assurance face à la situation qu'il manie, par ailleurs, avec maestria.

Il utilise un langage très élaboré, un vocabulaire riche, presque trop précis pour cet âge, accusant par là, si besoin était, son désir de prise en main de la situation.

La réactivité, très rapide et fournie, constitue une mainmise sur le matériel qui s'exprime par des élaborations poussées des percepts, aussi bien en globalisations qu'en découpes où la recherche de l'originalité diminue la qualité du contrôle : son assurance même nuit au retour critique. Les associations se font à partir des formes et des mises en scène humaines et animales, elles sont étroitement fonction de la vigilance qui alimente une activité synthétique : S. utilise des contenus tirés du monde des objets plus souvent qu'on ne le fait à cet âge, objets à signification personnelle.

La problématique transparaît à travers l'actualisation d'un univers où règne la puissance sous une forme mégalomaniaque et où tout concourt au maniement d'autrui et à la satisfaction de besoins sadiques du niveau oral et anal. Parallèlement et en apparente contradiction avec les thèmes précédents, surgissent aux planches II et IX des réponses qui projettent le besoin d'une relation privilégiée et exclusive de dépendance face à l'image maternelle. A la planche III, l'introduction du « père » se fait comme malgré S., ce qui n'étonne pas si on garde en mémoire que tout au long du test c'est une relation du type domination/soumission à l'image paternelle qui est responsable de cette position d'identification à l'agresseur, de ce recours à la toute-puissance et à la mégalomanie.

L'hypertrophie du Moi avec surinvestissement des fonctions intellectuelles et blocage des réactions émotionnelles nous paraît typique d'une organisation paranoïaque.

PROTOCOLE DE RORSCHACH DE STANISLAS W., 7,6 ans (1974)

Cotations

I

– Là je trouve que ça ressemble à une chauve-souris pis... plutôt que c'est un vampire et qu'il a des cornes, pis voilà...	G	F+ → Clob	A	Ban
– ? – V > *Toujours pareil V Oh! oh! oh! tiens, tiens,*				
– *un lustre accroché où on met des bougies*	G	F+	Obj.	
– *Peut-être une espèce de fenêtre*	Dbl	F–	Obj. Arch.	

II

– Oh! ben ça, ça se voit bien... deux nains qui marchent sur un pétard	G	K	(H)	
– pis il éclate et ça explose et on trouve que des débris voilà	D	kob → C	Expl.	
– V Moi je trouve que ça ressemble un peu à une tête de chat (D noir) avec du poil qui dépasse (D r. inf.) (E.L. : *La pointe grise c'est la queue coupée du chat* D rouge sup. ? : *les taches du pétard qui a explosé ou du feu*)	D	F–	Ad	

III

– Qu'il y a deux personnes qui... non une personne qui porte un panier où dedans il y a son bébé. La femme elle trouvera que son bébé est un peu lourd à porter et le père l'aide, c'est tout – ? – *Non.* (E.L. Taches rouges ? ; *Deux trucs qui sont sur le magasin, sculptés, des espèces d'hippocampes... et puis un papillon accroché à la poignée du berceau juste en haut.*)	G	K	H/Sc	Ban Orig.

IV

– C'est un ours qu'on a mis sur un piquet et qu'on a coupé sa tête et ses bras et qu'il reste simplement les muscles des bras	G	F–	Ad/At	
– V De l'autre sens on peut mettre une bougie et ça fait un lustre	G	F+	Obj.	
– > Comme ça, ça ressemble un peu à des espèces d'arcs, voilà, c'est tout.	G	F–	Obj.	

V

– Un escargot qui vole,	(D)G	kan-	A	
– Non un papillon	G	F+	A	Ban
– et deux têtes de crocodiles	D	F+	Ad	
– V et encore un lustre où on peut mettre une bougie PSV	G	F–	Obj.	
– > et une espèce d'arc dans ce sens, PSV voilà. /débit très rapide. Il marmonne ses réponses avant de les répéter à voix plus intelligible et très vite malgré cela très affirmatif. Il range les planches méticuleusement/	G	F+	Obj.	

		Cotations		
VI				
– V Une peau d'ours, de mouton plutôt qu'on fait cuire				
– Λ Et de l'autre sens un tapis avec une tête de loup	G	F+	A	Ban
(R. Add. Et de ce côté-là il y a un feu et on fait cuire la tête là (V) (D sup.)	G	F+	Obj.	
VII				
– > V > Une espèce d'arc PSV	G	F–	Obj.	
– V Une espèce d'animal – ? – *on dirait un renard debout sur la pointe des pieds et qu'on lui a coupé tout le corps sauf l'estomac. C'est tout.*	G	F–	Ad/At	
/se montre de plus en plus impatient et agité. Compte combien il en a fait/				
Il en reste trois après j'arrête, je fais plus rien				
VIII				
– Une espèce de litière, un carrosse plutôt avec les fenêtres et puis voilà.	G	F–	Obj.	Orig.
– Des petits poissons accrochés	D	F–	A	
– et pis deux lionnes – ? – *elles sont en train de dévorer la colonne vertébrale d'un... d'une hyène.*	D	kan	A	Ban
(R. Add. : un lustre encore)				
IX				
– Une espèce de nain (D or.) en train de s'amuser	D	→ KF+	(H)	
– Pis aussi les chevaux (D or.) qu'il y a dans la mer	D	F–	A/Sc	
– près d'une plante qui vient de pousser dans la mer avec des feuilles pis ils sont dedans (D vert et rose)	D	CF	Pl	
X				
– Un roi avec à côté de lui, les crabes qui veulent le pincer	DD	kan	A/Sc/H	Ban
– De l'autre côté, V un roi avec des pinces cette fois-ci, mais le crabe lui pince les deux oreilles	DD	K–	H	
– pis il y a une espèce de coquillage qu'on a planté disons dans son quoi, ah ! oui, dans sa tête.	D	F–	A	

CHOIX + : IX, X «j'ai trouvé que je l'aimais bien, puis c'est tout et l'autre aussi»
CHOIX – : IV «Ça se voit pas bien et ça ressemble pas beaucoup à l'image d'un animal puis c'est tout. J'ai oublié de dire que ça serait un peu la tête d'un roi avec une couronne»
VI «Des loups, ils ont pas la tête aussi grande.»

PSYCHOGRAMME RÉSUMÉ

R : 28	G % : 57	F % : 68	F % élargi : 93
	D % : 37	F+ % : 42	F+ % élargi : 50
	Dbl % : 4	A % : 46	
T. App. G D		H % : 14	
T.R.I. : 3 K/1 Σ C		Obj. % : 25	
F.C. : 4 k/0 Σ E			
R.C. % : 32	Z : 49	Ban : 6	
		Orig. : 2	

B. Les plus de 8 ans

1. Les « prépsychotiques » de 8 à 11 ans

α) LA SYNTHÈSE DU GROUPE

Le retentissement du Rorschach chez ces enfants est tellement particulier qu'il semble ne pouvoir se traduire que par des descriptions aussi imagées que l'est le protocole lui-même. Il s'agit en effet d'un déclenchement rapide et direct et, dans la majorité des cas, sans inhibition, de réponses à caractéristiques objectives possibles mais immédiatement prises dans des associations fabulantes d'une facture plus ou moins infantile. La très vive participation, proche parfois de l'excitation hypomane, mais tout de même différente dans la mesure où il ne s'agit pas d'un dévidement gratuit, montre le soulagement que procure la libération du vécu et s'exprime aussi bien au niveau du comportement qu'au niveau des productions elles-mêmes pour peu qu'elles soient un peu retenues en début de test. Cette activité qui recouvre la perméabilité de ces enfants à la situation ressort mieux face à un matériel de ce type où l'expression de soi passe davantage par la fabulation et l'imagination que dans un tête à tête verbal.

Il s'ensuit que la productivité est souvent rapide, élevée, assez désordonnée, plus souvent globale que détaillée et presque jamais parcellaire. Les saisies globales sont d'un niveau de structuration varié qui va des combinaisons confabulées aux élaborations induites par les mises en scène sans négliger les perceptions immédiates adaptatives. L'oscillation de niveau de ces engrammes peut en effet être importante inter- ou intraplanches, les confabulations survenant davantage aux planches noires qu'aux planches couleurs. Le découpage du percept n'est utilisé que lorsqu'il prête à animation et mise en rapport. Dans l'ensemble, le jugement est médiocre mais pas aberrant, et il n'est pas amélioré lorsqu'on tient compte des déterminants autres que formels purs (F + % élargi). L'interprétation se fait par le biais de la forme, mais surtout par les formes animées dans des contenus animaux, humains et objets : on ne note que rarement la prévalence de la sensibilité couleur. On remarque dans les contenus de fréquentes associations entre l'animal, l'humain et l'objet et, malgré cette difficulté de différenciation, un recours suffisamment fréquent aux engrammes banals.

La problématique si massivement réactivée par le matériel renvoie à des positions archaïques prégénitales où les pulsions agressives n'entraînent plus seulement le fantasme de perdre quelque chose — castration secondaire — mais bien plus fréquemment celui d'être détruit. La thématique de dévoration orale est dominante mais la crainte de la destruction peut aussi s'exprimer à travers la lutte pour le maintien de l'intégrité corporelle, des thèmes de persécution ou sur un mode plus sadique-anal (être lié, accroché). Toutefois si la référence à l'angoisse de destruction existe, elle s'exprime dans un contexte où il s'agit uniquement de craintes et où la plasticité que permet la fabulation la remet toujours en question dans un jeu d'identifications successives à l'agressé puis à l'agresseur.

Les images parentales peuvent être données directement d'une manière naïve dans les représentations de « papa, maman, bébé » mais souvent, malgré la sensibilité de ces enfants à la symbolique des planches, elles ne sont pas campées nettement. Elles doivent être repérées à travers les associations et les contenus. Il arrive qu'elles soient présentées dans des fabulations concernant des fantasmes de scènes primitives angoissants. Bien plus fréquemment c'est une image maternelle archaïque qui prédomine, mal différenciée de l'image paternelle, investie de puissance phallique.

La lutte intense pour se situer et délimiter ses positions a pour but de dégager l'enfant de cette relation duelle prégnante ; elle peut prendre différents aspects dont le plus marquant reste l'expression de soi par l'utilisation de l'image et de la fabulation.

ß) LES EXEMPLES

Philippe G., 10 ANS

Hospitalisé pour anxiété intense avec peur de la mort, instabilité et incapacité d'adaptation scolaire.

L'enfant réagit avec entrain et aisance à la situation en débutant par des constats un peu restrictifs pour terminer sur des mises en scènes largement fabulées, ainsi qu'en fait foi une verbalisation d'abord dépouillée et ensuite plus ludique. Les saisies perceptives sont trop souvent globales, immédiates et intuitives sans justification, comportant un processus de confabulation (II) et à la fin du test des mises en rapport et des articulations adéquates. Les découpages, sauf quand le ludisme devient un but en soi, ne sont pas du tout soumis à critique sur le plan de l'adéquation formelle, mais sont fonction des associations qui les précèdent. L'expression passe surtout par l'animation à partir de VII, après une mise en train plus retenue et bloquant même l'expression kinesthésique qui va devenir prévalente et associée à une réaction couleur assez primaire ; Philippe semble vivre dans un monde imagé, fabulé, d'activités animales auxquelles il adhère mais en utilisant des objets par proximité d'usage car il conserve les repères d'appartenance au monde objectif socialisé sans les investir spécialement.

Les deux phases du protocole — plus retenue et plus exprimée — ne sont pas opposées quant à la problématique qui s'y est manifestée : elles concernent toutes les deux une agressivité forte qui s'associe à des fantasmes de destruction que Philippe peut aborder plus directement, sans angoisse, à partir du moment où une fabulation ludique s'installe en guise de défense. Compte tenu de la planche IX, on peut se demander si ce fantasme de destruction ne se réfère pas à une scène primitive vécue encore de manière archaïque.

Les images parentales ne sont pas campées directement, sauf l'image maternelle donnée à III qui paraît rassurante mais qui semble en fait provoquer insécurité (VII) et ambivalence profonde avec demande de régression infantile et position agressive (X).

L'image paternelle paraît, dans ce contexte, mal dégagée de l'image maternelle.

La représentation de soi semble se faire à deux niveaux : niveau passif (VI et X) et, par moments, recours à un mode plus ludique d'identification à l'agresseur.

L'adaptation semble donc être constamment fragilisée par la proximité des fantasmes dont il ne parvient à se défendre qu'au détriment de l'investissement de la réalisation intellectuelle et de la maturation.

PROTOCOLE DE RORSCHACH DE PHILIPPE G., 10 ans (1969)

	Cotations			
I				
— Un papillon	G	F+	A	Ban
— V un avion	G	F+	Obj.	
(— D ? — *Un scarabée*)				
II				
Je vois rien		→ Refus		
— Un « nègre » /veut dire un « aigle »/	DG	F—	A	
(*Une tête, des oreilles, un museau.* — rouge ? — *Ça fait penser au sang*)				
— Un taureau	DG	F—	A	
— Une chèvre (D r. sup.)	D	F—	A	
— Une cigale (D r. inf.)	D	F—	A	
III				
— Deux dames	G	K	H	Ban
(*Deux œufs d'autruche* — D rouge ? : *Une bête, un chien ou un chat*)				
— Deux savons (D r. lat.)	D	F—	Obj.	

	Cotations			
– Une baignoire ou un bassin	D	F–	Obj.	
– une éponge Ça, elle lave un drap ou un slip	D	F–	Obj.	
IV				
– On dirait un gorille	G	F+	A	
– Un château qui brûle *(fumée noire et un peu gris)*	G	C'F → kob	Arch/Sc	
V				
– Un papillon V Λ Là aussi un papillon	G	F+	A	Ban
VI				
– On dirait un chat *(un chat mort, comme une fourrure, un tapis)*	G	FE	A	Ban
– V des ours collés sur une planche *(Des ours en vrai)*	(D)G	F+	Obj./A	
VII				
– On dirait des éléphants au cirque, ils se tiennent sur deux pattes sur un tabouret, ils lèvent la trompe	G	kan	A	
– V On dirait une maison qui s'écroule, le toit, les pierres qui commencent à tomber, le bas du mur (– ? – *Trop vieille, morceaux de bois rongés par les vers)*	G	kob- → Clob	Arch	
VIII				
– On dirait un sapin,	D	F+	Pl	
– deux renards tournent autour du sapin, en bas la terre – V ? – *C'est pareil sauf que c'est à l'envers* (– ? – *Noël, comme des boules de Noël*)	(D)G	kan	A	Ban
IX				
– On dirait deux cerfs qui se battent (D or.) ici la poussière qu'ils font (D vert)	(D) G	kan	A	
– Et là la terre (D rose) (« Qu'est-ce que c'est D or. ? » : *Une orange* – (D vert) ? – *pelouse* – (D rose) ? *petits lapins qui viennent de naître*)	D	F+	Élém.	
X				
– Un chat qui passe	DD	kan-	A./Sc	
– et qui renverse des œufs (D jaune – *à cause des moustaches !*)	D	CF	Alim.	
– Des crabes veulent le pincer	D	kan	A	Ban
– Là, c'est un bol avec de la sauce,	D	F–	Obj.	
– la cuillère c'était pour faire une omelette	D	F–	Obj.	
– Là des taches de jus d'orange Il a marché dessus (– ? – *des cerises, un poteau d'indien avec des gens, hommes ou femmes, attachés et avec des flèches*) V La même chose à l'envers	D	CF	Alim.	

CHOIX + : X « beaucoup de belles couleurs » ; IX et VIII « encore des couleurs »
CHOIX – : « toutes les autres, elles sont pas belles toutes noires, noires et rouges, j'aime pas le rouge »
PAPA : « aucune, à un monsieur aucune. »
MAMAN : « aucune »
PEUR : IV, « ça ressemble à un gorille j'en ai vu au zoo ».

PSYCHOGRAMME RÉSUMÉ

R : 27	G % : 52	F % : 59	F % élargi : 89
	D % : 48	F+ % : 41	F+ % élargi : 52
		A % : 48	
T. Appr. G D		H % : 4	
T.R.I. : 1 K/3 Σ C			
F.C. : 6 k/0,5 Σ E	Z : 31	Ban : 6	
R.C. % : 37			

Gilles K., 10 ans

Enfant amblyope hospitalisé pour instabilité psychomotrice et troubles du caractère rendant difficile son maintien en internat spécialisé.

Des prises de position très affirmées aboutissent à une réactivité importante qui se maintient à un niveau plus descriptif que fabulant, tant qu'il s'agit de l'expression verbale. Les modes perceptifs sont utilisés en fonction de la pression fantasmatique ainsi que le montre le désordre de leur répartition : les rares globalisations ne sont pas élaborées dans le sens d'une secondarisation mais elles ne comportent pas d'organisation pathologique et la maîtrise formelle paraît plus adéquate dans les découpes limitées. Les images sont déterminées par la forme et le retentissement direct du stimulus couleur ; soit en constats, soit en vécu pulsionnel. Elles font rarement partie du monde animal et plus fréquemment se réfèrent au monde des objets, de la nature et aux parties du corps.

Les thèmes de destruction et les préoccupations sur l'intégrité corporelle laissent suspecter une angoisse de morcellement qu'il n'exprime jamais directement et dont, bien au contraire, il se défend en cherchant à mettre en place des mécanismes de restriction, ce dont fait foi l'aspect retenu de la désignation verbale et les essais de refus.

La problématique évoque plutôt une relation archaïque à l'image maternelle, bien que celle-ci ne soit pas représentée étant donnée la prégnance de la thématique destructrice et la réaction à VII où le symbolisme maternel semble bien reconnu.

Malgré l'essai de raccrochage à l'objectivité, malgré la retenue, la fantasmatique s'infiltre presqu'à travers toutes les réponses ce qui est le signe d'une lutte contre l'envahissement et pour le maintien d'une intégrité corporelle minimale.

PROTOCOLE DE RORSCHACH DE GILLES, 10 ans (1967)

	Cotations			
I				
– Λ V Λ Une tête	G/bl	FClob	At	
(*Une tête de mort un peu cassée*)				
– V Ou une partie du corps (*jambes et ventre l'intérieur*)	G/bl	F–	At	
Je vois des trous, ça ressemble pas à une tête de mort ? hein ?				
II				
– Λ V C'est des rochers de montagne où il sort du	G	F±	Nat	
– feu comme les volcans	D	kobC	Elém	
III				
– Une forme de nez ou de figure (*une figure cassée*)	D	F–	Hd/Sq	
– ou une forme de vase démoli	D	F–	Obj	
– Ou un nœud papillon rouge	D	FC	Obj	Ban
– ou comme du sang	D	C	Sg	
(admet la banalité à l'enquête)				
IV				
Je vois rien, ça ressemble à rien		→ Refus		
– V Λ Deux jambes	Do	F+	Hd	
– et une partie du corps	G	F–	Hd	
– Deux anses là	D	F+	Obj	
V				
– Là, je vois quelque chose, un papillon, tout entier, c'est tout	G	F+	A	Ban
VI				
– Deux parties de la France	D	F–	Géo	
– Comme un jet d'eau là-haut	D	kob	Nat	
– un petit papillon	D	F+	A	
– quatre moustaches	Do	F+	Ad	
VII				
Rien V Rien		→ Refus		
– Λ une veste déboutonnée en bas	D	F–	Obj	
– V Comme un tunnel démoli dans ce sens-là	Gbl	F–	Arch	
– ou une porte arrondie	Dbl	F+	Arch	
VIII				
– Je vois différentes couleurs, du gris, du vert, du rouge, ça ressemble à rien	D	C	NC	

			Cotations	
– Comme un bâton	D	F+	Obj.	
– Comme une montagne	D	F+	Nat	
– Deux gros oiseaux (voit la banalité à l'enquête)	D	F–	A	
– La France en petit, coupée en deux (*aussi un papillon*)	D	F+	Géo	
IX				
– Rien, des flammes en haut (D or.)	D	CF	Elém.	
– un drôle de bâton rien, des couleurs.	D	F–	Obj	
X				
– Comme la tour Eiffel	D	F+	Arch	
– Des crabes des deux côtés	D	F+	A	Ban
– Un petit tunnel	Ddbl	F±	Arch	
– Une petite bête (*comme des rats*)	D	F+	A	
– La forme de la Corse	D	F+	Géo	
– Du jaune, un papillon coupé en deux	D	F–	Ad	
– là aussi, deux ailes	D	FC	Ad	

CHOIX + : X « elle est plus facile à deviner »
CHOIX – : « toutes les autres »
I, j'aime pas ces images, c'est bizarre »

PSYCHOGRAMME RÉSUMÉ

R : 33	G % : 18	F % : 70	F % élargi : 85
	D % : 70	F+ % : 61	F + % élargi : 59
	Dbl % : 6	A % : 24	
	Do % : 6	H % : 9	
T. App G D Dbl Do	Z : 15	Ban : 3	
T.R.I. : 0K/7 Σ C			
F.C. : 2 k/0 Σ E			
R.C. % : 42			

Pascal P., 11 ans

Garçon d'une famille de 10 enfants, hospitalisé pour colères, instabilité, boulimie et échec scolaire.

La « plongée » dans le matériel est immédiate comme s'il s'en accaparait avec avidité pour libérer un univers foisonnant. Les prises de position tranchées précèdent une réactivité qui se mue très rapidement en fabulations données en phrases complètes. La saisie perceptive est globale, souvent confabulée et comporte une tendance à la contamination par fusion précipitée des images (V). Le contrôle de la réalité objective est d'autant moins possible que l'animation l'entraîne dans un imaginaire propre aux enfants très jeunes. L'expression passe par priorité par l'animation, les kinesthésies animales très anthropomorphes et les images humaines très personnalisées, le tout mis en scène et vécu en action intense avec des repères quantitatifs qui ne sont que des pseudo-repères. Les contenus sont autant de scènes animales souvent anthropomorphes dans un récit qui se poursuit. Ceci n'exclut pas la référence à des percepts banals. Le cadre perceptivo-cognitif est d'une facture dite prélogique, plus immature que franchement pathologique.

Le recours à la pensée magique infantile lui permet de projeter avec intensité et clarté une fantasmatique angoissante de persécution réciproque où chacun est tantôt agresseur, tantôt agressé. Le thème de dévoration prime très largement sans exclure les autres fantasmes sadiques. Chaque « histoire » semble être la peinture d'une scène primitive où les rôles ne sont pas très bien définis et qui met en danger tous les protagonistes, y compris l'enfant. Dans cet univers émerge une bonne image maternelle, protectrice, à laquelle il peut se référer même si par ailleurs la problématique évoque une perturbation des relations à un niveau très archaïque qui concernerait essentiellement l'image maternelle.

Le protocole tel que, sans aucune référence à l'anamnèse, est typique d'un jeune enfant à l'imaginaire très riche et très mobile et c'est bien cette dimension là qui est actuellement le mode d'adaptation de Pascal où une sorte de perception intuitive de la réalité joue un rôle de repère. Malgré la fantasmatique, cette position ne semble pas devoir amener à une destruction.

PROTOCOLE DE RORSCHACH DE PASCAL P., 11 ans (1971)

		Cotations		
I				
– Ça c'est une bête, qu'est-ce que c'est ici, un scarabée	G	F±	A	
– C'est pas un scarabée, en tous les cas, c'est une chauve-souris, elle a deux ailes, quatre pattes, deux yeux, un nez, une bouche	G	F+	A	Ban
II				
– Alors ça, qu'est-ce que c'est. C'est un monsieur, il a deux ongles, deux pieds, une tête, deux cornes, des... on dirait que c'est un guerrier (les jambes : D r. sup)	DG	F– → K	H	
– J'en vois deux, deux messieurs, c'est des gros, ils ont les pieds attachés.	G	K–	H	

		Cotations		
III				
— Là c'est deux messieurs, deux hommes, ils tiennent	G	K	H	Ban
— un papier dans la main	D	F–	Obj	
— mais il y a un papillon, c'est un panier de papillons y veulent l'enlever, mais le papillon se tire	Dd	kan	A/Sc	Ban
— Il y avait un arbre et deux écureuils (D r. lat)	D	F–	A	
IV				
— Ça c'est un animal, deux animals, un mâle et une	(D)G	F–	A	
— femelle y z'accourent, c'est des souris, des grenouilles, c'est-à-dire, des crapauds, y sont forts /retourne la planche à l'envers/ y z'ont de gros bras chacun, de gros pieds, des queues, voilà.	(D)G	kan–	A/H	
V				
— Ça c'est un papillon	G	F+	A	Ban
— C'est trois lapins, trois lapins sont autour des trois papillons, y rentrent dans les ailes des papillons, la mère lapin se met devant le papillon et le papillon peut plus voler parce que la mère lapin lui a mangé les ailes	DG	kan–	A/Sc	
VI				
Alors là, pas d'avis, j'ai pas d'avis là		→ Refus		
— C'est un animal, un renard, y rôde autour de la	DG	kan–	A/Sc	
— maison des poules, il en prend deux et le fermier lui tire une balle et la balle a raté et a tué une poule, le renard s'en va avec deux poules dans la bouche et six dans la main.	G	F– → kan	A	
VII				
— Ça c'est deux dames de l'eau, c'est deux sirènes y se reconnaît, c'est des jumelles y vont essayer d'attraper des poissons dans l'eau	G/bl	K	(H)	
VIII				
Alors là pas d'avis /Retournements/				
— c'est quatre renards,	D	F–	A	
— ils ont pris l'arbre (les D rose banalité et le D gris)	D	F+	Pl	
— et une... un, une femelle, son terrier, pis z'ont couru, pis le renard l'a pris, pis les petits lapins ont couru en vitesse	DD	kan–	A/Sc	
IX				
— Là, j'sais pas V Oh c'est un arbre, y a des feuilles	D	CF	Pl	
— des oiseaux qui sont sur l'arbre, pis y a un chat qui vient manger les oiseaux	DD	kan	A/Sc	
X				
— Là c'est tous les animaux qu'on a vus sur les cartes y en a six qui sont pendus, c'est les six renards y a le loup et la maman du loup, y a le chat et les petits oiseaux, pis c'est tout.	DG	F–	A/Sc	

CHOIX + : VII « La sirène, j'aime ça » X « les animaux qui sont pendus »
CHOIX – : IV « j'aime pas les crapauds » ; I « la chauve-souris, j'aime pas ça »

PSYCHOGRAMME RÉSUMÉ

R : 21	G % : 62 D % : 38	F % : 52 F+ % : 31 A % : 67 H % : 19	F % élargi : 95 F+ % élargi : 37
T. Appr. : G D T.R.I. : 3K/1 Σ C F.C. : 6 k/0 Σ E R.C. % : 27 %	Z : 37	Ban : 4	

2. Les « psychotiques » de 8 à 11 ans

α) LA SYNTHÈSE DU GROUPE

Ce groupe de par sa constitution même est très hétérogène : six enfants appartiennent à un milieu culturel très élevé, cinq autres viennent de famille très défavorisées et cela se reflète surtout dans le maniement du langage, du symbole et la plus ou moins grande complexité d'élaboration. Les cas que nous exposons en détail appartiennent au premier groupe, les autres nous ayant paru d'interprétation plus facile parce que plus clairement désorganisés et déviants et davantage centrés sur la production stéréotypée, mais anxieuse, d'images partielles du corps ou d'autres contenus. Nous ne traiterons pas ici des versants déficitaires de la psychose dont nous avons eu ailleurs l'occasion de discuter.

La participation à la situation est très intense, moins chaleureuse que chez les prépsychotiques. Elle est ponctuée chez certains d'instants de réserve et de mise à distance (« à mon avis », « je vais vous dire ») ou de plongées directes dans le thème destructurant, soit avec angoisse, soit avec excitation maniaque. La verbalisation, au débit rapide, est fonction de l'intellectualisation et de la participation : ainsi, elle peut être dépouillée, hâchée, en substantifs égrenés sans enjolivement affectif, ou au contraire très élaborée en scènes animées et associations fluides de bon niveau ou en fabulations importantes, très proches du fantasme crû : on voit apparaître chez certains des néologismes et des associations courtes telle « il y a un grand crâne... eur pour le ski j'ai perdu l'étoile ».

En général, la réactivité au matériel est plus élevée à X puis à III, II, I et réduite aux quatre planches noires. Le mode d'adaptation est trop souvent global pour cet âge et cette prépondérance correspond plus à une réaction mal différenciée, brute, à l'impact du stimulus qu'à une recherche de maîtrise sur celui-ci : d'où la fréquence des combinaisons globales progressives incorrectes, confuses voire confabulées ou même contaminées d'un niveau de structuration facilement « prélogique» allant de pair avec une insuffisance de jugement critique. Il est frappant de remarquer que le mode analytique n'échappe pas à la désorganisation et qu'il n'empêche pas les erreurs d'appréciation. Quant aux modes mineurs, ils ne sont utilisés que par les enfants dont le mode de pensée est dévié par les éléments interprétatifs.

L'expression privilégiée est celle qui recourt à la configuration formelle. Celle-ci n'a pas ou peu, valeur de réalité objective ou de moyen de connaissance, elle se trouve souvent chargée d'une signification projective très forte dans le type des images (anatomies par exemple) dans la construction délirante ou les caractéristiques surajoutées. C'est sans doute cela même qui altère les capacités d'objectivité qui sont encore efficaces dans des conditions d'examen plus objectives. La projection kinesthésique sous ses différentes formes s'observe aussi. Toutefois c'est surtout la présence de kp qui particularise ce groupe alors que dans les représentations humaines, d'ailleurs plus souvent parahumaines, le besoin de projection l'emporte sur le cadre formel. C'est dans des images anatomiques ou des contenus très crus que le stimulus couleur est utilisé et lorsque la réponse couleur n'a pas cette dimension pulsionnelle elle est dépouillée de toute valeur émotionnelle ; elle est reconnue, délimitée, mais non investie : « La télé en couleurs », « Cochons roses — ? — Parce qu'on lui a versé un pot de peinture dessus ». Les contenus appartiennent à des registres très différents où le corps et ses différentes parties ont une place indéniable, mais aussi les êtres imaginaires et des images où se confondent et s'entremêlent plusieurs règnes (H/A, H/Obj., A/Obj.). Les contenus sont très souvent explicités comme étant bizarres ou étranges.

A travers ces protocoles, on retrouve d'une façon plus ou moins évidente selon les cas les préoccupations majeures des psychotiques.

On est tout d'abord frappé par la fréquence d'une représentation bien souvent parcellaire de l'image du corps. Elle est soit l'expression de la recherche d'une unité, d'une identité non acquise, soit projection de l'angoisse du morcellement, de l'image de soi dissociée ou clivée. C'est parfois la non permanence de l'objet qui est au premier plan, l'angoisse suscitée par la transformation constante du réel, expression d'un sentiment d'étrangeté au monde ou d'une totale absence de limite, ou d'une interpénétration des limites qui évoque la symbiose. De là découlent les thèmes d'influence qui commencent à apparaître dans ce groupe. L'univers décrit est infiltré par les forces pulsionnelles destructrices sadiques, projetées sur le monde extérieur, avec intrication possible d'un vécu persécutif interprétatif. Que l'angoisse soit massivement vécue ou non, c'est du danger d'annihilation dont il est question, de l'angoisse de mort.

Cependant si la projection est intense, elle n'exclut pas la lutte. Un essai de dégagement s'ébauche à travers la systématisation des idées délirantes, le recours aux rationnalisations, aux justifications arbitraires, aux pseudo-intellectualisations camouflant l'emprise de la pensée primaire, ce qui ne se trouvait guère dans le groupe des enfants plus jeunes. Par contre, on remarque dans les deux groupes des modes d'organisation du fonctionnement de la pensée et des modes rationnels dominants qui infléchissent l'évolution, et ce, de manière d'autant plus prononcée que l'enfant est plus âgé, en particulier en ce qui concerne les factures maniaques et paranoïaques.

Il n'est pas nécessaire de développer à nouveau les mises en garde que nous avons formulées, mais nous tenons à les rappeler ici pour éviter que, au seul vu du Rorschach, on dramatise le trouble et que l'on porte un jugement lourd de conséquences.

ß) LES EXEMPLES

Nicolas D., 8,4 ans

Né dans une famille très perturbée — père malade mental — Nicolas a toujours été un enfant complexe, anxieux. Lors de la consultation, l'échec de l'adaptation scolaire est total, renforcé par la maladresse motrice. Un deuxième examen a eu lieu après la mise en place d'une rééducation psychomotrice qu'il avait investie.

Sa participation à l'examen est sans réserve comme en témoigne le premier protocole où l'on voit une plongée abrupte dans un univers imaginaire très destructeur. Lors de la deuxième passation du Rorschach que nous développons, son mode de coopération est identique mais un effort de retenue, un net désir de contrôler la projection réduit à la fois la productivité et la fabulation. La langage reste très précis, plus socialisé, permettant même parfois une certaine prise de distance qui alterne avec des projections directes (III) sans critique ni justification. La saisie perceptive est essentiellement globale, incohérente dans la succession des modes avec cependant moins de confabulations et de contaminations dont il ne subsiste ici que des traces, d'autant mieux repérées que l'on possède le premier test. Si dans son ensemble, le contrôle formel reste catastrophique, il est meilleur dans les G que lors du premier protocole, par contre la focalisation de l'attention sur les détails réduit le contrôle plutôt qu'elle ne l'améliore, ce qui signe bien l'insuffisance d'investissement de la réalité objective. Les modes d'expression sont à prévalence formelle et sensorielle :

l'impact de la couleur est massivement destructurant (II, VIII, X) et renvoie directement à un fantasme de corps détruit. Un progrès sensible se traduit par l'apparition de deux engrammes kinesthésiques, le premier (III) encore très désorganisé, mais les deux parvenant à des êtres entiers. Les contenus, moins stéréotypés, représentent plus spécifiquement une recherche d'unité tout en comportant un nombre important d'anatomies animales et humaines.

Malgré la disparition des éléments hallucinatoires, la problématique demeure du registre psychotique. La préoccupation nette au niveau du corps, les thèmes de destruction « ouverts », « déchiquetés », les fantasmes de morcellement (III) ou de clivage de soi en bon et mauvais objet (X) évoquent la proximité de la dissociation. L'angoisse est extrême à travers la projection. La relation à l'autre est toujours possessive destructrice. L'impuissance à vivre de manière autonome s'exprime à IV, mais surtout dans la dernière réponse au test qui semble l'expression d'un fantasme de castration primaire. Pourtant l'image humaine se différencie, inquiétante certes, mais globalement délimitée comme si s'ébauchait un dégagement du schéma corporel, une recherche d'identité.

Ce protocole se démarque du premier par la lutte qui semble s'instaurer contre la dissociation et les projections délirantes. Cela se manifeste dans une plus grande oscillation de niveau intra et inter-planches avec l'apparition de possibilités de récupération par le biais de références à l'objet réel et à ses représentations (« dessins »), récupération dont le devenir reste très aléatoire.

SECOND PROTOCOLE DE RORSCHACH DE NICOLAS D., 9,1 ans (1970)

	Cotations			
I				
– Là c'est un papillon	G	F+	A	Ban
– V Une grenouille... le ventre ouvert (*gros corps la petite bête, sa langue sortie*)	G	F–	At/An	
II				
– C'est deux lapins qui se touchent les pattes et essayent de manger leurs carottes (? – *Ça ressemble à deux lapins et deux carottes*)	DD	kan–	A	
– Ça un papillon avec les ailes derrière	G	F–	A	
III				
– Un morceau de mâchoire (*là on voit les dents*) et un morceau qui est parti	G/Dd	F–	A/At	
– – ? – *Ça c'est du sang*	D	C	Sg	
– < V En regardant comme ça on voit un homme qui lève	G	K	(H)	

Cotations

les mains. Il est de dedans, on voit ses poumons — ? — *non pas possible* — « Méchant ? » *Non* — « Un monstre ? » *Oui*

IV

— V Là je vois un escargot avec la carapace déchiquetée	DG	F—	A	
— Λ Et là je vois un homme avec ses bottes, des petits bras une petite tête et avec un animal qu'il fait traîner	G	K	H	

V

— V Là c'est un papillon	G	F+	A	Ban
— Λ Et de ce côté-là, ça serait une chauve-souris (*les petites pattes et ici les antennes*)	G	F+	A	

VI

— Là c'est un animal... un animal aussi écarté	G	F±	A	
— une peau V — ? — *à cause queue et pattes dans les deux sens*	G	F+	A	Ban

VII

— V Λ V Λ Là on voit des cuisses de grenouilles un peu	D	F—	Ad	
déchiquetées par un chat	G	F—	At/A/Sc	
— Λ Là des antennes de papillon (*parce que ça monte et c'est un peu abîmé*)	D/Dbl	F—	Ad	
(Les D : *Pattes de lapin, d'avant, pattes arrière et son corps* (Dd charnière et Dbl)				

VIII

— Là c'est deux dessins V deux bêtes pareilles	D	F+	A	Ban
— sur le côté, à la place de leur queue il y a une espèce de poumon	D	CF—	At/A	
— Là on voit un morceau de bête (D gr. et bl.) (— « autre chose ? » *un tableau moderne*)	D	F—	Ad/Fgt	
— En bas là on voit des cuisses de taureau (Dd in D gris lat.)	Dd	F—	Ad	

IX

— V Rien d'autre chose qu'un tableau moderne	G	CF	Art
Λ C'est un dessin qui ne représente rien, je sais pas.		→ Refus	

X

— Alors là, c'est les organes respiratoires (D gris : trachée artère)	D	F+	At
— Là les poumons avec les petits sacs à l'intérieur	D	CF—	At
— des poumons et ça c'est des taches de mauvais sang (D bleu lat) et ça deux taches de bon sang	D	CF— réponse	At position
— V — « Autre chose ? » *je vois pas, ah ! si, un oiseau qui ne peut pas voler, juste il a deux têtes et des pattes, il a pas d'ailes, le corps est trop petit, c'est tout.*	D	F—	A

CHOIX + : IV et V « ils représentent très spécialement un animal, escargot et chauve-souris »
CHOIX – : IX et X « ne représente presque rien »
PEUR : I « Ils prendraient ça pour une espèce de hache pour tuer et les tranchants »

PSYCHOGRAMME RÉSUMÉ

R : 25	G % : 52	F % : 68	F % élargi : 80
	D % : 44	F+ % : 38	F+ % élargi : 42,5
T. Appr. G D Dd	Dd % : 4	A % : 56	
T.R.I. : 2 K/5,5 Σ C		H % : 8	
F.C. : 1 k/0 Σ E			
R.C. % : 35	Z : 44	Ban : 4	

Olivier A., 11,4 ans

Enfant présenté en privé pour anxiétés diverses, hyperémotivité, difficulté de contact avec les pairs et accès de violence difficilement contrôlables. Olivier est distant et hautain tant qu'on ne l'aborde pas dans une relation précise qui lui permet de se valoriser intellectuellement. La qualité de l'efficience intellectuelle (QI 128) se retrouve dans le langage très élaboré, émaillé de références culturelles, et dans l'approche mentale très vigoureuse et combinée (Z : 65) signes évidents d'une grande capacité de synthèse. Le travail d'interprétation est très conscient et l'amène à des images parfois composites dont il explicite avec précision la constitution et qui sont d'un niveau structural supérieur un peu forcé par moment. Le fait que les modes d'expression soient essentiellement kinesthésiques montre que le fonctionnement mental est nourri de projections personnelles poussant d'autant plus à l'élaboration qu'elles sont favorisées par les ressources créatrices de base. Les associations données sont souvent relatives aux connaissances et originales.

Cet aspect particulièrement séduisant du protocole ne doit pas nous masquer la thématique sous-jacente. Il s'agit ici de la présentation avec froideur et détachement de fantaisies sadiques très secondarisées accompagnées d'images mégalomaniaques avec valorisation de la puissance (colosse, grand-prêtre, génie, traître) incluant aussi bien les personnages que les animaux et même les objets (colonne, arc de triomphe, navire). Les tendances interprétatives, si elles sont retenues ne sont pas exclues (IX).

Si la plupart du temps, il est net que c'est l'identification à l'agresseur tout puissant qui est recherchée, cette position n'est pas aussi affirmée qu'elle le paraît, et le retournement contre soi de ces pulsions sadiques reste un danger comme en témoigne la dernière réponse de X et les commentaires lors du choix.

L'hypertrophie du Moi sur un mode mégalomaniaque semble être son mode essentiel de fonctionnement, mais, malgré ses efforts, il ne parvient pas à camoufler l'insécurité de cette position et on peut craindre dans l'avenir une accentuation des mécanismes interprétatifs et des attitudes de persécution, systématisation servant à maintenir un pseudo-équilibre.

PROTOCOLE DE RORSCHACH D'OLIVIER A., 11,4 ans (1969)

		Cotations		
I				
– Un... un papillon ou	G	F+	A	Ban
– Une colonne avec deux sortes de nez de bonhomme sortes de statues avec le nez, les deux mains le ventre (D lat.)	G	F+	Art/Obj	
II				
– Là je vois un animal avec... sorte de rongeur	D	F–	A	
– vorace, enfin de double avec des taches de sang de tout ce qu'il a mangé	D	CF	Sg	
– < Ou alors un Arc de Triomphe, vu un peu d'en haut avec son ombre (D noir ; D rouge : *des arbres*)	(D)G	F–	Arch	
III				
– Là ça représente au milieu deux limaces qui se battent	D	kan–	A	
– Et puis deux singes qui veulent prendre un sac	G	kan+	A	
– et deux autres qui sautent avec une longue queue (D r. lat.)	D	kan+	A	
– V Λ On peut pousser à dire que ce sont des hommes	G	K	H	Ban
– ou des taches d'encre	G	F±	Fgt	
– La silhouette fait un genre de caricatures	D	F+	Art	
– Λ V Ou alors une sorte de femme, de tête de mort, espèces de cheveux sur le crâne qui dansent le French Cancan avec jambes très haut là.	D	K+	H/Sc	
IV				
– Je vois là une sorte de colosse, là, avec un nez comme ça en train de cracher, vu d'en bas (D méd. : crachat)	G	K–	(H)	
– V De ce côté, je verrais le grand-prêtre d'une cérémonie secrète d'une religion fétichiste – ? – *Un sacrifice tout court... sa cagoule (*montre D méd.) *ses bras* (montre D lat « bottes » habituelles)	G	KClob	(H)	
V				
– Un papillon V Λ V ou une chauve-souris	G	F+	A	Ban
– < ou alors un reptile volant préhistorique : un « terranandar » – ? – *Ça pourrait faire peur, bien blanc, bien éclairé.*	G	FClob	(A)Sc	
VI				
– < Là je verrais un paquebot vers 1918, la Belle Époque,	(D)G	F+	Obj	

	Cotations			
avec son ombre, une étrave bien évancée à la Queen Mary				
– et devant la nageoire dorsale d'un poisson	D	F–	Ad	
– V – ? – *Si, une peau de tigre, par les couleurs plutôt.*	G	FE	A	Ban
VII				
– Là je vois une danseuse folklorique bretonne se mirant dans une glace	D	K	H	
– V De l'autre côté, je vois par exemple aussi une danseuse américaine dans les saloons vers 1860	D	K	H	
VIII				
– < Là je vois une panthère noire sortant de la berge d'un cours d'eau pour atterrir sur un branchage de l'autre côté. C'est tout ce que je vois, il y a plus de choses, non moins !	D	kan	A/Sc	Ban
IX				
– < Là d'abord, je vois sur une berge d'étang avec des tas de choses flottant, une espèce de traître au teint bistre qui se promène pour cacher quelque chose – ? – *traître parce qu'il en a bien l'allure derrière un capuchon.* (D vert)	DD	K–	H	
– V On peut voir une crevasse cachée par des broussailles,	DD	CF	Pays.	
– un javelot tombe dedans (*on voit bien les broussailles et après la terre*)	D/bl	kob	Pays/Sc	
X				
– Là il y aurait une sorte d'araignée, des sortes	D	F+	A	Ban
– de petits crabes, limaces... des chenilles, près du précipice.	(D)G	F+	A	
– Là deux sortes de petits bonhommes qui ressemblent à des génies qui se disputent au-dessus du précipice, à moins qu'ils s'attaquent à une sauterelle.	D	K+	H/Sc	
– < Dans le détail, une opération chirurgicale qui interviendrait dans la bouche (*la consistance et en couleur c'est les organes, les pinces de chirurgie ici* (montre le D vert inf.)	G	CF–	At	

CHOIX + : IX et VI
CHOIX – : IV et II « laides... rien de très représentatif, IV est effrayant »
PEUR : V plus que IV

PSYCHOGRAMME RÉSUMÉ

R : 29	G % : 48	F % : 38	F % élargi : 90
	D % : 52	F+ % : 68	F+ % élargi : 67
		A % : 38	
	Z : 65	H % : 31	

T. Appr. : G D
T.R.I. 8K/3 Σ C
F.C. : 5k/0,5 Σ E
R.C. % : 34

Ban : 6

Françoise, 9,3 ans

L'enfant hospitalisée deux ans auparavant pour troubles du comportement mais d'une efficience mentale normale se présente lors de sa deuxième hospitalisation comme agitée, tenant des propos agressifs, d'un contact peu soutenu, parfois même inquiétant, et avec une chute très importante des réalisations intellectuelles.

Sa participation à l'épreuve est très tumultueuse, les prétentions de réussite sont très outrées et cèdent parfois la place à une réserve défensive. La réactivité au Rorschach est immédiate, rapide, ponctuée d'exclamations et d'interpellations puériles s'inscrivant dans un dévidement d'associations dont le lien est peut-être plus signifiant qu'il ne le paraît au premier abord (I et VIII). Le foisonnement n'entraîne un développement fabulant qu'à la dernière planche, l'hyperexcitabilité semblant empêcher la constitution de récits fabulants. (A l'inverse des prépsychotiques, les maniaques ne donnent pas de fabulations.)

Dans ce contexte, le mode d'adaptation perceptif ne peut être que global, d'un niveau de structuration franchement « prélogique » – en DG confabulés ou G très mal explicités et indifférenciés –, alors qu'une approche plus objective intervient à III et X avec utilisation des découpes isolées. Les critères formels, bien qu'inadéquats, ont une prévalence certaine. C'est ce que l'on trouve en effet dans les protocoles de facture franchement maniaque, psychotique, alors que l'excitation du registre hypomane ou prépsychotique entraîne davantage l'utilisation de la couleur ou de l'animation. L'élément kinesthésique participe du tourbillon et d'une recherche de représentation humaine. Ce qui compte c'est le mouvement et non l'action concertée. La gamme des thèmes est large, où une certaine stéréotypie va de pair avec la présence de contenus surprenants : du clou à l'ange.

Malgré l'absence apparente de retentissement émotionnel, c'est l'angoisse de mort qui soustend la projection, niée par le biais du processus maniaque qui permet d'éviter l'angoisse chaude. Toutefois, dans la dernière planche cette angoisse est représentée symboliquement — pour la première fois — dans un thème de destruction si proche que Françoise a recours à une défense sur le mode magique pour s'en dégager. Elle semble vivre dans un monde indifférencié (pas de traces de sensibilité à la spécificité des planches) où tout est dangereux, animal ou homme, à l'exception de la projection d'une recherche d'identité dans les images de petits enfants, personnages immatures à travers lesquels elle recherche une dépendance sécurisante.

C'est une thématique très chargée, s'il en est, du registre psychotique donnée, dans une expression maniaque qui entrave tout essai de raccrochage à l'objectivité.

PROTOCOLE DE RORSCHACH DE FRANÇOISE P., 9,3 ans (1971)

		Cotations			
I					
— V Une tête de mort (*j'ai pas voulu dire ça*)		G/bl	ClobF	Squ.	
— Λ Si on coupe les oreilles (D saillies lat) et le nez (Dd méd. sup. « mains » habituelles) une tête de vache		G	F–	Ad	
— Un renard (*sa bouche blanche*)... Un loup... ça ressemble beaucoup à un renard, hein !		G/bl	F+	Ad	
II					
V Ça, ça ressemble à rien			→ Refus		
— Alors, là... Ah ! une vache (localisation difficile, tout à fait vague et arbitraire ; les oreilles : D r. inf.)		G	F–	Ad	
— « — Et le rouge ? » : *Ça c'est un coq... ça ses oreilles, un coq ça a des oreilles* (montre D rouge sup.) *ça, un machin du cou qui pend* (montre D rouge inf.)		G	F–	Ad	
— V Par là ça ressemble à un loup, ses oreilles (montre le D rouge inf.)		G	F–	Ad	
III					
— V Ça alors ça fait bien une tête de mort	PSV	D	F–	Squ.	
— Un ruban		D	F+	Obj.	Ban
— Ça, ça ressemble à des branches /s'agite beaucoup/		D	F+	Pl	
— Ça, regarde, des espèces de machins de clous (D rouge lat.)		D	F–	Fgt	
IV					
/Pousse un hurlement/					
— Ça ressemble à un crocodile		G̸	F–	A	
— Un loup, un renard, une vache, un taureau. Ça y est		DG	F–	A	
— V Et par là une tête de mort	PSV	G	F–	Sq	

			Cotations		
V					
– V Ça je ne sais pas hein ! Un papillon		G	F+	A	Ban
– Un oiseau		G	F+	A	
Λ Ça c'est pareil de l'autre côté.					
VI					
Ah ! Ben alors, là ça je peux rien vous dire					
Oh si ! V Attendez /Pose la planche sur le radiateur/					
– Ça ressemble à un arbre avec des feuilles, le tronc, les branches		G	F+	Pl	
Λ De l'autre côté, ça ressemble à quoi ?					
VII					
– Alors là ça ressemble à une petite fille un petit bébé, un petit garçon aussi (les bras : Dd lat in D deuxième tiers ; les jambes : tiers sup ; la tête : tiers inf.)		G	F–	H	
– V Un ours, vraiment, ça ressemble vraiment un ours qui danse une danseuse		G	K	A/H	
VIII					
Oh c'est adorable !					
– V C'est un gorille		G	F–	A	
– Un gros gros ours, sa tête (montre D or.) ses bras, ses jambes (montre Dbl. et gris)		G	F–	A	
– Une tête de mort, un Chinois, un Français un Indien, un cow-boy...	PSV	G	F–	(Hd)/Sq	
Ça ressemble encore à quelque chose ? Je crois pas					
IX					
– Ça fait aussi une tête de mort	PSV	G	F–	Sq	
– Ça ressemble à des pieds, des mains et la tête		G	F–	Hd	
– Tiens ! Voilà une souris, un éléphant, un gorille		(D) G	F–	A	
– et une petite fille qui danse		G	K–	H	
Qu'est-ce que je pourrais encore dire ? Non pas un éléphant je l'ai déjà dit					
X					
– Ça, ça ressemble à un feu		G	C	Elém.	
Une maison qui brûle					
(*j'ai pas dit ça !*)					
– un tuyau		Dd	F+	Obj.	
– Un ours		D	F–	A	
– Là il y a un petit ange vert (D méd. in D vert inf.) (*Il essaie d'aider Dieu pour faire un miracle pour que la maison brûle pas*)		D	K	(H)	
– Là il y a un homme avec un parachute (D vert inf.)		D	K	H	
– Là il y a de la peinture bleue, de la peinture jaune, grise		D	C	CN	

(*Tout d'un coup Dieu fait un grand, grand miracle le plus grand du monde et tout d'un coup la maison brûle et pis ça s'arrête...*
– ? – C'est la maison de l'ange)

PSYCHOGRAMME RÉSUMÉ

R : 31	G % : 68	F % : 74	F % élargi : 90
	D % : 26	F+ % : 33	F+ % élargi : 36
	Dd % : 6	A % : 42	
T. Appr. G D Dd		H % : 16	
T.R.I. : 4 K/3 Σ C		Ban : 2	
F.C. : 0k/0 Σ E			
R.C. % : 42			

Christian P., 10 ans

Hospitalisé pour refus scolaire, manifestations phobiques et obsessionnelles, l'enfant frappe par la mobilité de sa mimique, la désinvolture de son comportement et un ton de voix artificiel. Il se conduit face au Rorschach comme devant une expérience scientifique qu'il expose avec assurance, telle une démonstration dans un langage aussi précis que précieux.

La productivité en terme de nombre de réponses est habituelle, mais l'explicitation spontanée est débordante, destinée à mettre en place justifications, rationalisations, sous forme de pseudo intellectualisations. Le cadre perceptif est global sauf à VIII et à X et cette globalisation semble le fait d'une hypervigilance relative à la constitution ou à la construction d'un engramme dont il faut toujours exploiter la totalité en y intégrant par une sorte de forcing des détails à priori aberrants. Seules les découpes de X et de VIII sont des perceptions plus isolées par considération des stimuli couleur surtout. Il s'exprime principalement par le biais de configuration et avec projection de forces intrinsèques à l'objet qui nous amènent d'emblée dans son univers propre. Il nous entraîne dans un monde étrange dévitalisé, « chosifié », mécanisé, à finalité destructrice sous-tendue par des fantasmes sadiques archaïques (II, III, VII, VIII). Les anatomies bien que données avec froideur et sadisme témoignent peut-être de la persistance d'une angoisse de mort, angoisse qu'il ne peut nier qu'en transformant l'univers en une construction mécanique dont il est le maître pour ne pas en être la proie. Il y a un déni massif de l'affect, une sorte de « forclusion », ce qui transparaît dans tout le texte et tout particulièrement dans l'utilisation de la couleur qui n'a d'autre impact que le physiologique et qui est plaquée de façon absurde : à la demande expresse d'utilisation de la couleur à VIII, il répond : « des os peints en différentes couleurs. »

L'hypervigilance, l'exigence d'une systématisation peuvent faire illusion et paraître s'apparenter à une secondarisation utilisant des mécanismes obsessionnels. Il s'agit pourtant d'un système de pensée hautement déviant qui permet de mettre à distance les pulsions archaïques et le danger d'annihilation.

PROTOCOLE DE RORSCHACH DE CHRISTIAN P., 10 ans (1970)

		Cotations		
I				
– Ça me fait penser à un masque de sorcier africain	G	F+	Masque	
– Ça ressemble à une drôle de bête – ? – *parce qu'il y a certaines bêtes qui sont drôles et toujours noires, mais surtout dangereuses. Elle a deux pinces (D lat) Je vois deux petits yeux, deux yeux (D méd. sup.) et là ce sont les ailes repliées* (Dbl) Je me demande comment vous pouvez faire ces dessins là avec des taches d'encre	G	→ Clob FClob	A	
– Ça ressemble à un renard à 4 yeux. Je me demande pourquoi on dit pas 4 « œils »	G/bl	F+	Ad	
II				
– V Là ça ressemble à une pince, sorte de tenaille (D noir + Dbl)... tout en bas de la pince il y a une sorte de petite aiguille de chaque côté, les trous de la pince, ils sont courbes. /Retourne sur demande/ *je ne trouve rien*	D/bl	F+	Obj	
– Ça ressemble à une bête avec une grande bouche entière, on voit la langue qui dépasse, la bouche, c'est une sorte de grande pince qui se referme, qui s'ouvre. Sa langue est pointue et sur le dos a une tache blanche. C'est tout. (*Elle est vu de haut et j'imagine qu'elle a deux mètres de haut et six mètres de large*) (bouche : D r. sup ; Langue : D n. + Dbl : queue : D r. inf.)	G/bl	F– → Clob	(A) Obj	
III				
– Ça fait penser à... deux drôles de dames qui sont en train de porter une sorte de panier. Je trouve rien	*G*	K	H	Ban
– /Retourne sur demande/ V Les os d'une tête d'animal il y a un trou pour les yeux (D n. méd.) et la tête qui n'est pas ronde, mais le dessus de la tête est creux et dans le creux il y a des petits os tout pointus (Dd gris clair) il y a aussi à	D	F–	At/A	
– à côté de la tête des os qui tournent et qui remontent alors quand il se cogne la tête les os remontent quand la bosse a disparu, ils redescendent Je veux inventer quelque chose dans ma tête – D rouge ? – *Les deux estomacs et le rouge qui est là fait le cœur de l'animal*	D	kobF Rép. position	Phys.	
IV				
– V Ça ça fait le corps, il y a les os du cou (D méd.) et en bas du corps il y a deux trucs qui remontent pointus (D lat.) « Qu'est-ce que c'est ? » : *Un animal, une sorte de tortue, pas vivante, on voit que les os, ça veut dire qu'elle est morte depuis longtemps*	G	F–	At/A	
– Λ C'est à peu près pareil, ça ressemble à une tortue entière avec les nageoires de derrière toutes grandes et les nageoires de devant toutes petites une queue grande comme les nageoires. La tête en forme de montagne – « Pourquoi vivante » ? : *Parce que c'est retourné*	G	F–	A	

		Cotations		
V				
C'est rudement facile				
— Alors là, ça ressemble à une chauve-souris avec de grandes pattes à l'arrière et puis à la tête des cornes rondes ce sont des yeux au bout de ses cornes.	G	F+	A	Ban
— Ça ressemble à une chauve-souris escargot mais c'est pas un escargot et l'hiver les pattes rentrent dans les ailes et les cornes dans la tête. Elles dorment.	G	F–	(A)	
		→ contamination		
VI				
— Là ça ressemble à un marteau piqueur ou une lampe à souder très grande, pour souder des barres de fer par exemple (D sup lat. : le feu) Derrière il y a deux manches pour tenir avec les deux mains.	G	F+ → Clob (apparue au choix)	Obj	
— V Sorte d'avion avec ailes, aiguillées, c'est pas comme de vraies ailes — ? — *il va tout vite le réacteur avec des ailes de derrière*	G	kob–	Obj	
VII				
— Ça ressemble à... une grande pince, quelque chose	G	F–	Obj	
— qui serre très fort, une pince qui chauffe très fort et quand on met quelque chose dedans, il devient tout mou et puis on serre, on retire, on le met dans l'eau glacée	G	kob–	Obj	
V Non, absolument rien — Animaux, personnes ? — *Non*				
VIII				
Tiens, il y a plus de couleurs, ça me change un peu, on tourne comme ça < >		Rem. couleur		
— On voit des sortes d'animal roses à quatre pattes et sans queue (*sorte de hamster rose qui vient de naître sans queue*)	D	FC̸	A	Ban
— Comme ça Λ on voit les os d'un animal,	D	F–	At/An	
— une sorte de tortue, mais les os du cou ont été coupés et la queue est faite avec des veines, la viande et la queue, mais il y a pas d'os dans la queue (*On voit pas la queue parce qu'on voit que les os. Celui qui l'a tuée, dans son pays, on aimait beaucoup les queues, C'est avantageux parce que pas besoin de hache. On prend un couteau (Fait un cours sur la manipulation de ces animaux, réserve, zoo, etc. aboutissant à la régénération de ces animaux « 20 animals ensemble ça donne deux cents petits » ... mort des parents, du printemps, etc.*) — « Et la couleur ? » *Des os de toutes les couleurs, on les a peints*	D	C̸F	At/An	
IX				
Je vois absolument rien				
— V La tête et la moitié du corps d'une drôle de mouche je veux dire, les os d'une drôle de mouche, elle avait des antennes.	G	F–	At/A	
— Bon, alors il y a la tête rose, le thorax en vert et l'abdomen en une drôle de couleur, sorte d'orange Λ non V (yeux : D rose)	D	C̸F	At/A	

X		*Cotations*		
Alors là il y a plus de couleurs, je sais pas quoi choisir.				
– Le bleu, de drôles d'araignées de mer	D	F+	A	Ban
– Le jaune avec une tache rouge vermillon, ça peut ressembler à des oiseaux – ? – *parce qu'ils ressemblent, ils sont à peu près semblables*	D	F–	A	
– Aussi il y a de drôles d'araignées (D gris lat)	D	F+	A	
– ça ressemble à des crevettes	D	F+	A	
– Aussi il y a une pince verte en bas au milieu je vois rien d'autre	D	F+	Obj	

CHOIX + : V : « la chauve-souris, c'est vraiment une chauve-souris »
IX « il y a de belles couleurs et la tête ressemble vraiment à une mouche sauf que les mouches ont pas d'os »
CHOIX – : III « le dessin n'est pas bien »
VII « j'aime pas très bien le dessin »
PEUR : VI « Un peu peur, ça, ça me fait penser à du feu et je crois que cette nuit je vais faire un horrible cauchemar »
PAPA : « même pas une seule »
MAMAN : X « tiens ma mère qui aime bien les couleurs, je vais apprendre à mes frères le truc de la peinture brûlée, je ferai des planches. »

PSYCHOGRAMME RÉSUMÉ

R : 26	G % : 54	F % : 69	F % élargi : 92
	D % : 46	F+ % : 44	F+ % élargi : 44
		A % : 35	
T. App : G D	Z : 34,5	H % : 5	
T.R.I. : 1 K/2,5 Σ C		Ban : 4	
F.C. : 3 k/0 Σ E			
R.C. % : 35			

Michel G., 11,6 ans

Hospitalisé en milieu spécialisé en raison d'une dégradation des relations en famille et à l'école, il exprime surtout un vécu de rejet, voire de persécution. Volubile, presque logorrhéique, il se précipite dans la situation avec une participation corporelle intense exprimant par là son anxiété qui le renvoie des réactions de panique aux attitudes de prestance.

Face au test, il interfère constamment par des interpellations et questions sans paraître attendre de réponses tout comme il ne répond pas toujours aux questions posées. Cette apparente spontanéité est davantage le fait d'une participation fébrile mal circonscrite que d'une recherche naïve d'échange.

La réactivité est élevée mais à modes perceptifs relativement bien répartis. Toutefois leur degré de différenciation est trop souvent flou et proche de la confabulation d'autant plus accusée que le besoin de projection est intense : même la capacité, certaine ici, à disloquer le stimulus — D — ne permet pas une meilleure emprise du réel objectif. L'expression est formelle et largement kinesthésique, la projection des actions et des intentions se fait crescendo, et même le facteur formel pur est personnalisé soustendu par une dynamique projective évidente : cette saturation réduit les aptitudes d'appréciation mentale, ce qui apparaît lorsqu'on tient compte de la qualité des déterminants motivationnels (F + % 53 et F + % élargi 45). L'utilisation de la couleur ne peut guère être très modulée ni socialisée comme en témoigne la réponse à l'incitation couleur à VIII et les interprétations renvoient à un vécu pulsionnel. Les images proposées sont très fréquemment animales surtout mais elles sont objet de mutilation. Par ailleurs les références au monde irréel menaçant sont trop nombreuses.

Une étude approfondie du discours et des images fait apparaître une adhésion sans recul à l'imaginaire, la prégnance de fantasmes de destruction fortement sadiques et même du registre de la persécution. Dans cet univers « fantastique » comme il le dit parfois lui-même, c'est de mutilation qu'il s'agit (cf. images et adjectifs utilisés), mais une mutilation qui a valeur de mort, même quand il ne poursuit pas le développement jusqu'à son terme. Les êtres tout puissants qu'il met en scène semblent ici porter tout le poids de la pression des pulsions mais il ne s'agit pas d'une identification à l'agresseur réussie. C'est bien plutôt une coexistence ou une indifférenciation des rôles persécuteur/persécuté. Il n'y a dans ce protocole aucune possibilité de représentation de soi positive et dans une relation sécurisante (même les enfants de II ont les mains dans le « feu » et les indiens de VII « se tournent le dos »).

Dans ce protocole, c'est peut-être la projection massive et la participation fébrile sans modulation qui ont fonction de défenses comme autant de décharges de l'angoisse sur le matériel proposé. Une référence au réel objectif existe (D % et Ban et F %) mais il semblerait que l'occasion de libération qui lui a été donnée ait mis cette recherche au deuxième plan. En effet la vigilance au réel avait permis une efficience de 111 au W.I.S.C. avec expression d'une maîtrise cognitive qui apparemment le sécurise.

PROTOCOLE DE RORSCHACH DE MICHEL G., 11,6 ans (1970)

		Cotations		
I				
Hou ! C'est qui qu'a fait ce dessin ? un enfant ?				
– Un chat	G	F–	A	
– ou un papillon les ailes déchiquetées	G	F+	A	Ban
– un troupeau de canards sauvages, les ailes, le bec	(D) G	F–	A	
– ? – (ne répond pas aux questions posées)				
– Une feuille de papier avec des trous /Ton très précipité/	G/bl	F–	Fgt	
– ou alors ça peut être une chauve-souris bizarre...	G	F+	A	
– oh attendez, on dirait un ange avec des ailes comme un chapeau	D	F+	(H)	
– personnage fantastique (D lat) qui tient une dame ou alors quelque chose qui aurait pas de tête ou une bosse	D	K	(H) H	
II				
– V Λ V 50" Ça, des chaussettes (D r. sup)	D	FC	Obj.	
– Garçons qui chauffent au feu (D inf.) (les mains Dd int.	Dd	kp–	Hd	
in D r. inf – le corps est dans le noir) /Superposition de	G	K–	H	
différentes images aboutissant à une confabulation grave/	D	CF	Elém.	
Même les gens intelligents ils savent ce que c'est ? V Qu'est-ce que ce serait ? (montre D méd. sup) /Après beaucoup de silence montre D sup rouge/				
– Un chien, la tête d'un chien	D	F–	Ad	
III				
– Ça c'est facile, à première vue on dirait des hommes	G	K	H	Ban
– Ça des lutins	D	F–	(H)	
– Ça un papillon	D	F+	A	Ban
– Une sorte de puits (D n. méd.) V Λ C'est ça.	D	F–	Obj	
(*Ils essayent d'attraper peut-être un papillon*)				
IV				
V Oh là qu'est-ce que ça ressemble ? A quoi que ça				
– ressemble < V Λ V la peau d'un animal dépouillé, je	G	F+	Ad	Ban
– sais pas quel animal – des lambeaux de peau, ce serait la queue, la tête, V Λ je sais pas quel animal – « Un animal qui fait peur ? » *Vous me mettez sur*	(Dd) G	F–	A/Fgt	
– *la bonne voie, un hibou ou un vampire ; ça existe, on dort la fenêtre ouverte, ils vous pompent le sang : on est mort, le « prof. » l'a dit*	G	FClob	A	
V				
Là mais j'ai trouvé /Le ton devient très criard/				
– une chauve-souris, un oreillard... Non je vois que ça, non, chauve-souris	G	F+	A	Ban
VI				
V Λ Là, c'est difficile /retournements/ en cherchant bien je vais trouver				
– < On dirait un poisson	D	F–	A	
– Non, non la peau d'un animal dépouillé, c'est tout ce que je pense.	G	F+	A	Ban

			Cotations	
VII				
Mais comment on fait ces dessins ? Les yeux fermés ?				
– Ça me fait penser à deux Indiens qui se regardent le dos tourné < (montre : *plume, bouche, bras, corps, femme ou homme*)	G	K	H	
VIII				
< > Oh mais, je vois... ∧ Je regarde bien, voilà ce				
– que je pense, me fait penser à un loup ou un chien à qui on a coupé les oreilles, en train de dépouiller un animal	D	F+	~~A~~	Ban
– ou une belette ou deux belettes sur le cadavre d'un lapin (« En quoi elle diffère des autres ? » : *La couleur* « Dis-moi quelque chose avec la couleur ? » *La télé en couleurs, c'est bien*)	DD	kan–	A	
IX				
– < ∧ Je sais pas... < ah... là un petit... serpent là (D int. « tête de cerf ») deux serpents là,	D	F–	A	
– une ombre, un homme < qui veut le tuer (D vert)	DD	K–	H/Sc	
– Là (D rose) un fantôme, un Dracula, on dirait un revolver et un bâton pour tuer le serpent – « Pourquoi Dracula ? » *Parce que ça lui sortait du nez, des dents qui sortent* – « Tu en as peur » ? : *Moi je crois pas aux fantômes, mais les vampires ça existe*	D	K–	(H)	
X				
– Là, on dirait des chevaux qui soulèvent un poteau (D gris)	D	kan–	A	
– Là des diables (D bleu lat) avec un assomoir, torche verte	D	K–	(H)	
– Des lambeaux... d'où ça vient ? des lambeaux de chair	D	CF	Fgt/At	
– Là il y a un crabe (D gr. lat.)	D	F+	A	
– des poissons là (D j. lat)	D	F–	A	
– on dirait un poisson-coffre sur un livre (D roux) je le reconnais à la forme, j'en ai vu sur un livre.	D	F+	A	

CHOIX + : III et V « on voit que ça ressemble à quelque chose »
CHOIX – : X et IX
PEUR : IX : « Dracula ça fait peur quand même, la science fiction ça m'intéresse »
X ; « parce qu'il y a des animaux que je connais pas, non j'ai pas peur. »

PSYCHOGRAMME RÉSUMÉ

R : 33	G % : 39	F % : 58	F % élargi : 94
	D % : 61	F+ % : 53	F + % élargi : 45
		A % : 58	
T. Appr. G D		H % : 30	
T.R.I. 7 K/2,5 Σ C			
F.C. 3 k/0 Σ E		Ban : 7	
R.C. % : 33	Z : 29,5		

Francis O., 10,8 ans

Garçon examiné en vue d'une prise en charge thérapeutique et présentant des difficultés scolaires et relationnelles au sein de la fratrie, ainsi que des préoccupations morbides. Inquiet et attentif aux bruits ambiants, il semble « plonger » dans la situation sans distance ni critique et sans aucune conscience d'interpréter. La participation est tellement intense qu'elle altère la syntaxe, qu'elle conduit à une association par assonance sans portée ludique (I) et que la moindre des questions dégrade encore plus le discours.

C'est en fonction des associations que l'activité perceptive se déroule, souvent focalisée sur des détails parcellaires ou intermaculaires, surtout centrés sur des parties de la tête, points de départ de convictions délirantes interprétatives dont la meilleure illustration se trouve dans les kinesthésies mineures avec attributions d'intention. Il ne peut être ici question de contrôle et on assiste même au désinvestissement total de la recherche d'objectivité, le besoin de projection des fantasmes étant prioritaire. Le formel pur n'a pas d'importance en soi (F % = 42), il n'est que le support fortuit de l'attitude interprétative (F % élargi est à 87 par l'augmentation due aux kp) ou de la projection des pulsions de destruction dans les perceptions couleur. Les contenus dominants sont animaux et humains, mais en fait bien plus confondus et irréels qu'il ne le paraît d'après les pourcentages.

La problématique est d'évidence psychotique, mais particulièrement chargée d'angoisse massive avec au premier plan une violence destructrice jamais modulée et sans moment de rémission. Le morcellement des perceptions évoque un monde d'objets partiels, une absence d'unité, des relations sans distance à l'autre, sans limites, d'où la confusion agresseur/agressé, persécuteur/persécuté. Actuellement, la prédominance des thèmes « Yeux, bouche », reflète l'illusion de l'emprise toute puissante de l'autre sur soi ou inversement. Il n'existe pas chez lui de mise en place de limites lui permettant d'accéder à l'identité. Francis se confond avec ce qu'il perçoit, projette sur l'environnement ce qui lui appartient sans le reconnaître comme sien.

Compte tenu de l'âge de l'enfant il est difficile de prévoir si l'évolution se fera vers une sorte de délire plus systématisé ou vers une nette dissociation.

PROTOCOLE DE RORSCHACH DE FRANCIS O. 10,8 ans (1971)

		Cotations			
	I				
–	... Je crois que je sais, « la » squelette d'une chauve-souris (*pattes qui tiennent une petite queue qui s'est cassée, les pinces*) C'est à peu près la même chose j'en suis sûr.	G	F–	At/A	
–	Je crois que je sais... un masque d'Indien yeux, trous pour le nez, un quelque chose, une antenne pour faire le crâne... eur, il y a un grand crâneur pour le ski, j'ai perdu l'étoile pour ça	G/bl	F+ association par assonnance	Masque	
	II				
	De plus en plus compliqué, dans ce sens-là V ou celui-là Λ ?... Il y a du rouge, à mon avis,		Rem. crit. Rem. coul.		
–	Un homme qu'on martyrise, le rouge couleur du	G	F–C	H	
–	sang vient de l'artère ou... là, le nez cassé la bouche, du sang qui coule de la bouche — ? — *N'y aurait pas pensé s'il n'y avait pas eu la couleur*	D	CF	Sg	
–	VΛ A mon avis, un papillon, ses antennes (D r. inf.) Tous les papillons ont quelque chose qui termine... cassé Une tête d'insecte à la queue (montre D méd. sup)	D	F+	A	
–	Un homme qui rigole, bouche, nez, yeux	Dd/bl	kp	Hd	
	III				
–	V < V Λ L'avant « d'une » squelette V os tout ça, yeux, pattes,	G	F–	At/A	
–	les poumons en rouge — ? — *d'un animal*	D	CF–	At/A	
–	Λ De l'autre côté des gens, des oiseaux qui se regardent, oh là, là plutôt des gens, femmes leurs seins, leurs sabots qui tiennent « une » squelette	G	K	H/A	Ban
–	Un sac troué, elles essayent de se l'arracher Là, j'avais dit : têtes, seins, sabots — « D lat. ? » : *Pour décorer sûrement*	D/bl	F–	Obj.	
	IV				
–	V Heu... Une bête ça, je sais pas qu'est-ce que ça pourrait être comme bête — ? — *Pattes d'avant plus grandes que l'arrière, une petite queue... Un animal imaginaire, comment qu'on dit*	G	F±	(A)	
–	Les narines (Dd méd. inf.), les yeux	Dd	F+	Ad	
–	Λ V Ah oui, un cavalier avec des cheveux au vent là aussi — ? — *ils montent sur un morceau de pierre pour voir qui arriverait le premier, ils sont tout près du but.* (D très noirs dits « les veuves »)	Dd	kp	H	
	V				
–	... C'est un vampire, non je me suis trompé,	G	FClob	(A)	Ban
–	un fantôme, un vampire, un dragon, un homme qui effraie avec des immenses bras et ses petites pattes, ses yeux et son nez, j'ai vu un vampire dans un film — « Qu'est-ce qu'un vampire ? » : *Un être humain déformé de la figure et des mains* /en dessine un après le test/	G	KClob	(AH)	

		Cotations		

VI

– Un chat, tête, moustaches (D lat.), grandes joues, son museau et ses pattes ici – ? – *étalé par terre...*	*G*	F–	A	
– Je dirais une peau de chat < D'un autre côté par exemple	G	F+	A	Ban
– > Ici et ici la tête d'une femme qui lève son bras et son voile là (Dd saillie lat. in D lat « Cotentin »)	Dd	kp–	Hd	

VII

– Rien de ce côté V De l'autre... j'y verrais pas en grand là dedans, il faut que je vois en petit		Equiv. Choc		
– Un rhinocéros, gueule ouverte, on voit il ouvre la bouche, il se moque de quelqu'un, il ouvre la bouche vers l'extérieur (premier tiers et moitié du second tiers)	Dd/D	kan–	Ad	
– Encore quelqu'un qui se moque de quelqu'un, sa patte et ses cornes, se moque de quelqu'un – ? – *parce qu'il ouvre la bouche, tous ceux qui ouvrent la bouche se moquent ; quand ils pleurent ils mettent la main sur les yeux.*	Dd	kp–	Hd/Ad	

VIII

Oh là, là, belles couleurs ! !		Choc		
– V Oh ! j'ai vu quelque chose qui fait peur, fantôme atroce, yeux (Dd foncé in D or.), épaules atroces	D	F– → Clob	(H)	
– Là, un monsieur, il ouvre la bouche, il a honte (Dd in D rose) de mon avis parce qu'il a une bouche petite – « Tu le verrais en gris ? » : *Si, en gris, je le verrais de toutes façons* (E.L. – *Non !* – Sur suggestion poussée – : *Une bête, une taupe, je ne vois que trois pattes* – « Un tigre ? » : *Non, non*)	Dd	kp–	Hd	

IX

V Oh, rien... juste une chose, je sais pas si c'est bien,				
– une immense patte, verte, déformée – ? – *le bout, les griffes. Rien d'autre.*	DdD	F–	Ad	
– < Je crois que je sais, une personne qui a reçu sûrement un coup sur ses dents, parce qu'elle fait comme ça /mimique : serre les dents/ (Dd bord in D vert)	Dd	kp	Hd	

X

Plus compliqué !				
– Premièrement, une fourmi, la reine fourmi, le voile vert (D vert méd.)	D	F–	A	
– Une fourmi qui jette du feu bleu de ses yeux (D bl. méd.)	D	kan	A	
– – ? – *Une bête juste la tête de la bête qui a ses yeux arrondis* – ? – *ni effrayante ni gentille.*	D	F±	Ad	
– Des flammes de feu (D rose)	D	CF	Elém.	
C'est tout ce que je peux voir.				
– Bataille d'animaux, peut-être	D	kan	A	
– Yeux (D j. méd.) en rouge la tête, ici le nez (D gris) ? – *d'homme*	D/bl	F–	Hd	
– Une petite tache de rousseur (D « cerises »)	D	CF	Fgt	

(E.L. – G ? : *Non.* Sur suggestion, accepte
« *feu d'artifice* » et refuse « *aquarium* »)

CHOIX + : IV, VI et X
CHOIX – : III, « déteste » II, I « ça encore »
PEUR : III « yeux immenses, trucs piquants, sang, piquants, une bête qui prenait entre ses pattes, l'opération survie, mon frère rigole, moi ça me dégoûte, j'ai envie de tuer les bêtes. »

PSYCHOGRAMME RÉSUMÉ

R : 31	G % : 35		
	D % : 35	F % : 42	F % élargi : 87
	Dd % : 20	F+ % : 31	F+ % élargi : 28
T. Appr. G D Dd Dbl	Dbl % : 10	A % : 43	
T.R.I. : 2 K/5 Σ C		H % : 32	
F.C. : 9 k/0 Σ E	Z : 23,5		
R.C. % : 35		Ban : 2 + 1 → Ban	

Conclusion

Avoir débattu de questions techniques, discuté de notions théoriques, s'être confrontés aux réalités que sont les fantaisies et les images des enfants devrait nous permettre de répondre aux questions posées et en particulier à celle de la signification propre de la réponse Rorschach pour l'enfant, de son processus et de sa portée projective.

Auparavant il importe de clarifier notre position sur deux points : les caractéristiques Rorschach en regard de la clinique nosographique et la spécificité du sens des facteurs Rorschach chez l'enfant par rapport à l'adulte.

Notre but dans cet ouvrage n'était pas de proposer de pattern précis, en termes Rorschach, par exemple du caractère obsessionnel à 6 ans, de la névrose hystérique à 8 ans ou de la caractéropathie à 11 ans. En effet, nous nous refusons, en toute connaissance de cause, à exploiter les données dans ce sens. S'en tenir à des repères, des signes, qui prennent rapidement valeur de recettes, est à nos yeux source d'erreurs et solution de facilité. Des indices notés à bon escient mais extraits du contexte ne peuvent rendre compte de la dynamique interne des interactions, de leur mobilité et de leur finalité. L'imaginaire retenu ou foisonnant est inscrit dans un vaste ensemble de réactions allant du simple besoin de se faire accepter à celui d'utiliser au maximum ses potentialités. Il nous semble impérieux de renoncer à le formuler en termes de repères fixes et déterminés. Nous n'avons que trop souvent noté des significations différentes, sinon contraires, d'un même indice, en fonction du contexte. Il est préférable que le clinicien réfléchisse et utilise l'ensemble de ses connaissances et de son expérience pour proposer des interprétations surtout dans la mesure où souvent les signes sont à interpréter en termes de développement ou en termes de réactions de comportement. Chez l'enfant, le mode et le contexte d'apparition d'une donnée participent, pour une large part, plus que chez l'adulte, à la signification de cette donnée.

Certes, on peut chercher à dégager, à partir de tel ensemble de manifestations les caractéristiques générales de certaines conduites et de structures psychologiques particulières. C'est cette démarche qui avait orienté nos travaux sur les organisations prépsychotiques et psychotiques (1973) ainsi que ceux de notre collègue A. Bouras (1973) sur l'expression Rorschach des conduites du registre obsessionnel.

Par contre notre objectif actuel était en un premier temps d'expliciter la réponse Rorschach et son processus et en un second temps d'en faire le rapprochement avec certains tableaux cliniques.

Quant à la différence de signification des facteurs Rorschach chez l'adulte et chez l'enfant, nous en avons discuté tout au long de ces pages, différence tranchée pour certains facteurs, plus nuancée pour d'autres. Il va de soi que chez l'enfant la signification des données est spécifique parce que celles-ci transcrivent l'individuel imprimé dans la dynamique du développement, compris dans le sens large de développement du langage, de l'activité perceptive, du mode de pensée, de l'énergie libidinale et des systèmes d'attitudes.

Du global au différencié, de l'agi à l'intériorisé, la route est longue et sinueuse, elle comporte des arrêts et même des retours. La saisie perceptive ne peut devenir exploratrice avant l'heure : il est clair que le jeune enfant lie intimement repères, affects et défenses. Le niveau de verbalisation joue un rôle primordial dans l'expression mais la simple désignation d'un objet a force de projection fantasmatique. Plus important et plus signifiant que chez l'adulte, le formel est aussi plus rarement a-conflictuel. L'animation et la mise en scène signent l'implication projective, la propension à l'externalisation du vécu, ce qui n'est pas régressif ou délirant pour autant. La mise en place de représentations humaines tient plus de la recherche d'images d'identifications que de la capacité à différer l'impulsion, elle peut indiquer le besoin plus que le contrôle. Un mode d'expression en remplace un autre, l'oscillation dans le recours aux couleurs et aux kinesthésies en est un des exemples : il y a substitution, remplacement, compensation. Le besoin de la représentation de soi régit cette mouvance de la projection, c'est lui ou ses barrages qu'il faut repérer à travers les dires de l'enfant.

La pression du besoin d'expression prime sur la réalité objective, les planches sont intégrées au monde subjectif et traduites en termes de vécu personnel. La représentation de soi une fois mise en place, toutes les capacités de l'enfant sont mobilisables pour la réalisation de ses ressources. La réalité perceptive prend alors une certaine emprise, la participation fantasmatique est moins prégnante.

C'est à partir de ce moment-là que les facteurs du test de Rorschach peuvent être soumis à l'analyse et à l'interprétation pratiquées chez l'adulte.

Notre propos n'était pas de définir l'âge auquel ce maniement des facteurs devient possible mais bien plutôt de discuter les productions Rorschach spécifiques à l'enfant en termes d'interférences entre le moment perceptivo-cognitif et le moment « fantasmatique ».

Pris isolément, l'aspect perceptif a été étudié en termes de niveaux d'évolution et en termes de signification nosographique. Il en est de même de l'aspect motivationnel commenté surtout en termes caractérologiques avec pour référence implicite la valorisation d'un certain contrôle, d'une intégration du pulsionnel. Certes, connaître l'évolution génétique des moments motivationnels ne résout pas toutes les questions que l'on se pose mais évite des interprétations abusives. Quant aux inférences symptomatiques, elles ont été proposées et cernent des conduites allant du trait de caractère à la pulsion destructrice. On peut rappeler ici la mise en rapport partielle suggérée par Zulliger (1941) où chacun des modes d'appréhension correspond à un stade de développement libidinal. D'autres mises en relation plus élaborées et systématisées entre modes perceptifs, expressifs, types de contenus, symptomatologie, ont été explicitées à l'aide d'échelles qualitatives par Bower et coll. (1960) mais en psychopathologie adulte seulement.

Dans notre optique, chez l'enfant, il nous paraît primordial de saisir *les modes d'interactions* existant entre les types d'appréhension, les modes d'expression et la thématique. Il s'agit de dégager la manière dont l'utilisation de l'équipement perceptif est tributaire de la pression fantasmatique, est activée ou paralysée par celle-ci. Il est bien évident que l'enfant est soumis à deux exigences : le besoin de s'adapter à la réalité objective et le besoin tout aussi fondamental d'expression affective et « fantasmatique ».

Ce conflit ne s'exprime que rarement d'une façon monolithique mais plus fréquemment d'une manière capricieuse, en fonction de l'appel des planches, du mode défensif personnel, par une série de dénivellations qui indiquent les positions de fragilité et les voies de récupération. C'est à repérer ces points et à les resituer dans leur signification dynamique que l'on doit s'employer, en portant une attention particulière à l'amplitude de l'oscillation dans le mouvement de va-et-vient des facteurs progrédients et régrédients. Pour ce faire, une simple lecture des contenus n'est pas suffisante, elle doit être nécessairement rapportée aux intermédiaires, aux outils Rorschach en quelque sorte qui sont utilisés soit dans le sens d'une articulation secondarisée servant l'expression des besoins, soit dans le sens d'une dégradation signant l'imprégnation de la pensée primaire.

Il faudra donc se poser, en termes Rorschach, les questions suivantes : les planches où se situent les articulations ou les dégradations ou les contradictions les plus flagrantes, le mode perceptif dans lequel elles s'inscrivent, les images utilisées, le processus de récupération, enfin, dans ses composantes perceptives et associatives.

Les mouvements progrédients se marquent par des mises en rapport perceptives de niveau structural élevé – double D ou G combinés –, articulations s'appuyant sur la dynamique relationnelle plus que sur le formel.

Les mouvements régrédients se concrétisent dans des modes d'appréhension de niveau primaire impliquant juxtapositions, condensations ou contaminations qui cadrent des images plus confuses, moins différenciées où le support formel est fortement altéré.

Les deux types de mouvements se trouvent le plus souvent inscrits dans les globalisations, mode perceptif aussi sensible à la dégradation qu'à l'articulation.

Les images utilisées dans les réponses très élaborées ou très dégradées sont essentiellement des images de représentation humaine ayant valeur de recherche de différenciation entre « Moi et le monde ». Tout ceci, en fonction de la problématique de l'enfant, est exprimé à des niveaux différents : pour l'un c'est le besoin de projection d'une image corporelle unifiée ou morcelée, pour l'autre c'est celui de la projection du type de relation à autrui, qu'il s'agisse de problématique de puissance, de peur de castration ou de recherche de satisfaction de besoins primaires.

Toute dénivellation notable, dans le sens positif ou négatif, tient à la force et à la prégnance de la vie fantasmatique.

Le rôle perturbateur du fantasme n'est plus à démontrer. Les mouvements régrédients, les indices de dégradation, les failles ou « craqués », bref l'intrusion de la pensée primaire sont en général d'un repérage aisé et ne sont que trop facilement rapportés à une dimension pathologique.

Par contre, on élude *le rôle organisateur* du besoin d'expression fantasmatique, rôle qui s'est imposé à nous au cours de notre étude. Il n'est pas d'autre explication possible devant le haut niveau d'élaboration de certaines images, niveau que ni les ressources de l'enfant ni le contexte général ne permettaient de prévoir. Tout se passe comme si la pression fantasmatique qui pousse à la projection s'imprimait sur le matériel en passant par les voies de la secondarisation. Il y a mobilisation maximale des ressources, l'implication projective force à un dépassement des limites du fonctionnement habituel. Ce jaillissement créateur peut n'apparaître qu'une fois alors que le thème est repris ensuite comme a minima dans des modalités plus courantes.

C'est là que la notion d'oscillation prend toute son importance. La grande amplitude des mouvements progrédients et régrédients n'a pas la signification de contradiction pathologique qu'elle peut avoir chez l'adulte. Comme nous l'avons déjà dit, une dégradation peut avoir valeur positive d'originalité par le biais d'une certaine réduction des besoins de conformisme et de mise en place défensive et ne doit pas toujours être interprétée comme signant une déviation majeure.

A l'inverse, l'hyperarticulation n'est pas un signe de maturité. En relation avec un fantasme prégnant, elle suggère un conflit très important entre l'exigence des pulsions libidinales et les forces défensives du Moi.

Toutefois, avant 6 ans, il faut considérer que les deux mouvements sont largement représentés chez l'enfant du fait que la structuration du Moi est encore en voie d'élaboration. Par contre, si l'une ou l'autre de ces positions ou leur coexistence persistent trop remarquablement au-delà de 6 ans, on se trouve devant des personnalités dont le fonctionnement ne pourra pas s'effectuer d'une manière harmonieuse.

Le processus de la réponse Rorschach chez l'enfant s'inscrit dans ces différentes positions et le produit final constitue une projection du double besoin d'adaptation à la réalité et d'expression de la vie fantasmatique en un raccourci constamment renouvelé, soumis aux lois de l'évolution modelées par l'imaginaire individuel.

BIBLIOGRAPHIE

ACKLIN M.W., 1995, « Rorschach Assessment of the borderline child », *Journal of Clinical Psychology*, 51 (2), p. 294-302.

AMES L.B., LEARNED J., METRAUX R.W., WALKER R.N., 1952, *Child Rorschach Responses*, New York, Hoeber.

ANDRONIKOF-SANGLADE A., 1986, « Du Diabète Infantile à l'Enfant Diabétique », *Perspectives Psychiatriques*, 25e année (2), p. 162-170.

ANZIEU D., CHABERT C., 1992, *Les méthodes projectives* (9e édition), Paris, PUF.

BEIZMANN C., 1974, *Le Rorschach de l'enfant à l'adulte* (2e édition), Delachaux et Niestlé.

BERNARDI M., BENONY H., 1997, « Apport de la méthode projective à l'évaluation des attaques de l'inceste contre l'activité de symbolisation. Étude longitudinale d'un cas », *Projection et Symbolisation chez l'enfant*, Lyon, PUL, p. 55-76.

BERTETTI B., 1991, « La représentation intérieure de l'objet par rapport à la réalité extérieure chez les enfants maltraités », *XIII Congrès International du Rorschach et des Méthodes Projectives. Rorschachiana XVII*, Les Éditions du Centre de Psychologie Appliquée, p. 325-329.

BLATT S.J., BRENNEIS C., SCHIMEK J.G., 1976, « The normal development and psychopathological impairment of the concept of the object on the Rorschach », *Journal of Abnormal Psychology*, 85, p. 264-273.

BLOMART J., 1998, *Le Rorschach chez l'enfant et l'adolescent. Étude génétique et liste de cotation des formes*, Paris, Éditions & Applications Psychologiques.

BOEKHOLT M., 1995, « Naissance et évolution de l'affect chez l'enfant à travers les épreuves projectives. De l'affect à la pensée à travers le Rorschach », *Clinique et Théorie des Émotions*, Paris, Laboratoire de Psychologie Clinique et de Psychopathologie, Université René Descartes, p. 77-85.

BOEKHOLT M., 1996, « Fondements pulsionnels de l'expérience visuelle : regard à travers la genèse du processus Rorschach », *Psychiatrie de l'Enfant* XXXIX (2), p. 537-579.

BOIZOU M.F., CHABERT C., RAUSCH DE TRAUBENBERG N., 1978, « Représentation de soi : identité et identification au Rorschach chez l'enfant et l'adulte », *Bulletin de Psychologie*, 32 (339), p. 271-277.

CAPRARA G.V., HOLT R.R., PAZIELLI M.F., GIANOTTI A., 1986, « The development of Primary Process in Children's Rorschach », *Journal of*

Personality Assessment, 50 (2), p. 149-170.

CHABERT C., RAUSCH DE TRAUBENBERG N., 1982, « Tests de projection de la personnalité chez l'enfant », *Encyclopédie médico-chirurgicale*, Paris, Psychiatrie, 37190 B^{10}, 2-1982.

DES LIGNERIS J., DUPLANT N., RUCINE M.O., SCWARZ F., 1991, « Fonctionnement psychologique des enfants victimes de sévices », *XIII Congrès International du Rorschach et des Méthodes Projectives. Rorschachiana XVII*, Paris, Les Éditions du Centre de Psychologie Appliquée, p. 320-324.

DES LIGNERIS J., MARTIN M., LEMOIGNE A., POGGIONOVO M.P., 2000, « Pathologies graves de l'enfance : étude de cas », *Psychologie Clinique et Projective*, volume 6, à paraître.

DURET J., LEFEBVRE A., 1996, « De l'élaboration fantasmatique de l'enfant maltraité aux jeux familiaux qui sous-tendent la maltraitance », Cahiers Critiques de Thérapie familiale et de pratiques de réseaux, n° 17, 167-177, De Boeck Université.

DURET J., LEFEBVRE A., 2000, « Représentation de la famille et des liens familiaux dans les processus psychiques perturbés d'enfants victimes d'abus sexuels intrafamiliaux », *Psychologie Clinique et Projective*, Volume 6, à paraître.

DWORETZKI G., 1939, « Le test de Rorschach et l'évolution de la perception », *Archives de Psychologie*, 27 (107-108), p. 233-396.

EXNER J.E., WEINER I.B., 1982, *The Rorschach : a comprehensive system*, vol. III, Assessment of Children and Adolescents, New York, John Wiley and Sons.

FOX J., 1958, « The psychological Significance of Age Pattern in the Rorschach Records of Children », *in* Klopfer B., *Developments in the Rorschach Technique*, 2, p. 88-103, New York, World Book Company.

GUILBERT-ROMANO D., 1975, *L'enfant face au test de Rorschach*, Paris, PUF.

HALPERN F., 1953, *A Clinical Approach to Children's Rorschachs*, New York, Grune and Stratton.

KELLY F.D., 1999, *The psychological assessment of abused and traumatized children*, Mahwah, N.J., États-Unis, Laurence Erlbaum Ass.

LEDWITH N.H., 1960, *A Rorschach Study of Child Development*, Pittsburg, University of Pittsburg Press.

LECITHMAN M., 1988, « When does the Rorschach become the Rorschach? Stages in the Mastery of the Test », *in* Lerner H.D., Lerner P.M., *Primitive Mental States and the Rorschach*, p. 559-600.

LOOSLI-USTERI M., 1938, *Le diagnostic individuel chez l'enfant au moyen du test de Rorschach*, Paris, Hermann.

MONOD M., 1973, « L'enfant névrotique : l'investigation, l'intervention et le traitement psychologiques », *Rorschachiana 10*, Bern, Huber.

MOTTET-BOLY M.L., HUSQUINET A., 1974, « Contribution à l'étude de l'enfant de 7 ans », *Bulletin de la Société française du Rorschach*, 28, p. 41-54.

PASSI-TOGNAZZO D., FARINI M.-A., PASSI B., 1987, « L'agressivité révélée par les réponses aux planches II, IV, VIII, IX et X du test de Rorschach dans un échantillon d'enfants italiens âgés de 4 à 10 ans », *Psychologie Médicale*, 19 (4), p. 523-527.

RABIN A.I., 1986, *Projective Techniques for Adolescents and Children*, New York, Springer Publishing Company.

RAUSCH DE TRAUBENBERG N., 1993, *La pratique du Rorschach*, Paris, PUF, 7e édition.

RAUSCH DE TRAUBENGERG N., 1986, Issues in the Use of the Rorschach with Children, *in* Rabin A.I., *Projective Techniques for Adolescents and Children*, p. 142-153, New York, Springer Publishing Company.

RAUSCH DE TRAUBENBERG N., BLOCH-LAINE F., BOIZOU M.F., MARTIN M., POGGIONOVO M.P., 1988, « Étude psychologique des adolescents vietnamiens. Apport du Rorschach. Spécificité culturelle, vécu traumatique, modalités d'adaptation », *Enfance*, 41 (1), p. 95-104.

RAUSCH DE TRAUBENBERG N., BOIZOU M.F., 1976, « Les mécanismes de défense et leur expression Rorschach chez l'adulte et chez l'enfant », *Bulletin de la Société française du Rorschach* et *Méthodes projectives*, 29-30, p. 5-21.

RAUSCH DE TRAUBENBERG N., BOIZOU M.F. 1980, Pre-psychotic Conditions in Children as Manifested in their Perception and Fantasy Experiences on Rorschach and Thematic Tests, *in* Kwawer J., *Borderline Phenomena and the Rorschach Test*, p. 395-409, New York, International University Press.

RAUSCH DE TRAUBENBERG N., LAMBERT-BOIZOU M.F., BLOCH-LAINE F., CHABERT C., DES LIGNERIS J., PONROY R., 1973, « Organisation prépsychotique et psychotique de la personnalité chez l'enfant à travers les techniques projectives », *Psychologie Française*, 18, p. 213-231.

RAUSCH DE TRAUBENBERG N., SANGLADE A., 1984, « Représentation de soi et relation d'objet au Rorschach. Grille de représentation de soi », *Revue de Psychologie appliquée*, 34 (1), p. 41-57.

RICHELLE J., 1996, « Abus sexuels, fonctionnement psychique et identité féminine », *XV Congrès International du Rorschach et des Méthodes Projectives*, Boston, à paraître.

RORSCHACH H., 1920, *Psychodiagnostic*, traduction française, Paris, PUF, 197.

RUSS S.W., GROSSMAN-PCKEE A., 1990, « Affective expression in children's fantasy play, primary process thinking on the Rorschach, and divergent thinking », *Journal of Personality Assessment*, 54, p. 756-771.

SARACENI C. et al., 1993, *Il Rorschach dei bambini. Lo sviluppo del confine del sé*, Phoenix.

SPIGELMAN G., SPIGELMAN A., 1991, « Parental Divorce as a factor in children's perception of human relationships : an analysis of human movement responses in the Rorschach Test », *Scandinavian Journal of Psychology*, 32 (3), p. 218-224.

SPILGELMAN G., SPILGELMAN A., 1991, « Indications of depression and distress in divorce and non divorce children reflected by the Rorschach Test », *Journal of Personality Assessment*, 57 (1), p. 120-129.

TUBER S., 1992, « Empirical and Clinical Assessment of Children's Object relations and representations », *Journal of Personality Assessment*, 58 (1), p. 179-197.

WEST M.M., 1998, « Meta-analysis of studies assessing the efficacy of projective techniques in discriminating sexual abuse », *Child Abuse and Neglect*, 22 (11), p. 115-51-1166.

045261-(I)-(1,5)-OSB-100°-RET

Achevé d'imprimer sur les presses de la
SNEL S.A.
Rue Saint-Vincent 12 – B-4020 Liège
tél. 32(0)4 344 65 60 - fax 32(0)4 343 77 50
août 2000 – 17667

Dépôt légal : août 2000
Dépôt légal de la 1re édition : 4e trimestre 1981